文人精神的复兴：
周文中百年诞辰纪念文集

梁 雷 主编

上海音乐学院出版社
SHANGHAI CONSERVATORY OF MUSIC PRESS

图书在版编目（CIP）数据

文人精神的复兴 ：周文中百年诞辰纪念文集 ／
梁雷主编. -- 上海 ：上海音乐学院出版社，2025.6
ISBN 978-7-5566-0775-4

Ⅰ . ①文… Ⅱ . ①梁… Ⅲ . ①周文中（1923—2019）
—纪念文集 Ⅳ . ①K837.125.76-53

中国国家版本馆 CIP 数据核字（2024）第 085396 号

书　　名：文人精神的复兴：周文中百年诞辰纪念文集
主　　编：梁　雷
责任编辑：周　丹
助理编辑：单冰月
校　　对：王莹莹　刘彦岐
特约审稿：张　姣
装帧设计：王晓青

出版发行：上海音乐学院出版社
地　　址：上海市汾阳路 20 号
印　　刷：上海艾登印刷有限公司
开　　本：787×1092　1/16
印　　张：33.25
字　　数：490 千字
版　　次：2025 年 6 月第 1 版　2025 年 6 月第 1 次印刷
书　　号：ISBN 978-7-5566-0775-4/J.1750
定　　价：200.00 元

星海音乐学院"周文中音乐研究中心"系列丛书

编　委
（按拼音首字母排序）

陈　怡　　关振明　　梁　雷　　洛　秦　　马克·斯坦伯格

弥生·宇野·埃夫莱特　　潘世姬　齐纳里·翁　　祁斌斌

饶韵华　盛宗亮　谭　盾　唐永葆　周　龙　周渌岩　周疏旼

本书主编

梁　雷

周文中照片集

周文中的父亲周淼（字仲洁）

周文中的母亲周富守贤

1930 年代周氏一家：周氏父母，姊妹（周珮、周琪、周璎）和兄弟

周氏在南京的故居

周文中与同学们在桂林（1942 年）

周文中被分配到桂林广西大学工程学院（1942 年）

周文中毕业于国立重庆大学（1945 年）

周氏父母、兄弟姐妹摄于上海（1946 年）

周文中迁居纽约,成为埃德加·瓦雷兹(Edgard Varèse)的学生和助理(1949年)

周文中在瓦雷兹的工作室协助创作《新大陆》(1950年代)

周文中凭借对中国音乐的研究获得洛克菲勒基金(1953年)

周文中于纽约中国研究所迎娶了钢琴家张易安（1962 年）

周文中与何塞·马塞达（José Maceda）、恩斯特·克热内克（Ernst Krenek）在联合国教科文组织国际音乐研讨会上进行主旨发言，摄于菲律宾马尼拉（1966年）

周文中与伦纳德·伯恩斯坦（Leonard Bernstein），坦格尔伍德（Tanglewood）（1969年）

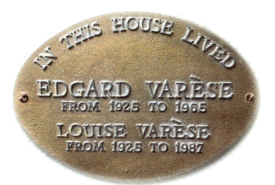

露易斯·瓦雷兹(Louise Varèse)将苏利文街 188 号的房子出售给周文中(1969 年)

周文中接任奥托·鲁宁（Otto Luening）的哥伦比亚大学作曲系主任一职（1969 年）

露易斯·瓦雷兹与波兰钢琴家克里斯蒂安·齐默尔曼（Krystian Zimmerman）（1970 年代）

应中国文联之邀，周文中率美国艺术家代表团来访中国，苏珊·桑塔格（Susan Sontag）及美国艺术家代表团与中国文联代表共进晚餐（1981 年）

中国作家丁玲在哥伦比亚大学作讲座（1981 年）

美国作家高威·金奈尔（Galway Kinnell）和埃德加·劳伦斯·多克托罗（E.L.
Doctorow）与周文中访问中国。照片摄于哥伦比亚大学（1983 年）

阿瑟·米勒(Arthur Miller)和曹禺,中国戏剧协会中心联合赞助中国制作的《推销员之死》,北京(1983年)

中国作曲家在哥伦比亚大学出席"中国音乐的传统与未来研讨会",纽约(1988年)

武满彻在哥伦比亚大学作讲座（1989 年）

陈怡和周龙在哥伦比亚大学获得博士学位，摄于美中艺术交流中心办公室（1993 年）

周文中、张易安、周疏畋、基尔斯滕（Kiersten Jennings Chou）、周渌岩和瑞秋（Rachel Chou）、周恺莉、周培礼（2007 年）

周文中与埃略特·卡特（Elliot Carter）（2011 年）

金婚 50 周年晚宴(2012 年)

周文中在苏利文街故居的花园(2019 年)

梁　雷编

周文中《座右铭》

我可继承之文化犹如古木无人径也。

我所渴望之前景无非反景入深林耳。

艺者何也？

艺者德也，盖艺者可得而不可求。得者内心之升华，求者外在之追逐，得者德也。

德，有实有虚，实者研讨于自然，虚者思考于心灵，实者虚之原始也，虚者实之升华也。实可真而不必真，虚可伪而不易伪。盖实者形也，虚者意也，或谓形见而意不到，意在而形不显，形者意之象也，意者形之魂也，魂到象动始为道。道者又实又虚又真又假又有又无，千变万化一如行云流水，又若乔岳之不可瞻，深渊之不可测。若镜中之象，水中之影，空中游丝，纸上水墨，乐中音韵，脑中之思潮，心灵之激动，一概皆为线也。忽曲或折，忽粗或细，忽浓或淡，忽速或迟，忽有或无，多变而不繁。而线者亦非仅一线也，线与线之间纵横交错之变化繁复，实如宇宙太空之深奥之不可思索。艺人之德若能纵横太空而永恒，始为道也。道者可窥而不可求，盖道者艺也，艺者道也。艺人者有道之人也。

古木无人径（周文中收藏印章）

反景入深林（周文中收藏印章）

梁　雷校订

周文中印章集

浮云

谷应

好峰随处改

好峰随处(改)

听风余韵

反景入深林

古木无人径

我爱流水

阿芝

梁雷注：周文中先生出生在山东烟台，其中心区称为芝罘区，故用"芝"字。

阿芝（阿芷）

梁雷认为是四不斋，芝罘之"罘"字正是四不，合"不中不西不古不中"之意，故周先生有"四不老人"印。

四不老人

鹿寨山樵

梁　雷整理

目　录

附录

代序：返景入深林

——写在周文中先生百年诞辰纪念之际

梁　雷

2024 年 3 月 20 日,我和本书作者之一潘世姬老师一起受周渌岩、周疏旼二位公子邀请和周先生家人相聚,提前庆祝第二天将在哥伦比亚米勒剧院举行的"周文中纪念音乐会"。那真是一个令人暖心的聚会。结束后,潘老师和我意犹未尽,在寒冷的纽约沿着百老汇大道一起漫步走回旅馆。或许我们谈话太投入,或许也有红酒后的微醺,我们都仿佛忘记了周遭环境,而沉浸在交谈的喜悦中。

路过第九十五街时,我突然发觉"交响空间"(Symphony Space)音乐厅恍然就在眼前,顿时心中一震。

2009 年底,也是在一个寒冷的夜晚,我的弦乐队作品《境》止将由纽约爱乐团在"交响空间"音乐厅首演。我曾经告诉周先生有关音乐会的消息,但是因为天气太冷,我嘱咐老人家千万不要亲自来,以后我一定会送录音给他听。没想到音乐会前,我看到周先生和易安师母在我前方互相搀扶着、一步步顶着寒风步向音乐厅。我至今难忘他们的背影,以及当时自己内心的歉疚和感激。此时我和潘世姬老师讲起十五年前在这音乐厅前的情景,二人不禁唏嘘。

纵观周文中先生的音乐创作,我或许可试图总结为:用东方的观念与西方的材料互补,将传统的精神与现代的语言交汇。两者之下隐藏着周先生关注的核心——中华文化精神的承继，以及学术与艺术在现代社会中的拓展。

大家称周先生为"文人音乐家"。他不仅曾促成一代中国作曲家走向世界并最终得到世界认可的机会，或许更重要的是，他向来者展示了对"学术"与"艺术"应有的态度。周先生的视线既是学术的，也是艺术的。他治学的态度与创作的态度如出一辙：学术与艺术相辅相成，两者互补，密不可分。

关心现代音乐的人都应当了解周先生的音乐与著述。在我与洛秦老师合作编辑周先生的《汇流：周文中音乐文集》时，周先生亲自挑选了 1967—2007 年间写的十八篇论文。从题目上看，这些文章涉及"音乐的再融合""单音作为音乐意义单元""亚洲观念""中国史料学""亚洲美学""关键词是独立""全球化与中国文化""华人作曲家何去何从"等，另外有两篇对他的恩师瓦雷兹作品《电离》《沙漠》的分析。仅有一篇，《景与声：一个回忆》（1990）是讲述周先生自己生平经历的。

周先生文集中没有一篇分析自己的作品，或以自己的创作为题的文章。为什么？周先生所关注的不是自己，而是比个人更重要的、整个中华文化的承载与重塑的问题。正如他在接受美国音乐评论人弗兰克·J.奥特利（Frank Oteri）采访中说的："当我作曲时，我不想我自己，我不想我的听众。我想的是我所钦佩的历史人物，还有那些清楚地知道我们在 21 世纪所面临的问题的人，这样我才可以与这些人很好地交流。"

这本《文人精神的复兴：周文中百年诞辰纪念文集》包括了一篇周先生2003 年在中国台北的精彩演讲。演讲由潘世姬老师记录、整理。我们这些曾经有幸与周先生密切接触的人，能从字里行间回想起周先生谈笑风生的神态。其中也有他对教育、商业文化的强烈的个人看法，对在中西文化交流时发挥作用的作曲家的评价，以及对凯奇的尖锐批评。周先生有激越的一面，而我和潘老师都非常熟悉先生深藏在激越后面的温厚和承担。

了解周先生的人知道，他的批评无关个人恩怨，只涉及学术深浅。周先生强调言之有物、去除浮夸、揭示内涵。他尤其痛恨假学问和伪艺术。学术有真伪，艺术有深浅。这都不是可以依据一个人表面的光环来判断的。一个人学术的真伪必影响到其艺术的深浅。学术上信口开河之人，作曲也只能是言之无物。凡艺术家没有根基，其思想与创作深究起来必然会有漏洞和盲点，艺术上也必有荒唐可笑之处。因为没有根基，其灵感很可能来自误解或无知。周先生对某些作曲家的批评是对虚妄的质疑，对假象的反击。

另外，大家会注意到，周先生对一些亚洲作曲家盲目模仿西方作曲家，继而表现出隐藏的奴性有很深的失望与痛心。他对表面的标签化一直是相当警惕的，也有一定的反感。其实，历史上中国艺术家对此深谙其道。清末学者刘熙载在《书概》中曾引用唐朝李邕的话，"似我者俗，学我者死"，早已点破模仿是条没有希望的死路。

这本书中首次发表周先生的一些珍贵材料，包括历史照片、私人印章收藏（"返景入深林"就是他的一枚常用章），还有他分享给我和潘世姬老师的座右铭。前面提到潘世姬整理、翻译的 2003 年的一场精彩演讲，以及美国音乐评论人弗兰克·J.奥特利于 2013 年对他的英文访谈，都是对周先生非常生动、如实的记录。

另外，周先生于 1996 年写给布兰塔诺弦乐四重奏（Brentano Quartet）第一小提琴手马克·斯坦伯格（Mark Steinberg）的书信，谈到他当时在为布兰塔诺弦乐四重奏创作的弦乐四重奏《浮云》。这封信是斯坦伯格 2023 年 3 月分享给我的，不仅有珍贵的叙述，而且也让我体会到为什么周先生赢得了美国音乐家对他的尊重。

英文文章作者包括周先生的公子周渌岩和学生陈怡、周龙的回忆，朋友罗杰·雷诺兹（Roger Reynolds）、合作者理查德·皮特曼（Richard Pittman）、唐纳德·帕尔玛（Donald Palma）、史蒂芬·希克（Steven Schick）、马克·斯坦伯格（Mark Steinberg）的评价，以及音乐学家弥生·宇野·埃夫莱特的分析。

中文文章作者包括周先生多年的好友、舞蹈家江青，作曲家王西麟、陈晓勇、贾国平、沈叶、张姣，音乐学者洛秦、张伯瑜、张巍、宫宏宇、梁晴、伍维曦、黄宗权、班丽霞、李鹏程、祁斌斌、鲁瑶、卞婧婧、陈羽涵、程炳杰。

我曾向艺术史专家洪再新先生咨询本书中周先生收藏印章文字的确认；王

阿毛、郭威、陈仰平、艾力参与了翻译，张姣担任特约审稿，上海音乐学院出版社周丹担任责任编辑，王晓青做了封面设计；星海音乐学院提供了出版经费。在此感谢所有支持我们项目的人们的努力。

值得一提的是，蔡乔中先生在担任星海音乐学院院长期间，对成立"周文中音乐研究中心"作出了巨大的努力。近七年来，研究中心取得的所有成果与他的支持是分不开的，这里要特别感谢他！

当然，我们做的也不是十全十美，还是有失误的。包括在整理周先生的藏书时，我曾注意到周先生出于对书籍的尊重，不在书上涂抹，凡遇到重要段落，他会在那里留下一张小纸条作为标记。因此，这几千册书里的纸条就成了周先生看书的痕迹，也成了将来研究周先生的重要线索。可惜的是，虽经我再三叮咛，在整理、编号时，这些纸条仍旧被不知情者取出丢掉，周先生在书里留下的痕迹也因此一扫而空，留下了一个很深的遗憾。唯一幸存的是周先生在古琴谱《流水》上贴的一张黄色纸条，侥幸没有被整理者发现，现在仍旧夹在《神奇秘谱》中。而这正标记着周先生于1977年通过"旅行者"飞船金唱片将这首古琴曲送上了太空！

回想起我和潘世姬在2024年纽约百老汇大道上的唏嘘。一位令人尊敬的人逝去，他的光环或许会一点点暗淡，他的影响也可能逐渐会被他人取代。但他留给人们最无法忘怀的记忆究竟是什么呢？我想，是一个人对我们内心深处的触动。这种触动可能来自音乐、文字，也可能来自言行。最后我跟大家分享一封周文中先生的书信，就含有这种更深的触动。

周先生于2008年6月寄给我一封电子信件。他的秘书关淑玲（Belinda Quan）女士跟随周先生多年，但是关女士不识中文，所以周先生让她打字给我寄的信件都是英文。2008年，我刚刚在加州大学圣地亚哥分校任教不足一年。周先生对我的鼓励，也是对其他开始走上作曲专业的道路、开始任教的年轻作曲家的嘱咐与期望。

亲爱的雷，

　　你说得很对，我也同意你未来两年的首要任务是去严肃地创作。

但是，让我主动给你些建议，这些建议都是基于我自己的经验，以及其他一些热衷于和我分享的作曲家们的经验，还有我与以前的学生们的交集过往。

对于你来说，"作曲"这个词意味着，一个作曲家力争在一所顶级大学里的作曲学科获得终身教职，也就是说：你所创作的音乐要能充分调动作曲艺术各个维度和各个分支的知识，对作曲家的音乐个性有着强烈的指代，并且清楚地彰显出作曲家在世界作曲领域中所能发挥的潜在领导作用。从理论上讲，这听起来令人生畏，但就你而言，就像其他许多作曲家一样，尤其是亚洲的作曲家们，这样的一种愿景是顺理成章的，因为这样的一位年轻的作曲家，他的未来绝不仅仅是获得终身教职，而是在自己的时代创作出有助于推动音乐进程的作品，也只有这样，他才能成为一名教师。对于亚洲的作曲家来说，传统并不是一块可以跃身其上的垫脚石，也不是能让西方作曲家们一劳永逸的传家宝。因此，亚洲作曲家们唯一的出路就是立足于两个世界的传统，创作出永远活在自己的内心和思想中的音乐。

我自己的指导原则，首先，是极其简短的一句话：永远不要效仿——无论是在过去还是当下。只有拒绝效仿，才能发现自己可以胜任什么，这是通往未来的唯一的钥匙。我现在跟你讲这个，其实并没有那么轻松。我感慨，这么多有才华的年轻作曲家，凭借无与伦比的纯粹潜力横空出世，但后来却为了竭力获得认可而走上了效仿所谓的大师和他们那个时代的革新者的陌路。一个年轻的作曲家必须牢记，大多数属于一个时代的大师，很快都会在历史的进程中消失得无影无踪。相反，几乎每一位历史上伟大的作曲家，都是因为对他们那个时代的老前辈们如数家珍、了如指掌，从而脱颖而出的，但除了在学徒期间，他们绝对不会效仿。

所以，现在这个阶段的你需要小心前行。要独立（就像我的演讲题目《关键词是独立》），一个人就需要时间，但不幸的现实是，在对"独立”的意义进行深度理解的工作上花的时间太少了。这就是为什么大多数人总是以他们在“改进主流思想”来标榜自己,其实只是在效仿和自娱自乐罢了。

但很明显,你几乎没有时间做到两者兼顾,也就是说,无法做到探寻独立的同时,又在短时间内创作出有分量的作品。此外,从终身教职委员会的角度来看,你的作品必须彰显出一个有影响力的作曲家的潜力。

我想说的是:我希望在下面几年里,你能够集中精力创作出代表你远见的作品。进一步说,我们不应该为终身教职而进行创作,而是要写一些自己认为在某个特定时间里应该写的作品。

没错,我们说过要聚在一起聊聊你的音乐,机会成熟的话我是非常愿意的。当然,我更愿意听到你对自己音乐的看法。我提出这些建议的,一部分也是因为我知道你需要跟上众多活动对你的需求。

你的,文中

2008 年 6 月 25 日

郭威 译

最后,我和大家分享周先生曾经对我提出的问题,作为我们大家思考的一个命题:“我们写的每个音符,它们究竟从何而来?”

让我们以这本文集深深表达对周先生的敬意。

"汇流——周文中先生百年诞辰国际研讨会"开幕式致辞

蔡乔中

尊敬的周渌岩先生、梁雷主席,各位嘉宾,女士们、先生们:

大家上午好!

5 年前的 2018 年 11 月,我们因周文中先生而结缘相识,第一次相聚在星海音乐学院,隆重召开"周文中音乐研究中心成立仪式暨周文中国际音乐学术研讨会"。弹指一挥间,时隔 5 年后的今天,我们再次为周文中先生诞辰百年相聚在这里,举办"汇流——周文中先生百年诞辰国际研讨会",在此,我谨代表星海音乐学院对到来的各位嘉宾表示热烈的欢迎!尤其是不远万里,从大洋彼岸专程前来的周渌岩先生以及周文中音乐研究中心学术委员会的委员们,感谢大家对周文中音乐研究中心的支持与厚爱!同时,对来自国内的各位作曲家、学者、嘉宾们再次表示衷心的感谢!

2019 年 10 月 25 日,周文中先生以 96 岁高龄在家中仙逝,我们听到这一消息时无比悲痛。我依然清晰地记得 2016 年我在美国纽约拜访周文中先生,与他促膝交谈时的情景,也记得与他签订藏书协议后他动情的感言,更记得在我准备离开时他与我深情的拥抱。7 年来,他对我以及星海音乐学院的信任与重托令我时刻不敢懈怠。

自周文中音乐研究中心成立以来的 5 年间，我们心怀感恩，以时时放心不下的责任感，肩负使命，从未停下脚步。即便是在艰难的 3 年疫情期间，在学术委员会的全力支持下，在梁雷主席亲力亲为的规划和推动下，周文中音乐研究中心的工作依然在不遗余力地推进。通过刚才的纪录片，大家也已经看到，这 5 年来，周文中音乐研究中心的基础建设已经取得了一定的进展。

首先，2018 年与 2019 年，周先生的藏书分两批安然运送到我校。我校图书馆对周文中先生的近 3 000 册藏书全部进行了分类、整理与编目，一部分书籍已做了数字化扫描，目前绝大部分藏书已经在图书馆 4 楼的周文中藏书馆面向全校师生开放阅览。

第二，在周文中先生逝世后，他的家人决定将其生前使用的施坦威三角钢琴和收藏的 63 件民族乐器无偿捐赠给我校。在各方的多重努力下，这些乐器历时两年，分 4 批安然运抵学校。随后研究中心在藏书馆内专门开辟了部分空间，将它们分类陈列，那架 1935 年生产的施坦威三角钢琴现在也在周文中藏书馆中随时等待大家的到访。

第三，从 2019 年起，周文中研究中心共举办了 8 期"周文中讲坛"，邀请了贾达群、乌兰杰、陈巴雅尔、布林、荣鸿曾、陈怡、周龙、吴蛮、洪再新、洛秦、陈晓勇这 11 位国内外著名的作曲家、演奏家、音乐学者、美术学者，聘请他们担任"周文中讲坛学者"，举办了 14 场高端的学术活动，大家围绕周先生"汇流"的思想理念，交谈的话题跨越了音乐、绘画、书法、哲学和现代科技等多个学科。特别是在疫情期间，更是举办了多场网络学术论坛，世界各地的学者们相聚在云端，听众扩大到了世界的范围，团结和汇聚了越来越多的周文中知音。

第四，在梁雷主席与上海音乐学院出版社的通力协作下，我们还出版了周文中先生的两部代表作《霞光》《谷应》的乐谱手稿，一会儿我们即将举行乐谱手稿首发式，两部手稿将正式与大家见面。

可以说，这 5 年来，我们全力履行作为"周文中先生文化遗产守护者"的职责，以不辜负他对星海音乐学院的重托，为中国音乐教育走向世界贡献我们的力量。接下来，我们要继续践行"周文中文化遗产继承者"的使命，坚定文化自信，将他站在中华文化立场上提出的"又古又今、又中又西"的"汇流"思想与创作理念发扬光大。我们计划明年举办"周文中作品委约"活动，鼓励青年作曲家创作思想理念与周先生相近的音乐作品，这也是得到周文中先生生前授权的一项重要活动。

女士们、先生们：周文中先生是我们共同爱戴的一位伟大的作曲家、教育家，他的音乐思想与作品是世界音乐中宝贵的精神财富，也是我们要始终学习与启迪的文化宝藏。此次研讨会共有3个主题，分别是"周文中的文人思想在其学术与创作中的体现""东亚现代音乐中的书法传承""再思'华人作曲家何去何从?'"。希望大家在这次研讨会中能够畅所欲言，展开热烈的讨论，碰撞出思想的火花，共同品味一场真正的学术盛宴！

最后，预祝此次研讨会圆满成功！谢谢大家！

2023 年 11 月 4 日

周文中书信与演讲

音乐教育之衰落与商业文化之兴起

周文中

各位朋友、各位同好、潘世姬教授、潘皇龙教授、孙中兴老师、南方朔先生、主持人,非常感谢你们①。今天尤其高兴有机会跟大家交谈一下,我感到非常兴奋。

在我正式演讲之前,我要先声明一下,我的确80岁了,不是假的,但我想我还可以活几年,不过我的身体是有些毛病,所以有的时候不能坐得太久,也不能站得太久,有时还很难睡觉。我在一个月之前还到日本去,那是第一次试验能不能旅行。本来我跟潘世姬老师讲,很可能我这次不能够来,要她心理上有准备。不过呢,我现在来了,所以我很兴奋能够跟大家交谈。

我并不是来演讲的,只是一辈子喜欢跟大家交换意见。我可以讲给大家听,大家也可以继续研究这些问题。我想讲的话需要跟大家讨论,我有我个人的经验,很想把我所考虑的很多方面拿出来跟大家商量一下。我也很希望今天有机会能够做成一个讨论的场合。

---

① 本文根据周文中先生在中国台北中正文化中心国际会议厅演讲整理。

这个问题，我讲过，很复杂，有很多种看法，不是很快就可以解决的。也不是说我可以很明显地给你们分析出来。做一个比喻，就好像在雾中看花，看你能够看得远还是看得近。这是我们中国艺术家、中国音乐家们的眼光究竟能看得远还是近。在雾中看花，我们看的是正要开放的花蕊呢，还是已经枯谢的叶子就要掉到地上去了？这件事情现在就全看我们自己了。如果我们看得远，可以看到那花蕊正要长出来；如果我们看得近，我们看到的只是枯叶。所以我想跟你们讨论，因为我们大部分人不去想这些问题。

我想分析一下，是不是音乐教育在衰落？讲起来是音乐教育问题，其实是整个文化教育、整个中国的文化问题，这才是问题所在。中国的问题就是世界的问题。我们的文化怎么发展，我们的文化现在是枯叶还是花，就完全看我们和世界上其他文化怎样交流。所以从我们的角度来说，要讨论的问题是个世界问题，是从世界问题的角度来研究中国文化的问题。

为什么我又同时要讲到商业方面呢？这是很重要的，我尤其希望亚洲人能够了解到商业化，也就是所谓全球化。中国文化将来的发展，也就是我们音乐教育的发展，并不只是一个文化问题；不是你的问题，不是我的问题，是整个社会、整个世界的问题，是一个商业性的问题。

大家开门见山地叫我批评很多成功的作曲家，其实问题并不是在那里，不是谁成功不成功。问题是整个音乐、文化，它的环境的问题，是它的环境如何已经被巨商们为了营利所操纵的问题。如果我们让他们继续操纵，我们就不能控制自己的文化前途；如果我们不能控制自己的文化前途，就不能控制人类的前途。

这对我来说是非常严肃的问题。也就是为什么潘世姬老师那时候要我来讲，跟大家讨论这些问题的时候，我同意来。因为在西方，大家都在那儿讲；在东方，可能很少人提到这一点。譬如在美国，很多年了，我一直就这么讲，我的同行那时笑着说，周文中过于杞人忧天，讲的总是惊人的话。最近几年，很多人回过头来说，你讲得对，我们现在也是如此看法。我还在一直说，也许这只是美国现象，欧洲情形不同，但最近有人来跟我讲，欧洲也是如此。所以亚洲呢？可能更会如此。

　　我想先讲一讲教育的问题。教育,如我刚才所说,有全世界的教育问题、美国的教育问题、亚洲的教育问题,还有中国台湾地区的教育问题,所以不能说我的观点、我的看法是可靠的。我不知道目前这边教育的发展情形,所以只能讲我的个人经验。我想先把我的背景稍微介绍一下。

　　刚才南方朔先生一针见血,说你什么时候读汉学的。其实我从来没读过汉学,我们那时候读的叫作"国文"。不过我们背了很多书。背书,我认为是很有用的。我不知道你们现在还打手心不,还罚站不? 我们那时候背得不对就要打手心。那时候我很恨,但现在我懊悔没有背得更多。背书的过程就是中国教育几千年的方针。就是说,通过背的过程,如果你活得够长的话,你能够觉悟,能够了解。并不是说我赞成背书,只是说要讨论"目前",我们一定要讲到"过去"。

　　我想很快地讲一下,我当初学音乐,那时候的教育如何。我在美国几十年,我的一生几乎永远跟教育联系在一起。美国现在音乐教育的情形怎么样? 过去几十年我的教育经验怎么样? 我想很快地讲一下。我是 1923 年生的。不知道你们联想到没有? 1923 年生就是 1911 年之后,这 11、12 年的情形,就是在 1927 之前的 4 年。换句话说,我是生在一次真的革命和北伐战争那一段动荡环境之间的人。所以我一生都受到影响。我那时候都没机会进学校,永远都在"逃难"。这个军队、那个军队,永远搬来搬去。所以我的父亲请人一直在家里教我,直到初中我才进入学校学习。那时候我们的环境,完全是传统的中国东西,娱乐大致就是大鼓书、京剧,到了上海一带就是傩戏(我那时候很不喜欢傩戏)。所以,那时候接触中国音乐,当然是不稀奇的。但是那时候,也接触了很多西方音乐。在一些我"逃来逃去"的租界地,里面就有西方音乐。

　　记得我很小的时候,有两个很有意思的经历。一件是我记忆里最早的事情。我一个人在花园里玩,看到那些帮我们做事的人,他们有他们的房间。在吃晚饭之前,就看到他们住的房子里很热闹,有各种声音发出,有各种音乐声传来。我就跑过去,闻到了高粱酒的味道。他们在那里招待主人之前,自己先享受一下,英文叫作 happy hour(快乐时间)。我一进去,非但闻到高粱酒的味道、花生米的味道,还看到他们在那儿唱歌、弹琴的情形。这是我关于音乐最早的记忆之一,也就是我们现在所说的"民间音乐"了。但那时候无所谓民间音乐，就是大家平常享受的音乐。

第二件事，我记得有一次跟着我母亲出去拜访朋友，她是个很时髦的人，家里当时就有一架风琴。我看到这架风琴觉得很有意思。但我是个小孩子，对风琴底下的那两个英文叫作 pedal（踏板）的有兴趣。那时候中国刚有汽车，所以我觉得这好像开汽车。我那时候还没学音乐，自然没有在键盘上像莫扎特一样弹了马上能写出一个大歌剧，没有做到那个程度。我很快就发现：踏板踩下去，这声音就响了，放上来，声音就轻了。你们在场的人很少看过我的谱子，如果你们看到我的谱子的话，会发现里面老是有声音渐强、渐弱，强弱不停地变化、交替，就是从那个时候开始的。

换句话说，那时候的中国是一种动荡不安的情形，但在这样的情形里，我有一个很好的机会，接触到中国老式的音乐，也接触到西方的音乐，所以说我很早就记得这一点。

还有件很有意思的事，南方朔先生刚才问起我，你对中国古老的、优秀的音乐，最早是什么时候认识的？ 最早认识就是在我小时候，6 点钟起来，到我父亲的书房去做早操，就把无线电开上。6 点钟的无线电里有什么？ 只有个中央广播电台，里面就有很怪的音乐，我也不懂是什么音乐，但老是听，听了就做早操。后来才发现，那个很怪的音乐就是古琴音乐。那时候是 1911 年辛亥革命之后，古琴被认为是腐败的音乐，所以不许弹古琴。到了大概 1934 年到 1936 年那段时间，政策放松了，说让这些人来做表演。这些音乐家本来在那拉黄包车，结果黄包车也不拉了，让他们可以在电台弹琴，但是不要人家听，所以在早上 6 点钟播放。那我就听到了，假如他晚一点弹的话，好比晚上弹，那我就听不到了。所以说我运气很好。后来我还把古琴曲《流水》放到太空上去了。现在，在太空里面，从地球发出去的作品只有几个：一个是贝多芬的，一个是巴赫的，还有就是中国的《流水》。《流水》就是我提议放上太空去的。

有一天，我的哥哥及我 3 个兄弟，一起凑了几块钱，去租界玩，去买玩具，碰巧走到一个店，看到里面有个小孩用的小提琴，不晓得是四分之一还是二分之一的那种小提琴。我们以为是玩具,就把它买了回来,买了回来才发现不是。那么怎么办? 我哥哥就决定去学,他找了小提琴先生来学。才学了几天,就非要有一个学生,所以我就变成了他的学生。这是我的音乐背景。

在抗战期间,我本来很想学音乐、学作曲,但是那个时候没有好的学校。我那个时候懂的虽然不多,是我哥在教我音乐,当然后来也跟好些老师学习。不过那个时候野心也是很大。这个我倒是很赞成你们大家学我,就是说我要么不学,要学的话就要跟顶好的先生学、在顶好的环境学! 但是在抗战期间,在上海,根本是谈不到的事情啊! 所以我就没有学。第二点,那时候中国的氛围自然是要爱国。爱国就是读有用的东西。你要读文化的东西,你要读音乐,那你就是没用的东西,那你就是不爱国。所以我们那时候,人人都是爱国的。我爱国,就考虑读土木工程。毕业后,想到建筑最接近艺术,这就是为什么我后来到耶鲁大学去学习。

那时候我就观察到中国国内教音乐的问题,而且那时候我也不那么年轻了,十几岁了,我就认为,我要学音乐,我为什么要在国内学那个很起码的、西方的唱赞美诗的音乐呢? 我在国内,就没有想正式学作曲。我那时候是自己去找私人老师学习,学对位,学乐器法,学德国的利德(lied,歌曲)、曲式等。来到美国不久后,我就决定不去耶鲁大学念建筑。

我考进新英格兰音乐学院,那时候新英格兰音乐学院还是非常保守的。我在新英格兰音乐学院是 1946 年的事情,学的东西是纯粹的欧洲的音乐教育。那时候的新英格兰音乐学院被认为是落伍的。从一九四几年到我开始教学的1960 年代,美国的音乐教育是很保守的,它的音乐教育几乎是写赞美诗的音乐教育。

我在新英格兰音乐学院念大学的时候,大学里面的音乐教育是很肤浅的,现代音乐根本没有。我那时读到新的音乐,老师教的时候,拿着当闹着玩的。不过闹着玩有时候会闹出真的事情来。第一年,有个老师教到最后,再过一个礼拜就要考试了,就开些玩笑,弹些新音乐。有一个作品,就是瓦雷兹(Varèse,1883—1965)的作品,我一听,说,怎么这么怪的东西,比古琴音乐还要怪,就像杀猪一样，不懂！但这杀猪的声音一直停留在我脑子里。你们大概没听过杀猪的声音，我们小的时候一天到晚听到杀猪的声音。杀猪、杀鸡，是不是？杀鸡，你杀了它还在那儿跑，还在那儿叫。所以我说，为什么一个作曲家去做杀猪的声音？我永远不懂。后来到了纽约，才有人说，你要不要跟瓦雷兹学？所以我当然就跟他学了，是那样去学的。

等1964年我到哥伦比亚大学去教学的时候，开始在大学里教现代音乐。那时候音乐史的水平提得很高，为什么？因为在美国，就是欧洲第二次世界大战之后，大批的人才都到美国去，所有世界上出名的作曲家，都是在美国，很多都在纽约。

我那时也去找过一位捷克作曲家马尔蒂努（Bohuslav Martinů，1890—1959）学作曲。因为到了纽约，不知道找什么人学，就听说马尔蒂努是捷克人，刚从法国到美国。我一想，如果纯粹去跟欧洲人学，也许不对，因为我是亚洲人，马尔蒂努是东欧人，多少跟我们有一点类似情形，所以我就去找他学。谁知道他不是一个老师，所以根本就没有真正学到什么，不过他还是教给我一些很好的东西，但是现在我们时间不太多，不去仔细讲。

等我去教学的时候，开始就是研究怎么教现代作曲。不是说我这个老师教作曲，而是学校里面怎么样开课。我很有运气，我去教的时候，我的前人开了一个学期的课讲现代音乐，所以一下子责任就到了我的头上。怎么给研究院开一个课程，给所有的学生专门研究现代音乐？我很荣幸有机会几乎从头做起。就这样，因为我研究了一下，半年不够，就把这个课程改成一年。这个课程现在还在开，已经几十年了。就是只有一年修读时间，不管你读什么，但这一课一定要读。所以往往一个人在那里读了好几年，因为课程内容会经常改变，这是专门读从19世纪末到当时的重要作品的分析，而且这分析是要学生去分析。我认为这是一个很重要的观念，不是老师去分析。

我那时就问我的每个学生，我说，有哪些现代音乐是你自认为熟悉的，你写一个条子；哪些现代音乐，你不知道，但是你很想知道，你也写一个条子。我把这两个条子摆在一起，把每个学生的条子混在一起，然后我就决定这一年里讨论哪些作品。当然我后来就发现，这两个条子其实是一样的。没有人知道所有曲子，而且他们都不愿说我一个都不知道，所以就摆了很多名字、曲子。我起先一看，都吓死了。我说学生知道得比我多，所以我决定我不讲，让他们来讲。我指定每个学生你要讲什么，每个人有几个礼拜准备，你要上来讲这个，而且参考材料什么都要有，这是我们那时候的教学状况。我们研究问题，归根结底就是现代音乐是怎么回事，作曲是怎么回事。

现在讲到更重要的一点，就是1960年代在美国有很好的现象：欧洲的重要作曲家、音乐家、音乐史学家，都跑到美国去了，我能够跟很有地位、很有名气的人学，这是很惊人的。这是那时候好的环境，作曲家什么都学了。另一方面，美国人因为战争关系，有机会到亚洲来，到过中国，到过日本，到过南亚、东南亚，他们回去了就想要知道东方的音乐，很多人就开始学习东方音乐。后来我去哥伦比亚大学读书，1960年代去教学，就是因为我在那里教学，随后不久就开设了中国音乐课程。因为我在那儿教这些课程，就有不少学者来跟我说，我们想要研究东方音乐，尤其是中国音乐，你为什么不组建个研究院？有的学生来跟我说，想专修中国音乐，我跟他说不可能。为什么不可能？你要教这么一课，你就非要有教学材料不可。你一定要能够做田野考察。但那时候出于时局原因不可能，所以我那时候就说，不行。那些有兴趣研究东方音乐的人，就只好都到日本去，所以有一阵子研究日本音乐非常时髦。我觉得很可惜，总之这不在我们的控制能力范围之内。

现在的情形很不同。为什么情形这么重要？因为那个时候有很多美国学者，特别是作曲方面，对只是学欧洲的音乐不满足，他们开始注意到亚洲音乐，他们很想研究亚洲音乐。事实上，欧洲音乐、美国音乐等西方音乐现在走到一个穷途末路的情形。它需要有另外一个文化力量来跟它交流，就是中国以前总是讲阴阳的关系，但是美国没有找到。中国、东亚，应该能够有这个力量，但是我们错过了机会，这个错过一部分是政治原因，一部分是文化问题。

很不客气地讲，当时的中国文化是非常衰落的，可以说中国文化自18世纪乾隆以后下降得很快，所以东亚没有能力跟他们真正交流。这造成一个什么形势呢？这就让美国的年轻人来研究东方的东西。我记得那时候，到亚洲来跟许常惠先生、菲律宾的马赛达（José Maceda，1917—2004）先生、日本的黛敏郎（Toshiro Mayuzumi，1929—1997）先生进行交流，我们这些人都看到西方的情形。但是呢，那时候欧洲音乐家、作曲家、教育家，并没有机会看到东方的情形。而且许先生也好，马赛达也好，每个人都是在一个不同的环境里，他们之间也没有能够交流的机会。所以造成一个形势就是，在亚洲没有人能够真正地跟西方对等地交流，而西方需要这个交流，所以他们就自己来了。很多人自认为亚洲音乐是怎样的，但他是先入为主，以西方的眼光来看。造成了一个形势就是，从1960年开始，我的同学都到印度去，学了一些回来，后来都做了大教授，作曲家。

譬如约翰·凯奇（John Cage，1912—1992），明显的是受到东方的影响，但是是以他自己的想象、他的了解，而形成了一个西方所想象的东方音乐。所以西方的作曲家就变成不是跟东方音乐交流，而是跟西方想象的东方，所谓"东方音乐"交流。

我相信在亚洲有一个普遍现象就是信心的问题，因为信心不够，所以相信只要出名就一定好，我没有机会肯定不是好的，但出名了一定好。所以我就很怕人家叫我大师，讲我怎么有名气，因为讲我好，讲我有名气就是表示，你认为我好，但那不一定是真的。那你如果只靠空名交流，是很危险的。

我不是反对约翰·凯奇什么的，凯奇可能是很有历史价值的人物，但他对中国，乃至亚洲的东西完全不懂。我跟凯奇交谈过很多次，我知道他根本不知道。他完全是自己造出来的。有人批评他说，他不懂禅学，他空讲禅学。我都不敢讲禅学。他后来批评说我讲的禅学是"美国中部20世纪中叶的禅学"。我说，禅学没有地区性，没有时间性，你要有地区限制，有时间限制，你就不是禅学了。对我而言这根本是很简单的问题，他完全不懂，但是他却如此有名气，这么一来，就有很多亚洲作曲家受到他的影响。极简主义（Minimalism）基本上就是很受凯奇思想影响的东西，很多年轻的美国人跑到亚洲来，就学点东西、弹点乐器回去，以为那个就是与东方音乐交流了。

举个例子，在美国有一阵子，1970年代吧，很时髦的，就是即兴，都以为这是亚洲来的。我讲,这真不成话说,没有这么回事。要在中国,其实所谓的即兴不太多。假如你在印度、印尼,是一定要研究演奏很深入,成为大师,你才能够即兴,不然你没有资格。你停留在表面上而没有东方的耳朵,听的都差不多,乱来一气就行了吗?事实上,里面精密得很,你非要深入才能够做。所以这些问题是自欺欺人,将错就错。

西方音乐的衰落,我认为一部分就是如此,它没能跟一个真正有实力的文化交流,只是跟自己的影子交流。这是一个很重要的关键,是它的文化已经在那里下降,从第二次世界大战20世纪中叶以后,它实在需要有交流,但没有能够达到。因此我就要讲这个衰落的问题,我讲的是西方音乐的衰落,跟东方音乐关系很大。现在东方音乐开始上升,但是我们的重点,似乎还是在那学西方的东西,就是他们讲这个、讲那个,我们也跟着讲这个、讲那个,变成将错就错的局面。

举个例子,我也不去讲别的,我不愿意批评任何人。我那时候在哥伦比亚大学,有很多人要来跟我学,很多亚洲人要跟我学。当然不一定有机会,因为我们那里对学生很苛刻,我也不能私人教他们。有一位年轻的印尼作曲家,现在也很有地位,很有名气,要来跟我学,就给我看他的谱子。一看他的谱子,完全就是所谓极简主义的音乐。我就问:“你写别的东西吗?”“从来没写过,什么都没写过,只有这个。”那我觉得很有意思,我说:“你是印尼人,你只写这个东西,为什么?”他说:“不知道。”

一个作曲家讲“不知道”就很危险了。第一点,他说因为我只知道这样子的音乐。就是说他没有听过西方别的音乐,他只听到过那一种音乐。第二点,他稍微笑了一下,说它有点像我们的音乐,因为这个极简主义“叮叮当当”地打起来,你听得不当心的话,就可能像印尼音乐了。所以他以为,也许他写的这个东西跟他的民族音乐有关系。所以我就拿这个故事来讲,是个误会。也许他可能真有才能,可以变成一个很重要的作曲家,也许将来对别人都有影响。但问题是,假如他对自己的音乐有深入研究,假如他真正能够跟西方音乐交流的话,那么他的贡献可能会相当不同,可能是不可思议的。

所以我认为,西方音乐衰落绝对与亚洲音乐的将来有关系。我看到不少东方的年轻作曲家，都是很有才能、很有志气的。但是他跑到哪个学校，哪一个方面时髦，哪一个老师有名，就影响到他的整个态度。我记得在哥伦比亚大学教书的时候，我跟另外两位资深教授讨论过此事。我说我的教学方法跟他们完全不同。我的态度是，有别的美国人来学，或者欧洲人来学，他应该学的是纯粹从他的欧洲传统出发；如果他有兴趣，研究东方音乐可以，但我绝对不是从东方音乐出发，只因为我是有东方背景我就去教他东方的东西。

我把自己放在学生的位置，研究他应该怎么发展。假如是亚洲学生来，那我就认为，我非要从亚洲出发。我的要求比较苛刻：第一，我一定要他能够在欧洲的音乐传统方面够资格，要有深入的了解；第二，我鼓励他，把他自己的文化精髓找出来，不论他知道多少，要他找出来，去研究这个问题。

为此有的学生跟我还吵翻。举一个例，我有个学生，他现在非常有地位的，从柬埔寨来的，奇纳力·翁（Chinary Ung, 1942—），他跟我学，后来他写论文的时候，我一定要他写他自己文化的东西，他那时候跟我吵得很厉害。他刚毕业的时候，拿到他的博士学位，对我很不满意。这是从别人那来跟我讲的。再过了几年，他就越来越成功了，他就写了十几首曲子都非常不可多得，这些曲子是只有东南亚作曲家才会写的东西。然后他就有个机会给费城交响乐团写一个作品。写完这个作品，他就打了电话给我，说要得到我的同意，想把这个作品题献给我。他当时毕业的时候，不注重自己文化的东西。但是他毕业几年之后，他了解到，他的音乐前途是在他自己的文化里。等到写出来他认为他最好的作品，把它献给我，这使我很感动。

像这一类的故事其实相当多。假如我要作曲，我脑海里当然要想到伟大的欧洲音乐家，毫无疑问是贝多芬、勃拉姆斯、德彪西。我的脑子里老是想，并不是因为他们是欧洲人，而是因为在整个人类历史上，他们是世界上最伟大的作曲家。这是对的。所以我们想要写一个作品，能够跟他们多少比较一下，这是人之常情。但是反过来，我是我，他是他，我如果捉摸不到我自己是谁，我永远不可能跟他们比。我如果能够找到我自己的话，就有一个机会比。但对于这一点，很多人都不了解。

　　我对我学生的看法是根据他的文化背景来决定我应该怎么样教学。但是我的其余几位资深的老师跟我完全相反。他们的态度也有他们的理由。他说我是在美国,我在哥伦比亚大学教作曲,你要来跟我学,你学我的、你学美国的、你学我们现在的新东西。我说,我就不同意了,我说如果你一定要他这么学的话,他如果并没有这个意愿的话,你不应该接受他。很多年前我跟我们大学专管教育问题的负责人曾经也提到这一点。他提起,我们哥伦比亚大学有这么多亚洲的学生,这是很了不得的事情。我说的确是如此,但是我有一点问题,心里算是不太痛快。他说,是什么? 我说,我们的奖学金给亚洲学生,这些学生可能是大学生、硕士、博士。换句话说,这些人都是处于从 18 岁到 28 岁这一个最需要对自己文化有认识、有了解的时候,最需要能够在自己的文化环境中工作,对于自己的文化有深入的认识。放弃这个机会,过了 30 岁就不行了。我说,但是我们的任务在哪里? 我认为他有才能,我给他奖学金,把他从什么地方请了来。但是在这个过程中,我又把他研究自己文化的机会取消了,所以我说我们是不负责任的。

　　这也是个经济问题,你不能为某人开一课,说我专门教他自己的文化问题。不过这个问题我认为是从亚洲去欧洲、美国学习的亚洲人,应该自己考虑到的文化问题。你想,如果你去,你运气好,譬如我去耶鲁大学拿个奖学金,你一辈子在那里做,那个时候你自己跟你的文化一点关系都没有,等到你学好了之后,你怎么办?

　　记得在新加坡,我有一次去访问他们那时的文化部部长,就是现在的总理李光耀。我说,你们不教你们自己的文化,如果你需要教你们自己的文化怎么办? 他说我们好的学生送到国外去。我说在你们国内怎么办? 他说我可以请国外的学生。那我说你这个教育和文化有点进出口货物的态度。你的什么东西一下进口、一下出口,你的文化就不知道到哪去了。但是事实上这个问题不只是新加坡的问题,我认为是全世界非西方地区的问题。西方的音乐教育水平下降,就会影响到东方的音乐教育。

　　音乐教育跟商业化有什么关系呢? 这一点很难看得出来,但目前在美国很清楚,就是说,他们从 1970 年以后就发现,通过科技,可以在文化方面、文化产物方面做很大的运作，可以控制文化。比如像现在的美国，我就跟现在我们的教授们讲，我说你不要以为你在这里是负责人民的教育，其实你负责不到。人民的教育是电视上的，从那上面学来的。谁控制电视上的节目，谁就控制教育，谁就控制文化。

从 1970 年开始，美国就完全如此。以前不太容易做的，在科技上没有这个能力，现在很容易。现在大家都有 CD 唱片，对吧？每个作曲家口袋里都是几包 CD，一见面就拿出来了。但是你拿出来没用啊，你一年能够看到几个人给他多少？你给几十个、几百个，但他可以通过商业的方式控制听众，一下子几万、几十万、几百万张 CD 就发出去了，让听众喜欢这个。他们也可以控制作曲家，要他写这样子的音乐。

换句话说，目前是造成一个形势，这种文化其实不是文化。文化是"以文来化国、化民"，就是说用艺术来教育人民。现在不是文化，现在是用商品来教育人民，用商品来维持你国家的文化。这是很危险的事情。但是在美国，政治上也是如此，现在已经到一个情形就是，巨商可以操纵一切，所以根本就没办法。但是亚洲很多社会还不了解这个问题，欧洲已经是没办法脱离这个问题了，已经被操纵了。我最近跟很多人讨论到这个问题。

我认为有一个很大的危险，就是亚洲恐怕已经是处于二度殖民地的地位，这一次不是政治、经济的殖民地，而是文化、教育的殖民地。所以我的态度是，我们一定要认清这些问题，我们要把这些问题抓到自己手上来研究。最重要的就是，不是说某人出名，我就学他，某人的唱片、CD 可以卖几百万张，我就照抄、照做。因为他做的东西跟你根本没有关系，他出名也好，但他是不是真是一个文化工作者，历史可以确定。你得自己了解自己。你怎么了解自己？只有一个办法，就是认识自己的文化。并不是说我赞成复古，我绝对没这个意思。我并不是复古，像我的老师瓦雷兹讲的，他说文化的变迁、音乐的变迁，是像一个螺旋——类似，但是永远不是停顿在那儿，每一次时间一变，空间也变。

如果我们对自己的中国文化不认识清楚的话，第一，我就不知道我是谁了，但问题就是"我是谁"。我不能说是我捉摸得清楚，欧洲某人出名，我全学来了，譬如说是东欧的匈牙利人,这跟我中国人有什么关系? 没有关系。所以问题就是怎么找到"我究竟是什么"。

刚才潘世姬老师讲了,在美国有一阵子很流行用中国乐器。1980年代亚洲来的年轻作曲家们都用,现在还是这样做,给中国乐器写。谁不给琵琶写啊,琵琶、二胡啊,等等。但是我一看谱子,基本上是为西洋乐器写的,不过是说这个要二胡拉,那个要扬琴敲,这个要琵琶弹。那个思想,完全是西方思想,摆在中国乐器上面。那你何必要用中国乐器呢? 我认为很重要的一点就是,一个作曲家非但要看得很清楚,而且要很诚实。就是说,是真的,而不是假的。问题是,你怎么能够知道这是真的? 所以这就回到音乐教育的问题。

我认为,东方音乐教育需要改革,比美国、比欧洲更严重。欧美的音乐教育目前是落伍的。我们现在整个音乐教育制度是西方的教育制度,我们根本没有传统,所以就很危险,我们一定要看得清。因此我认为在亚洲,针对目前的问题,最重要的解决的办法就是艺术教育的改革、文化教育的改革。但是文化教育你不可能改革,除非你把风气改革。

我们这边做过行政工作的人都知道这个问题。你怎么处置一个老师,假如没东西给他教怎么办? 或他只能教这个东西怎么办? 诸如此类的,有种种问题。我认为改革不只是教学问题的改革,不只是课程的改革,而是整个教学风气的改革、教学态度的改革。换句话说,就是需要整个社会上态度的改革。

我经常回到亚洲,前十年,每年我回来几趟,去不同的地方。有一个很鲜明的现象,我现在冒昧地讲。从美国回来,我总觉得这里的社会很封建。很不客气地说,我讲改革的气氛就是打破这个封建的传统。如果在亚洲,譬如说日本,你不打破这个封建制度就很难,问题很大,改革不了。在欧美也有,在德国,我要在德国就是很苦了。一位老教授也许80岁了,他不去世我就没有工作的机会。我不是希望他去世,但他不去世我就没有机会。它也是封建制度。但是亚洲的封建制度比那个厉害得多,影响到思想。

我认为归根结底,总结一下,就是教育的衰落是全世界的现象,但是对亚洲的影响特别大。教育的衰落跟商业——极端的、过度的商业化的兴起——是有联系的。但是这些问题都是非常难解决的。

我现在就想到年轻的时候、初中的时候，我们就读孙中山的文字了。他那时候就讲到许多封建问题，他其实看得很清楚。不过你想，从他那个时代到现在快一百年，我们在这个问题上，到现在还没有能够解决。我认为，东方文化的重要，是历史性的，东方文化不崛起，西方文化也会衰落。我有过几篇演讲稿，讲到这许多问题。譬如说，我认为欧洲文化是绝对衰落的，它是将近于罗马帝国的情形。罗马帝国破坏的时候，相当于东汉的情形。东汉的时候，罗马帝国被灭亡之后，差不多一千年，文化才恢复过来。东汉之后，没有一千年，这是中国人厉害的地方，不过也要四百多年才起来。但是东汉为什么能够没有完全倒下去？就是因为中国的文化传统还被保护在江南一带。

我和南方朔先生都是江南来的，所以我吹嘘一下。江南能够保护南朝的文化，这不是讲笑话，是因为当初它可以有个躲避的地方。现在躲避到哪里去了？没有地方可以躲了。我对亚洲的文化寄予的希望非常高，除非亚洲文化能够崛起，西方文化也一定会衰落，毫无问题。事实上已经在发生了。

你现在老实说，有哪一个作曲家，我们拿出来，欧洲的或者美国的，真是跟过去的作曲家相比，不要说跟贝多芬等相比，就跟 20 世纪中叶像我的老师瓦雷兹，或者勋伯格、斯特拉文斯基、巴托克等，跟他们比行不行啊？影子都抓不住啊！这就是目前的情形，但这个目前的情形对于亚洲来说，可能是一个很大的挑战。如果我们能够抓紧、看清楚，我们能够认识我们自己是什么，我们就可以成为一个很重要的因素，把世界的文化水平提高。我本来想，最后能够讲到很兴奋的事情，英文讲 upbeat（开心乐观），我们有将来。但是时间到了，我只好停在这里。

2003 年 11 月 20 日

潘世姬记录

梁雷、张姣修订

写给马克·斯坦伯格[①]的信

周文中

亲爱的马克：

那天和你谈话很愉快。首先，跟你确认第 4 小节的节奏标记是错误的，你是对的。

你似乎认为我所说到的那些关于意象的内容是对你有帮助的，我想在这个时候我应该尽可能地多向你提供一点实际和有用的东西。更多细节或者我意图更模糊的部分，也许可以在我们见面时进行深入探讨。

最开始的和弦代表了典型的阴调式（代表着女性、负极、"地"等），所有的音高和音程都有其上升和下降的顺序。这些和弦在这首四重奏作品中象征着大地。第 2 至 11 小节呈现了调式进行时的垂直和线性表达。那些独奏乐句传递着每个调式在过程中所拥有的音程内容。另外，和弦当然就是调式的垂直呈现。第 12 小节为典型的阳调式（代表着男性、正极、"天"等）。除了这两种原型之外，还有 6 种调式跟这两种原型的段落相抗衡，并出现在乐曲的开头、结尾或最

---

① 马克·斯坦伯格(Mark Steinberg)是布兰塔诺弦乐四重奏(Brentano Quartet)第一小提琴手。

重要的时刻。顺带一提，不论是上行还是下行时，阴调式是由大二度和小二度并顺着其次序组成的，而阳调式则是由小三度和小二度顺序组成的。

第17小节展现了一个调式的音程内容之典型线性形成方式。顺便说一句，在这个地方用的调式象征着对我们来说可能意味着的一切从温顺到带有动势的"风"。其他的调式所代表的则是"水""光""山""雷"和"湖"（如宁静）。有关的理论和美学的东西就到此为止了。就作曲家而言，所有提到的这些都对作品的结构和表达有重要意义。表演者当然不会有时间仔细观察和研究这些细节了。

然而，还有一个方面应该指出的，就是节奏的结构总是跟调式的特征有直接的关联，特别是音程大小，以及旋律线是上行还是下行。1∶2∶3的比例是这个段落的基础。

第一乐章的主题是在第18到39小节，由第一小提琴呈现出来，并通过一种对我们来说象征着"山"的调式，以及其所拥有的音程、旋律轮廓和节奏特征来呈现的。接下来是该主题在其他调式中的转换。

曲中的"宁静"段落是这首作品的合奏"华彩乐段"。意象描绘的是云不断地形成和变化。它表示着从安静到激动的动态变化。在接近尾声时，该意象仿佛变化成在远处聚集了的风暴，或拍打在海岸上的浪花。停顿逗号之后，其意象是在地上的寂静（可以想成暴风雨后的风景）。

在第41小节，所谓的主题开始经历着持续不断的变化。在这里的线性概念是，一条线不是一条线，而是多条线在同步地做多重的呈现，就像用毛笔画出的书法线条一样。直至第137小节，音乐带有着强烈的情感、回忆、悲伤和快乐，而灵感是来自云的变化、混合和交融。在这里，音乐的动态、节奏和色彩上应当带有很大的变化。

在第114小节，乐曲的气氛转为轻快。这里的意象是飞舞的蝴蝶，或是夏夜昆虫的叫声。从第137到184小节代表了一种从极度温柔到极度激动的持续转变，我们只有从云那里才能在视觉上理解到这种缓慢地在极端表现之间变化的情绪。接着是原主题的回归，但这次是带着双音的。它显然是欢乐的，就像我们在夏天暴风雨过后观察到的树木、小溪、昆虫和鸟类所表达的心情一样。

那徐缓的段落(Lento)是属于高度冥想的。(但那究竟是什么？我真的不知道！)想想你亲身经历过的那种大自然的宁静。如你所知道的，这早就在预料之中。我们应该尽可能耐心和无念地演奏，特别是在这个越来越被科技主导的世界里。这种中断(不是曲式上的 ABA 概念)说明了阴阳之间的相互作用，是具对比的对立面，或者个人感觉与环境以及自然之间的相互作用。结束部分的和弦以其原始形式(即非半音)呈现了"山"调式的上行和下行版本。

我不知道以上说的是否对你有帮助。至少，我希望不会让你感到厌烦。

祝好

文中

1996 年 7 月 21 日(周日)

陈仰平　译

访　谈

周文中：与历史共存

[美] 弗兰克·J.奥特利

今天,能如周文中般拥有斑斓人生的人已是少之又少,更不用说作曲家了。周文中出生于中国山东,出生时间是在清朝(1644—1912)灭亡十余年后。他的家族血脉可追溯至宋朝(960—1279),其本人又是成长于一个社会与政治的过渡时期,彼时,传统东方与当代西方的文化曾有过短暂的共存。在目睹了第二次世界大战的惊骇惨状并侥幸逃脱日军侵害后不久,周文中来到美国耶鲁大学学习建筑,可还没满一学期他就退学了,因为他深知自己内心的使命感召是音乐。在波士顿跟随尼古拉斯·斯洛尼姆斯基(Nicolas Slonimsky)短暂学习后,他搬到了纽约,在那里,他遇到了埃德加·瓦雷兹(Edgard Varèse)。在这位法裔美籍的传奇人物位于格林尼治村的家中,周文中跟他上了两三节课后便成为他的助手,帮助他把晦涩难懂的手稿变成可理解、可演奏的乐谱,那栋房子后来成为周文中夫妇数十年来的长居之所。

尽管周文中的人生导师是如此传奇的音乐革命家,但周文中本人却是一位矢志不渝的传统主义者,将其一生投入东西方音乐遗产的汇流事业之中。在其成长历程中,周文中遍览了中国音乐(其中很多如今已经无法听闻)的万千姿态，而在他年幼之际，就与西方古典音乐有了最初的邂逅。他自九岁开始学习小提琴，很快便陷入对弦乐四重奏的痴迷之中，并令其成为自己的毕生钟爱，但是直到 1996 年，弦乐四重奏方才在他自己的作品当中得以明确的体现。周文中的创作过程向来缓慢且深思熟虑，正如我们交谈时他所说的那般：

> 我的作品很少，因为我在创作的时候思考得很多。即便是作品在心里已经铺排好了，我也会层层深挖。这是天性使然，但也跟我的背景有关。我是有压力的，我可以凭自己的喜好去写一个作品，可我又觉得那对我来说漫无目的。

事实上，周文中曾封笔将近二十年（1966—1986）。令我好奇的是，瓦雷兹也有过类似的创作中断情况，在 1936 年创作出长笛独奏《密度 21.5》（*Density* 21.5）之后，一直到 1954 年创作《沙漠》（*Déserts*）期间，他未曾出版过任何音乐作品。

还有件事也有些匪夷所思，瓦雷兹对《沙漠》的创作其实早在几年前就已经开始了，而恰恰在那个时候，周文中出现了。同样也是在那段时期，周文中结束了自己多年的创作沉寂，带领一批中国作曲家前往美国学习作曲，其中包括谭盾、盛宗亮、陈怡、周龙和葛甘孺。但这些巧合并不像好莱坞大电影编排得那般整齐划一。首先，周文中并不认为自己在瓦雷兹重新回归创作这件事上有什么功劳可言。出于同理心，他认为瓦雷兹从未停止过作曲，反倒是他自己，没能掌握应有的技术，致使那些年里从事的几个项目都不得而终。其次，对于自己所做的事情缺乏通盘的理解，这让周文中感到沮丧。至于后来的人生，在 1965 年瓦雷兹去世之后，整理他的手稿就成为周文中全力以赴去做的工作。与此同时，除了在哥伦比亚大学担任全职教职以外，他还要为该校艺术学院的发展建设做很多工作。这些加在一起，让他完全没有时间进行自己的音乐创作。后来，他越来越多地参与到与中国建立学术联系的工作中，这也让他在中华人民共和国成立以后，第一次回到祖国。然而，他又马上加以说明，他回归作曲与他的学生们没有任何关系，因为他一直在尽力避免和学生们谈论自己的音乐。

　　　　我完全没从这个角度对待我的学生，当时我的想法就是帮助中国
　　有才华的年轻作曲家接受高水平的西方训练……我决定不以自己为样
　　板。他们不应该被我的观点所左右。

　　在与周文中长达两小时的交谈中，讨论经历了许多转折。然而那次的交谈
似乎只是个开始，我真想再多待几个小时，甚至是几天。除却周文中非凡的人生
经历和他对于音乐、文化以及历史的思考之外，他那传闻中的家也让我度过了一
个极为特别的下午。瓦雷兹的英灵，在其离世近半个世纪之后，依旧在那栋房子
里营造出强烈的存在感。在我们之间的那张咖啡桌上，摆放着一个有着两千年
历史的中国花瓶。在楼上，他用于创作的书房里——虽然有点像瓦雷兹的神
龛——琳琅满目地陈列着他收藏的亚洲各地的乐器，还有一根弗朗兹·李斯特
曾经用过的指挥棒。那里映入我眼帘的一切都在不断地提醒着我，文化汇流乃
是周文中毕生的事业。

　　奥特利（下文简称"奥"）：我们坐在这个房间里，旁边是一个有着两千年历
史的花瓶，还有一块很可能是在湖底历经几个世纪才演变而成的自然雕塑的文
石。这两个物件都来自中国，就是你成长的地方。中国有着不同于我们国家的
文明，尤其是它更加的古老。那么你对于生活、音乐、艺术、文化和人际关系的很
多想法，皆由你的成长背景衍生而来。我曾在某处读到，说你是宋朝某位哲学家
的后裔。如此厚重的背景，意味着你在成长过程中须"负重前行"。

　　周文中（下文简称"周"）：在一个历史悠久的社会中，这个问题是所有社会
成员都需要面对的。坦率地说，在中国人看来，宋朝并没有那么古老。所以，虽
然不是极为古老，但仍然意味着令你感到它的厚重。可贵的是，对于我来说，它
甚至比信仰更重要，因为你得用心和脑才能感受得到。当你意识到这一点时，你
自然就会问："那么我该做什么？我究竟有没有做对了什么？我该怎么付诸行
动？"从我最初对音乐感兴趣开始，这些问题就影响着我。我认为这很重要。在
自己选择的道路上你所能获得的最高成就，很大程度上取决于你对这几个问题
的回答：我是谁？我在为谁发声？什么是我的传承？我有什么权利这么说话？

如果我对文艺复兴时期的音乐一无所知，我就没有资格谈论这些，我甚至没有权利去效仿。对于很多创意艺术家来说，这是个很严峻的问题。他们认为——我来，我看见，我征服——然后就在自己的音乐当中实施模仿，或者开始从中"抽取"一套新的理论出来。在我看来，这不是纯粹的、文化的诚实。只有当你明白了这一点，你才能成为一个真正的艺术家，因为艺术家是需要有创造力的。这就是我的信念，它来自我的心和脑，而且心更重要。你需要血液，否则你的大脑就无法运转。这一点非常重要。你的传承其实就在这里。

奥：听起来很有趣，而且这显然是事实，不过你在美国生活了60多年。这里的人看待事物的方式很不一样，也没什么古老可言。我们今天拆一栋楼，明天再建一栋新的，这种思维方式与你的似乎有些对立。所以，尽管你在这里待了这么久，但在某种程度上你并没有真正地成为美国人。

周：我认为没有人会彻底忘记自己的过去。你的过往一直与你形影相随，它是你无法否认的存在。你不可能对它拒之千里，它就在你之中。当然，除非有人——比方说，就出生在这个国家，家中数代人都已经在这里生活，那么他的改变会是彻底的。但除此之外，我坚信，过去是存在的。

奥：那么这个观点怎么应用于音乐呢？你在中国长大的时候，皇帝已经不复存在，中国也不再是封建帝制，在某种程度上它已经是个现代国家了。尽管如此，它的文化仍然与古老的文学、音乐和视觉艺术传统有着千丝万缕的联结。在20世纪30年代的中国，人们鲜少接触西方古典音乐，也不接触西方流行音乐，甚至对于任何在那个时候很国际化的音乐都知之甚少。所以你听到的可能主要都是中国传统音乐。

周：实际上，这个问题很复杂。其实我很幸运，我出生在一个兼容并包的世界里。我听过各式各样的中国音乐，这是当下大多数中国人做梦也想不到的。我说的不是少数民族音乐、乡土音乐之类的，而是在大城市、文化中心能够听到的那种。街头巷尾都能听到音乐，地方性音乐对我来说耳熟能详。如果我们乘坐火车或汽车出行，我能凭借听到的音乐来判断自己到了哪里。

奥：我知道那个时候有一些西方作曲家在创作中融入了中国音乐的元素，

也有一些中国出生的作曲家使用了西方乐器进行创作，再加上各种录音音乐已经开始在世界各地广泛传播。

周：嗯，我不得不说，在这方面，我受益于19世纪末20世纪初的环境。那时候我所在的城市已经融入了西方文化，同时也保留着中国传统。我第一次发现音乐对于生活的重要性是在青岛。我们在那里的房子有一个大花园，傍晚的时候，大人们允许我在户外玩耍。有一天，我听到一些奇怪的声音，于是我走过去，就听到了音乐。我打开门，看见佣人们正在高兴地歌唱。他们弹着中国传统乐器，喝着最便宜的高粱酒，我还能闻到那刺鼻的味道。也就是在那个时候，我意识到了音乐与快乐的关系，也认识到了音乐的重要性。在那之后不久，等我稍微长大一点了，母亲会在下午的时候带我一起去拜访她的朋友们。当母亲和朋友聊天的时候，我会四处寻找一些可以自娱自乐的东西。有一天，我偶然走进一个地方，看到了一件很奇特的物件——脚踏风琴。我不是莫扎特那样的天才，我不能在那件乐器上创作歌剧，但我确实学到了一些东西。你知道是什么吗？不是调律。我没有绝对音高——我当时甚至不知道绝对音高是什么——但我发现了琴下的踏板。我踩下踏板，试着在琴键上弹奏，我踩得越深，声音就越大，反之，声音就越轻柔。这一现象深深印在我的脑海中，挥之不去。如果你去保罗·萨赫基金会（Paul Sacher Foundation）看看我的乐谱，你就会发现，我用的渐强—渐弱记号可能比德彪西用的都多，那纯粹是因为在聆听音量的大小变化时我获得了无限的乐趣，那是一种无法抗拒的诱惑，即便是现在，我快90岁了，依然如此。这就是我所说的——你的过往、背景、环境和你的传承，这些都是至关重要的。

我是什么时候决定成为一名作曲家的？许多作曲家可能就像莫扎特一样，在那样的氛围中成长，他自然会成为一名作曲家。可我没有那种运气，也没有那种环境。由于日本侵华，1937年，我父亲带着全家搬到了上海。在上海的租界区，外国人在那里生活可以不受中国法律的管制。随后，中国人也可以迁驻那里。战争开始以后，很多人都去了那里，父亲也带着我们去了，他让母亲带着我们住下，可他自己又不得不撤退到中国内地。那时候我已经能看英文报纸了。

在上海，你可以买到中文和西方语言的报纸，主要是英文和法文的。于是在一份报纸上我读到了这样的标题：作曲家莫里斯·拉威尔（Maurice Ravel）逝世。这让我惊讶。那时候我还不知道拉威尔，甚至没听过他的音乐，是后来才听到的。我想："作曲家？我从不知道原来作曲家还能是活着的人。"我以为音乐都是由已故之人写的，因为我听说过的每个作曲家——中国的或西方的——都是逝者。于是我感慨："我热爱音乐。我要成为一名作曲家。"坦率地说，拉威尔逝去得太早了，然而，若不是因为我读到了他去世的那篇新闻报道，我是不会梦想成为一名作曲家的。这对我的影响太大了。

奥：我猜你的家人希望你从事的是其他领域的研究，而不是音乐。

周：是的，一些更"严肃"的研究。

奥：你刚才说你不是莫扎特，不能在脚踏风琴上写出歌剧来。那么莫扎特是在摇篮里的时候，他的父亲就决定要培养他成为一名作曲家了，但你学的是建筑。所以对你来说，成为一名作曲家是相当叛逆的事情。

周：在20世纪20年代至40年代，受战争影响，有很多中国人出国留学。然而，选择学习音乐的人却是少数，并且这些少数人所做的事，其实是在"复制"。我特意用了"复制"这个词，是因为他们写作的东西不单单是模仿，而且是对西方音乐一无所知的模仿。到了20世纪20年代，人们对清朝的灭亡反应很强烈，而清王朝在那个时候已经存在近三百年了。所以知识分子或者说知识分子家庭的后代们，认为唯一的出路就是学习西方、重建社会。那么在我看来，他们其实是在接受另外一种自卑情结。"我们已经浪费了几百年的时间，让我们迎头赶上吧。"但迎头赶上并不意味着你要承认自己不如别人。"如果你真的低人一等，那你永远也赶不上"，这就是我对同事们说的话，我说："如果你想赶上某个人，你不能只是跟着那个人，你得找到新的方法去超越那个人。而你的新方法可能就是中国的老方法。"

奥：所以在你来这里之前，你就已经有了将西方音乐与中国音乐思想、音乐理论、音乐模式融会贯通的想法，并以此作为自己一生的事业。

周：对，没错。我确实觉得自己只有通过西方的音乐才能更全面地掌握音乐的艺术。因为我的耳朵告诉我，西方音乐有着更多的可能性。而中国音乐，是需要被感受的。你不知道我所听到的中国音乐是怎样的。我走路去学校，突然看到一群人，大概十几个，他们围着一个表演者，只需上前投几分钱，便能驻足聆听。所以我就是这样接触中国的古典音乐和独具特色的地方音乐的。我的家人经常去各地旅行，这对我来说也是一种很好的训练，因为这让我避免了陷入沙文主义，避免了我只对某种音乐感兴趣。

奥：但你来美国不是学习音乐的，而且，或许在你做决定的时候，对于一个想要学习西方音乐的人来说，美国也不是首选。想要精通西方音乐的人，很可能会选择去欧洲。那么你来到这里是学建筑的，可最后还是给音乐让位了。

周：这纯粹是偶然的，我不确定这究竟是不是个错误。如果当时没有对日战争，而且我的父亲又允许我自己决定去向的话，那我可能会选择意大利或维也纳。我甚至考虑过巴黎或者德国，但当时，与柏林相比，维也纳在文化上还是占了上风，而意大利确实是我梦寐以求的国度。那时候，我已经在收藏唱片了。我听了所有的弦乐四重奏，所以从初中开始，我就痴迷于四重奏了。我对音乐的热爱纯粹是偶然的。当时在汉口（今天的武汉）有很多外国人的租界区，其中法国人在文化主导方面非常强势。我大哥放寒假回家，我们决定一起去找最好玩的玩具。路过法租界的主要街道时，我们看到了一个漂亮的商店，橱窗里面挂着五颜六色的东西。于是我们走进去，我们惊呆了，因为那些圣诞装饰美极了！我们看到了一个很吸引人的东西，但是很贵，所以我俩凑了凑钱，买下来带回了家。大哥很快就意识到，那不是玩具，是件乐器——一把四分之三规格的小提琴。作为家里的长子，他说："我想找个老师学琴。"于是父亲为他找了一位小提琴老师。才上了一个星期的课，他就产生了当老师的念头。于是他指着我说："你就是我的学生。"于是，他从老师那里学到的所有的东西，就都传授给了我。这就是我走进音乐的开端。

奥：有趣的是，弦乐四重奏起初就是你的挚爱，可是成了作曲家的你，直到20世纪90年代末才觉得是时候用自己最初喜欢的西方音乐形式进行创作，这可是一段极其漫长的历程。

周：是啊。这是有原因的。在中国，最重要的音乐是琴曲。古琴演奏者实际上就是作曲家，他们不为自己演奏，而通常是为一个能够理解和懂得聆听自己音乐的人而演奏，这是一个交流的过程。从这个角度看，我认为弦乐四重奏就是一种"西方的琴曲"，在这种情境下，四个人是在和听者进行他们思想的交流。这么说来，我作为创作者，其实也是听者，而四重奏作为整体就是一个人。他们必须如此，因为四重奏的初衷就是这样：四个人的共奏。当我作曲时，我是和四重奏这个整体在进行交流，就像我和古琴演奏者交流一样。所以我写的那些四重奏都是非常个人化的。这真的是一场和自己的对话。在《浮云》之前，我是没有写过弦乐四重奏的，就是说我还没有准备好与自己展开一场亲密对话。

奥：回到你决定去美国而不是欧洲学习的话题上。当然，当时的欧洲正在爆发一场撕裂欧洲文化的战争，让很多欧洲顶级的作曲家——包括斯特拉文斯基、勋伯格、巴托克、马尔蒂努、米约、欣德米特、库尔特·威尔——都逃到了美国。尽管人们把欧洲视为西方古典音乐的发源地，但到了20世纪40年代，那源头已经荡然无存了。所以你来到美国，在耶鲁大学学习，打算成为一名建筑师，很可能是为了学成后回到中国，重建中国，让它成为一个现代化的国家。但后来你改变了决定，打算成为一名作曲家，跟随奥托·鲁宁（Otto Luening）和尼古拉斯·斯洛尼姆斯基（Nicolas Slonimsky）学习。

周：那场战争其实持续了四年多。在中国持续了八年[1]。最后的四年，我完全是孤身一人。我想讲一下这个背景，这样大家就会看到一个人的决定是如何被所处环境所左右的。在1937年之前，我已经在认真学习小提琴了，同时也在尝试着自学其他乐器。我给你看过一把琵琶和一把曼陀林吧，其实，那把曼陀林是我二哥在当铺买的，但他没怎么弹。我发现它的指法（和小提琴）是一样的，于是我就开始弹曼陀林了。我自学了各种乐器，这是一个有趣的迹象，表明我是真的入迷了，因为那个时候我们必须非常严肃认真地对待文化课，几乎没有时间练琴，所以每天为了能抽出几个小时练习小提琴，我必须非常努力地学功课。日

---

[1]　编者注：目前准确的提法是"十四年抗战"。

本人侵占了中国大片的土地，还有拉威尔的离世，让我觉得我必须成为一名作曲家。可是我不敢告诉父亲。珍珠港事件发生的时候，我刚进入大学，如果把想要成为音乐家的想法说出来，那会让所有人指责我不爱国。尽管战争已经开始，可我还是足够幸运的。在我练习莫扎特或巴赫慢乐章的时候，炮火轰鸣声不绝于耳。任何参加过战争的人都知道，那声音听起来像一群狗的吠叫。我记得练习莫扎特的慢乐章时，就听到了这样的狗吠声，然后还会闻到一种气味。想象一下，一个13岁的男孩，演奏着美妙的维也纳作曲家写的慢乐章，然后他听到炮弹接连不断地从头顶飞过，然后是爆炸声。到了夏天，推开窗的那一刻，眼前的一切都变成了灰色，最终你还会闻到死亡的气息。在这种环境下演奏浪漫的欧洲作曲家的音乐，你会感觉如何？

那真的给我带来了很多困扰。我不知道该不该参军去打仗，但我毕竟还太年轻，所以很难决定。当然，今天的艺术家们都有着各自不同的经历，但我能理解为什么二战后欧洲会有那样一股复兴音乐创新的力量。我不敢告诉父亲和同学，我想成为一名小提琴家。我只是拉琴，仅此而已。但后来我觉得我必须学习一些重要的东西。我真的不想学习工程。我哥哥其实学的是电气工程，在战争期间为这个国家作出了巨大的贡献。所以我想我也得做个有用的人，我想到了建筑。我说："嗯，这当中一半是艺术，一半是工程，而且中国需要重建。"所以就在那时，我决定了学建筑。

那年夏天，我被上海的圣约翰大学录取了。然后日本人来了，无论有没有租界，上海终究还是被占领了。我刚满18岁，若是被日本人征召入伍，那便是难以置信的灾难，所以我不得不逃离。我逃出来了，但留下了母亲和年幼的弟妹们在上海。这些都是人生中的凄苦。幸运的是，我没有被抓，但我看到过，听到过，也被追捕过。不知为什么，幸运总是伴随于我。某个夜晚，日本兵来到海边的一个小村庄里搜捕我和我的同伴们。我们不得不翻过后院的墙爬到隔壁，那是个只有一间房的小餐馆，里面正在举行一场小型婚礼。我们穿着睡衣，所以我们看起来很像农民。我被头顶上发生的一切彻底吓坏了——人们被暴虐；哭喊声持续了好一段时间。有士兵下楼来搜查。我幸免于难，因为一个坐在那里喝酒的婚礼客人拉了我一把，把他的手臂放在我的头上遮住我。他递给我一个酒杯，说："喝酒！高兴！"一个日本兵就从我背后走过，但没认出我来。想象一下那一刻我是什么样的心理。在那之后，我说："不，我必须成为一名作曲家，我不想盖房子。"我的孩子们抱怨说，小时候在家里他们不想听我的音乐，我的音乐让他们害怕。

奥：但你还是来了这里，而且最初还是报读了一个建筑学的课程。

周：那是因为我不得不这么做，我必须完成我的大学学业。由于学校没有建筑学课程，我获得的是土木工程学位，拿到学位时是1945年，战争已经结束。彼时，我写作了一篇关于潜在建筑创新的论文，并寄给了我的哥哥。他当时已经在美国的麻省理工学院任教，他将我的论文寄给一些学校，为我争取奖学金。出乎意料的是，耶鲁大学录取了我，这就是我在那里就读的原因。待我到了波士顿后，哥哥带我去了耶鲁，他与我道别，祝我好运。但我记得，有一个多星期的时间，我都待在自己的房间里，拿不定主意是否真的想继续接受这份奖学金。你能相信吗？我能来这个国家的唯一途径就是接受耶鲁大学的奖学金，并注册成为一名学生。我去见了院长，并告诉他我决定不继续读了。后来当我自己也担任院长时，便很清楚他当时的感受，但我觉得我别无选择。这也让你看到了艺术家非常重要的另一面，如果你对自己的艺术有执念，那你必须得胆子大，不要在乎评论家或其他艺术家说什么，你就是要去做。你需要理解我所承担的风险，我获得了巨额奖学金，却没有别的经济来源，我无法生存。除此之外，我还得面对美国移民局，因为我的签证是基于入读耶鲁大学而获批的，但我从来没有想过这些问题。我坐火车回到波士顿我哥哥住的地方，我以为他真的会把我赶出去，或者让我回中国，但是并没有。他拿起一封信说："这是父亲的来信，你看看吧。"我打开信，那是父亲的笔迹："我知道文中真的很想成为一名作曲家，学习音乐。如果他非要如此，那就由他吧。"你能想到我竟然有这样一位父亲吗？真的吗？从我读初中开始到大学毕业，他一直都不同意（我的选择）——非常坚决，毫不妥协。然而，他悄悄地告诉了我哥哥。他是在考验我，"如果是生死抉择，他的选择依然是当作曲家，那就让他去吧"，这就是他的立场。

奥：你最终是在这里学习音乐的，尽管你多次回到中国，但你现在所有署名的、出版的和演出的音乐，都是在这个国家创作的。所以你会认为它们是美国音乐吗？

周：当然会，尽管有些人可能并不认同。我觉得我很幸运，从一开始就在这里。我觉得当时欧洲的教育对我这样一个来自完全不同文化背景的作曲家来说是不合适的。能来这个国家，我是幸运的，因为这里还有像尼古拉斯·斯洛尼姆斯基和瓦雷兹，以及奥托·鲁宁一样的移民。鲁宁跟随父亲来到这里，但却是在德国受的教育，而不是在这里，你看，我运气多好！也可能是因为我总是能和对的人打交道。我去看了斯洛尼姆斯基，因为他演奏瓦雷兹的音乐，我想知道为什么作曲家要那样创作。凭他说话的方式，我确信，斯洛尼姆斯基对音乐的见地极深。事实上他也确实很懂，所以我去见了他，想成为他的学生。如果我当时找了别人，那我可能就犯了大错。我以为他会问我关于 19 世纪或 20 世纪初那些伟大欧洲作曲家的问题，但你知道他问我的第一个问题吗？"你对中国音乐知道多少？"我尽可能诚实地回答，说："我不知道。"其实比起很多同龄人，我所知道的要多很多。从他的表情和声音，我明白他想要真相，而不仅仅是"哦，是的，我弹过二胡和琵琶"。我还会京剧，我对藏族音乐也很感兴趣，但我没说，我说："不，我真的不懂。"他看着我说："那你来这里干吗？"他说："你为什么不先去学习中国音乐呢？"我说："我想学中国音乐，但我也想学西方音乐。"所以，我的学习就是这样开始的。你看，这并不是我是不是美国人的问题，也不是一个人在多大程度上是美国人的问题。我在这里度过了大半生，可是对一些人来说这却是一辈子。来到这里的时候，我 23 岁。

奥：在那之后不久，你就遇到了瓦雷兹，他成了你生命中非常重要的一部分。

周：毫无疑问。其实在斯洛尼姆斯基之前，我就在波士顿遇到了一位著名的音乐评论家——沃伦·斯托里·史密斯（Warren Storey Smith）。我想他是《波士顿先驱报》的撰稿人。他是个典型的新英格兰人，总是穿着束腰外衣，来回踱步。那是圣诞节期间，所有当过老师的人都知道，那段时间里老师是要逗学生开心的。所以，在圣诞节放假前的最后一节课上，他说："我想给你们听一些音乐，然后请你们告诉我这是什么。"于是，他开始播放，你能看得出来他很得意。那纯粹是噪音，疯狂的噪音，令人难以置信的噪音，但绝不是战争的噪音，而是一种无害的噪音。原来，那就是瓦雷兹的作品。可能20世纪20年代的录音技术对他的作品不太有帮助，但那个声音让我深陷其中、无法自拔。在亨廷顿大道上，我徘徊于新英格兰音乐学院和美术博物馆间的身影至今依稀可见。我问自己："为什么一个作曲家要制造那样的噪音？那究竟是什么？"我没有乐谱，这困扰了我很久。1949年时，我由于身无分文，不得不来到纽约和哥哥住在一起，因为他搬到了纽约。

与此同时，我仍然努力地学习音乐，但对我来说，选择老师是个难题。我听说过博胡斯拉夫·马尔蒂努（Bohuslav Martinů），我想我可以跟他学习，因为他也不是西欧人。尽管捷克斯洛伐克是东欧的一部分，可它们的文化是不同的，所以我想他可能对我所感兴趣的音乐有更好的理解，这就是我的出发点。他收我为徒了。在新英格兰音乐学院，我学习了对位法等很多内容，那里的课程非常保守，对此我心存感激。于是我决定用中国的观念解决对位法的问题。当然，这非常困难，因为中国音乐基本上是单旋律的，它不是五声的，但给人的印象又是五声的。所以我试着设计出了一些结构框架，对此我感到非常自豪。我把它拿给马尔蒂努看。通常，老师们会在钢琴上弹出来，然后大多数都只会说很好或者不太好。但他只弹了几个音就停下了，转过身来。"为什么？"他问。我理解这句话的意思是："哦，你真蠢。对位法不能用五个音高来完成，你的属主到主音的解决在哪呢？"于是我向他道歉。后来，我向自己发问，等一下，为什么我们需要调性解决呢？是谁的决定，上帝还是某人，必须得让一首曲子结束在主音上？还必须得用属音做铺陈？即便是用了下属音，都算是错的。可是当我想明白的时候，他已经去世了。所以，我觉得我亏欠他，因为我应该告诉他我的想法，听听他的意见。

在那之后，我遇见了科林·麦克菲（Colin McPhee），这纯属偶然。这样的故事，约翰·凯奇（John Cage）一定很爱听。1949年，我刚到纽约，像往常一样，我首先要去的地方是博物馆或者音乐厅，于是我走进了现代艺术博物馆。推门的时候，在门的另一边我突然看到了一个中国女孩，她是我的发小，战争开始后我们就再没见过面。她说："你在这里做什么？"我就告诉了她。然后她问我能不能帮她一个忙，她计划带一位作曲家去唐人街听中国戏曲——更准确地说是粤剧——可是她得了流感。她说："你能带这位作曲家去吗？"我说："是谁？""科林·麦克菲。"我说："哦，这太有意思了！"我对他在巴厘岛的经历很感兴趣。所以我见到了麦克菲，他非常棒。他不停地跟我聊我理想中的老师人选，聊了好几天。最后，我们浏览了一下纽约的作曲家名单，还是认为没有合适的。突然有一天，他说："就是他。瓦雷兹就是你的老师。"就这样。但他说："我可以打电话给他，我相信他会收你为学生的，但你得答应我一件事。你就像一个年轻的诗人，而瓦雷兹就像一座火山，火山会周期性地喷发，你必须得抵抗得住。你答应我了，我就给他打电话。"

后来，有一天瓦雷兹拨打了我的电话，我就去见了他——就在这个房间里，在你身后，就在那儿。他的钢琴在这个位置，那时候键盘是朝那个方向的。他很尖刻，我们几乎没有握手，甚至还没有坐下，他就说："你的音乐呢？"来之前我一直举棋不定，但最后还是带了一首让我感到很惭愧的曲子，那就是《山水》的第一乐章。那时候我觉得自己很傻，作品很差劲，就那么几个音符，而他写的都是那么复杂而嘈杂的音乐。我没有别的作品，只能给他看一个作曲练习。于是我就给了他，他抓起来拿到钢琴前，端详了很久很久。我估计至少有二十分钟。我当时想："大呐，这么简单的一段，这么短，我只写了第一乐章。他为什么要花这么长时间看？他一定是在想着怎么打发我，怎么跟我说'算了吧，你不可能成为一个作曲家'，然后礼貌地，又或是恐怖地拒绝我。"我的身体在颤抖。他转身向我走来，说："太美了。"我简直不敢相信。然后我意识到他也在问一个同样的问题："为什么这音乐这么简单？"显然，这引起了他的关注。从那以后，是的，命运改变了。我们在个性上很默契。我只跟他学习了几个月——我想我是在七八月认识他的，到了十一月，他就让我做他的助理了。他从一开始就对我充满信心，我们的关系非常不寻常。

奥：这确实不寻常，你那个时候写的音乐和他的音乐非常不同。

周：没错。

奥：但要做他的助手，帮他整理东西，你就必须想办法走进他的大脑，可你对音乐的想法和他很不一样，所以这其实是非常了不起的。人们可能会在你后来的作品当中听到瓦雷兹对你的持久性影响，但《山水》听起来与瓦雷兹的风格大相径庭。

周：1948 年，我做出决定，要成为一名独立的作曲家。我舍弃了早期的作品，着手创作《山水》。第一乐章由我独立完成，其余部分是与他共同完成的。瓦雷兹确实是个品德高尚之人，但同时也极为严厉。你可能会说，他在人际交往方面极为坦诚。如果他不喜欢什么，便会直言不讳，他甚至并未意识到此举会有多伤人。举个例子，我想应该是 1952 年，我刚刚进入哥伦比亚大学攻读研究生学位，是我自己发现了韦伯恩（Webern）。当时的纽约，很少有人谈论韦伯恩。我是在东河边第 59 大道桥下的纽约公共图书馆音乐部发现他的音乐的。我聆听了韦伯恩的所有作品，并受到他的影响。我开始尝试，因为他的音乐听起来很像中国的古琴音乐，在音色、音域及力度方面不断变化，而且音高之间脱离又回归。这种极具典型而又颇为抽象的表达，与中国古琴音乐极为相似，这便是他的音乐留给我的印象。所以我开始进行实验，探索如何以中国古琴音乐为灵感，向韦伯恩学习怎样在西方乐器上表达中国古琴音乐美学。

我没把这些告诉瓦雷兹，所以他认为我写的东西只是在模仿韦伯恩。他容忍了我两三个星期，有一天，突然转身问我："文中，你想成为作曲家吗？"我感觉到了有什么地方不对劲。"是的，我渴望成为作曲家。""那你必须拥有胆量。""我认为我很勇敢，我愿意接纳一切。"接着，他说道："好吧，总有一天你得在你的音乐上'撒尿'"！我想，应该没有哪个老师会在实际的教学过程中，让学生在作品上尿尿。可能将来会有这种情况。但这还不是最极端的，他接着站起身来，指着我的乐谱说："现在就去！"然后他就上楼去了。我回到家，感觉自己的生活就此陷入绝境。我是依靠哥哥的资助才得以在此生存下去。我该怎么办呢？多一块钱我都没有了。但当我走进哥哥的公寓，来到钢琴前时，看到了另一份被我遗忘的手稿。那是我的另一个实验作品——《唐诗七首》。我别无选择，要么从此不再见他，要么就给他带去自己的新作品。我也没预料到他会接受那个作品，但我还是带去了，只是不敢交给他。当我进入房间时，他并不在。于是，我抓住这个机会，把手稿放在了钢琴上最为显眼的地方。我以为这样我就可以走了，结果在我正要出门时，他进来了。有时候，我不善言辞，缺乏演讲技巧；但有时候，在困境下，我也会受到鼓舞而有所行动。当我看到这个高大的身影走进来的时，我就知道我有麻烦了。于是，我小心翼翼地说"我要去洗手间"，然后走进他的浴室，关上门，给他足够的时间去看我的手稿。我回到房间时，他还在专注地看着手稿。听到我进来，他转过身来对我说："文中，这才是你。"随后，他就雇我做他的助理。

奥：我很想多了解一点《花落知多少》。我有一张 LP 的唱片，我很珍惜。这是一首很美的曲子，非常动人，也非常微妙。这个作品出版之后，在足足一年的时间里，它成了美国作曲家新管弦乐作品中演奏得最多的一首。但是现在 LP 已经绝版很久了，再也没有 CD 或其他格式的录音了。非常令人沮丧的是，这么高质量的一张唱片，曾经受到了如此多的关注，现在却受到不公平的忽视。

周：我也不知道。我只知道它有一年是被美国七大乐团演奏过的。而且，我了解到《音乐美国》杂志（*Musical America*）每年都会统计谁的作品上演次数最多。在那个时候，这对现代音乐来说是现象级的。你是对的，在我看来，《春风里》《花落知多少》《山水》是我真正的早期作品。但你可以看出来我写的是诚实的音乐，我自己的音乐。我试着敞开内心，我不曾想过什么是时髦的，或者什么是吸引人的。二战后，人们开始寻找不寻常的音乐。在某种程度上，那是一种在音色、音质、结构上对人耳甚至几乎所有感官都充满刺激的音乐。但同时，那也是一种简单的音乐，因为人们很容易做出反应。从 1952 年开始，我就在哥伦比亚大学非常活跃。事实上，我是电子音乐中心的第一位音乐助理。我在寻找我自己。很少有人拥有像我这样的背景，所以人们觉得它很有趣，是可以理解的。但是从那以后，我觉得，要让人们感兴趣，就一定得是令人震撼的、完全不一样的、完全不能被接受的东西，等等，也必须是闻所未闻的。你听过这个，他听过那个。那么现在人们的态度不一样了。那时候的态度是——你可以说——更本真或者更幼稚。我们接触到的音乐种类非常广泛。然而，从另一角度看，我们在追求独特性时可能失去了一些精细度。当我们想要听些什么的时候，我们倾向于选择那些结构不同寻常、含有特定理论或哲学的作品。我觉得我们是被20世纪六七十年代的那种倾向给惯坏了。另一方面，那么多种类的音乐对我们来说都已经司空见惯了，以至于今天任何人都很难再去尝试写一首能让人感到震撼的曲子，除非我们自己被震撼到了，否则我想我们现在已经不太会做出什么反应了。我认为，对我来说，这与社会、音乐产业和音乐教育有关。在我这个年纪，我不介意说，这在很大程度上取决于创作者自己的态度。我今天的感觉是，大家都在寻找一些独一无二的东西。我并没有寻找独一无二，但被认为是独一无二的。我是在寻找我自己，如果你了解中国音乐，了解西方音乐史，你就能明白我想做的是什么了。在那个时候，它是有道理的。

我现在还在听贝多芬，听巴赫。我想大多数作曲家都会觉得这难以置信，因为这些音乐是那么的陈旧。我认为我们现在处在一个不断变化的时代。那个时候，可能有人认为我们更幼稚；我不觉得我们幼稚，我们是更单纯。如今，一切都已大幅发展，商业主义盛行。如今的好奇心似乎已荡然无存，除非有些创作打破常规。这种趋势是约翰·凯奇所引领的。

凯奇那首著名的无声作品演出时，我就在现场，和所有你能想到的作曲家们坐在一起。我们都是去听那场首演的。我无法向你描述当时的效果，非常神奇的效果。但仔细一想，我们发现自己被骗了。这很有趣，真的很"启蒙"。我不得不称赞凯奇，只不过这个作品只能演出一次。这就是问题所在。你可能会说，对一代人而言是一次而已。大卫·都铎（David Tudor）昂首阔步走上台，调整好琴凳，坐下来开始演奏。突然，他合上琴盖，然后很得体地走开了。观众席中一片寂静——彻底的寂静，比他的表演时间还长。大家都震惊了。人们开始大声喊叫，简直难以置信。这只能是一次性的。但我敢打赌，如今，每五个作曲家中就会有一个仍然在寻找这样的契机，但这种事情只能够发生一次。

奥：回到你的音乐上，你的《花落知多少》取得了令人难以置信的成功，于是你就对你的整套音乐理论进行了编码——可变调式。你的体系变得非常精准，而且非常通透。但是它的发展过程，对于当时的管弦乐团来说是无法实施的，而管弦乐团在当时可能是给作曲家提供最多公众曝光的媒介，所以你转而专注于室内乐。那个时候有一些非常杰出的音乐家，比如"当代乐团"（The Group for Contemporary Music）的演奏者们，他们愿意解决并且确实解决了几乎所有的问题，而且成员们既是作曲家又是演奏者；像哈维·索尔伯格（Harvey Sollberger）和查尔斯·沃里宁（Charles Wuorinen）这样的人，都在演奏你的音乐。但它并没有像你的早期作品那样吸引到更广泛的听众，因为，正如你所说，社会变了。你的音乐一直在成长，但聆听的人却越来越少，我觉得这很遗憾。

周：嗯，这个我不太清楚。我的作品很少，因为我在创作的时候思考得很多。即便是作品在心里已经铺排好了，我也会层层深挖。这是天性使然，但也跟我的背景有关。我其实是有压力的，我可以凭借自己的喜好去写一部作品，可我又觉得那对我来说漫无目的。你看到了，这就是为什么我总是谈及我的童年和我与音乐的邂逅，以及我对东西方差异的洞察。但我对两种音乐都非常热爱，我也相信未来是取决于东西汇流的。这当中有很多理论层面的原因。所以我开始忽略，就像瓦雷兹一样，忽略人们的反应。当我作曲时，我不想我自己，我不想我的听众。我想的是我所钦佩的历史人物，还有那些清楚地知道我们在 21 世纪所面临的问题的人，这样我才可以与这些人很好地交流。

奥：我们聊聊其他的话题。我想进一步了解一下你之前说过的，写音乐很慢、作品很少的事情。这跟瓦雷兹很像，他很少发表作品。像他一样，你也毁掉了你来这里之前写的所有音乐；他也做了同样的事。《阿美利加》（Amériques）是他想让人们知道的第一个作品，但是又有了新的情况。我想在很长一段时间里，在《密度 21.5》和《沙漠》之间，他没写过任何音乐。直到他和你相识之后，才又开始创作了。你也有很长一段时间，大约从 1969 年到 1986 年，在那期间，你没有发表过任何作品。我不清楚，也许你是写了音乐的，但那些年缺了席。

周：我认为我们两人的情况不太一样。瓦雷兹看似沉寂了很久，但实际上他一直有在创作。瓦雷兹的经历颇为悲惨，因为人们总是站在他的对立面，而我却未曾感受到他人的反对，我一直很幸运，也得到了很多人的认可，与他的情况有所不同。我仔细地研究过瓦雷兹的一生。你一定不愿处在我的位置上，因为当你了解了瓦雷兹的感受后，再去欣赏他的音乐，必然会受到影响。他所受到的不公平对待是毋庸置疑的，只是我们没时间去详细叙述。那种不公着实伤害了他，因为他为人十分真诚，并不像如今欧洲的那些顶级大师们。他坚信自己所做之事，并默默坚持着。他没有成立什么学院，也没有教他的学生们用同样的方式思考问题，他很有挫败感。以《沙漠》为例，实际上他在完成《电离》后便立即动笔创作这部作品。他还经历了好几个无法推进下去的项目，但他保留了所有自己喜欢的手稿，或许后来出于愤怒烧掉了一些，但他还是重新利用了很多之前的草稿。这些草稿可以追溯到 20 世纪 30 年代，当时他采用了不同的标题构思了几部作品，其中有两三个尤为重要，比如《天文学家》(Astronome)。现在，已经很难辨别他在哪部作品里用了哪幅草稿。在创作《沙漠》时，他将这些手稿整合交织在一起。因此，他确实在进行创作，却没有真正完成这些作品。

　　早在 20 世纪 30 年代，瓦雷兹就想使用电子手段进行创作。当时，"电子"一词还没有被发明。他耗费大量时间，试图搭建一个声响工作室，但始终没能得偿所愿。在 20 世纪 30 年代后期的某段时间，他几近陷入自杀的绝境，这一点是确凿无疑的。因为我们认识一位身为医生的朋友，正是他设法帮助瓦雷兹摆脱了那次危机。糟糕的是，人们就是不愿把他当回事。在当时，这是闻所未闻的，一个作曲家要实验室做什么？虽然许多科学家对他表示了支持，但当他寻求相关行业的援助时，并没有成功。比如，我在哥伦比亚大学工作时，我有权利使用所有最新的电子设备，但我必须对瓦雷兹保密，因为如果我告诉他任何消息，奥托·鲁宁和弗拉基米尔·乌萨切夫斯基(Vladimir Ussachevsky)就会不高兴。这真的很煎熬。我不能告诉他们瓦雷兹在思考什么。这种情况持续了好几年。但当我进入他生活的时候，他已经在积极地创作《沙漠》了。我每个工作日都在这里。我坐在这，对着他的草稿，写出新的草稿，对草稿加以修订等等。就像拼图一样，真正的挑战在于我必须把它们拼起来，之后再去问他："为什么这里没有音符？""出了什么问题？"当然，这对我来说都是很好的学习机会。

奥：那么，作为一个作曲家，是什么让你这么多年来一直保持沉默呢？

周：在两类事情同时发生的情况下，所有的人都会彻底沉默。第一类很普通。我当时在哥伦比亚大学教书，出于某种原因，我参与了很多工作。我当时在哥伦比亚大学负责规划作曲博士课程。奥托·鲁宁创建了这个专业后只做了一个学期，就退休了。当我获得终身教职后，我开始负责建设博士项目。我还要负责艺术学院的建设和发展，等等。我不想当院长，因为我不想去筹款，所以我只负责教学和学术类的工作。尽管最后，我可能筹集了更多的款项，比院长本人还多很多，但那是另一回事了。而且我的教学是满负荷的。同时，在 20 世纪 70 年代初，我开始促进中美之间的合作，这对于改善两国外交关系大有裨益。为此，我创建了"美中艺术交流中心"，三十年来，该中心一直致力于中国艺术的交流和艺术保护。当时我在哥伦比亚大学有三个职务，而瓦雷兹是在 1965 年去世的。所以我有意暂停手上的工作，我不得不把《谷应》《大提琴协奏曲》等大部分主要作品的剩余工作搁置多年。除了其他工作之外，我的首要任务就是照管好瓦雷兹的音乐。他留下了一片混乱，我遇到了各种各样的问题。来自家庭和专业人士的阻碍消耗了我大量的时间。我不明白，我的工作只是要把装满文件的手提箱交给萨赫基金会。我以为我必须得把它们整理好，因为我了解它们，可这一整理就耗费了几年。

另外，从 20 世纪 50 年代开始，我就在很多音乐组织任职，尤其是那些作曲家的组织，包括担任作曲家录音公司（CRI）的总裁。这个公司当时负责录制许多美国作曲家的作品，这是作曲家在美国市场上的唯一出口。所以，所有的这些加在一起，留给我投入作曲的时间就很少了。而且，最重要的是，作为一名作曲家，我觉得我和他们中的大多数人都不一样。我不会只是坐下来创作，我需要创作的动机。我非常清楚，这不只是技术、理论、美学的问题，还有，与我类似的人该做什么的问题。我不认为我写作音乐只是为了好玩，只是为了个人，或者只是为了那些喜欢演奏我作品的演奏者们。我不想重复自己，并不是我觉得自己有这个义务，只是我想这么做。我的工作是，作为一名现代人，尽我所能回顾中国的音乐遗产，并郑重地提出问题："它值得传承下去吗？"我的祖先在 19 世纪末放弃了它，那么我应该开始重拾吗？还是应该遵循西方传统，写作一部老少皆宜的作品？我想要表达自己的音乐语言吗？我认为我的责任是把我的想法、我的事业、我的工作建立在如何恢复中国音乐遗产对世界音乐未来的潜在贡献之上——中国的音乐遗产是迄今为止历史上持续时间最长的——以时间差为视角，将其与现代思想融汇于一起。

奥：嗯，当你成为瓦雷兹生活的一部分时，他再次以作曲家的身份公开活跃起来。与此同时，你经历了一段沉默期，这段时间，据你所说，是用于加强与中国的联系。你带来了一大批作曲家，他们后来都功成名就，并备受尊重。周龙获得了普利策奖；他的妻子陈怡获得过查尔斯·艾夫斯奖、斯托格奖，并曾入围普利策奖；盛宗亮获得过麦克阿瑟奖，也是普利策奖的入围者；谭盾获得过奥斯卡奖和格莱美奖，还有一部歌剧在大都会歌剧院上演。他们来到这里跟随你学习的时候，差不多就是你回归创作的时候。和他们建立关系，就像瓦雷兹和你建立关系一样，也许当中有什么让你意识到了，你需要回归作曲这件事，因为这件事对你来说太重要了，为了它，你从耶鲁退学；为了它，你承担了被驱逐出境、与家人断联的风险。

周：不，并非如此。我告诉你，完全不是。事实上，这是个核心问题。我认为我不该对这个问题解释太多，因为我很容易被误解。关于瓦雷兹，我不认为他是因为和我的接触而回归《沙漠》的创作的，尽管我和他聊了很多。真希望我能把当时的谈话录下来。他从不抱怨。即使当我在抱怨他所受到的不公待遇时，那也只是我的抱怨，而不是他的。抱怨大都来自我读到的关于他的内容，还有我看到的他的样子。你一定不知道，有时我一大早就过来，有时在这里待上一整天，一周好几次。早上我来后，按响门铃，他会在十一点穿着睡衣出来，轻声说："文中，我昨晚又是一夜没合眼。"为什么？是伤心。他想做电子音乐，这就是他的初衷。我使用的是最先进、最新款的设备。但他甚至没有一台普通的廉价的录音机。当然，他也不愿多说。你可以看出他有多伤心，他从 20 世纪 30 年代起就有这样的想法。对我来说，现在的情况完全不同。我对我的学生并没有这种期望。我的初衷是帮助有才华的中国年轻作曲家接受高质量的西方训练。我决定不把自己作为一个典范，让他们不受我的观点影响。我们当中永远不会再出现一个巴赫或贝多芬，但我们这里有其他有天赋的人。迄今为止，我们已经累积了一段可观的历史——它的长度堪比中国的一个朝代，这是一段值得尊重的历史。我们应当保护好这段历史。我曾发起一个关于 20 世纪技术的研讨会。我很庆幸我将其命名为 20 世纪而非 21 世纪，因为后者已不再适用，这是我必须打好的基础。我认为，当今的问题在于我们忘记了这一点。也许这个国家还有些年轻，但它已不再稚嫩。我们必须清楚这个国家所最能贡献的——社会上的、政治上的，尤其是文化上的。

郭威 译

梁雷 修订

本文原载于《音乐探索》2025 年第 1 期

音乐的价值在于实现文化的新创造[①]

——访著名作曲家周文中先生

黄宗权

著名华人作曲家周文中先生的创作和中国传统文化有着极为紧密的联系，也正由此，使其作品在西方文化界独树一帜。同时，周文中先生对"音乐创作与中国传统文化""中西音乐文化的交流""当代作曲家的责任和使命""东方音乐创作的出路"等等中国音乐界关注的热点问题，亦有长达半个多世纪的深度思考。从本篇访谈可以部分看到他对这些问题的见解。我们认为，周先生的这些观点，对理解其创作观念和作品应有助益，也对当前中国音乐的发展具有一定启发。现将本文作者和周文中先生的访谈以对话体呈现，供音乐界同仁参阅。

黄宗权(以下简称"黄")：我刚才在您的书房里，看到您自己写的书法，如果我没有记错的话，有些书法作品的内容源自您作品的标题。我们就从书法和音乐开始谈起。当然，我这么做也是有理由的。我记得早在 1960 年，有一位音乐评论家，叫施图肯什密特(H. H. Stuckenschmidt)，在评价《花落知多少》(And

---

① 本文源于 2017 年 8 月 1 日在纽约周文中先生的寓所对其做的一场访谈。访谈前，作者先行提交了包含 31 个提问的采访提纲，由周先生现场以任意方式回答。本文是整场访谈的一部分，根据录音和采访笔记整理而成。标题为作者所加。

the Fallen Petals)时,形容您为:"一位音乐书法家,他用音乐之笔再现出书法家最微妙的笔触。"您对这个评价如何看待? 您应该是较早将中国的书法和音乐创作联系在一起的作曲家,您觉得当代音乐的创作和中国传统的书法有一种什么样的内在关联?

周文中(以下简称"周"):《花落知多少》使用的材料和乐器声响有变化。其实还有一部更早的作品叫《花月正春风》(*All in the Spring Wind*),写得更早。从 1950 年代开始,我就对中国书法产生越来越浓厚的兴趣。书法笔墨的运用,在空间里,通过动与静的相互作用,还有线条和织体的变化,最后产生出持续的运动与张力。水墨丹青中还有点、线、阴影和留白等。中国的书法,其实有一种节奏感。尤其是草书,笔画的流动性,速度快慢的变化,在空间关系中的张弛,书法精神和音乐精神是有相似性的。

音乐的音响也是持续的变化过程,线条、音块、音色等因素的变化,组织在一起,像一支画笔。色彩不同的声波在不同空间里跳跃,就像中国书法书写的笔锋在运行时墨汁的流淌。这些通常是中国书画家的手段。音乐当然是一种过程,音乐的表现力就是从这些声音的连续中获得的。书法即笔墨的音乐,音乐是音响的书法。

黄:您说过,对中国文化在创作中的应用,并不简单指应用音乐的素材(即物质的层面),而在于某种艺术精神或者文化气质、哲学的观念? 如果是这样,您认为对于一个作曲家来说,中国文化具有何种特殊的精神或者气质?

周:不光是素材,一切的技术都只不过是媒介而已。《乐记》里说,乐是"心之动",声是"乐之象";"文采节奏"是"声之饰",这是儒家的观念。中国的古人认为,乐音是音乐的实体,旋律和节奏都是外在形式,但是音乐美不在于外部显现的那些"艺善",而在于蕴含其中的"观念"或者"精神",外在的、形式的东西是内在精神的"结晶"而已。

中国哲学有致力于探寻事物个体内在的"道"或者"精神"的美学追求。中国的诗歌、绘画、音乐等艺术,在形式上也总是去体现内在的某种"power"("力")。庄子说"物物而不物于物",其实就有这个意思。我们也可以说,音乐的伟大不仅依赖艺术性的完善，更在于自然固有的精神力量。

我经常将音乐创作的过程看作美学观念结晶的过程。我在早期的作品创作中，尝试用"大道至简"的观念来创作，尽量用精简的手段达到目的。此外，中国哲学在艺术精神上有亲近自然的倾向，曾经引导了很多的诗人、画家和音乐家的创作。

黄：是否可以这样理解：您对中国文化有某种特殊的情怀？长期以来，我对您有一个挥之不去的疑问：是什么原因让一个年少去国、身处异国他乡，在西方文化中创作、研究的作曲家，对自己原有的文化传统如此念念不忘，耗费毕生精力，上下求索？

周：我在中国长大，小时候在青岛。印象中记忆深刻的事，很多都和音乐有关。小时候，我听到后院仆人在开饭前，吹笛子、唱歌，在那儿自娱自乐。那种"做"音乐的精神就是我现在创作的态度。我读高中时，立下了作曲的志向，也和一次经历有关。有一天晚上，我听着窗户外，小贩打着竹板吟唱，卖夜宵，那些声音时远时近，不断变化。我当然是在中国的文化传统中来听这些声音的，这些早期的经历，让我不停地去思考：我该用什么方式创作？中国的？还是西方的？

我是在日本侵华期间在中国上学的，童年时期的很多回忆是逃难，日军侵华使整个民族陷入暴力和灾难的绝境，18岁那年，我和同伴冒死穿过敌占区，逃避日军的经历使我更清楚地看到了中国，也使我学到了更多的中国文化，这种经历让我产生了追寻自身文化根源的信念。

1930年代，我和同学在避难中上课，有一天在课堂上，老师带领我们阅读梁启超的《中国近三百年学术史》，全班同学都哭了起来，今天的人可能很难理解我们当时为什么哭泣。那个时候，我们担心的是中国文化何去何从，我们的文化记忆如何保留。

1946年，我在美国开始学作曲，那个时候我还没有严肃地思考中国美学。后来，我跟斯洛尼姆斯基学作曲。第一堂课，他问我："关于中国音乐，你知道些什么？"那一刻，我才突然感到问题很严重，我只能回答说："我什么也不知道。"毕竟熟悉归熟悉，但了解和懂得是另一回事。后来，我开始投入研究中国音乐，并开始学习亚洲的其他音乐文化。

1950年代，我一面和瓦雷兹学习，一面钻进了中国哲学、诗歌、绘画和书法之中。我开始进入到民族音乐学的领域，做了一些中国音乐和其他亚洲国家的音乐的研究。当然，瓦雷兹对我一生的影响很大，他给我带来的最大的转变，是让我找到自我，促使我在创造力和美学上开始独立。

黄：作为瓦雷兹的学生和亲密的朋友，您在一定程度上是其音乐遗产的继承人和代言者。瓦雷兹是西方传统的一个"叛逆者"，而您是中国文化的心灵皈依者。在对待各自传统文化的路上，走向了不同的方向，您如何看待这一不同的走向？

周：我相信自己继承了中国的文人传统，也相信自己继承了瓦雷兹所拥有的传统。瓦雷兹没有直接受到东方的影响，但是他说，音乐是"组织起来的声音"，他说音乐是"有生命的"，很令人惊讶，他回应了东方音乐的精神。因为，中国古代的音乐传统，其实很强调音的本性，强调音的"自然德性"，强调音是"生命体"。因此，这两者都要求我从过去思考未来。但我作为一个艺术家，要严格认真地保持自我独立。对我来说，不管是西方音乐、中国音乐，还是印度音乐、佳美兰音乐，甚至电子音乐其实都有相通之处。无论使用什么哲学和技术，都是催化剂，最后都要转化为音乐作品，音乐才是我们关心的"结晶体"。

黄：您如何理解"传统"这个词，以及如何看待传统在当代的作用？我顺便举您的两个作品为例子。比如，《苍松》（*Eternal Pine*，2008）是您晚期作品中重要而知名的一首，在这首作品中，援引陈子昂《登幽州台歌》中"念天地之悠悠"一句作为第一乐章的标题。而早期作品木管交响乐队《隐喻》（*Metaphors*，1960）则受到《易经》的启发，应用了"可变调式"。这是两种截然不同的关联传统的方式，但都似乎通往了中国古代的传统。

周：传统当然很重要，它是文化的根本，也是经验和智慧的累积，代代相传。当时，如果有人说"你必须要回到我们两千年前的辉煌，来保存我们的文化"，或者有人说"你必须跟着西方来使我们的思想现代化"，这类声音是存在的，我认为是不对的。传统应当被授予新的生命，被今天所理解，这样才可能被传到未来。传统是一直活着，并不断影响着我们日常生活的"当下"。

我们要看到，在讨论音乐的传统和未来音乐的主流时，我们不应该把它看成一潭死水，或者，把它看作仅仅能唤起对过去的回忆和赞美。它应该是流动向前的，不停地对环境做出反应，过去活在当下。只有当文化传统再次恢复生命力的时候，(音乐)艺术才可能是独立性的，才能带动文化更新。

黄：我们可以把传统看作一种文化，有没有超离文化的音乐？技术的革新和进步，是否会剥离音乐中的文化属性？比如，计算机辅助作曲……

周：以新技术来实现文化的超越是个误解。瓦雷兹就曾经说过："计算机不能作曲。"科技只是一种工具。

黄：与科技相关的另一个重要的现代化社会的特征是，建立在科技基础上的文化交流有着前所未有的深度和幅度，而文化交流的频繁，使得文化的面貌和文化体之间的关系也发生了改变，我们不得不面对这一点。

周：交流是音乐文化发展的方式。中国音乐的历史不就是这样吗？文化因为不同族群的交流而变得丰富，汉唐时向西部的扩张，西行通往中亚的贸易路线，两宋北方汉族向南方的迁徙等等。这种交互影响改变了中国音乐的美学。相似的情况也出现在日本，日本音乐保存完好的传统，是早期和中国相互交流的结果，我们也能在日本当代作曲家的作品中看到古老东亚文化的痕迹。

到近代，中国音乐和西方音乐的冲突当然非常强烈。这里不光是西方对东方的影响，也可以预见东方对西方的影响。不过，也不应对此过于乐观。当年，一个美国"大牌"音乐经理人对我说："你不是中国人吗？为什么不来点新奇古怪的作为，比如把中国锣扔在舞台地板上？"我当时非常愤怒。音乐绝不是为了赢得喝彩的杂耍！那种取悦西方人的猎奇，认为要以文化的"原始性"迎合西方人对东方臆想的念头是错误和可悲的。要记得，华人作曲家应该努力在未来的音乐中承担真正的角色，而不是满足于西方商业利益的暂时性成功。

当然，对"异国情调"的表面追求，在慢慢过时，"二战"之后的情况是，对作曲的观念和技巧有更多思考，更多关注哲学的内容，比如对禅、对《易经》的兴趣。这些认识对理解自然和人文关系显然和过去不同。

黄： 您如何看待当代的文化交流对音乐的影响？

周： 科技的发展和日益深化的文化交流使我回想起 1500 年的时代。那时被认为是人文主义和现代欧洲文明的开始，也是音乐大时代的开始，在音乐中，是文艺复兴、巴洛克、古典和现代（音乐风格）的开始。当然，这一时代是有历史铺垫，也是有条件的，包括十字军东征、发现美洲大陆、君士坦丁堡的陷落和罗马帝国的衰亡促使大量饱学之士逃亡欧洲等，这些事件促成了文化的大交流和大融合。

我们当然不是拿现在和 500 年前做简单类比，但是今天和那个时代是有相似之处的。在自然资源和贸易方面有了更多的合作，共同开拓思想和人文资源，科技的成果被迅速地共享，文化交流成为独立的力量而不再是贸易或殖民的副产品。这些都预示了新的世界秩序。

黄： 我是否可以理解为，您暗示了当代世界的发展将会促成一次新的"文艺复兴"？如果是，对中西文化的影响分别会是什么？其所带来的后果又会形成怎样一种新的局面？

周： 我们所追求的，当然不是历史的重复。从 14 世纪开始的，欧洲的文艺复兴造就了现代欧洲，也让后来西方音乐对西方世界以外的世界影响深远。但我们必须要说，数百年来，西方追求共同一致的音乐是一场梦，我们不能接替古典主义和浪漫主义的欧洲音乐，当然，反过来，恢复中国唐代宫廷音乐那样的荣光也不可能。

我们更期待的是，一个有世界各种文化参与的新的开始。它不是纯粹的西方，也不是纯粹的东方，它应该像一条新的河流，它汇聚了欧洲、亚洲，还有其他地方的支流汇合在一起。"汇流"的意思就是凝聚、分享彼此的遗产，是相辅相成并给传统注入新的活力。文明的碰撞会不断产生新的可能性，比如，关于文化传统的新思想和新制度。

黄： 您觉得这种格局会是一种自然演变的结果吗？

周： 不是。新的秩序需要有关各方人士的共同努力，通力合作。需要为促进不同传统、不同文化、不同"技术"之间的相关影响，作出各自的贡献。这也是前途所在,重复前人的伟大成就,仿照过去,绝没有出路。

黄：这是否必然会涉及对待文化的态度,这里存在一个对待自我和他者的关系的问题。

周：排斥他人的文化、贬低他人,认为他人的文化不如自己,这是文化沙文主义;害怕自己的文化受到威胁,这是狭隘的地方主义。都不可取。另外,认识不到别国文化的真正价值也不行,要承认数百年来西方在音乐方面作出的贡献。对东方作曲家来说,拥抱西方思想而不了解其文化背景,是盲目和错误的。或者陶醉于光辉的过去,为某一地方传统和表演实践的音乐姿态沾沾自喜,把民族音乐中的某些特点生硬地移植到西方的理论和实践中,这条路也走不通。

黄：1979 年,您在"亚洲音乐家首届国际研讨会"上发言,说:"所有的音乐文化向音乐传统之新主流的汇聚,以及在所有音乐支流朝向世界音乐的不可抵御的激流中,亚洲音乐和音乐家正被呼吁发挥重要作用,我们会在自己的一生中见证这一切。"您当时为何能作出这样具有前瞻性的断言,您觉得,现在情况和您当时的预料相符吗? 跨文化的交流将必不可免,音乐文化也将在这种交流中发生新的变革,东方作曲家是否变得更重要了?

周：在世界各类音乐文化互动的进程中,东方美学,或者说东方作曲家的地位将变得更加重要,这一点应该是没有疑问的。那么,这会是东方文化崛起的时代吗? 文化的交流取决于文化遗产自身的活力,如果文化遗产萎靡不振,有意义的交流将无法形成,并可能带来误导的或片面的结果。只有掌握中西文化的渊源,才能够掌握中西交流,才可能走上真正的中国现代音乐的道路。在此之后,才能达到所谓的国际意义的音乐。

当然,我还是想指出,来自中国的作曲家将被寄予越来越多的期望,因为代表了世界上最古老的音乐传统,他们服务于全世界最大的观众群,没有他们的参与,就缺乏来自东方的声音。我在 1970 年代,就认为,亚洲音乐是(音乐)新主流的重要支流,在前所未有的汇流过程中,亚洲音乐家需要扮演更重要的角色,中国(音乐家)尤其如此。

黄：那么,站在作曲家自身的立场来看,作为个体的作曲家如何面对当下时代的这种趋势？您能给年轻的作曲家一些建议吗？

周：如果只说一点的话，我想说是"独立"！独立于西方文化，独立于自己的文化，独立于各种陈规陋习，还要自觉地抵抗社会的、政治的和商业的压力。成为捍卫人文的勇士，这是真正的艺术家。我在不同场合，反复强调的一点就是，作曲家需要不断地寻找自己的声音，要拒绝复制现代西方，也不效仿过去的东方，而是主动学习自己的文化传统，从自身的传统文化提取精髓，并从不同角度进行审视，从而超越了文化的藩篱。对于东方作曲家，比如中国的年轻作曲家来说，应该重新意识到自身的文化遗产，并且努力地创作一种既不是西方，也不是传统东方，而是涵盖两种文化的主要优点的新音乐。当然，这种融合与汇流绝不是同质化和扁平化的，而是保有原有文化自身的独特性的。

黄：我曾经读波兹曼（Neil Postman）的书，他说："有两种方法让文化精神枯萎，一种是奥威尔式（文化成为一个监狱）；另一种是赫胥黎式（文化成为一场滑稽剧）。"不幸的是，中国曾经经历过第一种情况，而当前也面临第二种的冲击（比如，娱乐化和商业化），您觉得中国音乐文化要如何应对这两者的冲击？

周："文化全球化"是一个很时髦的口号。这个口号很大部分可以理解为"文化商业化"。我们很容易看到西方文化的一些问题，商业化蔓延在社会的各层面，影响日常生活，也影响艺术。美国在这方面可能情况还更严重些。商业对艺术的冲击是，我们难以分辨创作情感与商业经营，艺术探索与商业噱头之间的区别。艺术沦为娱乐的商品是可悲的。

许多西方的知识分子也意识到这个问题，他们担心，那个曾经长久主宰世界的文化正濒临衰退的命运。这些现象对于那些中国的作曲家们意味着什么？如果没有认清西方隐藏的文化危机，没有理解商业所带来的冲击，而盲目效仿（西方），这是非常危险的。

如果乐观地来看，中国有着历史悠久的文人传统，也许这种传统中的理想主义精神，是我们现在所需要的，能作为对抗无处不在的商品化娱乐化带来的冲击。

黄：您觉得，中国文化留下的丰厚遗产在面对当下剧烈的社会变革时，能和过去一样，为作曲家的创作提供养分吗？如您所说：全盘拥抱他者文化，容易丧失文化自我；而排斥他者文化，会形成"大国沙文主义"或狭隘的"地方主义"，对于作曲家，尤其是中国作曲家来说，如何在实际创作中平衡这二者？另外，您对中国音乐的当下和未来的前景怎么看？

周：中国文明历来对外来音乐有兴趣。因为巨大的容量，她对外来音乐的影响，总能非常有效地平衡，成功地吸收不同来源的音乐文化，并最终按照自己的意愿重塑外来的观念，中国音乐从汉唐以来，历来如此。在今天，我们也相信，新的民族音乐文化也会是一个例证。

1972 年，我离开 26 年之后，首次回到中国。在此之后，我有幸创立了美中艺术交流中心，促成多项文化交流活动。近几年，回去得少了，主要是身体的原因。我们可以看到中国取得的巨大进步。年轻的作曲家在不断地成长，他们有更开阔的眼界。

在 20 世纪 90 年代初，我就曾表示过，中国和日本等亚洲国家需要警惕的是，对西方技术的简单嫁接，否则技术再精湛，仍然是西方的。任何人都不应该忽视自己的传统遗产，但是沉湎于祖先的崇拜也是不行的。亚洲国家的作曲家，应该要寻找用自己的语言去表达自己，在思想、技术和表达上融会贯通，深入思考自身文化的音乐灵魂。

令我惊喜的是，已经有不少有抱负的中国作曲家，拒绝复制现代西方，也不效仿古代东方。中国现代音乐的发展，在国外的声誉有惊人的跃进。我对中国文化的同行有极大的冀望，中国音乐的前途在于创造中华文化实质的中国现代音乐，这个责任不仅在作曲家们，也在教育家们身上。我相信中国的当代作曲家、教育家们和年轻一代能应对挑战，思考他们的未来之路。

本文原载于《人民音乐》2018 年第 10 期

文　论

周文中的文人精神

[美] 理查德·皮特曼

我是波士顿地区三个乐团的音乐总监。"波士顿音乐万岁"（The Boston Musica Viva）是我创立的一个新的音乐合奏团体,目前仍由我领军,正迈入第 35 季。周文中先生曾应邀为我们创作他的室内乐作品《山涛》（*Windswept Peaks*）。

同时,我也是新英格兰爱乐自 1997 年迄今的音乐总监。这个乐团也是我任职之中最新的组织。它拥有一位驻团作曲家,在节目安排中除了标准的传统曲目外,还演出相当数量的当代音乐。

另外,我还是马萨诸塞州康科德市的康科德管弦乐团音乐总监。我已经和他们共事了 35 年。在这期间,我们也发表过一些周文中的作品。

有 16 年之久,我曾在波士顿新英格兰音乐学院教授指挥,也做过客座指挥,在英国 BBC 的四个乐团,像伦敦小交响乐团、皇家爱乐、伦敦市立交响乐团;在爱尔兰,合作过的乐团有爱尔兰国家交响乐团、北爱尔兰阿司特尔管弦乐团;还有一些在德国的演出是和现代合奏团和法兰克福广播交响乐团。我也曾经与 BBC 和伦敦市立交响乐团、BBC 苏格兰交响乐团合作演出过周文中的作品。

我和周文中先生的往来是从我在华盛顿特区的美国军乐队服役时开始的。

那时我必须服役,在军中组织了一个合奏乐团。我曾在华盛顿特区、巴尔的摩和我们在马里兰州佛特米得市的军事基地(这地方位于华盛顿特区和巴尔的摩的中间)演出过。那次演出的作品是周文中的《唐诗七首》(*Seven Poems of Tang Dynasty*),后来由新音乐季刊出版。

离开军队后我以长号演奏者身份考入国家交响乐团,在那里一待就待了三年。然后我获得傅莱特奖学金远赴德国学习指挥。在德国时我指挥了相当多以现代音乐为主的音乐会,其中几场包括周文中的作品。

所以我第一次和周文中相识并不是因为他的人,而是透过他的音乐。我相信我在国家交响乐团时期就已经与他相遇了。不过来在纽约后再遇到彼此才开始有进一步的接触。那大概是 1961 年或 1962 年吧。

最开始时我注意到周文中的音乐,是因为他音乐里的原创性和他相当独特的声音深深地打动了我。那些早期的音乐听起来比他后来的一些作品还要有中国风味。他的音乐常以中国为主题,取材于中国的历史、哲学或政治观点。虽然他的大部分作品仍采用西方音乐语法来写作,但他的作品里仍有鲜明的中国式情感,在一定程度上,节奏感也是比较中国式的。

有个和他很像的例子,是旅居柏林的韩国作曲家伊尹桑。不过他的音乐语法可能比周文中还要西化,也有很强的韩国风格和亚洲的节奏感。在他的音乐里还有一些表现方式是用最前卫的欧式语法表现出十足的韩国特质。他们的音乐很不一样,但都是以自己的方式来表现。

我觉得周文中的音乐很雅致,结构严谨,而且声音独特优美,在各家云集之中全然独树一格。他的音乐和他的老师埃德加·瓦雷兹一点都不一样。但即使瓦雷兹已经过世这么多年,他还是受到瓦雷兹很深远的影响。周文中和其他真正的作曲家一样很有自己的风格,也有自己独特的声音。我觉得他的音乐就像一股清灵的气息,很美。

认识周文中这些年来,我记忆很鲜明的一件事是,我去纽约艺术家的格林威治村拜访他,和他们夫妇一起共享晚餐。他们搬进瓦雷兹的旧家后花了很长一段时间整修那间房子,那期间我们常常一起去吃饭。那房子整修了很多年,多到我相信连他和他太太都无法想象。过了好几年终于完成了，那时我们已经相识将近 35 年，我指挥过一些他的音乐，也对他了解很深。

他收集了第二次世界大战时的舰艇模型，那些东西是在大战时用来辨识敌军的。我太太在德国的哥哥在大战时也有类似的收藏。我记得当时在巴尔的摩，虽然我自己没有任何一艘模型船，但这种东西随处可见，也很容易买到。我们常常研究战机的形状，所以可以辨认哪个是日本军机哪个是德国军机。

所以周文中的酒柜里有第二次世界大战海军军舰的完整收藏，除此之外，他还有一个很惊人的中国古董收藏，这些都是在他旅行时收集的。在他的工作室还存有一些很美的铜锣。他的书桌是有上百年历史的，椅子也是中国的古董椅。我更惊讶的是他和他太太也收藏美国古董，小心翼翼且很有条理地置放和保护着。

令我更为惊讶的是，在认识他这么多年后，这个屋子竟是我了解他的音乐的关键。同样的细心、同样的深情呵护，在他的屋子里你可以同样感受到与乐谱上相同的感觉。虽然我早就注意到这点，但从来没深刻地察觉，那绝对是周文中的创作方式和音乐理念的一大特色。

另一个我和周文中很类似的地方在于我的太太和儿子所处的尴尬身份。我太太是德国人，所以我儿子讲双语。周文中在某种程度上和世界上很多无国籍的人一样，他是彻底的中国人。小时候在中国成长一直到后来到美国读书，迄今已在这儿生活了大半生。就像我太太和儿子一样，这两个地方对他而言从来都无法感觉像家。

第二次世界大战生活艰困的那几年，他和他的家人常常要逃离日本人的侵略。因此，他为波士顿 Musica Viva 乐团创作的这首优美的四重奏《山涛》，就是在讲他和其他难民在战争时翻山越岭逃离日本人的经历，音乐里有一股哀愁和感伤。我们曾录音并演出过好几次。

我第一次演奏这首曲子时比较专注于谱面上的记号，掌握正确的速度，精确地弹出所有的音符，很有音乐性地表现出每个乐句，而且还要表达出正确的性格，可是隐藏在音乐之下的情感却令我十分困惑，令我无法彻底领会。随着后来演出的累积和我对周文中背景的了解（其实他是我认识很久的很亲近的朋友，可是我们不经常遇到对方），最近几年我才完全掌握这首曲子。

关于这份悲伤的感觉和周文中的音乐，另外还有一种解释：而不仅仅是悲伤而已。在我看来，周文中性格里的中国特质是他的乐天和幽默感。我很惊讶于他们夫妇俩笑得比美国人还要多很多。他们不但很爱笑，而且都笑得很开怀。

我学了几年的太极，结识了一些中国人（比起 30 年前，这里现在住了很多的中国人），我才领悟到（虽然我不知道，未曾到过中国）好像笑是中国人的一个特点，那种幽默，那种喜感，笑得比美国人多。并不是说美国人没有幽默感，只是这是很不一样的感觉。所以刚刚我在讲文中音乐里感受到的伤感时，并不是只指悲伤而已。其实还有很多不定的感觉。

另一方面，他是一个很严肃的人。从一开始我感受最深的是他那不可思议的社会良知。我的很多朋友也很忧心世界，忧心国家，堪忧政治现状（特别是现在的美国，看看我们的总统），但不管怎样我不认为我这辈子认识过任何一个人像周文中一样将他的社会责任感付诸行动——具体行动——到这样自我牺牲的地步。关于这我们得追溯一下过往。

他曾在美国作曲家联盟担任主席，参与过作曲家录音，也在哥伦比亚大学艺术学院当过几年的代院长。最有意义的是他在哥大中美委员会（即美中艺术交流中心）期间着手推动的中美文化交流。在这几十年间我所认识的周文中总有一种内心的矛盾。他把为别人，以及为我们的文化及文明的利益所做的一切当作自己的责任——不只为音乐而已。而他所做的比这些都还要多，还要广，尽管他的重心还是放在音乐上。

这同时也造成他的创作时间有限，或创作活动被严重干扰，因此没什么时间作曲。但我还是认为他是那个时代重要的作曲家之一，尽管他是世界上最重要的作曲家之一，但他没有时间创作出他自己、我和其他音乐界的朋友都期待的相当数量的作品。我不确定我是不是唯一一个常和他提这事的朋友，但这几年，每次讲到这个，我就会一直鼓励他放弃其他事情，好让自己有些时间可以多写一点音乐，但是他的社会责任感老是战胜一切。这些事情比他作为一个作曲家的个人抱负和欲望还要重要得多。

另一个例子是他接手处理烫手山芋般的瓦雷兹遗产，这件事也占用了他不少时间，让他顾不得作曲。关于这件事有很多方面。其中一方面是和出版商之间的法律交战，除了让他生气，也消耗掉他不少精力和时间，还花掉不少钱，因为有个人叫法兰克·科龙波，过去曾是瓦雷兹在纽约的出版商。我见过这个人（我不知道，我不认为他是黑道的，不过），他根本就是黑手党那类的。作为一个出版商，在交易时和在处理瓦雷兹的作品时，他简直就像个罪犯。无论如何，他的手法既不特别诚实，也不特别热心。所以周文中得花很多时间来处理这件事。

此外，他还花费很多时间——我是指他生命里的数千个小时——在编辑和校订瓦雷兹的曲谱。他继续完成瓦雷兹生前未完成的曲稿，譬如，最近的一部作品《校音》。这件事我了解得很多，因为当时我以一个有经验的、努力工作的乐团及歌剧指挥的身份担任他的咨询。他找我讨论过与这曲子有关的各种观点，像：世界各地的乐团都是用什么在校音，等等。所以，他为了世事牺牲自己的创作活动，也在一定程度上牺牲了自己的健康。我认为这样的责任感是很惊人的，而他所做的种种也展现了他的卓越和不凡。作为一位音乐家，我做好我自己的部分，推广许多新音乐，好让音乐健全地延续它的生命力，我认为我已经作了很多贡献，但这和周文中所做的比起来简直是小巫见大巫。

无论如何，我认为周文中做过的好事，以及他所完成的那些具体成就，是他超乎常人的精力和高度的智慧创造出来的成果。比如，在筹款方面，他的精明和灵巧也能使得他顺利地得到政治上和经济上的支持。

这些事情让他必须到中国推广交流活动。同时，不久前成立的美中艺术交流中心因美国断绝了所有对中国的资助，但他依旧有办法为这个艺术交流中心募款来进行云南省的少数民族及音乐保护工作。

我认为他的这些成就是相当杰出的。我不知道在美国是否有很多不认识他的人欣赏他为中美间友好关系的建立所作的贡献，以及所有其他他做过的事。我认为他是一个杰出的人才，他的成就非凡。

另一件令人印象深刻的事是他的性格，我刚刚提到的每件关于他的事应该已经说得很清楚了，就是他令人难以置信的坚持。如果没有这样的固执和坚持，他不可能有这些非凡成就。

当我们在一起时，这是一种很有人情味的社交活动。我们抱怨世界目前的状况，还有价值观，但我们聊的大部分还是和世界有关，以及教育的沉沦，还有很多你随时在生活里可以发现的争议。

我比周文中年轻一些，我们在年龄上的差距不大。我们这一生中看过教育水平和社会价值观的衰颓。我们看到作曲家们（年轻的和老一辈的比较），老一辈的作曲家们对他们的艺术更为严肃，在音乐上花较多的工夫，而年轻的作曲家们就比较随意，老想走捷径。

剽窃，或者说是模仿，就是一种当前的现象。一些年轻的中国作曲家——我是指那些因为周文中而有机会来美国在哥伦比亚大学学习想要成名的人——很多在走捷径。他们只会模仿中国民谣，只不过改一改，做一点小小的变化，然后就说是他们自己的音乐。这个要讲是讲不完的，周文中对这事特别苦恼。不过我们之间不一样的是，即使他为这事感到气馁，他还是会试着以具体的方式去做些改变，像公开演说，用实际的行动去影响这些负面现象，并试着去改变。

去年他面临了一些严重的健康问题，一些身体上的问题让他和他太太都感到烦心。他在秋季有个行程相当繁重的亚洲之旅，因为他的健康问题，去或不去曾一度使他踌躇不定。行程中有件事是在亚洲作曲家会议中演讲。他觉得必须借这个机会和亚洲年轻的作曲家们谈谈关于他看到的那些作曲家们所走的歧途，以及，从他的观点（我的也是）来看为了追求一条肤浅又判断错误的新路而放弃自己文化价值的异常现象。我相信他后来还是去了，也许行程有点改变，但就我所知他终究还是去演讲了。

虽然他对现状感到一定程度的沮丧和不满，但他并没有放弃继续改变它的可能。这世界上还有很多与他处于同样位置的人。比如美国国家艺术基金会的新任主席唐纳·几欧亚，他是个相当杰出的人，也是诗人、乐评家。他就处于一个有些影响力的位置，而他也试着利用这样的位置做些有建设性的改变。问题是，做多久，做多少？对一个由政治委派的人来说，他所处的位置和周文中比起来在做这些事时自然会容易一点，不过，尽管周文中遇到不少阻力，他还是继续逆流而上。

以下其实是对这个访谈的补充说明：还有件事从一开始就令我觉得很惊奇，即周文中对英文的掌握力。他的英文词汇，可以这么说，至少比我好三成，而我是个土生土长的美国人。当然他有很重的中国腔，不过他实在聪明，能把英文学到如此地令人满意。

另外还有一件事很多人不知道，周文中从哥伦比亚大学毕业后，在新英格兰音乐院（他在那里完成他的大学课程）的老师曾经问他懂不懂中国音乐。文中说当他被问到这个问题时才赫然发现，虽然他在中国长大，也会一些中国乐器，但他并不是真正了解中国音乐，所以他在纽约毕业之后，为了彻底了解中国音乐，曾经花了两三年时间在纽约的中文图书馆研读。我认为他对知识的追求认真而彻底，是中国人的一大特点，这也是连我们美国人都无法体验的很典型的中国传统。

潘世姬 译

张姣 修订

神交——师友周先生文中

江　青[①]（Chiang Ching）

10 月 25 日在纽约登机，26 日抵达瑞典斯德哥尔摩时凄风苦雨，下机后打开邮箱，不料入眼的竟是文中儿子周渌岩、周疏旼的信："沉痛地通知您，我们的父亲昨天上午在我们二人的陪同下在家里安详辞世。他一直身体状况良好，直到过去几天病情突然恶化。我们能够在他长达 96 年的不可思议的人生旅程中跟随他，而且能站在他身边陪他走到最后，为此我们感到无比幸运……"突见噩耗，一时不能自已……我与文中 1973 年相识，亦师亦友近半个世纪！

10 月中，才与谭盾、黄静洁夫妇去探望文中，他仍住在恩师法裔现代音乐作曲大师埃德加·瓦雷兹的故居中。由于临时起意，我只带了他平日爱吃的皮蛋瘦肉粥，静洁则在我的建议下带了上海糕点，以慰思乡之情。周文中的太太张易安女士在 2016 年往生前，惦念小时候爱吃的中国零食，常写信给我，因为她不谙中文，就用英文形容一番，我就在中国城中寻寻觅觅，尽量满足她在最后阶段的一点心愿。这不禁让我想起外公，在最后的日子里念念不忘鲥鱼，于是全家人全

① 　江青(1946 年 1 月 26 日——　)，女，原籍广东普宁，生于北京市，舞蹈家、电影演员，现定居瑞典。

力以赴地完成他的念想。

那天,在我们再三央求下,文中只浅尝了一口粥就打住了,护理师告诉我们周教授近来几乎不进食,他弱不禁风的苍白模样甚是令人心疼。谈话中我发现他似乎对眼前的事情有些模糊了,一直反复在谈抗战时期在中国逃难的故事。一个小时后渌岩打电话给我,说:"爸爸不能太累太兴奋……"告别了一次、又一次、再一次,看他依依不舍的眼神,心中纠结得慌。

第二天就收到了文中助理给我的信,信的内容是文中对自己的衣衫不整感到抱歉,因为他忘了我们的约会,在匆忙中下楼。我跟文中交往以来,他永远是干干净净,从头到脚一丝不苟,从穿着搭配到音乐创作,从教学研究到文化交流。仅这样的细节,到了 96 岁高龄还耿耿于怀。他怎么会完全忘了几个小时之前才约好的见面时间呢? 想到这里,不祥的预兆顿时向我扑来。

记得 1947 年,初尝试编现代舞,战战兢兢地缺乏自信心。当我一口气编完第一支现代舞《阳关》(钢琴音乐《柳色新》),马上请作曲者周文中先生和此曲弹奏者周夫人张易安来 SOHO 工作室看排练。跳完后,我迫不及待地问文中:"你觉得我编的《阳关》是否与你用同一主题所作的曲相吻合?"至今仍清楚记得他的回答:"编舞者大概不应当问作曲者这样的问题。我在写音乐时,脑中只有声音,记录下来的是音符,一切是纯听觉的,绝无任何视觉上的想象。而刚才,我感受到由纯听觉转为具象的形体,不免会大吃一惊,或者说感到不习惯。这是极自然的,是我这方面的直接反应。看后,我可以说很喜欢你在《阳关》中表达出来的意境。"这条艺术创作中的清规戒律,就是那次与文中谈话后领悟到,从此我与其他艺术形式的创作者合作,只是去了解或被了解创作意图、结构性设想,不敢再跨越之间的"雷池"一步。

屈指算来,我用文中创作的音乐编跳了近十支舞:1974 年群舞《阳关》(音乐:《柳色新》)、《变》、1986 年独舞《行草》《民歌三调》《尼姑的独白》《尽在春风里》《嫦娥》(音乐:《渔歌》)、《青秀山川》(音乐:《山水》)、《落花时节》。有时我编舞是先有构想再找合适的音乐或请人作曲,但所有文中的作品,都是听了他的音乐有感而发创作的,连舞蹈的名称也大都沿用了音乐原名,音乐和舞蹈之间或者说舞者和作曲者之间，可以称得上"神交"。

当我有想法和构思时也邀过文中为舞蹈作曲，但他身兼数职实在太忙了。于是他会热诚认真地推荐他以为合适的高足来作曲。那时中国还没有开放，他介绍了柬埔寨学生 Chinary Ung 作了十四章的组舞——《传统与变调》及《……之间》；韩国学生 Kilsung Oak 作了舞剧《乐》。

无论是用文中的作品，还是用他推荐的学生作曲，他都会关心创作的进展，每次排到一个程度，我就会请他们夫妇来工作室看排练，回想起来那是自己创作最旺盛的阶段，文中无疑是我在现代舞创作道路上的引路人！

易安走后，如果我人在纽约，常会烧了菜去探望文中，但他绝口不提易安，我提到易安时，他会拿起包了布的大槌，在书房中猛击大锣一下，锣鸣震颤着，余韵经久不散，文中似乎陷入回忆中，轻声说："你听——这就是我和易安的交流！""嗯——我懂，这是神交！"

1974 年，我介绍雕塑家蔡文颖、培蒂夫妇与时任哥大艺术学院院长、一代中国现代音乐先驱者周文中夫妇相识。大概被彼此强烈搞艺术创作的热情互相感染，尽管属于不同的创作领域，但志趣相投。我们三人（江青、蔡文颖、周文中）不知不觉地结成了谈文论艺惺惺相惜的朋友。因我们都有共同的、浓重的中国"情结"，想把身负中西传统背景的海外华裔艺术家联合起来，担当起不可推卸的桥梁作用，于是成立了"中华海外艺术交流委员会"，这是周文中当时在哥大主持纽约哥伦比亚大学"美中艺术交流中心"的前身。

"江青舞蹈团"筹划 1974 年在纽约亨特大学剧场秋季公演。当时我在亨特大学任教，只需要付极少的场租。把握这个合作机会，文中、蔡文颖和我取得共识：与不同专业背景的人合作，能融合经验创出新境。在反复讨论后，决定以由恒动的宇宙观做基础的《易经》中八卦的经验推论来作为首次合作的主题。文中早已创作了音乐《变》，音乐中运用了中国古老的变易哲学思想。而蔡文颖的动感雕塑也完全可以用《易经》来诠释：宇宙万物由太极而生，太极中有阴阳，一如电子中的正负两极，一旦相遇就起变动。我用了八位舞者自己领舞，与二位大师、巨匠合作的过程中，领悟到好些东西，得到许多启发。

1975 年秋,在林肯中心参加文中作品《韵》的首演,结识了瑞典籍科学家比雷尔(Birger Blomback)。比雷尔和文中是老相识,那天也去了音乐会。3 年后,文中得知我们要结婚的喜讯时开怀大笑,说:"当初我可没有意思要当红娘,现在你要流放到西伯利亚去,将来可不能怪我啊!"我笑答:"就当是你的音乐,扮演了我们的红娘吧!"结果我们收到了文中夫妇的结婚礼物,四个手绘如云又似雾的彩盘,好美! 如今睹物思人,更要好好珍藏。比雷尔于 2008 年告别人世,我和他有过 33 年长相守的岁月,夫复何求?

婚后,文中夫妇和蔡文颖夫妇,我们三对经常找机会聚,大家无话不谈,成了"自家人"。记忆中印象最深的是一次文中在家做八宝鸭宴客,整只鸭有模有样,他穿着烧饭围裙端上桌时,"吓"了我一跳:"啊——你烧饭跟作曲一样讲究啊!"文中得意地笑开颜。

1995 年初夏,参与了周文中主持"美中艺术交流中心"主办的"抢救云南少数民族传统文化"这个项目 3 年来的评估。与他们夫妇以及三十多位来自各界的专家,在香港聚会后去了云南昆明以及西双版纳地区。在那里的两周内,随团访问了许多不同少数民族的村寨,跟他们夫妇也更了解、亲近了一层。旅途中,文中事无巨细、亲力亲为,对中国社会官场的了解、对民间艺人的尊重、无与伦比的组织能力,以及打破砂锅问到底的钻研精神和无比的好奇心,都让我钦佩不已!

那次,在昆明近郊的"少数民族民俗习艺研究所"安排示范中,第一次见识到了纳西族的东巴舞蹈及东巴文化。这次旅行,直接促成了日后我给香港舞蹈团创作的《玉龙第三国》,而且已成为纳西人追求理想幸福的一个仪式剧舞蹈剧场。

近年来,我们的谈话中他一直对他的"遗产"而焦虑。"遗产"是指他的作品、收藏的乐器、书籍、字画,以及他们夫妇从全世界搜罗来的"宝贝"。在纽约西村四层楼的居所中,楼上楼下各个角、各面墙、各书柜,都放得、挂得、堆得满满的,当然是分门别类、井井有条。文中记得每样东西的来龙去脉,可以如数家珍般讲出它的故事。

对他惶惶不可终日的焦虑,我告诉他:2008 年比雷尔去世后,江青舞蹈团工作室在纽约 SOHO 撤离,所有的舞蹈录像资料都被"林肯表演中心图书馆"派车来运走;在瑞典我把百多箱书和材料,统统送的送、丢的丢,其中包括我几十年的演出节目单、海报、艺评、剪报,当时意冷心灰,看都没看一股脑儿倒在垃圾箱里;挚友郑佩佩来瑞典陪我,命我手下留情,她一手包办将有关电影的部分寄给了"中国台湾电影资料馆";另一份舞蹈作品录像,我捐赠给了母校——北京舞蹈学院图书馆收藏;在中国台湾图书馆的再三督促下居然找到,我丢东西时并没有丢掉的创作笔记、手稿、通信,到民间做田野调查的照片录像;写的舞台、电影剧本到后来也没有拍成,也未发表;排歌剧时在乐谱上写的舞台调度、提示……最后,资料超过二千件赠给中国台湾图书馆永久典藏。

为帮助文中解决"心病",我把自己的经验告诉他,当然文中的顾虑很多,他同时也是他的老师瓦雷兹作品的监督者、保管者,因此情况比较复杂。

我请了收藏界的朋友去他家,才知道他家原来拥有多幅常玉的画,是早年在巴黎为帮助穷困潦倒的艺术家买的,前些年全被人陆续以画展的名义"借"走了,当然就如"肉包子打狗——有去无回"。

1978 年,文中在哥伦比亚大学建立了"美中艺术交流中心",在接下来的 30 年里建设了许多有远见的文化工程,作了意义非凡的贡献。在我的建议牵线下,资料档案目前已经被哥伦比亚大学东亚图书馆收藏（C. V. Starr East Asian Library, Columbia University）,馆长程健告诉我,搬去图书馆的资料档案共 70 箱,现有一名专职档案员认真处理这批档案。

2018 年 11 月,他正式将他的全部藏书捐赠给广州星海音乐学院,星海音乐学院举行周文中音乐研究中心成立仪式和周文中国际音乐学术研讨会。可惜文中体弱多病,医生不允许他长途跋涉,没有亲临盛会。现在随着他的逝世,星海音乐学院周文中音乐研究中心成为他艺术遗产的监护人。

（文中）作为哥伦比亚大学艺术交流中心的负责人和作曲博士研究所的主任,我认识的新一代华人作曲家谭盾、陈怡、周龙、葛甘儒等,都曾是他的学生。他很严格,要求学生跟要求自己一样,精益求精,永远用批评的眼光分析学生的音乐作品,背地里他们会对我诉苦:"我们有点怕老师,要挨骂!"但他对学生是关爱有加的,比如带大家到他的乡间的度假屋轻松、送当年的"穷"学生西服可以出席重要场合、下课请学生们喂五脏庙、写推荐信帮助学生找工作……谭盾今年成为巴德音乐学院院长,文中在病重时还惦记写信祝贺和嘱咐。

他常常对我说:"如果当初没有把时间和精力花费在中心和学生身上这样久、这么艰辛,或许作为一个作曲家,我可以有时间创作出更好更多的作品……"值得欣慰的是,退休后90高龄的文中在2012年,创作了第一首由中国传统乐器演奏的作品《丝竹苍松》。作品被收录在他为中国民乐创作的专辑《诵松》中。

2016年在我70岁生日时,易安的身体状况已经不允许她出门了。他们夫妇商量好了,给我的贺礼是一幅文中一生情有独钟的书法,而且要特意写给我,内容暂且保密。之后每次见到文中,他都抱怨说手没有力,写得不满意,等满意了再送给你……

好!那我就一直等下去!

2019 年 10 月 30 日

"念文中：同心的联结"

——写在周文中先生离去之后

[美] 罗杰·雷诺兹

　　20 世纪 60 年代初，我和周文中初次相遇，那是在纽约辛里奇森（Walter Hinrichsen）的办公室里——其为彼得斯公司（C. F. Peters Corporation）创始人兼总裁，为人傲慢、冷淡、特立独行。我和文中一见如故，这在我们的生活中并不寻常。过了不久，文中及夫人易安、我和夫人凯伦，相聚在双簧管演奏家兼出版商约瑟夫·马克思（Josef Marx）曼哈顿的公寓里。记忆中，这是一个庆祝瓦雷兹（Edgard Varèse）的傍晚。我们和文中夫妇随性围坐。凯伦把她的折叠椅递给文中。他严肃反对，说"不能在一位女士站着的时候坐下"。

　　结果，相当巧，我和文中那时都刚刚完成长笛和钢琴作品，这暗示出我们心有灵犀。他的是《飞草》（Cursive，钢琴由易安演奏），我的是《镶嵌》（Mosaic，长笛由凯伦演奏）。它们都刚刚由彼得斯出版。后来，我们四人常在纽约和其他地方的各种活动中见面，有时是卡内基音乐厅令人难忘的美国作曲家交响音乐会——因为我们的作品出现在同一份节目单上。我们也会一时兴起出去走走，热情拥抱朋友和家人，探索曼哈顿（上城、下城）琳琅满目的新奇事物与陌生之地，欣赏文中敏锐、有时甚至令人捧腹的观察——他常赞赏别人忽视的特点，有时,当他所追求的崇高理想没有得到应有重视时,他就会一针见血地果断抓住某些例子。

　　　必须寻求平衡。这极少会偶然发生,因为它蕴含着用深思熟虑的方法,去挑战天降斯人的机遇和困境。不是每个杰出的人都想在非此即彼的选择间寻求理想的平衡,实际上,也不是每个人都赞同此种目的的价值:选择优先于机会。必须承认,不合理的做法不一定是未经考虑或没有效果的。

　　　Chou Wen-chung——我注意到一个罕见的情况,他在英语世界的称呼将姓氏放在首位,这是由文化根源的传统决定的——周文中属于这样一类人:他们的生命在他之前便被设置成一个不寻常,甚至是不合理的事业范围。它们中的任何一个方面(想想这个清单)——作曲、文化调解、学术管理、导师、国际关系、写作、行政治理、瓦雷兹文字/音乐的遗嘱执行人——每一个都足以耗费任何有天赋的女性或男性的全部能量。令人惊讶的是,周文中制定了他的路线,平衡了所有战斗,不仅设法解决了每一个问题(可能还有被我忽略的其他问题),而且在每一领域都取得了令人敬畏且极富影响力的成就。

　　　[雷诺兹于 2001 年为欢迎周文中来访加州大学写的致辞]

　　2000 年的春天,当复杂主义作曲家布莱恩·芬尼豪(Brian Ferneyhough)从加州大学圣地亚哥分校音乐系调到斯坦福,留下的作曲教师——奇纳力·翁(Chinary Ung)、兰德·斯泰格尔(Rand Steiger)、哈亚·切诺文(Chaya Czernowin)和我——商讨了整个夏天并决定,作为回应而发起一项为期三年的"探寻"(SEARCH)项目——其目标不亚于考察"音乐的未来"。我们仔细编定了一份 18 人名单(容纳年轻 年老,本土-外国,男性-女性,温和-激进),认为其多元视角将使我们的团体受益匪浅。事实上,周文中是一个公认且不假思索的选择。奇纳力一直是他的学生,我们则是同事。

周文中的演讲"音乐的未来何在？"，没有先讲述自己，而是先引证瓦雷兹的重要意义和努力：

> 预言，尤其是对文化或艺术进行预言，是冒险的。即便如此，仍有许多勇敢的、鲁莽的、富有远见的人和教条主义者跃跃欲试。少数人确实成功地预见了未来。瓦雷兹是其中之一。事实上，他对自己的愿景是如此确定，以至宁愿牺牲宝贵的创作时间而去追寻他所期待的未来。遗憾的是，今天我们意识到，他的音乐仍然是预言，即便在千禧年之际也尚未实现。然而，我们心存感激，因为他孤独的声音指引我们走到今天，敦促其他有创造力的艺术家分担他毕生奉献的愿景。

听罢他的演讲——关于瓦雷兹之成就，关于不同文化间的交流，关于他自己的音乐，我突然意识到，其音乐中的书法姿态如此强烈地将他与他的文化遗产，和导师极富远见的音乐想象力联系在一起，其导师已然意识到音乐是一种在时间中展开的声音几何学。然而，在周文中全面而激动人心的讲话中，他所强调的是跨文化意识被忽视的价值。他哀叹道，尽管

> 在过去的半个世纪里，人们对其他音乐文化的概念和实践越来越感兴趣。随着人口结构的变化和商业营销的兴起，这种转变为音乐环境注入新的生命，其中的多元文化比唐朝以来的任何社会都更加丰富。但这种现象仍虚有其表。在光鲜的外表下，我们几乎找不到实质性。包括西方在内，文化平等各个方面的遗产都被遗忘和轻视了。

但他并没有过多地惋惜，而是提出主张，若我们要履行他所认为的共同责任，都需要做些什么：

> 我们需要新的开始。我们需要回归研究和教育。现代民族音乐学

家和相关领域的学者在过去几十年里已经取得很大进步。但他们的训练太有限了……我们需要在田野调查和研究上采取新的程序，以便进行我们未来所需要的跨文化研究，共同协调各个领域，如音乐史学、音乐理论、语言学、历史学、美学、文化人类学和社会学。

他的方法令人生畏，或许合乎情理地省略了一个重要成分：承担这个使命的人必须能够接受自我牺牲。就像瓦雷兹那样，若要到达高妙的终点，无论他进入什么领域，都必须推进其边界。值得注意的是，文中对变革的呼唤，和同时代激进的伊阿尼斯·泽纳基斯（Iannis Xenakis）所坚持的诉求不约而同——他认为，在我们这个时代，提供科学领域的培训是健康的艺术家生活之基石。我们可以看到，这些具有远见卓识的人清楚认识到，培育理想的未来需要新的准备和承诺。

上文引用的演讲来自"探寻"项目，这可能是周文中触及这些终极思考的首次宣言，他还在世界各地的著名论坛上就此发表过多次演讲，阐述他对文化意识和相互渗透之基本必要的信念——对他来说，尤其是在"东西方"之间——我们必须互相学习，找到一种富有成效的融合，使之推动双方最深层的价值观和资源……他对那些在他看来没有深入思考的人，或者只是追求表面时髦的人缺乏耐心。

每当我遇到他，便有一个疑问在我脑海中挥之不去：周文中如何做到这一切——他显然在各方面都非常有成就——却丝毫没有明显的专横、封闭或冷酷的痕迹？作为一个人，他仍然是我们大约40年前初次相遇时的那个他。那并非天真，而是具有心灵的感受力和灵活性（也有慈悲），这是一个理想的补充，在他那缜密清晰的知识与信念的脊梁周围有一块缓冲地带，若非如此，便会加重人们与他互动时的思想负担。

早在文化融合成为公认的、广受赞誉的尝试之前，周文中就大胆地为自己确立了这样的地位：一位作曲家能缔造出融合中西方传统元素的音乐。早在 1949 年（《山水》，为管弦乐队而作），他就构想并实现了融合音乐目标及手段的可能性，这种融合不会演变成一连串令人不安的符号和生硬的共存。我相信，他看到了以声音思考书法之持续而重大的影响：关注事件的重量——力度的、音域的、音色的。铭刻于时间之上的重量、布局、联结性和方向性毕竟是我在他的音乐中所听到的标志性特征。无论如何，在他创作生涯的潮起潮落中，一种艺术的前景，即利用——但以某种方式设法平衡——几种独立演化的文化资源的竞争力量，作为一股强大的潮流经久不衰。这在 1996 年的弦乐四重奏《浮云》中以特别令人难忘的方式表现出来：一系列清朗抒情的片段——也许是幻象——相互关联，就算与任何设想中的标准相比，这都必定是激动人心的成就。

[雷诺兹于 2001 年为欢迎周文中来访加州大学写的致辞]

2010 年，打击乐家和指挥史蒂芬·希克（Steven Schick）和我决定着手研究瓦雷兹的音乐。我们成立了持续会面 6 个月的"瓦雷兹学习小组"，计划随后在加州大学圣地亚哥分校开设秋季研究生研讨班。文中和易安正巧在来年春天入住加州大学的圣克鲁斯校区。在研究小组探索瓦雷兹音乐中多频道的计算机空间化以及其他研究课题时，我们邀请他们访问圣地亚哥并听取建议。文中一直对通过多频道电子化传播，从想象的空间维度到其实际的具体化的可行性持高度怀疑的态度。此外，当听说史蒂芬对《电离》的改编（把乐谱规定的 13 个打击乐手缩减为六重奏），他沉重地摇了摇低下的头。

所以，在圣地亚哥和德尔马的那些日子里，体味周文中的智慧与灵活是很吸引人的事。尽管他曾反对这个假定——瓦雷兹关于空间的抽象概念如今可通过计算机分析与重新合成而成为真实的经验，但他也对此感到好奇。研究小组处理了两个来自瓦雷兹《沙漠》（Déserts）的电声片段，也致力于从空间上区分出《积分》（Intégrales）原始细胞魔咒般的线条，它来自高音木管乐器不断重新组合的集聚声音体，以及随后重叠的低音铜管乐器。我们的目的是探索人们是否能够从声音中实际体验到这些描述性术语（平面、声波束、投射、渗透等），瓦雷兹曾利用这些概念以在人们心中唤起他对于声音空间化的想象和期望。我们试图显现出——当然是暂时的——瓦雷兹对音乐空间的想象，试图超越预言而达至实际的体验。

当文中走进加州大学圣地亚哥分校康拉德·普利拜音乐中心的实验剧场，当时在读的研究生杰米·奥利弗（Jaime Oliver）和保罗·亨布里（Paul Hembree）向他展示在八声道电脑系统中能够应答轮唱和编舞的瓦雷兹的声音素材，他立即被迷住了。剧场配备美亚电声星座（Meyer Sound's Constellation）系列的电子声学体系，调用数十个扬声器和相联的麦克风协同合作，以控制空间的环境声学特性，并允许声音精确和灵活地重新定位。

这件事展现出文中的一个主要特点（在其他地方提到过）：他通常对最重要的那些事有明智的观点，但是新的信息会引起反思。他与瓦雷兹深入而密切的关系，不仅作为一个人，而且也许更多源于他心目中瓦雷兹所"代表的"，这意味着他对这个问题的信念既有理性的基础，也有很深的感情。仍旧可以说，当瓦雷兹的声音在聆听空间中环绕，一束光在他心中点亮，他能够立即拥抱新的可能性并惊叹于它的启示。

我自己对瓦雷兹的兴趣被周文中激发并不断丰富——不仅在我们讨论的过程中，而且他还提供方便，让我得以进入萨赫收藏（Sacher Collection），一睹这些杰作的风采。作为上述项目的结果，我决定跳出我的常规活动模式，去拥抱学术研究者的生活，哪怕只是一段时间，去寻找支持或挑战既定假设的书面证据。我意识到，瓦雷兹对音乐空间纬度的许多表述，让很多人——甚至狂热的崇拜者——觉得是未经证实的异想天开。我想研究一下，在达到他所预言的目的时，他运用了何种形式的资源。文中是我的重要向导，指引我找到（有时远离）值得信任的人和资源。由于几次访问并居住在巴塞尔，我得以发表两项有关瓦雷兹空间的研究。若没有文中的鼓励，这些都不会发生。

斯蒂芬·希克已经为文中安排了表演他那离经叛道的《电离》六重奏版本。

这位怀疑论者聆听着，并赞许地点了点头。然后他问道，重奏组能否以一半的速度演奏这首曲子，再然后，以四分之一的速度。这让我们都大吃一惊。

正如（人们想象的）文中推测的那样，瓦雷兹铭刻在乐谱内的事件和关系似乎是在一个加速的时间框架内构思出来的——当一个人在未知领域中移动时，他的想象力就会从实际乐器及看法的物理惯性中被解放出来。瓦雷兹的结构美妙地运行着，在某种程度上，它作为 16 分钟的体验更具有启发性①。

2020 年，即我与文中初遇 60 年后，加州大学圣地亚哥分校音乐学院的中国作曲家梁雷，与杰出作曲家奇纳力·翁一道，从至关重要的亚洲视角为这个坐落于太平洋边缘的音乐机构提供了无与伦比的创造力和成就。如果没有文中的榜样和忠告，奇纳力和梁雷就不会是现在的他们，我们音乐系也不会是现在的面貌。

　　这种信念——如果你愿意，这"更广阔的图景"不仅能被把握，而且还可成为变革性行动的指导——持续支撑着周文中所取得的成就。他指导过一批迥然不同的亚洲作曲家（他们取得了各式各样但都相当重要的成功），这证明了其假设的正确性，即把一个树枝嫁接到另一种上能产生富有启发性的新成果。但他认为，这些被迁徙融合的能量近来取得的卓越成就只是一个开始，更深层汇流的前景仍然有待期望。

　　周文中在哥伦比亚大学创立的美中艺术交流中心（1978），由于他的先见之明和积极管理，而实施了极富想象力的行动——没有任何一个被妥协束缚的政府项目能这样做。事实上，他的艺术交流变成了为中国云南综合规划服务的一个更大规模的启动平台，这个富有远见的计划将文化、自然保护与经济和社会发展纳入一个深思熟虑的权威机构。在我们今天的世界里，还有比这更相关且意义重大的目标吗？

　　然而现在，在一个完全不同的层面上——但我能想象它有自己的

---

① 译者注：希克指挥演奏瓦雷兹《电离》的演奏时长在 4 分钟左右，此处的 16 分钟是将作品放慢四倍后大约得出的速度。

重要意义——让我来指出这样一个事实：众所周知，音乐史上最富原创性和先知般的人物之一——瓦雷兹欢迎周文中到他的家，并最终把一生的作品遗赠给他。这——当然——不是偶然的；想想这种个人信任的重要意义。此外，周文中接受了这饱含厚重责任的礼物，随着时间推移，逐渐看到瓦雷兹作品中更具重要意义的可能性——那些可能性超越其立即呈现出的音乐价值。他曾说过，瓦雷兹是理想化创造者的典范，他理解、拥抱，继而超越塑造他的历史。瓦雷兹建立了一种有边界但不可磨灭的风格，一种艺术的可能性，它拥抱传统，从非音乐的秩序模型中推断，体现了符合自然法则的热情，假定尚未实现之事物的轮廓。周文中领悟了这种模式如何应对我们当前（以及不可避免的）困境：同样强大而明显不可衡量的力量是如何被带入平衡的。

[雷诺兹于 2001 年为欢迎周文中来访加州大学写的致辞]

2011 年春，当周氏夫妇访问加州时，我和凯伦在德尔玛的家中举办了几次社交活动，我还清楚地记得，当他们遇到前所未见的鲜花盛开时，因善于观察那鲜艳的色彩、散发的香味而升起的喜悦。还曾和他们一起漫步在阳光斑驳的克莱斯特路上（Crest Drive），小路本身就蜿蜒在峡谷的边缘。在过去和现在的记忆里，相对于在纽约曼哈顿格林威治村的熙熙攘攘中不那么悠闲自在的冒险，这是一份清新而别具一格的补充。他们温暖舒适的三层楼的家，就在喧闹的格林威治村附近，坐落于沙利文街和布里克街交汇处。在沙利文街（Sullivan Street）188 号，要意识到，伴随他们的不仅有自己生活的共振——易安的花艺，他们珍贵的物品及其与中国历史（古代和现代）的深刻联系，还有埃德加·瓦雷兹和路易斯·瓦雷兹夫妇脆弱的痕迹，它们如影子的卷须般徘徊着，在一楼的起居室，法式大门后的花园，有时还相聚在临街厨房里简朴的木桌旁，一起度过几个小时。

我难以忘怀在那里共享的许多次晚餐，那么温暖而其乐融融，常有易安准备的美味肉饼，一杯或更多上好的红酒，以及关于大事小事、当地和国际、古老和预言的谈话。文中注意到，当有人与他谈话，不仅有着在逐渐展开的交流表面中"存在"的东西，还有其他时代、其他方式的线索与时间、距离的模糊图像。而且，他总是希望，事物本来的样子会向更好的选择发展，只是目前还未被辨认。

当周文中向巴塞尔杰出的保罗·萨赫基金会公开瓦雷兹的手稿时，以及他在纽约的许多其他场合，或是来加州大学圣地亚哥各种访问期间，文中都主张扩展瓦雷兹的思想、他的作品，而不是盲目的忠诚。"超越已知"是为要旨。

　　周文中与文化、音乐、传统邂逅，并与之建立如此密切的关系，有时甚至超过了他自己的创作需要。尽管如此，他还是继续创作出超越一切的音乐。这个男人与他的主要伴侣和伙伴易安，过着怎样的一种生活啊。而我们如此幸运，他与我们分享了这一切——不仅因为它已经意味着什么，更重要的是，它还将意味着什么。

　　而这，当然是我们的责任。①

　　　　[雷诺兹于 2001 年为欢迎周文中来访加州大学写的致辞]

他，已经完成了他的工作。

鲁瑶 译

梁雷 校对

本文原载于《星海音乐学院学报》2020 年第 2 期

---

① 译者注：本文的中译本在《汇流——周文中音乐文集》（梁雷主编，洛秦副主编，上海音乐学院出版社，2013）中以《百川汇流的黎明时代，音乐的未来何在？》为题发表，李雅贞译。本文中的翻译由鲁瑶完成。

纪念周文中先生

王西麟

　　我很早就想为周文中先生写文悼念了，因为他和他的作品对我有很深的教育和开拓意义，是我学习和研究中非常重要、具有独特意义的领域，而且他的音乐思想对我国总体音乐事业有重要的指导作用，我感到我国音乐界对他一生作品和音乐思想的研究太不够了。在他的晚年，终于有了年轻而卓越的梁雷博士追随他，向他学习，并整理他的作品，继承和发展他的传统，我深深为之庆幸！

　　在中国改革开放后的新时代，第一位来到北京的国际作曲家就是周文中先生。20 世纪 80 年代初，我就多次听到周先生的名字，他组建的美中艺术交流中心为中国艺术界做了很多有意义的工作。我是"文革"后才回到北京的，虽然那时周先生来到北京多次，我也曾见到他，但是，国外专家来到国内，是有专门的接待范围的，每次都是远远地看着他被周围的人们簇拥着谈笑着而不能近前，也没有机会去听他的讲座。不久，陈燮阳要去美国指挥演出，带去了我的《太行山音画》，1981 年冬在纽约首次"现代中国"音乐会演出，并在美国之音广播了，尽管如此，此后 1998 年在纽约举办的海峡两岸作曲家会议我也没有参加。

　　我在中国舞蹈家协会组织的一次由来自纽约的现代舞团来北京的演出中，

看到周先生作品的现代舞表演。其中《思凡》等作品给我留下了深刻印象，这是我第一次听到周先生的现代作品，太新鲜了！直到 1994 年我自费访美，我和周先生才有了第一次见面的机会，这要感谢 ACC（亚洲文化基金会）安排我参加了水牛城音乐节，才得以认识他。还有几次同桌吃饭，发现他是一位随和又健谈的学者型作曲家。我也有机会去看看他的工作室，他还送了我一组他的作品的乐谱。

回国后，我真正安下心来研究了他的多部作品，啊！这时才理解了他的作品对于中国文化伟大而重要的开创性意义。

我很惊讶地发现，《山水》这部篇幅不大的单管编制作品，是我们很早就熟悉的郑板桥的《道情》"老渔翁，一钓杆，近山崖，旁水湾"的主题旋律，周先生把节奏拆卸开来又多倍放大，把每个音分别布置在乐队的不同乐器的相距很远的广阔音区里，原来这就是我们听说过但没见过的"点描技术"！而且全作充满了中国传统山水画的氛围和情趣，又有极为现代的艺术气息，真是太神奇了！

在同样现代的六重奏室内乐作品《渔歌》中，他用我们熟悉的有轻微颤音的低音单簧管和低音长号微弱的滑奏技术，演奏出了古琴《渔歌》的音乐片段，用这样先锋的作曲技术，"制造"出我们国画中有山有水有树木的气氛和意境，而且还有古代文人的情绪和感觉，简直就是流动着的画面啊。用这样的文化观念和现代技术，把东方古老文明和现代世界突然高度浓缩了，给我们打开了不可思议的宏大的艺术空间。这是多么有意义的崭新的创造，用这样的现代技术演奏出了我们古老的音乐语言，跨越了千年历史万里地域的时空，读他送我这部作品的总谱，我惊讶得瞠目结舌！

《谷应》是一部打击乐四重奏的作品，演奏时四组打击乐分别在舞台的四角，我在 1994 年水牛城音乐节看到了这部作品的演出实况。这部作品周文中先生大约于 1970 年开始起草，到 1989 年才完成。这个作品以中国古典诗歌的意境，有《秋潭》《月洁》等十二个有标题的乐章或段落，分别采用了包括木制、皮制、金属制的近百种打击乐器，还结合了中国古琴的一些演奏技法和美学意境。周文中先生是 1947 年去美国的，师从于先锋音乐代表、法国作曲家瓦雷兹。瓦雷兹的《电离》是一部打击乐杰作,《谷应》中包含了瓦雷兹的一些观念,周文中先生用这部作品向老师致敬。

前面提到的大约20世纪80年代初,美国舞蹈家江青/董亚麟现代舞蹈团来中国演出,该团是和周先生长期合作的现代舞团,该场演出中有周文中先生的《思凡》等作品,就是我们都知道的"小尼姑思凡"。大幕一拉开,天幕上有巨大的菩萨阴暗沉重的影像,音乐是强大的铜管乐器演奏的不协和的很现代的和声,象征着强大的压迫!而我们平常总是听到的强而有力的号召性的独奏小号,在这里却演奏着很凄婉的音调,象征被摧残的微弱的小尼姑的命运。这里的配器以及和声语言,与不平衡冲撞的6/8或9/8的节拍和节奏,对我们习惯了自1949年后直到"文革"文化的高强尖躁的听觉和简单的审美习惯来说,都是大大的颠覆。这样的音乐,现在好像已经是很平常了,而当时却是极大的美学冲击。

在纽约,我曾多次和周文中先生同桌进餐或小饮,他很是健谈。有一次他说,他1947年来到美国,身边仅仅一本"古琴密宗"①,这句既平常又意义不凡的话,使我多年来不断回想,而且越来越觉得意味深长!

我对周先生作品的上述研究,还是很不深刻、很不全面的,仅仅是自己多年前的一得之愚而已,却对我大有启迪:这就是用西方现代有高度科学意义、高度艺术意义、高度技术意义的人类工业文明和信息文明的观念,来重新面对我国古老的文化现象,对其进行本质上的再认识,并创作出当代的真正有意义的艺术作品。这和赵无极、吴冠中等艺术家的美术创作的道理相通。我的作品也是运用西方音乐的观念和技术来认识和处理中国古老的地方戏曲音乐,但是表达的却是我自己对现实的批判。周先生是用当代西方音乐的观念和技术对待中国的古代文人文化,表现的是中国文人的情怀和观念。今天不少人所谓"越是民族的,就越是世界的",我在1958年的"大跃进"时代就听说了,现在更有人提出"要把中国古代音乐包在天鹅绒里供奉起来,一动不能动",我想,我们今天学习周文中先生的作品和艺术思想,就是对这种误导性的幼稚理念的回答。

---

① 编者注:待考。

可叹我们对周文中先生的艺术思想和艺术作品的学习和研究还太不够了！我写出本文，是期望大家对周先生的作品和作曲观念进一步学习和再认识。

谨以此文纪念我深深尊敬、深深怀念的周文中先生，我也深信他的作品会启发以后的一代代作曲学子们！

一位真正的文人

陈　怡、周　龙

　　我们至今仍然不愿相信周文中教授已离我们而去,泪水已不足以表达我们深切的悲痛之情。他是一位把我领进哥伦比亚大学,并在之后的数十年间不断教导我们的音乐巨人。他为我们这个时代的音乐事业作出了巨大的贡献。而对于我们来说,他也像慈父一般关怀着我们。他会被我们大家深深地怀念,他的精神财富亦将永垂青史。回想往事,周教授那铿锵有力的语音和充满活力的姿态仍栩栩如生地浮现在眼前。

　　20世纪70年代末期,周文中教授是最早访问中央音乐学院的海外作曲家之一,他给当时那里的年轻作曲家们留下了深刻的印象。80年代初,当陈怡还在中央音乐学院作曲系学习时,有一次在学院图书馆举办的新进口音乐唱片介绍讲座中,惊喜地听到了周文中教授为小号与管乐队而写的《思凡》(*Soliloquy of a Bhiksuni*),她激动得跳了起来!尽管没有直接引用中国民间音乐元素,但它听起来却那么的中国!那隐藏在惊人音响背后的中国韵味给她留下了深刻的印象。当时,大多数的中国作品是运用西方的和声语言与五声旋律写作相结合的手法而创作的,但这部作品却不是基于五声音调创作而成。陈怡迫不及待地找到唱片套,看到了周教授的照片,那时她意识到他一定是一位生于中国的人。这位华裔美国作曲家的音乐让她感到兴奋。这是她第一次听到这个名字——周文中!之后她了解到周教授曾作为美国代表团中的一员在 20 世纪 70 年代末期到访中国。他向中央音乐学院捐赠了很多乐谱、唱片、书籍等资料。图书馆的老师们对这些资料进行分类整理后,通过一系列讲座介绍给大家。从那时起,中央音乐学院的师生开始熟悉周文中的音乐。当时周教授的音乐如《渔歌》(Yü Ko)和其他管弦乐作品亦立即吸引了周龙。周教授的审美观念基于中国古代文人文化的哲理,正如他们的抚琴、吟诗、书画。周龙于赴美学习之前创作的弦乐四重奏《琴曲》(Song of the Ch'in)及为长笛和古琴而作的《溯》(Su)都受到周文中教授推崇的文人音乐的强烈影响。

当时陈怡和周龙还很幸运地与音乐学系、作曲系的师生们一起参加了由中央音乐学院音乐学系主办的周文中教授讲座。除了介绍当代美国作曲家及他们的音乐作品外,周教授还回答了很多有关美国大学音乐教育的问题。学生们因此得知当时周教授在纽约的哥伦比亚大学任教。

1983 年从中央音乐学院毕业后,周龙被任命为中国广播艺术团的驻团作曲家,而陈怡也成了中央音乐学院的一名研究生。1985 年,在周教授访问中国时,时任中国音乐家协会副主席的李凌先生把周龙的一些作品推荐给了周教授,其中包括他最早的几首管弦乐作品和民乐作品的乐谱和录音,还有几套介绍这些作品的广播乐团音乐会节目录音。周教授将它们带回了哥伦比亚大学作曲系的招生委员会。委员会的教授们包括马里奥·达维多夫斯基教授(Mario Davidovsky)和杰克·比森(Jack Beeson)以及周教授本人,他们审查了周龙的作品并授予了他全额奖学金。周龙有幸成为首位从北京考入纽约哥伦比亚大学,并追随周文中教授学习作曲的研究生。

记得初到纽约时,周龙曾感受到巨大的文化冲击,遇到了很多全新的事物。两年间(1985—1987),他几乎没有作曲。当他跟周教授上课的时候,周教授意识到周龙很孤独,所以就想办法帮助他,把他的妻子陈怡招来哥伦比亚大学读书。周教授知道陈怡是中央音乐学院院长吴祖强教授的优秀学生,吴教授也是周教授的好友,并与周教授合作在中国组织美中艺术交流活动。陈怡在获得研究生学位后,比周龙晚一年来到纽约。1986 年他们终于团聚,一同在纽约哥伦比亚大学跟随周教授学习作曲。当陈怡再次见到周教授的时候,已是他在中央音乐学院演讲之后的好些年了,那是在她抵达美国之前到香港参加的第一届中国现代作曲家音乐节上。周教授请他们几位来自中国内地的年轻作曲家们吃了一次美味的中餐,席间大家讨论了中国文化、中国音乐及其未来。陈怡到达哥伦比亚大学后,这也成为他们的例行活动。周教授每月都在美中艺术交流中心带领大家讨论中国音乐的传承,以及大家在当今的文化和社会中需要继续弘扬中国音乐的责任和应做的努力。每次讨论后,周教授都带他们去百老汇街上的一家高档中餐馆。每个月大家都非常期待这次聚会。后来当陈怡和周龙于 1993 年从哥伦比亚大学毕业时,周教授和他的妻子易安在纽约下城格林威治村的一家法国餐厅请他们品尝了一次精美的晚餐,陈怡和周龙永远不会忘记那天晚上的佳肴和美好的情调。周教授是他们的恩师,毕业以后他们也一直保持着密切的联系。

　　周教授对陈怡最深的影响不仅是如何运用基本的作曲技巧来创作音乐,还有如何研究并利用中西方的深层次文化要素来激发创造性观念,进而为发展和控制音乐元素提供灵感的思路。这样的创作成果是独一无二的。周教授这种通过结合东、西方风格和技术的作曲概念给予她很大的启发。在她到哥伦比亚大学学习的初期,当周教授的作品在中国演出时,她做了很多周教授作品简介的翻译工作。她很乐于做此事的原因是周教授的作品简介是用英语非常流畅、诗意地表达出来的,她则需要努力找到准确的汉语表述方式才能保持其中优美的文学特质,而不是使它们成为一种简单的直译。

　　在周龙初到纽约时,周教授不仅指导他学习中国传统音乐,而且还带他探索了更广泛的东亚文化传统,包括日本和韩国的音乐。在美国学习的头一年,周教授还送给周龙音乐会门票,让他去听菲利普·格拉斯的歌剧《海滩上的爱因斯坦》(*Einstein on the Beach*),以及荷兰芭蕾舞团演出的舞剧《波莱罗》(*Bolero*)。周教授还曾鼓励周龙跟随他的同事乔治·爱德华兹教授和马里奥·达维多夫斯基教授学习作曲。1987 年后周龙才恢复了写作，相继完成了为钢琴与电子音乐而作的《无极》和为长笛、单簧管、小提琴、大提琴与钢琴而作的五重奏《禅》。《禅》是后来题献给周文中教授的作品。他在这部作品的创作中给予了周龙诸多的灵感和指教——从观念到哲学、从音乐织体到整体结构。

周龙和陈怡曾为上海东方广播电台制作过一系列介绍 20 世纪音乐的节目。其中包含有共计一个半小时的节目（分三期播出）用以专门讨论周教授的音乐。周龙负责录音与节目制作，陈怡则负责整理有关周教授音乐创作的所有材料，编写了节目的文案内容，并讨论了周教授在不同时期的创作风格。首先是关于 20 世纪四五十年代的早期作品，例如《山水》（*Landscapes*，1949）和《花落知多少》（*And the Fallen Petals*，1954），这些都是被很多著名管弦乐队演奏过的重要管弦乐作品。从第二阶段的《飞草》（*Cursive*，1963）这个作品中则可以听到较为抽象的写作风格，在《韵》（*Yün*，1969）这首非常复杂的作品中更是如此。第三个阶段是关于他的后期作品。这三期广播节目在当时的中国产生重要的影响，至今仍会被提及。

这些经历打开了陈怡的视野，并帮助她突破了限制，找到了自己的声音，特别是模仿说唱风格的写作手法，以及对京剧念白腔调的运用。陈怡认为这是她在新的创作语言、观念和技术方面的转折。在写作技术方面，周教授一贯强调精益求精。每次上课他都首先仔细查看陈怡的乐谱，提出建议改进的地方。有次她再去上课时，周教授审阅一遍她的乐谱后，只见他默默地用铅笔圈出了一个音符，说："看这个音符！你没有改？你可以告诉我这个不改的原因吗？"

周教授还会向学生展示绘画和书法，并介绍他如何把这些看作作品中的对位。他会观察书法的笔画，而且会将笔画的内、外边缘以及它们的变化方式当作一种对位。陈怡的琵琶独奏作品《点》（*The Points*）便是从这里获得了启发。在书法中，每个笔画都从一个点开始。当这个点下去之后，你会扭转笔锋来选择所需要的笔触，因此，每个笔画中这第一个点在中国书法中都是非常重要的。周教授促成和启发了陈怡写这部作品。此作受纽约新音乐团(New Music Consort)委约,在该团主办的一场中国作曲家作品专场音乐会上由吴蛮首演。这场音乐会也是1991年哥伦比亚大学十月新音乐节(NEW WORKS OCTOBER)系列音乐会中的一场。这首作品后来广为流传。时至今日,它仍然是一些论文的研究主题,并已成为音乐学院及许多比赛中琵琶演奏的保留曲目。

当陈怡还是哥伦比亚大学的博士生时,周教授推荐她参加了由国际现代音乐协会(ISCM)组织的一部推展新音乐的系列影片《音响与寂静》(由波兰国家电视台和法国阿达莫夫电影公司联合制作)的拍摄工作。这个系列影片自1989年以来在欧洲电视网播放过几次,向广大观众介绍了丰富的现代室内乐作品。该系列包括十部各为一小时的影片,专门介绍了来自世界上19个国家的20位作曲家及其新音乐作品(其中2位来自中国:陈怡代表中国内地,另一位代表中国香港)。每位作曲家都有半小时的时间来展示作品,作曲家也是节目中的演奏家之一。主持人是当时国际现代音乐协会的主席——波兰作曲家齐格蒙特·克劳泽(Zygmunt Krauze)。陈怡在自己的六重奏《遇》(*Near Distance*)中拉小提琴,并在自己为女高音、小提琴和大提琴而作的《如梦令》(*As in a Dream*)中亲自演唱。节目中还介绍了她的木管五重奏作品。组成她这套节目的另外半小时是介绍意大利作曲家贝利奥(Luciano Berio)和他的作品。陈怡在他的小提琴二重奏作品中担任两个乐章的演出。在陈怡前往波兰之前,周教授的妻子易安给了她很多衣服,包括裙子、演出服和外套等,"这个可能合适……那件……这件,试试这件……"她带陈怡走进她的步入式衣橱,挑选着顶到天花板上的架子里所有的衣服——现在大家还可以在影片中看到这件衣服呢。

由周教授邀请,陈怡还旁听了她的同学曾嘉志的专业课。周教授为他们分析了自己的大提琴协奏曲和他的其他作品,并向他们展示了自己如何用图式来设计音乐作品。周教授用不同的颜色来标示各种特定的音乐元素。一种颜色代表音高材料,另一种代表力度,其他颜色则可以表示对张力和密度的控制、织体组合、音色、音响、配器等等。这种创作方法也给了陈怡启示。因为在这之前,她写作音乐时并没有作出过这样详细的、涵盖了方方面面的计划。这是与她之前的作曲经验非常不同却非常实用的方法。周教授鼓励他们深入研究西方当代音乐，并给了陈怡他以前教授新音乐分析课的教学大纲，还介绍了瓦雷兹、勋伯格、韦伯恩、艾夫斯等人的作品。只有真正地学习所有文化，才能塑造出自己的语言，从而以独特的风格进行创作。

陈怡在哥伦比亚大学跟随周教授学习了三年，其中第三年她还跟随马里奥·达维多夫斯基（Mario Davidovsky）教授学习电子音乐创作。周教授退休后，陈怡继续跟马里奥学习，前后共五年，直到马里奥指导她完成了博士毕业论文。周龙也曾跟随周教授与达维多夫斯基教授学习，但他的博士论文是由乔治·爱德华兹（George Edwards）教授指导的。离开哥伦比亚大学后，他们始终和教授们保持着联系。在过去的30年中，周教授几乎出席了陈怡在纽约所有新作品的首演音乐会，其中包括由纽约新音乐团（New Music Consort）首演的她的八重奏《烁》（Sparkle）和混合四重奏《气》（Qi），由丹尼斯·罗素·戴维斯（Dennis Russell Davies）和滑川真希（Maki Namekawa）在2007年林肯中心夏季音乐节首演的为两架钢琴而作的《中国西部组曲》（China West Suite），由应氏四重奏团（Ying Quartet）首演的弦乐四重奏《在堪萨斯城的春节联欢晚会上》，以及2005年由弗朗兹·威尔斯-莫斯特（Franz Welser-Most）指挥克利夫兰交响乐团在卡内基音乐厅首演的管弦乐曲《四季》（Si Ji）。陈怡将《四季》题献给周教授，该作品于2006年入围普利策奖。周教授在得知这一好消息后立即打电话向她表示祝贺。2011年，当周龙的第一部歌剧《白蛇传》获得普利策奖时，周教授亦打电话向他表示热烈的祝贺。他们对周教授的教诲和支持深表感激。

在哥伦比亚大学学习期间，陈怡还曾在周教授的"美中艺术交流中心"（下文简称"中心"）担任了三年的行政助理，目睹了他为美中音乐教育和艺术交流事业兢兢业业地工作并作出的巨大奉献。虽然周教授在哥伦比亚大学忙于教学，但他还必须为"中心"募款、撰写许多报告并负责行政工作。他从未使用过"中心"的设施办理自己的私事，因为他很明白所筹集到的每一分钱都应该专款专用于"中心"正在开展的项目。当陈怡在那里工作时，时常会有人来索要周教授的乐谱。陈怡问他："我可以在这里复印吗？"周教授却答道："不。请到外面其他地方复印，并把收据带回来交给我。"他从来没有使用过"中心"的复印机来复印自己的乐谱。

在"中心"工作期间，陈怡还参加了由周教授领导的"美中艺术交流中心"组织的两次重要的作曲家会议。一次是1988年在纽约举行的"海峡两岸作曲家会议——中国音乐的传统和未来"。这是自1949年以来，中国大陆和中国台湾两岸各十位作曲家第一次面对面坐在哥伦比亚大学进行艺术讨论和文化交流。他们在传统和创新中发现了很多共同点！另一次是"太平洋作曲家会议"，它是1990年在日本札幌举行的"太平洋音乐节"的一部分，聚集了多位著名作曲家和来自环太平洋地区的数十位杰出的青年作曲家。这些作曲家从20岁到70多岁不等。该音乐节包括了音乐会、研讨会、讲座和文化交流的展览等多项活动。周教授热情地支持了来自世界各地的许多年轻艺术家。

1987年，当陈怡初到美国时，中国中央乐团在林肯中心首演了她的《多耶第二号》，但周教授因那天需要参加在新泽西州的一场自己作品的首演音乐会而未能到场。尽管如此，他还是安排了由他的妻子易安亲自设计的一大束美丽的鲜花送到台上献给陈怡！他还邀请陈怡和周龙去他的乡间别墅欢度感恩节假期，并为他们介绍美国的文化习俗。多年后，当他访问陈怡工作的密苏里大学堪萨斯城校区音乐学院时，给陈怡带来了一件漂亮而有意义的礼物：李泽厚著的《美的历程》(*The Path of Beauty: A Study of Chinese Aesthetics*)英文版(由龚理曾翻译)。这是一本由晨光出版社于1988年在北京出版、1999年重印的带丰富插图的精装版图书(有12英寸×10英寸之大，4磅之重)。他说："我想你会喜欢它的，尤其是在你用英语教学时需要它。"当他将书交给陈怡的时候，她难掩感激之情。

陈怡认为周文中教授是一位真正的文人(学者型艺术家、通才)，他是一位将文学、音乐和艺术融汇为一体的杰出艺术家和导师，他致力于为整个世界奉献自己的一切，他是陈怡的榜样，并鼓励着她继续为音乐创作和教学不断努力。周龙认为跟随周文中教授学习的要点是理解他的创作理念，周教授的教育理念是根植于文化的。今天，人们可以接受多样的风格，但这不是问题所在。作曲家必须相信自己的艺术视野，然后才能脱颖而出。周文中教授的远见卓识和不懈努力成就了今天他们这一代华人作曲家走向世界。

本文原载于《美国新音乐》(New Music USA)的

网络杂志《新音乐盒》(New Music Box)

2019 年 11 月 5 日

王阿毛 译

论文人作曲家周文中

——以"音乐文本田野工作"的方式思考

洛　秦

释　　题

"田野工作"（fieldwork）在当今学术理念中，早已经不再专指偏远的乡村田野的工作，其范畴已经无所不包，其场域无所不在。我在《"近我经验"与"近我反思"——音乐人类学的城市田野工作的方法和意义》一文中提出："人们不再以地域空间的距离或城乡之间的差别来区分'田野工作'的属性，而决定'田野工作'场域的是音乐内容或考察对象本身。"[①]因此，关键不在于做什么田野，而是以什么方式进行出野工作。

在此，我以周文中先生的"音乐文本"作为田野工作。所谓"音乐文本田野"是我近年来一直提倡的"城市音乐田野"与"历史音乐田野"的一部分。[②]"音乐文

[①]　洛秦：《"近我经验"与"近我反思"——音乐人类学的城市田野工作的方法和意义》，载《音乐艺术》2011年第1期。

[②]　详见洛秦：《"近我经验"与"近我反思"——音乐人类学的城市田野工作的方法和意义》，载《音乐艺术》2011年第1期，洛秦：《叙事与阐释的历史，挑战性的重写音乐史的研究范式——论音乐的历史田野工作及其历史音乐民族志书写》，载《音乐艺术》2014年第1期。

本"涵盖乐谱、音频，以及与音乐相关的图像、视频、文字、书信、口述等关联物品。虽然这是一种"书斋式田野"，但通过"音乐文本"完全可以实践田野工作的核心理念——通过田野工作的经验、感悟、认知来获得对于"文本"意义的阐释。"文本"是一个 Text，田野工作是对 Text 与 Contexts 关系的探寻。因此"音乐文本田野"所需要考察的是音乐本文内容与其相关的所有社会、经济、政治及历史的关系。

在此，以"音乐文本田野工作"的理念，并运用我提出的"音乐人事与文化的研究模式"，分析和论述了"文人作曲家周文中"。

一、在音乐作品中认识周文中先生

早年对周文中先生的知晓只是在文字上。第一次从音乐上感性"认识"周先生是 1994 年，我从美国华盛顿大学（University of Washington）硕士毕业后，在肯特大学（Kent State University）博士学习第一年的 20 世纪音乐作品研究的课堂上，聆听到了周先生的《渔歌》。我学过古琴，特别对古琴谱有研究，听到《渔歌》非常触动心灵——西方作曲技法和乐器竟能如此体现中国传统艺术的精髓。之后，又陆续聆听了周先生其他作品如《变》《山涛》《浮云》等，似乎一个"文人作曲家"形象逐渐存于我的心里。

二、在编辑出版中认识周文中先生

大约 2005 或 2006 年的某一天，时任上海音乐学院院长杨立青先生请我去他办公室。周先生在座，没想到竟然见到了这位在其音乐作品中久仰的"文人作曲家"。杨院长交代我，希望我们上海音乐学院出版社出版周先生音乐文集。当场周先生就交给我其音乐文集所有资料。我作为时任社长，既兴奋，又担忧。兴奋的是有这样一个机会能为敬仰已久的周先生服务，真是莫大的荣幸；担忧的是一批沉甸甸的英文原稿，能否物色到合适的中文译者准确地翻译出周先生的理论和思想，责任重大。

那些年一直没有找到合适的译者。虽然我自己可以翻译其中部分,但对于文字和作品准确的解读和分析,熟悉周先生音乐及其思想的作曲理论专业和中英文都优秀的人才能胜任。此事一拖就是多年。对此,我一直非常内疚。

2011年,梁雷教授告诉我,他在组织团队翻译周文中先生音乐文集,内容还包括评论、作品年谱、照片和作品CD,而且将交付给我,愿意由上海音乐学院出版社出版,这个消息太令我喜出望外。经过与梁雷教授的合作努力,终于完成出版了《汇流——周文中音乐文集》(以下简称《文集》)。约一年前,梁雷教授再次带来令人兴奋的消息,周先生愿意将其"口述历史"影像《周文中口述历史——东西音乐合流的实践者:周文中》(以下简称《口述历史》)交给我出版,真是荣幸之至。

借此机会,作为前任社长,代表上海音乐学院出版社,首先感谢周文中先生对我的信任;再是,要感谢梁雷教授付出的辛劳和智慧,感谢潘世姬教授为《口述历史》出版的授权和给予的信任;同时,也要感谢叶国辉教授为出版《口述历史》给予的资助和支持,感谢所有参与两部作品的翻译、录制和编辑的人员,他们都为此作出了贡献。

在《文集》《口述历史》出版过程中,与周先生有过一些通信交流。他非常理解编辑出版工作的繁琐和辛劳,更是完全宽厚地理解国内出版工作的特殊性。与梁雷教授商量后,周先生授权同意我调整其文中一些文句,以更符合中文习惯。2013年11月,《汇流——周文中音乐文集》正式出版,原计划周先生将前来上海音乐学院,我打算举行《汇流——周文中音乐文集》的签名首发仪式,上音作曲系为此也准备了一场周文中先生作品音乐会。由于当时周先生身体的原因,遗憾未能成行。为此,他还专门写信给我表示歉意,其中也提及了邀请我参与录制其"口述历史"的工作。摘录周先生2013年11月15日的部分信函内容如下:

洛秦社长:

您好!

原计划于11月出访上音,结果因为出发前不久我患严重心肌梗塞，而被迫取消行程，而诸位已花了九牛二虎之力，筹备访事，对此我深感遗憾，在此表以万分的歉疚！

因此，我非常希望在我康复后仍然能对贵院、出版社有点贡献。我的想法是与贵方合作将我对音乐、艺术、文化、教育的认识和观点以数字录像方式做成一套资料，谨供贵方参考、使用。

我在美国从事文化，艺术专业工作已超过半个世纪，从 20 世纪 50 年代就开始至今。我在哥伦比亚大学担任艺术学院的学术领导以及该院的作曲系主任，长达 40 年。在此期间，从事教学、教务以及课程设计，教导过从世界各地来的学生，因此也针对他们不同文化背景做出了不同的构思、设计、实践。此外，我在美国的广泛的文化艺术界，不论是在理论或实践上，也做了大量的工作。在社会上我还担任过许多音乐、艺术团体的领导，包括美国音乐作曲及录制方面的重要团体 CRI 的总裁，对美国现代音乐发展作了些努力。因此，我对艺术教育要比一般作曲教授广泛些。在这期间，也就是从二次大战后至今，我与亚洲，包括中国和欧洲的文化艺术界有不断的接触、交流，并且一直对中国文化艺术教育的发展，中国文化艺术的成就和未来，以及中国对世界文化艺术未来发展的责任及可作的贡献这些课题一直很关心。再者，目前文化艺术已演变为世界性，因此中华文化艺术在教育方面也需要找出适合的方向、内容。

我很愿意将我在上述方面的经验通过数字录像方式提供给贵方；我手上有较多已整理好的资料，可以立即使用。因此，如果你们愿意这么合作，我会很欢迎你们来美国，从事录制。当然，事先我们会需要做更进一步的筹备……

鉴于种种原因，周先生提及的合作录制"口述历史"工作，我未能落实和如愿。幸运的是，最终由周先生的弟子潘世姬教授及其团队完成了此项价值非凡的工作，而且我也最终出版了这部意义深远的作品。

在编辑和出版这两部作品的过程中，一遍一遍反复阅读周先生的文字，一集一集反复观看周先生的讲述，对于我而言，周文中先生"文人作曲家"形象和精神不断变得鲜明和完整。

三、在音乐学思考中认识周文中先生

我通过学习《文集》《口述历史》了解到，周文中先生的生活大致可以分为三个时期：

1. 早年中国的生活——居住青岛期间对周先生的世界观和生活方式影响很大。

2. 1946 年前往美国学习和工作——创作及深入研究西方及中国音乐文化。

3. 1978 年创建"美中艺术交流中心"以来——为亚洲音乐作曲和中美音乐文化交流作出了极大的努力和贡献。

以上三个时间段，我从不同视角进行论述。

（一）历史场域

1. 周文中先生口述，其 1923 年出生于山东烟台，烟台当时为中国最早的海港城市之一，往东是韩国及日本，再往前就是美国。周先生觉得，他出生在那里有特别的意义——似乎是命运的安排。1922 年 12 月 10 日，中国从日本侵略者手中收回青岛租界，设立胶澳商埠督办公署，直属北洋政府。1924 年，一岁的周先生随父亲前往青岛接收德国租界。[①] 很多年内，周先生在家里一直用德式的早餐、中式的晚餐，似乎既居住在中国，又生活在"德国"。当时的青岛同时还留有很多日本文化。所以，周先生在早年青岛生活中，受到多元跨文化的影响甚为深刻。

---

① 1897 年 11 月，德国以"巨野教案"为借口侵占青岛；翌年 3 月迫使清政府签订了《胶澳租借条约》，强租青岛 99 年。1898 年 9 月，德国开放青岛为自由港，整个青岛地区作为德国殖民义称"胶澳租界"。1914 年第一次世界大战爆发，11 月，日本侵占青岛，取代德国对青岛进行军事殖民统治。1922 年 12 月 10 日，中国收回青岛，设立胶澳商埠督办公署，直属北洋政府。1938 年 1 月，日本再次侵占青岛。1945 年 9 月，国民党政府接收青岛，仍为特别市。1949 年 6 月 2 日，青岛解放。详见百度 https://zhidao.baidu.com/question/317987203.html。

周先生在口述中提及，19 世纪末，其祖父提倡中西医学合并，在山西创办了中国第一所医学院，同时在上海从事出版，帮助文人出版图书。婶母在山东主持寺院，为掩护伤员被日本人杀害。父亲 17 岁就参加辛亥革命。

出生于辛亥革命与军阀割据之间的动荡时代，周先生童年时期的回忆大多是在逃难。20 世纪三四十年代日本发动侵华战争，整个中华民族传统陷入灾难的绝境，周先生的民族意识被唤醒了，患难的经历使其产生了追寻自身文化根源的信念。

2. 1946 年，周先生前往美国，如饥似渴地学习西方音乐及其文化，当年的老师斯洛尼姆斯基曾质问周先生的音乐创作承袭于何方的文化传统。此询问惊醒了周先生。在哥伦比亚大学完成了欧洲音乐学习后，周先生投注大量时间研习亚洲音乐。周先生问自己，身为一名作曲家在创作生涯中为什么要排除自身文化传统呢？于是，那段时间，他全身心地研究中国哲学、文辞、书法绘画、古琴等传统文化。

3. 1978 年，周先生在哥伦比亚大学创建了"美中艺术交流中心"。他说："我在美国作为一名作曲家、研究员、教育家以及艺术行政人员所从事的活动，与在亚洲所参与的种种活动是相辅相成的。"[①]周先生数十年来不遗余力推动国际艺术交流，特别是对于中美两国文化交流作出了杰出贡献。

因此，新文化运动与抗日战争，美国学习和工作，特别是中美建交三个重要历史阶段极大影响了周先生的思想。这样的历史影响，我称其为"历史场域"，不同的历史场域在不同程度上建构着周先生的"文人精神"。

周先生早年的家学传统和正直品格，以及青岛"租界"多元文化环境，奠定了其"文人精神"根基；美国学习和工作唤醒了对于中国传统的热爱和研究，促进了周先生"文人精神"建构的动力；后期的中美和东西方音乐文化交流，体现了周先生将"文人精神"外化为一种责任。

（二）音乐社会

作为文人作曲家的周文中，其生活、工作和贡献都存在及活动于特定的音乐

---

① 引自《文人与文化》，载梁雷主编、洛秦副主编：《汇流——周文中音乐文集》，上海音乐学院出版社，2013 年，第 170 页。

环境之中,我称之为"音乐社会"。

　　1946 年,周先生获奖学金赴美前往耶鲁大学攻读建筑。然而,抵达耶鲁大学一周后即放弃奖学金,转入新英格兰音乐院学习作曲。1949 年迁居纽约,之后与作曲大师瓦雷兹结下了深厚的师生和挚友之情。1954 年发表管弦乐作品《花落知多少》,震撼乐坛,荣获多项奖项,包括洛克菲勒文艺奖、库瑟维兹基音乐基金会委托创作、美国国家艺术基金会委托创作等。主要作品包括:《山水》《花月正春风》《花落知多少》《思凡》《飞草》《渔歌》《变》《谷应》《山涛》《浮云》等。周先生全心致力于东西音乐融合的道路,为此作出了重要贡献。因此,被授予美国文学艺术院终身院士。曾担任过哥伦比亚大学艺术学院副院长及作曲博士研究所的主任、哥伦比亚大学首任弗里茨·莱纳现代音乐中心主任等。

　　了解和认识周先生在音乐社会中的所作所为之所以然,请听其如是说:

　　　　当我在寻求以融汇现代西方作曲技法与传统中国思维的音乐创作时,晚唐诗人陈子昂的一首诗词缠绕在我内心深处,久久挥之不去:前不见古人,后不见来者,念天地之悠悠,独怆然而涕下。①

　　　　我只是依据个人的观察与想法,以及几十年来的人生历练与创作感悟,来探讨这一个世纪以来的发展。我是一名作曲家,来自中国汉文化背景。但是我深信我们这个时代的艺术家都必须有跨学科与跨文化的危机意识与责任感。②

　　经历了各种不同文化,这样的经历成为了一种象征。周先生始终强调,艺术从来不应该有国家、政治的限制,而应该是东西方性的,全世界性的。如果说"历史场域"造就了周先生的"文人精神",那么"音乐社会"中的周先生所思所想、所作所为所体现的是其"文人情怀"。

---

　　① 引自《文人与文化》,载梁雷主编、洛秦副主编:《汇流——周文中音乐文集》,上海音乐学院出版社,2013 年,第 165 页。
　　② 同上,第 166 页。

作为音乐学家，从学术的角度理解"文人作曲家的周文中"，采取"音乐文本田野工作"方式，以我在《论音乐文化诗学—一种音乐人事与文化的研究模式及其分析》中提出的"音乐人事与文化的研究模式"①进行思考。

对于音乐的研究，无非是探讨音乐的人与音乐的事，以及它们之间的关系。对此，我称之为"音乐人事"研究。我认为，特定历史和社会环境是构成"音乐人事"发生和存在的需求性前提，人与运行机制是促成"音乐人事"存在和发展的可能性基础。

周先生的所作所为、所思所想，以及其"文人作曲家"特性都离不开上述的两个条件。这两个条件建构起"音乐人事与文化的研究模式"，即结构性地阐述音乐的人事与文化关系，是如何受特定历史场域作用下的音乐社会环境中形成的特定机制影响、促成和支撑的。

笔者"音乐人事与文化研究模式"如图1体现为：

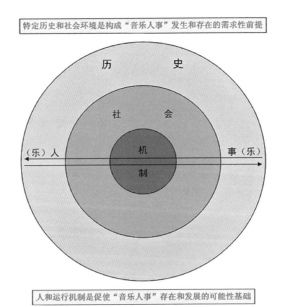

图1

---

① 洛秦：《论音乐文化诗学—一种音乐人事与文化的研究模式及其分析》（简明版），载《音乐研究》，2009年第6期，完整版载于《书写民族音乐文化》，陈铭道主编，上海音乐学院出版社，2010年。

"音乐人事与文化的研究模式"的三层结构含义：（1）"宏观层"——**历史场域**，在此不仅有"历史"的"过程"，而且也表示过去已经发生的"历史本身"的客观存在，它是音乐人事与文化关系的重要时空力量；（2）"中观层"——**音乐社会**，指特定历史条件下的特定社会或区域中地理和物质空间，更是该空间中的社会结构及其关系，这个"社会"是具有音乐属性的，是与所研究的对象——音乐人事直接相关联的，是由该音乐人事的生存及其文化认同范畴所构成的；（3）"微观层"——**特定机制**，特指直接影响和促成及支撑"音乐人事"的机制，"机制"具有功能性、表现方式或支配力量等因素。

（三）特殊机制

我们从《文集》《口述历史》中读到，周先生的文字和论述中非常突出的内容是《易经》、古琴和书法。因此，将此三个"文人性"要素集合为我的研究模式中的"特殊机制"，作为周文中先生"文人方式"的集中体现。周先生说：

> 在1949年到了纽约之后，尚未找到有关中国古典音乐材料之前，我先下了决心学习中国诗词、戏剧、哲学、书法、水墨画等等。目标是从中国当时尚留存的音乐演奏艺术之外的各种文化精髓中寻找到我们自己的美学观念。1950年后我开始积极地考虑易经、阴阳等思想，以及中国在音响、音律上的成就对现代中国音乐所可能产生的影响。由于这些努力，终于在1960年首次成功地综合中国、亚洲以及欧洲的调性理论而演变成其自己的Variable Mode概念，即"可变调式"。该年首次用此概念创作了《隐喻》。[①]

以下图2和图3是周文中先生为阐释他于1963年发展的"可变调式"制作的。其中有六个音乐的"经卦"，以及它们在六个"可变调式"中的相互关系和进行。图4是周文中的《大提琴协奏曲》的结构。[②]

---

① 引自《音乐创作与中华文化——我的学习、研究、创作的过程和原则》，载梁雷主编、洛秦副主编：《汇流——周文中音乐文集》，上海音乐学院出版社，2013年，第225—226页。
② 3幅图皆引自梁雷主编、洛秦副主编：《汇流——周文中音乐文集》，上海音乐学院出版社，2013年。

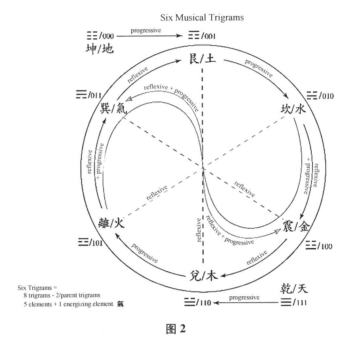

图 2

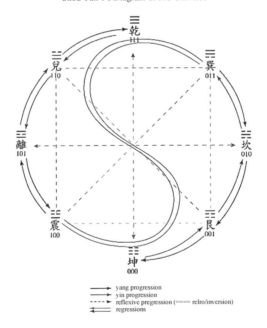

图 3

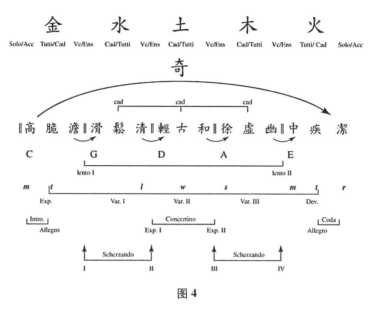

图4

同时,周先生　生都受到了古琴音乐的美学、指法、减字谱的深刻影响①:

　　古琴,这种长形带徽位的琴在孔子的时代就已经是中国学者、艺术家以及音乐家喜爱的乐器了。因此这件乐器的音乐作品也有着独一无二的地位和一个从未中断的传统。它也代表了中国音乐最为典型的特征。大概一百多个象形符号(减字)用于指法谱,指法谱只能记录琴曲音乐中难以琢磨但非常重要的基本特征:声音的产生和控制方面的种种微妙变化成为艺术表现的手段。指法谱注明每一个音或一系列音的发音法和音色,还详细说明了音阶之间微分音的位置,并且控制了每一个音组中的节奏和力度。实际上,这些文字甚至能够激发起演奏者对于阐述每个细节时应有的某种心智状态。②

---

① 引自《音乐创作与中华文化——我的学习、研究、创作的过程和原则》,载梁雷主编、洛秦副主编:《汇流——周文中音乐文集》,上海音乐学院出版社,2013 年,第 225 页。
② 引自《走向音乐的再融合》,载梁雷主编、洛秦副主编:《汇流——周文中音乐文集》,上海音乐学院出版社,2013 年,第 7—8 页。

　　周先生在古琴指法、谱字及音色方面的深刻认识对于其创作产生了重要影响。关于古琴减字谱作用于古琴音乐及其美学的意义，我曾撰文《谱式，一种文化的象征》①进行过阐述：

　　古琴谱只标音高，不标节奏是为什么？是它不能，还是不为？这是一种缺陷，还是它本身就是完整？通过笔者的论证指出，古琴谱式的节奏、时值提示功能是因人、因情、因境、因曲、因音而宜的。也由此，我们可以这样说，古琴谱对节奏、时值的规定需要从感性上去理解和从感觉上去把握，而绝不是在理性上的限定和理智上的制约。在这种现象背后，实质上蕴藏着一种特定的音乐精神、特定的艺术思维和特定的文化构成模式。正是这些精神、思维和模式造就了古琴谱式的这一特性。因此，古琴谱不标明精确、严格的节奏，是"不为"而并非"不能"；这种特点并非缺陷，而其本身就是完整。只有在这种具有"相对性"的谱式天地里，古琴艺术才显示出了千姿百态的风格，才能为自由而丰富的乐思翱翔留下更为广阔的空间余地。中国士大夫们正是在这种有限的余地里，寄予了无限的情感、无限的思绪、无限的心境。在这富有弹性的音律移易之间，在不严格定量的节奏伸展之间，在不僵硬的语汇、句段之间，他们各自依不同的"绰注吟猱"的体验，不同的"逗撞上下"的感受，通往那不可闻、不可见、不可言、不当名的"意"的觉悟和"道"的境界。

　　更为进一步的是，古琴谱式的节奏问题，从文化构成的角度来说，实质上体现的是一种有规而无格的精神。这种精神为感情的表现在一个可行的、可容许的范围内提供了极大的空间自由。依谱而又不拘泥谱，有自由而又不失规矩，正是这小小的变易度，产生了一琴曲有各种不同的版本，而同一版本的乐曲依演奏者的不同又有各种不同谱本的结果。从在这一艺术思维方式、文化构成模式里的周游中，我们更清楚地看到，古琴谱式所体现的精神分一定时期的艺术思维方式和某种文化构成模式是一致的。古代琴人们为了在感情、灵魂的遐想，超尘、脱俗的自由上更有所得，就在所凭借的对象——古琴谱式的节奏、时值功能上有

----

①　洛秦：《谱式，一种文化的象征——古琴谱式命运的思考》，载《中国音乐学》1991 年第 1 期。

意地有所"失"。失，为了得；得，便要容纳失。这就如同中国绘画中强调的"空白"，篆刻艺术中注重的"气口"一样，这是辩证的统一。

在这层意义上，我们也许可以把古琴谱所体现的精神称为"残缺"的美！这，也许正是老庄哲学的"无"与"有"之道渗入在古琴音乐精神中的一个具体的表现吧！

周先生喜欢将书法、绘画，甚至诗词、哲学，与音乐结合起来思考，他认为艺术中的结构、韵律、风格、节奏，处处飞扬和蕴含着音乐语言，这些都是中国作曲家要研究掌握的基本语言。他提及：

> 在1950年代，我越来越对由中国书法所证明的那些原理产生兴趣，其中笔墨的运用在均衡的空间中通过动与力之间的相互作用，以及线条和织体的变化来产生出富有持续性的运动与张力。这种原理首先在钢琴作品《柳色新》(1957) 中采用，主题材料建立在一个传统古琴曲之上。①

周先生将这些想法在为长笛和钢琴而作的《草书》(1963) 中予以结合。他在文章《走向音乐的再融合》中论述：

> "草书"指的是一种书写方式，其中，有表现力的连绵的笔画和圆滑的角度形成了富有对比性的曲线和圆圈。草书呈现出了中国书法艺术的终极原则，因其表现力正是依赖于运笔行墨过程中那种力量的自发显现。在这个作品中，"草书概念"影响了明确的但又是不确定的音高和时值，以及有规范但是又富于变化的速度和强度。贯穿整个乐谱，钢琴都被当成键盘、弦乐器和打击乐器的合成乐器来使用，而长笛则需要在音高上使用有控制的微分音的修饰。通过控制声音的产生过程，

① 引自《走向音乐的再融合》，载梁雷主编、洛秦副主编：《汇流——周文中音乐文集》，上海音乐学院出版社，2013年，第6页。

每个音都被尝试作为一个"生命体"来对待。两件乐器自由独立的感觉也是通过对于其独特但协调的速度来获得——运用不成比例的时值，以及根据乐器性能的差异来运用不同的强度。

美国学者埃夫莱特（Everett）教授在其《书法与周文中近期作品的音乐表情》中详尽论述了周先生关于"音乐表现和书法笔画的联系"，从五个方面探讨书法形式、观念与音乐表现之间的相关特征：初始笔画的复合性运动；笔画之间的连续性运动；平行笔画；笔画的速度和浓密度的变化；运动表现手法的剖析图。她说：

> 从现象看，周文中音乐的音高结构都得益于西方对位技术，以至无法将他与其他西方现代作曲家区分开来，但是要注意周先生在乐谱上精心标注的记号证明了其独特的基于书法原则的作曲法。正是通过书法原则与一定音乐表现的联系，这种最初不确定的意义才转化为一种进步和互动的符号体系。当这种结合实现时，周文中的音乐会赋予听者一种深层次的音乐表现。这种表现既符合中国传统美学观，又符合瓦雷兹将声音作为"有生命的物体"的观念。笔者希望周文中音乐，能继续被从其作为跨文化的"音乐书法家"角度去鉴赏和研究。[1]

周先生在《口述历史》中专门有两个单元讨论了音乐与书法的关系，其中第九单元名为《音乐"书法家"》。周先生在谈论中以其自己书写和总结的书法特点，结合章法、笔法、韵律、对比、空间等基本要素（如图5[2]所示），讲述了它们与周先生音乐创作的关系。正如周先生在谈其作品《山涛》中所述：这部作品的最

---

[1] 引自埃夫莱特（Yayoi Uno Everett）：《书法与周文中近期作品的音乐表情》，载梁雷主编、洛秦副主编：《汇流——周文中音乐文集》，上海音乐学院出版社，2013年，第285—286页。

[2] 截图引自影像作品《周文中口述历史——东西音乐合流的实践者：周文中》，上海音乐学院出版社，2018年，第九单元《音乐"书法家"》。

终目标与书法艺术相同,即通过相互配合的四个部分,将一些重大事件和强烈感情加以艺术性的升华。①

图 5

　　周文中先生作为一位文人作曲家,其音乐上的"文人方式"特点体现为:以《易经》的"变格"为思维、古琴与书法为语汇、现代作曲技法为手段、音乐作品为形式。

　　因此,从我的"音乐人事与文化的研究模式"的历史场域、音乐社会、特殊机制三个层面,我们看到了周文中先生"文人精神""文人情怀""文人方式"的三个角度,换过来说,周先生不仅以"文人方式"体现了"文人情怀",而且更是由此而升华为崇高的"文人精神"。

结　　语

1. 文本即 Text,语境即 Contexts。

2.《文集》《口述历史》是文本,以此作为田野进行工作来认识周先生的

---

① 引自埃夫莱特:《书法与周文中近期作品的音乐表情》,载梁雷主编、洛秦副主编:《汇流——周文中音乐文集》,上海音乐学院出版社,2013 年,第 271 页。

语境。

3. 周先生是一个文本,从其所经所历、所作所为、所思所想的田野来认识和思考周先生的文人作曲家的语境。

周先生六十余年来行走于"中美音乐文化田野"中,今天我们行走于"周文中音乐文化田野"里。

周先生既是一位中美音乐文化的"局内人",也同时扮演着"局外人"的角色对两种文化进行审视。因为他共时性地以"主位"的姿态和"客位"的角度研究和考察东西方音乐及其文化的异同,作为一位"音乐书法家"挥墨谱写着东西方文化汇流和融合的画卷。

更进一步,周先生将其"文人精神"转化为一种"匹夫有责"的品格! 他如是说:

> 文人精神既是中国的,也是普世的——之所以属于中国的,是因为它承载着中国两千年来文化与社会的特有生活方式;之所以属于普世的,是因为它代表着善良、真诚、独立、正直和勇气等人格特质。但文人精神,如同任何文化与社会,走过了几世纪的岁月也曾经历风风雨雨。[1]

周先生在文章《美中艺术交流》[2]中指出:"中心"的职责就是为这两个社会提供建议,确信: (1) 对于中国,只有发展"现代"的中国文化,才可能获得科技的"现代思想"; (2) 如果美国不理解中国文化想要如何发展,那么对中国政策和经济及其未来发展的推测是不可能的。理解"文化关系"与政治和经济互利的"国际关系"二者相辅相成,这是一种哲学的需求,是理解文化交流理论和基

---

[1] 引自《文人与文化》,载梁雷主编、洛秦副主编:《汇流——周文中音乐文集》,上海音乐学院出版社,2013 年,第 178 页。

[2] 引自《美中艺术交流——一种哲学探寻的实践》,载梁雷主编、洛秦副主编:《汇流——周文中音乐文集》,上海音乐学院出版社,2013 年,第 133 页。

础。经验证明,系统地把握二者日益增长的相互作用的努力,至关重要。

　　周文中先生三十年前的话语,如今再次聆听,竟然犹如针对眼下中美政治、经济和文化问题所提出的思考、建议和警示,意味深长。周先生这种匹夫有责的文人精神不仅对于音乐,而且对于东西方文化的交流、互惠和促进具有深远的意义。

　　最后,在此引用林语堂先生的一段话,我觉得作曲家周文中先生正是这种"文人品格"的典范:

　　　　所言是真知灼见的话,所见是高人一等之理,所写是优美动人的文,
　　独往独来,存真保诚,有气骨,有识见,有操守,这样的文人是做得的。

2018 年 11 月 25 日初稿于太原邸

2019 年 1 月 31 日定稿于雅园

本文原载于《音乐艺术》2019 年第 1 期

周文中与中美音乐交流(1972—1989)

宫宏宇

周文中(1923—2019)是位集作曲家、音乐教育家、文化交流活动家于一身的旷世文化巨人。有关他的介绍和研究,早在 1960 年代初就已出现在《美国作曲家联盟通讯》上。① 自 1980 年代起,有关周文中的英文硕士论文也开始在美国大学出现。进入 1990 年代后,有关周文中及其作品的英文博士学位论文也迭出。② 进入新世纪以来,有关他的研究著述,更是层出不穷,蔚然成为一个热点。

---

① Nicolas Slonimsky, "Chou Wen-chung," *American Composers Alliance Bulletin* 9.4 (1961), pp.2 – 9.

② 从 1980 年代始,北美大学的学子(以华裔学者为主)开始以周文中早期的管弦乐作品与中国文化为题撰写硕士论文,如 Wing-chi Chan, "A Study on Chou Wen-chung" (M.M. thesis. Northern Illinois University, 1981); Wing-Yiu Lau, "The Influence of Chinese Culture on Chou Wen-Chung's Early Orchestral Works" (MA. thesis, University of Georgia, 1986)。自 1990 年始提交给美国大学的博士论文包括: Seok-Kwee Chew, "Analysis of the Selected Music of Chou Wen-Chung in Relation to Chinese Aesthetics" (New York University, 1990); Joan Qiong Huang, "An Early Fusion of Oriental and Occidental Ideas: A Discussion of the Characteristics of Three Orchestral Works by Chou Wen-chung and 'Three Images of Tang' for Orchestra" (University of California in Los Angeles, 1991); Peter Chang, "Chou Wen-Chung and His Music: A Musical and Biographical Profile of Cultural Synthesis" (University of Illinois at Urbana-Champaign, 1995); Eric Lai, "A Theory of Pitch organization in the Early Music of Chou Wen-chung" (Indiana University, 1995); Chun-Ming Kenneth Kwan, "Compositional Design in Recent Works by Chou Wen-chung" [State University of (转下页)

不仅周先生的中外学生、同事纷纷著书论文，国内外的一些年轻的学者也以周先生为中国现代作曲家的榜样而为之立传。[①] 但只需略观一下近年来汗牛充栋的相关论著，就不难看出，现有的研究成果几乎完全聚焦在对作为"20 世纪中叶开拓性地结合亚洲传统美学与西方前卫技法的第一批作曲家中的杰出代表"[②]的周文中的"汇流"的创作理念和对其作品的音乐学和理论技法的阐释上，对于周先生的另外两个角色——音乐教育家和文化大使，却缺乏应有的关注。[③] 尤其是对于后者，除了陈钢、陈燮阳、吴祖强、阴法鲁作为周文中美中艺术交流项目的亲历者留有零星的记述外[④]，鲜见全面及专门的研究。[⑤] 实际上，从 1964 年入职哥伦比亚大学，直到 1991 年退休，贯穿周文中大半生的，是他的教学事业。教学与行政工作外，从 1978 年至 1989 年，周文中除了在 1989 年完成了打击乐四重

（接上页）New York at Buffalo, 1996]; He Jian-Jun. "Chou Wen-Chung's Cursive" (West Virginia University, 2000); Chia-Chi Chen, "Chou Wen-Chung: His Life, the Inspiration of His Musical Language, and an Analytical Study of 'Windswept Peaks' from the Perspective of Chinese Aesthetics" (Cornell University, 2006); Rebecca Sau-woon Au, "I Ching in the Music of John Cage, Chou Wen Chung and Zhao Xiao Sheng" (The Chinese University of Hong Kong, 2013); Yiqian Song, "When Chinese Sounds Meet Western Instruments Yü Ko Ensemble for Violin, Winds, Piano and Percussion by Chou Wen-Chung" (DMA diss., Arizona State University, 2020); Serena Yiai Wang, "New Chinese Music in New York City: From Revival to Musical Transnationalism" (The City University of New York, 2021).

① 张明坚的博士论文《周文中其人其乐》，以及黎昭纲的《周文中早期音乐中的音高组织理论》，后来经过删改后分别于 2006 年和 2009 年正式出版，见 Eric Lai, The Music of Chou Wen-chung (Farnham: Ashgate, 2009); Peter Chang, Chou Wen-chung: The Life and Work of a Contemporary Chinese-Born American Composer (Lanham: The Scarecrow Press, 2006)。何建军 2000 年提交给美国西弗吉尼亚大学的音乐艺术博士论文《周文中的"草书"》，2004 年由湖南文艺出版社出版。王自东 2013 年提交给上海音乐学院的博士论文《周文中音乐作品"音高构造法"研究》于次年由上海科学技术文献出版社出版。

② 梁雷：《周文中的启示——庆祝周文中教授九十华诞》，载《音乐艺术》2013 年第 4 期，第 141 页。

③ Zhang Ru, "The Chinese Experience: Sino-American Arts Exchange 1972—1986)," Journal of the Hong Kong Branch of the Royal Asiatic Society 31 (1991), pp.83 - 85.

④ 陈钢：《早春二月柳色新——记周文中教授与美中文化交流》，载《人民音乐》1979 年第 12 期，第 68—70,88 页。

⑤ 国外少有的例外包括 Zhang Ru, "The Chinese Experience: Sino-American Arts Exchange 1972—1986)," Journal of the Hong Kong Branch of the Royal Asiatic Society 31 (1991), pp.83 - 85。孙铿亮在《中美音乐文化交流的使者——周文中》（载《音乐美学》2011 年第 2 期）一文中，曾用不到一页的篇幅提及"周文中在中美文化交流方面的成就"；焦年华和汪胜付在《周文中对中美艺术文化交流的贡献——基于〈美中艺术交流中心通讯〉之成果》（载《星海音乐学院学报》2019 年第 2 期）也有简单的论述。

奏《谷应》外,他更主要的角色是文化外交官。作为作曲家,在这历时十几年的"创作间歇期",他几乎没有创作多少新作品。① 所以,就 20 世纪 70 年代后期开放以来所开展的中美艺术交流活动而言,如果我们对周文中先生作为文化交流活动家的巨大贡献认识不足,那么这段历史不但会显得苍白贫瘠,随着时间的流逝,甚至还会留有空白和误区。不夸张地说,周文中不仅为 20 世纪下半叶中美艺术交流开辟了一条崭新的、多层次、多渠道、多面向的通衢,而且在改革开放后的十多年里凭一己之力将其带入了一个前所未有的蓬勃发展的繁荣时代。随着他的陨逝,这个新的音乐"汇流"的时代也就自然结束了。因此,全面追溯并评价周文中先生对中美音乐交流的贡献,应该是一件十分迫切的工作,也是一项意义重大且长远的课题。

　　本文以保存在美国哥伦比亚大学图书馆的周文中创建并领导 40 年的"美中艺术交流中心"档案资料(信件、项目报告、会议简报、照片、未刊印刷品以及视听资料),中心所出版的《美中艺术交流中心通讯》(1980—1995),中心双边交流项目亲历者、组织者的报告和 1979—1989 年中美报刊相关报道为基础,探讨周文中在改革开放前后为促进中美艺术(特别是音乐)交流所做的具体工作及其产生的影响。本文想要回答的问题为:周文中为中美音乐交流做了什么? 他架设中美艺术交流之桥的根由及其历史背景为何? 他促成的中美音乐交流活动对后世产生了什么影响?

一、周文中与中美建交前的中美音乐交流(1972—1978)

　　周文中最早是何时萌生出中美艺术交流想法的已不可知,但可以肯定的是,他第一次提出关于中美两国艺术交流的构想是在 1972 年 12 月。1972 年 2 月,毛泽东主席和尼克松总统在北京会晤并于 27 日签署了《上海公报》。同年底,

---

① "美中艺术交流中心官方网站"https://uschinaarts.org/about/founder/。

离国已逾 26 载的周文中发现自己不得不赶往上海。原因是他曾在哈佛大学接受教育的学者岳父张歆海与岳母韩湘梅作为中国政府(周恩来邀请)的客人访问中国时,忽然因中风病倒在上海。周文中设法安排了进入中国的特殊签证,希望能将他病危的岳父带回他们在纽约长岛的家。但张歆海终因病体不支在周文中抵沪几天后于 12 月 6 日在他的出生地上海去世。①

　　协助岳母处理完后事(包括将张歆海的骨灰撒在杭州西湖)后,周文中向中国政府代表提出了与艺术界领袖和音乐界同学会面的请求。由于张歆海与中国政府的特殊关系以及当时"乒乓外交"后中美关系转暖的政治气候,周文中的请求得到允许。因此就有了他 1972 年 12 月与上海乐人,如李名强、瞿维、陈燮阳、曹鹏等上海音乐人的历史性的会面(见图 1)。也就是在这次会面中,周文中首次提出了他关于中美两国未来艺术交流计划的构想。遗憾的是,由于当时的特殊环境,对他的提议,周先生的中国同行只能是予以礼貌性但模棱两可的回答。事后回想起来,周文中意识到,他当时的想法太天真了。

---

① "Prof. Chang Hsin-hai, 74, Of Fairleigh Dickinson Dies," *The New York Times* (December 7, 1972), p.40. 张歆海(1898—1972),字叔明,浙江海盐人。1916 年考入清华学校,1918 年获庚款于 8 月 24 日与徐志摩(张歆海是张幼仪的哥哥)、杨荫榆、李济、董任坚、叶企孙等同船赴美。先入霍普金斯大学,一年后转至哈佛大学师从白璧德(Irving Babbitt, 1865—1933),以《马修·阿诺德的尚古主义》(*The Classicism of Matthew Arnold*)一文获博士学位。张歆海回国后曾担任多所大学的外文系主任,曾在泰戈尔等外国学者访华时充当翻译,并做过多个国家的外交官、公使。1930 年代末,牛津大学还曾有意聘他为汉学讲席。1941 年张歆海携全家到美国定居后,先后在美国长岛大学(Long Island University)和费尔利迪金逊(Fairleigh Dickinson University)大学任人文及东亚史教授,并出版有多部学术著作(如《四海之内》《美国与中国》)和文学作品(如《传奇性的姨太太》)。1943 年—1945 年,张歆海还曾在几部好莱坞电影中扮演过角色。张歆海非常爱国,1940 年代初,他曾竭力协助当时的中国外交部长宋子文,为中国抗战做过很多工作。1971 年,年逾古稀的张歆海又积极地参加了保钓运动。20 世纪五六十年代,张歆海与居美的李宗仁及《西行漫记》的作者埃德加·斯诺过从甚密。他们密切合作,为改善中美关系发挥过积极的作用。1972 年夏,周恩来授意有关人员邀请在考察东南亚归途中的张氏夫妇回国访问。张歆海得知消息后十分兴奋。但在香港他就病倒了,到广州治疗三个星期后又转到上海,12 月 6 日在沪病逝。"Biographical Note., Register of the Chang Hsin-Hai Papers, 1936—1976",斯坦福大学图书馆 https://searchworks.stanford.edu/view/4088928。有关张歆海的生平、教学历程及其外交生涯,见郭蕊:《天涯赤子情:献给张歆海、韩湘眉教授的一朵雏菊花》,载《人物》1986 年第 3 期;吴丹虹:《张歆海与中美关系——对一个中国知识分子兼外交官的思想初探》,《美国研究》1993 年第 1 期,第 29—47 页。

图 1　周文中 1972 年 12 月与李名强、瞿维、陈燮阳、曹鹏见面①

他没有考虑到这些艺术家当时的处境。②

　　周文中虽然在 1972 年 12 月就与中国艺术家和音乐家有此突破性的会面，但由于中国此时还处于"文革"期，所以此次会面在之后的几年里并没有产生任何实际结果。然而，此间对立多年的中美关系在逐渐解冻。1973 年，作为尼克松在北京讨论的后续行动之一，中国政府在华盛顿开设了一个联络处，由经验丰富的外交官、中国前驻法大使黄镇领导。黄镇曾是一位艺术家③。周文中与黄镇私交甚笃，是黄镇为周文中日后建立美中艺术交流中心开

① 本文所引图片，除特别指出外，均取自"美中艺术交流中心官方网站"https://uschinaarts.org/chronology/。
② "美中艺术交流中心官方网站"https://uschinaarts.org/about/history/。
③ 黄镇"17 岁时，他就到上海美术专科学校学习美术，受到刘海粟等人培养。他还在新华艺术大学读书、研究和从事艺术教育。在红五军团担任宣传干事的时候，他编写歌曲，编辑剧本，写标语、绘画，并且参加唱歌、演戏，领导'猛进'剧社。他曾参加《杀上庐山》的戏剧演出，上台演过蒋介石。在长征途中，他写了不少歌剧和话剧，其中比较有影响的是《英勇上前线》和《破草鞋》等。他在长征中还创作了许多写生画和漫画，汇成《长征画集》，曾由萧华带到上海，交给阿英，改名《西行漫画》出版，在国内外都产生很大影响"。详见尹家民：《邓小平重整文化部》，《党史博览》2005 年第 6 期，第 40 页。

辟了一条通途。

1973 年,周文中成为"美中关系全国委员会"(The National Committee on US-China Relations)的董事会成员。该委员会是一个非营利的、非党派、教育性的非政府组织,其宗旨是促进美国和中国人民之间的相互了解。由美国学术界、实业、劳工、宗教和商界领袖于 1966 年成立。与同年成立的另一民间组织——"美中学术交流委员会"(Committee on Scholarly Communication with China)——一样,该委员会一直致力于宣传并促进美中学术交流,为两国间的文化交流提供信息和渠道。① 特别是"在教育美国民众重新认识中华人民共和国;重新评价美国对华政策;呼吁美国政府改善同中国的关系等方面",这两个组织发挥了极大的作用,为之后的"民间、非政府间以及政府间的交流,奠定了舆论和社会基础"。②

除了积极参加致力于改善中美关系的社会活动外,周文中也向美国公众传播中国音乐文化。如在 1970 年他即在"纽约电台播讲了中国音乐"。与此同时,"他还通过他的作品来体现'东西方音乐的综合'"③。1970 年代,周文中还开始跨越艺术学科的界限,与在纽约的中国艺术家,如动态雕塑艺术家蔡文颖(1928—2013)④和现代舞艺术家江青等合作,共同促进中国音乐文化在美国的传播。江青是这样回忆她与周文中此间的合作的:"1974 年,我介绍雕塑家蔡文颖、培蒂夫妇与时任哥大艺术学院院长、一代中国现代音乐先驱者周文中夫妇相识。大概被彼此强烈搞艺术创作的热情互相感染,尽管属于不同的创作领域,但

---

① 关于美中关系全国委员会在促进中美文化交流上所担任的角色,见 Jan Carol Berris, "The Evolution of Sino-American Exchanges: A View from the Nationa Committee." In Joyce K. Kallgren and Denis Fred Simon eds., *Educational Exchanges: Essays on the Sino-American Experience* (Berkely: The Regents of the University of California, 1987), pp.44 – 57。

② "美中艺术交流中心官方网站"https://uschinaarts.org/about/history/。顾宁:《1972 至 1992 年的中美文化交流——回顾与思考》,载《世界历史》1995 年第 3 期,第 58—59 页;张静:《中美民间科技交流的缘起、实践与叙事(1971—1978)》,载《美国研究》2020 年第 5 期,第 131—132 页。

③ 陈钢:《早春二月柳色新——记周文中教授与美中文化交流》,载《人民音乐》1979 年第 12 期,第 70 页。

④ 关于蔡文颖其人及其艺术,见杨思梁:《创造者蔡文颖》,载《新美术》1997 年第 2 期,第 72—76 页;傅叶:《蔡文颖的动感雕塑及其文化内涵》,载《文艺研究》1998 年第 1 期,第 100—101 页。

趣味相投,我们不知不觉结成谈文论艺惺惺相惜的朋友。我们有共同的浓重中国'情结',想把身负中西传统背景的海外华裔艺术家联合起来,担当起不可推卸的桥梁作用。于是成立了'中华海外艺术交流委员会',这是周文中在哥大主持纽约哥伦比亚大学'美中艺术交流中心'的前身。"①1974 年,舞蹈家江青编排了一部受周文中 1957 年创作的钢琴独奏曲《柳色新》启发的作品。之后她又根据周文中 1966 年创作、次年首演的室内协奏曲《变》与蔡文颖一起创作了一部题为《变》的当代舞作品,在林肯中心首演。②之后又在亨特大学等地上演,在美国引起普遍关注,连《纽约时报》也曾为此报道。③

　　除公开演出外,周文中还著文评论欧美历年来对中国音乐的研究。如 1976 年,周文中在美国最有权威性的音乐学刊《音乐季刊》上发表了他臧否西文中国音乐史学研究的《中国史料学与中国音乐研究:我的一些看法》一文。④ 1977 年,他"顺利地提议把管平湖大师所录音的《流水》古曲收进了美国送到太空去的宇航船'航天者'(Voyager)所载的一张金制唱片中,与欧洲的巴赫、莫扎特、贝多芬并立地代表了整个地球有史以来的古典音乐"⑤。

　　1977 年 10 月,时任哥伦比亚大学艺术学院副院长的周文中随美中关系全国委员会委员代表团第二次访华。为了将其美中艺术交流的梦想付诸实践,他成功地将访期延长了 16 天,以利用这段时间与中国文化部和文学艺术界的领袖人物见面,为其 1972 年就已经提出的美中文化交流计划寻求官方支持。此间刚从驻美联络处主任的职位上卸任回国,并被任命为中宣部第一副部长兼文化部部长的黄镇对其计划的实施发挥了重要作用。

　　1977 年 11 月 12 日,中央音乐学院邀请周文中举办关于美国艺术发展状况的讲座。"到会人士中,除了当时的院长赵沨和夫人吴老师之外,还有李德伦、

① 江青:《神交——师友周先生文中》,《文汇网》(2019 年 12 月 1 日)。
② Michelle Vosper, "Biography,""周文中官方网站"https://chouwenchung.org/about/biography/。
③ 舒暐:《蔡文颖与动态雕塑》,载《世界美术》1985 年第 4 期,第 15 页。
④ Chou Wen-chung, "Chinese Historiography and Music: Some Observations," *Musical Quarterly* 62. 2 (1976), pp.218 - 240.
⑤ 周文中:《音乐创作与中华文化——我的学习、研究、创作的过程和原则》,载《中央音乐学院学报》2006 年第 1 期,第 7 页。

杨荫浏、吴作人等等各方面的历史性人物"①。讲座之后,周文中向听众展示并向中央音乐学院赠送了他自己、纽约各艺术机构和出版社捐赠的美国作曲家的乐谱、唱片、书籍和其他相关出版物(图2)。作为"最早访问中央音乐学院的海外作曲家",周文中的讲座及捐赠的这些书谱(特别是周文中自己的作品)、音像资料对当时在中央音乐学院就学的学生影响极其深远。陈怡多年后回忆道:"图书馆的老师们对这些资料进行分类整理后,通过一系列讲座介绍给大家。从那时起,中央音乐学院的师生开始熟悉了周文中的音乐。当时周教授的音乐如《渔歌》(Yü Ko)和其他管弦乐作品亦立即吸引了周龙。周教授的审美观念基于中国古代文人文化的哲理,正如他们的抚琴、吟诗、书画。周龙于赴美学习之前创作的弦乐四重奏《琴曲》(Song of the Ch'in)及为长笛和古琴而作的《溯》(Su)都受到周文中教授推崇的文人音乐的强烈影响。"②

图2　1977年11月12日,周文中讲座后向中央音乐学院吴祖强、赵沨赠送资料

---

① 周文中:《音乐创作与中华文化——我的学习、研究、创作的过程和原则》,载《中央音乐学院学报》2006年第1期,第3页。

② "Truly a Wenren—Remembering Chou Wen-chung (1923—2019): Some reflections by Chen Yi," *Newmusic*, November 5, 2019. 中文译文取自王阿毛(译):《一位真正的文人》,载《星海音乐学院学报》2020年第2期,第12页。

也就是在中央音乐学院这次讲座之后，周文中"又提出当时只能梦想而不可思议的建议：两国艺术界以有组织的方式创办艺术交流工作。我还声明如果中方同意的话，美方若干重要基金会已同意赞助交流所需经费"①。周文中这一在哥伦比亚大学启动一个由非政府资助的中美艺术交流项目的提议，当即得到了中方的热烈回应。好友黄镇建议周文中与中国人民对外友好协会主席王炳南联系，因为在中美没有正式外交关系的情况下，该计划不能涉及政府间协议。②当日，吴祖强代表中央音乐学院与哥伦比亚大学艺术学院签订交流合作协议。③之后，在黄镇的支持下，周文中迅速向中国人民对外友好协会发送了经过更改的正式的交流提案。④"不久李德伦先生电话通知我，说已得到对外友协主席王炳南的同意，1978年春即可交换正式函件。"⑤

需要指出的是，周文中对中央音乐学院的历史性访问，不仅在中美音乐交流史上意义重大，对中美外交关系正常化也起到了意想不到的促进作用。用周先生自己的话说："那一次首访还出于意外地，更是很幸运地，协助确定了中美两国正式恢复友好关系的日期。……那次在中央音乐学院与国内一批文艺界资深人士的聚会交流确实是推动美中两国建交最后一步的原动力。""我在离开北京前与美国驻华联络官面谈此事［按：创建美中艺术交流中心一事］，他即刻要求我同意由他报告华盛顿。我说因为我了解双方同意的交流设想是民间性质的，不是政府行为，所以不能同意他去通知美国政府。他说'你不知道此事的重要性'，因此要我到香港后与另一位外交官谈话。之后我才了解尼克松总统辞职后两国再度捉摸对方有关建交的意向，静待合适的气候。我和中国这批名艺术家们的共同愿望竟

---

① 周文中：《音乐创作与中华文化——我的学习、研究、创作的过程和原则》，载《中央音乐学院学报》2006 年第 1 期，第 3 页。

② "美中艺术交流中心"官方网站：https://uschinaarts.org/about/history/。

③ 吴祖强："我是有幸赶上了这个好时候"https://www.huain.com/news/other/2022/0322/1781.html 华音总编室 华音网 2023－4－12 登录。

④ "History: Friendly gestures and modest proposals," *Us-China Arts Exchange Newsletter* 1.1 (Spring 1980), pp.1－2.

⑤ 周文中：《音乐创作与中华文化——我的学习、研究、创作的过程和原则》，载《中央音乐学院学报》2006 年第 1 期，第 3 页。

然被有关人士视为一个不可错过的时机,是实现两国建交目标的难逢机遇。"①

二、周文中、哥伦比亚大学、美中艺术交流中心

在 1977 年 10 月第二次访华后的几个月里,周文中为建立美中艺术交流机制一事一直与王炳南保持通信联系。在他的不懈努力下,王炳南终于在 1978 年 7 月 18 日正式签署信函,同意在中美两国邦交正常化之前开始民间艺术交流计划。② 同年 10 月 1 日,即美国政府和中国宣布外交关系正常化前 3 个月前,美中艺术交流中心(The Center for US-China Arts Exchange,以下简称"交流中心")在哥伦比亚大学艺术学院正式成立,周文中被任命为交流中心主任,直到 2018 年中心解散,任期长达 40 年。该中心的使命是通过中美两国人民之间的交流,来促进对艺术的兴趣与两国人民间的相互理解,进而激发两国艺术家的创造力。用周文中自己的话说:"交流中心的项目旨在激发公众对美中两国艺术的兴趣,促成美中艺术系统性的交流以及协调个人项目。中心坚信美中两国在这一激动人心的时刻开展合作是自然而然的;合作将使美中两国受益,为促进世界文化作出贡献。"③

周文中以哥伦比亚大学艺术学院为"交流中心"总部可谓天时、地利、人和。就"天时"而言,"交流中心"创建之时,正是中美关系"蜜月"期。说"地利",是因为哥伦比亚大学是周文中的领地。周文中于 1954 年在哥伦比亚大学获得硕士学位,十年后加入音乐系。1969 年被任命为作曲系主任,1972 年升为正教授,1976 年被任命为艺术学院副院长,到 1977 年,他已成为具有广阔国际视野的教育家、精明而有效的管理者和能力超强的文化外交官。哥伦比亚大学以其优秀的学术声望为周文中筹集资金提供了所需的国际形象。就"人和"而论,哥大和中国有着特殊的

---

① 周文中:《音乐创作与中华文化——我的学习、研究、创作的过程和原则》,载《中央音乐学院学报》2006 年第 1 期,第 3 页。

② "History: Friendly gestures and modest proposals," *Us-China Arts Exchange Newsletter* 1.1 (Spring 1980), pp.1－2.

③ Chou Wen-chung, "The Center for United States-China Arts Exchange — Purpose," *Us-China Arts Exchange Newsletter* 1.1 (Spring 1980), p.1.

"情缘"。20 世纪上半叶哥伦比亚大学的杰出校友名单中,包括后来在中国产生重大影响的人物,如胡适、蒋梦麟,哲学家冯友兰,教育家郭秉文、张伯苓、杨荫榆、陶行知,外交家顾维钧,诺贝尔物理学奖得主李政道,文学家梁实秋,社会学家潘光旦等。① 1970 年代末的哥大渴望再次吸引来自中国的杰出人才。尤其是时任哥大教务长的著名汉学家狄百瑞(William Theodore de Bary, 1919—2017),他是渴望恢复哥伦比亚大学作为中国精英知识分子首选地的推手之一。

作为一个由基金会、公司和个人私人资助的全国性非营利机构,"美中艺术交流中心"虽设在哥伦比亚大学艺术学院,但哥大也只负责提供办公空间和一些行政上的支持,其运行经费全靠"交流中心"主任周文中募捐。"交流中心"最初的支持者是一贯支持中国教育、文化、艺术事业的洛克菲勒兄弟基金会,福特基金会和亨利·卢斯基金会。② 洛克菲勒兄弟基金最初捐赠了 6 万美元。亨利·卢斯基金会通过捐赠一笔用于学术研究的赠款来表明对该中心的最初支持。福特基金会向该中心捐赠了 6 万美元作为启动资金。③ 中心的理事会和顾问委员成立于 1981 年春季,负责监督中心的项目与政策。

虽然"美中艺术交流中心"在哥伦比亚大学艺术学院的管理下运作,但实际上它是当时唯一的、专门促使美中艺术交流项目的全国性机构。1979 年 1 月 1日中美两国恢复邦交以后,"交流中心"直接通过中国文化部、教育部和中国文联下属各协会安排其相关项目,必要时也通过其他政府机构,如外交部等安排其交流项目。"交流中心"的项目涉及中美专家、学生、资料交换活动、筹划双边会议和艺术展览以及特殊项目。如组织指挥家陈燮阳,作曲家陈钢、茅沅、罗京京、瞿小松,音乐教育家谭抒真、周广仁、吴祖强、于润洋、李凌、李丹娜,音乐史学家

---

① 王海龙:《哥大与现代中国》,上海文艺出版社,2000 年。

② Frank Ninkovich, "The Rockefeller Foundation, China, and Cultural Change," *The Journal of American History* 70.4 (1984), pp.799 – 820.

③ 后来的捐助者很多,包括伯克基金会(the Burke Foundation)、亚洲文化协会(the Asian Cultural Council)、斯塔尔基金会(The Starr Foundation)、乔治·奥尼尔夫妇(Mr. and Mrs. George D. O'Neill)、亚洲基督教高等教育联合委员会(the United Board for Christian Higher Education in Asia)、约翰 D.和凯瑟琳 T.麦克阿瑟基金会(The John D. and Catherine T. MacArthur Foundation)等。https://uschinaarts.org/about/history/。

阴法鲁,古琴演奏家吴文光,古筝演奏家张燕等中国音乐界人士赴美研学。参与筹备美国小提琴家斯特恩(Isaac Stern,1920—2001)1979年的中国之行,并协助拍摄获奖纪录片《从毛泽东到莫扎特》。"美中艺术交流中心"所涉及的交流领域不仅仅限于音乐,还包括戏剧、舞蹈、视觉艺术和艺术教育。如在中心成立不久就赞助了剧作家阿瑟·米勒的北京之行,1980年还安排了曹禺到美国巡回演讲。其他经由"交流中心"协助来华交流的美国文化人士包括作家苏珊·桑塔格(Susan Sontag,1933—2004)、歌唱家帕瓦罗蒂(Luciano Pavarotti,1935—2007)、编舞艾尔文·尼古拉斯(Alwin Nikolais,1910—1993)、雕塑家乔治·西格尔(George Segal,1924—2000)、舞美设计师李名觉(Ming ChoLee,1930—2020)和戏剧导演迈克尔·贝内特(Michael Bennett,1943—1987)。在"交流中心"的统筹下,哈佛教育心理学家霍华德·加德纳(Howard Gardner,1943—　　)指导了一个为期三年的艺术教育交流项目。与此同时,"交流中心"也安排艺术史学家金维诺,画家袁运生、陈逸飞和电影导演吴人玥等到美讲学。为了充分利用材料和专家的交流,"交流中心"与哥伦比亚大学的相关部门和其他机构的学者一起组织会议、研讨会和公开讲座。"交流中心"还咨询美国主要出版公司、唱片公司以及表演和视觉艺术组织,以制定与他们的需求相关的项目。20世纪80年代末,"交流中心"开始将其项目焦点从中心城市转向边疆,从交流转向中国少数民族非物质文化遗产保护及传承。1990年冬,在福特基金会的鼓励和财政支持下,周文中前往云南,代表"交流中心"与云南民族大学合作开启了一个多年、多面向的文化艺术保护、传承、交流和人才培养项目。① 1999年秋,"交流中心"与云南合作在昆明和丽江召开了一次大型的"云南民族文化,生态环境及经济协调发展高级国际研讨会"。来自中国、美国以及整个太平洋地区的数百名专家参与了这个项目,旨在协助云南省的文化领导者制定出云南25个少数民族传统艺术保护、传承与延续发展的一套综合策略。② 2018年,"美中艺术交流中心"在

---

① "Yunan Nationalities Project," *Us-China Arts Exchange Newsletter* 11 (Fall 1995), p.1.
② 杨德鋆:《著名音乐家周文中在西南边陲的文化——中美"云南民族文化合作计划"行动20周年回记》,载《民族音乐》2013年第5期,第57—59页。

哥伦比亚大学成立 40 年后，周文中宣布该组织的使命已经完成，正式解散。①

三、周文中与中美恢复外交关系后的
中美音乐艺术交流（1979—1989）

　　1979 年 1 月 1 日，中美两国正式建立外交关系。同年 1 月 28 日至 2 月 5 日，邓小平副总理访问了美国。在访问期间，邓小平与卡特总统签订了两国政府间的一项为期五年的合作协议，其中包括教育交流。② 自 1979 年 2 月起，"美中艺术交流中心"在周文中的领导下，也不失时机地开展了一系列多层次、多渠道、多方式的中美艺术交流项目。值得注意的是，周文中领导的"这些项目都与中国机构一起实施，上至中央政府的最高行政机关，下至地方小学，并且包括从文化政策制定者到城镇青年艺术家的参与"③。

　　1. 中美音乐家、艺术家代表团互访

　　1979 年 2 月，周文中就和他的同事、哥伦比亚大学艺术学院院长斯凯勒·查平（Schuyler G. Chapin，1923—2009）带领一个由 20 位电影专家组成的代表团来华，参观了北京、杭州、上海和广州电影制片厂和艺术机构。④ 因为这是中美"两个国家间第一次文化交流，中方由文化部副部长（林默涵）和一个文化司长（王子成）亲自监管。自此，许多交流项目得以与文化部一起开展，中心与副部长和司长一层保持了定期协商的关系"⑤。

　　1979 年 3 月，周文中又和纽约市文化事务委员会前主席、林肯大剧院主席

---

① "Mission Accomplished：'Vanishing Mediator'，" https：//uschinaarts.org/about/introduction/.
② 顾宁：《评冷战的文化遗产：中美教育交流（1949~1990）》，载《史学月刊》2005 年第 12 期，第 81 页。
③ Chou Wen-chung, *U. S.-China Arts Exchange: A Practice in Search of a Philosophy. International Institute for Comparative Music Studies and Documentation.* Wilhelmshaven：Published by Florian Noetzel Verlag，1989. https：//chouwenchung. org/de/writing/us-china-arts-exchange-a-practice-in-search-of-a-philosophy/. 此引文取自：周文中：《美中艺术交流：一种哲学探寻的实践》，邹彦译，载梁雷主编、洛秦副主编：《汇流——周文中音乐文集》，上海音乐学院出版社，2013 年，第 117 页。
④ "Pioneering Delegations，" *Us-China Arts Exchange Newsletter* 1.1（Spring 1980），p.7.
⑤ 周文中：《美中艺术交流：一种哲学探寻的实践》，载梁雷主编、洛秦副主编：《汇流——周文中音乐文集》，上海音乐学院出版社，2013 年，第 118 页。

马丁·西格尔(Martin E. Segal, 1916—2012)率领一个包括华裔男低音歌唱家斯义桂(1915—1994),画家、动感艺术家蔡文颖(1928—2013),钢琴家张易安(周文中夫人),出生于中国海拉尔的俄裔美国电子音乐作曲家乌萨切夫斯基(Vladimir Ussachevsky, 1911—1990)等在内的34人的艺术家代表团,在北京、南京、苏州和上海进行了为期15天的参观艺术机构和表演之旅,并举办了数次讲座(包括有关美国现当代音乐的讲座,图3)和大师班。周文中自己则利用这一机会与中国音乐家广泛接触,建立关系网(图4)。

图3　中央音乐学院"美国现代音乐"讲座广告(1979年3月8日)

图4　"交流中心"设宴招待上海的音乐家(从左至右:朱逢博、陈燮阳、吴乐懿、黄贻钧、贺绿汀)

美国艺术家代表团员还带来了自己或美国唱片公司、出版社和其他组织捐赠的书籍、乐谱、录音、录像及设备。仅1979年2月和3月,周文中就代表"交流中心"代表团向多家中国艺术机构交付了价值超过5万美元的书籍、唱片、乐谱、幻灯片、乐器和录像设备。这些资料均由个人、组织和制造商捐赠，由"交流中心"负责转交给中国相关机构。对于改革开放后急需西方音乐发展信息的中国音乐界来说，这些材料不但很好地介绍了美国的艺术成就，同时满足了中国由于多年与西方技术和文化发展隔离而产生的迫切需求。代表团带来的一些唱片立即用于呈现当代美国音乐的录制音乐会。此外，这些乐谱让许多中国音乐家第一次有机会接触到并演奏当代美国音乐。①

由于随代表团访华，斯义桂得以与母校重续旧缘。应上海音乐学院的邀请，时任美国伊斯特曼音乐学院声乐系主任的斯义桂于1979年7月15日起在该院讲学。五个月的讲学期间，斯义桂除了为八名学生授课、举办讲座、汇报音乐会外，还与上音声乐系教师每周进行一次业务活动（图5）。来自全国20多个省、市、自治区的数百名声乐教师即歌唱演员，观摩了他的教学。②

图5 1979年冬，斯义桂在上音举办大师班

---

① "Pioneering Delegations," *Us-China Arts Exchange Newsletter* 1.1 (Spring 1980), pp.1, 7.

② 芮岭：《斯义桂先生在上海音乐学院讲学》，载《人民音乐》1980年3月号，第30页。

1979 年 8 月,在周文中和"美中艺术交流中心"的协助下,波士顿交响乐团邀请了中央乐团指挥韩中杰、琵琶大师刘德海,中央音乐学院二胡独奏姜建华、扬琴独奏黄河等几位中国音乐家到波士顿参加每年一度的坦格伍德夏季音乐节(The Tanglewood Festival)活动,使韩中杰得以指挥小泽征尔执掌的波士顿交响乐团。应韩中杰的要求,"交流中心"随后安排该小组到纽约交流访问 3 天,并专门组织了一次主题为"美国音乐表演和培训"的会议,参加会议的有音乐表演的管理人员以及专业和学术音乐培训项目的管理人员和教师。"交流中心"还安排中国客人会见了几位著名的华裔美国音乐家。①

"美中艺术交流中心"的首要目的是促进中美间艺术教育或专业性质的交流。一般不组织大型的演出活动或展览,但有时也会偏离这一政策。中心协助俄国出生的犹太裔美国小提琴大师艾萨克·斯特恩(Isaac Stern,1920—2001)1979 年 6 月在华的首次巡回公演即是一例。

中国人民对外友好协会在中美邦交正常化前曾邀请过斯特恩,但没有成功。1979 年斯特恩又收到了来中国巡回演出邀请。"交流中心"在促成这次访问发挥了关键作用。特别是在规划斯特恩的行程及协助"和谐电影集团"和"合和基金会"获得中国政府允许拍摄斯特恩为期一个月访问的许可证上,"交流中心"的幕后工作至关重要。30 年后,纪录片《从毛泽东到莫扎特:艾萨克·斯特恩在中国》的制片人和导演默里·勒纳(Murray Lerner)仍清晰地记得周文中是如何帮助他们的:

　　在哥伦比亚大学,我们遇到了美中艺术交流中心的主任周文中教授。周文中肯定在我们出发前及中途扫除了种种障碍。我仍然记得,在一场音乐会之后,我们在拍摄为孙中山夫人宋庆龄而设的派对。挥汗如雨,我困乏地坐在周教授身旁,沙发旁边还有一位年长的穿毛装的男人。他问我觉得怎样,我说:"很棒啊!但我希望在斯特恩的巡回演出后,我们能在这里待久一点。"他跟周教授说:"有什么问题,只管写

---

① "Cooperative Projects," *Us-China Arts Exchange Newsletter* 2.1 (Spring 1981), p.5.

信给我好了。"原来那人是文化部副部长(按：林默涵)。周教授那个晚上与我坐下来，撰写一封信，希望能让我们多待两星期，拍摄上海音乐学院的学生生活、音乐家及学者的住处和街头景观等等。周教授需要列出每一个要求的细节、地点、日期及时间。后来，除了探访周教授的朋友居住的一幢大厦外，我们真的获得了批准，去拍摄任何事物。①

图6　1979 年周文中夫妇与斯特恩在一起

除了为斯特恩访华扫清障碍外，周文中还亲自陪同斯特恩来华(图6)，并协助安排了他与中央乐团的合作演出、在中央音乐学院举办公开课、访问中国戏曲学院、上海音乐学院和西安音乐学院等。这次合作的结果是奥斯卡获奖纪录片《从毛泽东到莫扎特》的诞生。这部电影在世界各地的广泛发行激发了国外民众对与中国艺术交流的兴趣，这种兴趣在今天仍然显而易见。②

1980 年春，周文中在纽约接待了由文化部副部长兼中国文联党组书记林默涵、文化部教育司副司长王子成率领，团员包括中央音乐学院院长赵沨、上海音乐学院副院长谭抒真和代表团秘书周莹的中国音乐艺术教育代表团。代表团于 4 月 5 日抵美，对美国的 8 个城市进行为期 4 周的访问。代表团会见了美国艺术教育工作者、艺术家和艺术决策者，接触了一系列的艺术教育方法。代表团在纽约出席了由卡内基音乐厅公司的欢迎宴会(图7)。小提琴大师艾萨克·斯特恩致欢迎词之后，纽约市文化事务专员格尔扎勒(Henry Geldzahler，1935—1994)宣布 4 月

---

① "30 年前那些事"，http://www.ftchinese.com/story/001029055？full＝y&archive＝2023－07－09 登录。

② *Us-China Arts Exchange Newsletter* 1.1 (Spring 1980)，p.5.

图7　中国音乐艺术教育代表团谭抒真、赵沨、周莹、林默涵、
王子成（右一）在纽约与周文中、斯特恩合影

为美中艺术交流月（图8）。随后，洛克菲勒兄弟基金会为代表团安排了一项为期3天的以纽约艺术教育为主题的考察活动。参加者包括美国国家艺术基金会音乐项目负责人、作曲家拉德曼（Ezra Laderman，1924—2015）、纽约州教育署专员特别助理和通识艺术教育项目负责人等。[1]　在纽约，中国代表团还观看了美国爵士音乐家特别安排的爵士示范表演和爵士乐历史介绍，参观了林肯中心、茱莉亚音乐学院、哥伦比亚大学、几家公立和私立学校以及社区教育中心，并观看了几场歌剧和戏剧演出。在迈阿密，代表团参加了全美音乐教育者年会，林默涵作了题为"中国音乐和中国音乐教育"的发言[2]，并播放了反映1978年中央音乐学院恢复招生的新闻纪录片《春蕾》。在华盛顿，中国代表们听取了美国国家基金会的代表介绍联邦艺术基金。美国国家人文学科基金会副主席麦克费特（Patricia McFate）和美国国家艺术基金会负责政策制定与计划实施的副主席瑟尔斯（David Searles）主持了

---

[1]　"U.S. Visit of Music and Arts Education Delegation," *Us-China Arts Exchange Newsletter* 2.1（Spring 1981），pp.1，7.

[2]　Lin Mohan，"Music and Music Education in China," *Us-China Arts Exchange Newsletter* 2.1（Spring 1981），pp.3 - 4.

图8　纽约市文化事务专员亨利·格尔扎勒宣布4月为美中艺术交流月

讨论会。代表们也会晤了美国国际通信机构主任莱因哈特（John E. Reinhardt）、美国国务院中国事务部代主任约翰逊（Daryl Johnson）和肯尼迪表演艺术中心主席史蒂文斯（Roger Stevens）。国际性非营利组织和智库爱思本人文研究所（The Aspen Institute for Humanistic Studies）也为中国代表团安排了一场研讨会。芝加哥第一国民银行安排代表团参观了芝加哥艺术学院、菲尔德自然历史博物馆、芝加哥大学、西北大学、芝加哥歌剧院和芝加哥交响乐团。在访问印第安纳州期间，代表们考察了印第安纳大学音乐学院的课程和表演，并参观了印第安纳波利斯艺术博物馆。在犹他州期间，代表团在普罗沃的杨百翰大学观看了特别表演，此外，代表团还欣赏了摩门会幕合唱团的广播表演。洛杉矶广播音乐公司安排代表参观环球影城、米高梅MGM、南加州大学和美国电影学院。在该州的另一端，中国文化基金会安排代表们参观亚洲艺术博物馆，并与华裔美国人社区代表会面。①

　　但早期的中美艺术交流并非完全一帆风顺。1980年12月，周文中和"交流中心"项目协调员华敏臻（Michelle Vosper）应中国官方邀请，在中国与北京和上海的政府官员、艺术家和艺术管理人员进行了为期3个星期的会面。周文中此次来访的目的包括与文化部高层领导（包括副部长林默涵、姚仲明、周而复等）一起反思"交流中心"在过去两年中所开展的交流项目，探讨完善程序的方法，并进一步改善沟通渠道，但最主要的目的是缓解中国政府面对美国政局改变而

---

① "U.S. Visit of Music and Arts Education Delegation," *Us-China Arts Exchange Newsletter* 2.1（Spring 1981），pp.1，7.

产生的一些担忧。尽管中国官员对"交流中心"的项目表示了强烈的支持,并对其成就予以充分的肯定,但他们其中的一些也担心即将上台的里根政府可能对两国文化交流产生不良影响。对此,周文中在会见文化部副部长周而复时指出,在过去的几年里,"交流中心"成功地营造了友好和互利的氛围,最终影响了美国政府的对华文化交流政策。因此,防止这种不良影响的最有效手段是进一步加强文化交流,而不是削弱文化联系。①

周文中1980年12月的访华,标志着"交流中心"工作进入了一个新的发展阶段。这是"交流中心"首次与刚恢复不久的中国文学艺术界联合会就中美文化交流项目进行洽谈。"就在这一年,文联请求中心将其作为交换项目的对应方。与文联达成了一致协议后,中心便开始与其很多的下属协会的有关项目进行了定期的接触。"②周文中一行此次见到了中国戏剧家协会会长曹禺、中国音乐家协会主席吕骥、中国摄影家协会主席徐肖冰、中国曲艺家协会主席陶钝、中国作家协会副主席冯牧、中国笔会中心书记毕朔望等。在北京期间,周文中一行还与北京主要艺术机构和组织的领导和主要成员进行了讨论(图9),包括中央乐团、中央音乐学院、北京舞蹈学院、中央美术学院和中国戏曲学院。他们还与画家叶浅予和张汀、钢琴家刘诗昆和殷承宗、指挥家李德伦和韩中杰(图10)等艺术家会面,讨论中美两国近期艺术发展趋势及交流的有效途径。在上海,周文中一行与该市所有主要戏剧、音乐、戏剧和舞蹈组织的负责人会面,包括上海乐团指挥黄贻钧、上海芭蕾舞团指挥陈燮阳(图11)、上海芭蕾舞团团长胡蓉蓉、上海人民艺术剧院导演庄则敬、上海青年话剧团团长石炎、上海音乐学院院长贺绿汀和副院长丁善德、谭抒真等。③

---

① Michelle Vosper, "Reviewing, Exploring and Improving," *Us-China Arts Exchange Newsletter* 2.1 (Spring 1981), pp.8 - 10.

② 周文中:《美中艺术交流:一种哲学探寻的实践》,载梁雷主编、洛秦副主编:《汇流——周文中音乐文集》,上海音乐学院出版社,2013年,第118页。

③ Michelle Vosper, "Reviewing, Exploring and Improving," *Us-China Arts Exchange Newsletter* 2.1 (Spring 1981), pp.8 - 10.

图9   1980年12月，周文中在北京与文联下属协会领导会晤后合影

图10   1980年12月，周文中与中央乐团成员齐聚李德伦家中

图 11　1980 年 12 月,周文中与上海舞蹈界精英见面后合影

　　1981 年 4 月,应中国文联的邀请,周文中再次率领美国艺术家代表团访华。此次代表团成员包括著名摄影师康奈尔・卡帕(Cornell Capa,1918—2008)、著名华裔舞台布景设计大师李名觉、现代舞编舞艾尔文・尼古拉斯、美国现代波普雕塑大师乔治・西格尔、民俗学家彼得・塞特尔(Peter Seitel)、作家和艺术评论家苏珊・桑塔格(Susan Sontag,1933—2004)、"交流中心"项目协调员华敏臻和电影导演罗伯特・杨(Robert Young)。该代表团是中国文联恢复工作后邀请的首个外国艺术家代表团。代表团成员在北京、洛阳、西安、杭州和上海进行了两周的演讲和演示,并与中国同事进行了广泛的交流(图 12)。在刚恢复原建制不久的中国音乐学院,周文中就中国传统音乐教育、中国传统音乐形式的保护及发展策略发表了自己的意见。①

---

　　①　"China Welcomes American Artists," *Us-China Arts Exchange Newsletter* 3.1 (Spring 1982), pp.1, 4-5.

**图 12   1981 年 4 月,周文中与吕骥(左一)、周扬(左三)
在欢迎美国艺术家代表团的宴会上**

　　1982 年 1 月 14 日,周文中又应中国政府邀请,从香港飞往北京,与外交部、文化部、中国文联以及下属的各专业艺术协会的领导人进行了为期一周的会谈。参与这些讨论的人包括：文化部代部长周巍峙、副部长林默涵,外交部副部长章文晋、新任中央乐团团长严良堃、中国音协副主席李凌、作协副主席冯牧、中央音乐学院副院长吴祖强、中央工艺美术学院院长张仃和中国文联副主席夏衍。与 1980 年 12 月的会议一样,此次会谈的重点是讨论美中之间尚未解决的政治和经济分歧,及其对美中文化交流可能产生的不良影响。由于周文中的努力,"交流中心"规划的绝大多数项目——如邀请中国女小提琴家代表团访问美国、聘请北京大学教授阴法鲁为哥伦比亚大学第一位亨利·卢斯访问学者、安排美国铜管五重奏团和时装设计教授特蕾莎·赖利(Theresa Reilly)访问中国、筹办由"交流中心"和洛克菲勒兄弟基金会共同赞助的美中艺术教育双边会议等——都得以如期实施。尤为重要的是,周文中与中国戏剧家协会领导洽谈的直接结果是阿瑟·米勒于 1983 年春天到北京人民艺术剧院执导中文版《推销员之死》的成功①。值得一提的是,曹禺最初邀请米勒执导该剧时,米勒实际上并不是十分热心。他担心中国观众不会对 1940 年代的推销员威利·洛曼有任何认同感。他在日记中坦白说:"中国社会 90% 以上是农民,大多数的中国人都受过无产阶级社会主义价值观的教育,这与威利的价值观截然相反。"在他的日记中,米勒还透露,最终说服他来北京执导《推销员之死》的人是周文中:"周虽然出生在中国,但身居美国多年,他坚持认为中国人定会理解威利的。"②

图 13　1983 年,周文中、米勒与中国剧协领导交谈

　也就是在这次短暂的访华期间,周文中结识了包括谭盾等在内的几位年轻的"新潮作曲家",并将谭盾的作品《风雅颂》带回美国,在 1982 年檀香山和爱思本音乐节上,由他邀请到美国的陈燮阳指挥檀香山交响乐团演奏。③ 此次访华,

---

①　"Arthur Miller's 'Salesman' Travels to Beijing," *Us-China Arts Exchange Newsletter* 5 (Summer 1984), pp.1, 8.

②　"Behind the Scenes," *Us-China Arts Exchange Newsletter* 3 (Summer 1983), p.13.

③　Frank Kouwenhoven, "Composer Tan Dun: The Ritual Fire Dancer of Mainland China's New Music," *China Information* 6.3 (1991), pp.1 - 24.

中国官方还提出了一些需要周文中解决的问题，如中国音协和文联希望由美中艺术交流中心在美国代理其出版物，此外，中国官员和艺术家对周文中对台湾艺术活动的观察也很感兴趣，请他就这一主题发表演讲。在上海，周文中继续与贺绿汀、黄贻钧和谭抒真等音乐界领导人和艺术家一起讨论"交流中心"计划实施的项目。与在北京一样，此次会谈的一个主要议题是为今后几年美中音乐交流制定具体的措施。①

周文中领导的美中艺术交流项目不只限于专业艺术家、学者、教师和专业院校学生，也面对中国的普通民众。除了协助举办音乐会和展览外，"交流中心"还将一些广受大众欢迎的通俗剧目，如乔治・巴兰钦（George Balanchine）的芭蕾舞剧《小夜曲》和《圆舞曲》（图 14），以及美国国家聋哑剧团的一些剧目首次呈现给中国观众。特别是 1987 年 5 月，"交流中心"与美国尤金・奥尼尔戏剧中心、中央歌剧院、文化部艺术局、中国戏剧协会合作，成功地将百老汇音乐剧《乐器推销员》（*The Music Man*）（图 15）和《异想天开》（*The Fantasticks*）搬上北京舞台。②

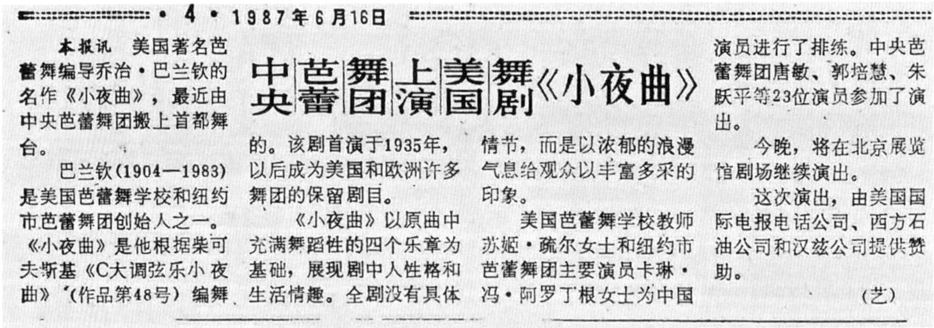
・4・1987年6月16日

中央芭蕾舞团上演美国舞剧《小夜曲》

本报讯　美国著名芭蕾舞编导乔治・巴兰钦的名作《小夜曲》，最近由中央芭蕾舞团搬上首都舞台。

巴兰钦（1904—1983）是美国芭蕾舞学校和纽约市芭蕾舞团创始人之一。《小夜曲》是他根据柴可夫斯基《C大调弦乐小夜曲》（作品第48号）编舞的。该剧首演于1935年，以后成为美国和欧洲许多舞团的保留剧目。

《小夜曲》以原曲中充满舞蹈性的四个乐章为基础，展现剧中人性格和生活情趣。全剧没有具体情节，而是以浓郁的浪漫气息给观众以丰富多采的印象。

美国芭蕾舞学校教师苏姬・疏尔女士和纽约市芭蕾舞团主要演员卡琳・冯・阿罗丁根女士为中国演员进行了排练。中央芭蕾舞团唐敏、郭培慧、朱跃平等23位演员参加了演出。

今晚，将在北京展览馆剧场继续演出。

这次演出，由美国国际电报电话公司、西方石油公司和汉兹公司提供赞助。

（艺）

图 14　1987 年 6 月，中国媒体有关巴兰钦的芭蕾舞剧《小夜曲》和《圆舞曲》的报道

① "Behind the Scenes," *Us-China Arts Exchange Newsletter* 3 (Summer 1983), p.13.

② "Broadway and Off-Broadway Come to China," *Us-China Arts Exchange Newsletter* 8 (Summer 1988), p.5.

COLUMBIA Magazine. Nov., 1987

Arts Exchange Flourishes

From a small apartment on West 118th Street you can see clear to China. The quarters are crowded, the files overflow, and the phone, which jingles constantly, is often answered with a cheerful *nihao*, which means hello in Chinese. Welcome to the Center for U.S.-China Arts Exchange, one of Columbia's windows on Asia. At a recent gala at the Chinese Mission to the U.N., the center, affiliated with the School of the Arts, announced gifts totaling $1.12 million from the Ford, Henry Luce, and Starr Foundations, and Esther and Walter Hewlett to establish an endowment. These gifts assure that the center will continue to run steady along the course it has pursued since 1978.

The center was established that year by Chou Wen-chung, Fritz Reiner Professor of Musical Composition and then vice dean of the School of the Arts, just prior to the "normalization" of diplomatic relations between the United States and China in 1979. Chou, who left his native China in 1946, is still the director, and frequently travels from Morningside Heights to the People's Republic to work out exchanges of artists and arts educators.

The center is the only organization dedicated to promoting cultural exchanges between the two countries, says Andrew Andreasen, its newly appointed deputy director who comes to the center from Chemical Bank, where he served as a banking officer and deputy representative in their Beijing office. Hortense Calisher, Curtis Harnack, Herman Wouk '34C, Louis Auchincloss, Kenneth Koch '59Ph.D., Arthur Miller, Jacques d'Amboise, George Segal, Yo-Yo Ma, and Beverly Sills are just a few of the American artists who have traveled to China under the auspices of the center. Among the prominent Chinese who have visited the United States are the playwright Cao Yu, the composer Chen Gang, the artist Meng Guang, the conductor Chen Xieyang, and the writers Qin Mu and Tie Ning.

One of the center's most important programs is the ongoing exchange of American and Chinese music and art educators who are studying each other's educational systems from kindergarten to college-level and beyond. This work has been carried out by the center in cooperation with Harvard's Project Zero, under grants from the Rockefeller Brothers Fund.

In recent years, the center has been involved in the production of American plays in Beijing, where Chinese casts proved the universal appeal of these shows by performing to sold-out houses. Arthur Miller directed *Death of a Salesman*, and the experience was chronicled by the photographer (and Miller's wife) Inge Morath in *Salesman in Beijing* (Viking Press, 1984). George C. White, founder and president of the Eugene O'Neill Theater Center, staged *The Fantasticks* and *The Music Man*.

Have last winter's student demonstrations in China and the subsequent campaign against "bourgeois liberalization" affected the attitude toward art in that country or hampered the work of the center? "Through on-the-spot observations and close contact with China's cultural

All the way from River City, Iowa: Posters throughout Beijing announced the arrival of "The Music Man," staged by George C. White with the help of Columbia's U.S.-China Arts Exchange.

leaders, we have been able to advocate effectively the necessity of continuing cultural exchanges even when the political climate is heated," says Professor Chou.

Earlier this month, the center sent a delegation to China to investigate the climate for continuing exchanges, and Andreasen is optimistic: "The opening of China has been gradual and there have been many two-steps forward, one-step back situations, but the trend is ever upward," he says.

图 15　1987 年 11 月《哥伦比亚杂志》有关《乐器推销员》在北京首演的报道

2. 美中艺术教育代表团互访

除了推动中美两国间专业艺术交流外，周文中对中小学艺术教育也十分重视。他认为"不能只关注专业艺术，因为那样最终会被证明是短视的。……儿童是我们在生活中、在艺术中的未来。艺术交流必须关注未来几代"。[①] 正是基于这一理念，当纽约市芭蕾舞团首席舞蹈家、全美舞蹈协会创始人雅克·唐伯士（Jacques d'Amboise）向"交流中心"提出将大批中国儿童请到纽约来参加美国国家舞蹈学院（The National Dance Institute，NDI）每年一度的"当年大事"活动的想法后[②]，周文中随即陪同唐伯士来华与中国政府官员见面（图 16）。"经过近三年的协商"，他们终于"说服中方第一次派遣了一个大约 56 人的代表团——

---

① 周文中：《美中艺术交流：一种哲学探寻的实践》，载梁雷主编、洛秦副主编：《汇流——周文中音乐文集》，上海音乐学院出版社，2013 年，第 118 页。

② https://uschinaarts.org/programs/jacques-damboise-and-ndi-exchange-program/

图16　中国领导人黄镇、林默涵等接见周文中、唐伯士（右三）一行

都是8—13岁的小舞蹈家和小音乐家，在1986年国家舞蹈协会成立10年之际，与大约1 500名美国儿童于6月1日和2日在纽约麦迪逊广场花园同台演出"。① 美中1 556名儿童在纽约麦迪逊广场花园联合演出一事，在美国影响极大。不但美国报纸，如《纽约时报》《每日时报》都有专题报道（图17），唐伯士的妻子卡罗琳·乔治（Carolyn George）还将此事件拍摄成纪录片记录下来，在美国广泛流传。② 唐伯士和他领导的全美舞蹈协会也从此与中国结下了不解之缘，迟至2010年代，他还领导全美舞蹈协会与中国福利会少年宫及上海闵行区教育局等多个中国机构合作，展开题为"舞向未来——我能行"的为期三年（2011—

---

① 周文中：《美中艺术交流：一种哲学探寻的实践》，载梁雷主编、洛秦副主编：《汇流：周文中音乐文集》，上海音乐学院出版社，2013年，第122页。

② 详见"Hello, ni hao" from NDI's 1986, Event of the Year: China Dig; "Dance: 1,500 Children in 'China Dig'," *New York Times*, June 4, 1986, p.21; Ann B. Silverman, "Schoolchildren from County and China are Joining in Dance," *New York Times*, May 25, 1986, p.24; Janice Berman, "Dancing through the earth to China," *NewsDay*, June 4, 1986, p.7。

图17　1986年"当年大事"活动海报及美国报纸关于美中1 556名
儿童在纽约麦迪逊广场联合演出的报道

2014)的艺术教育实验试点项目,希望通过舞蹈和音乐来促进6 000多位中美青少年的社会发展。并于2014年6月14日至16日在纽约大学斯哥尔柏表演艺术中心举办年度代表性公演"同一个天空:全美舞蹈协会舞动中国"(Under One Sky:NDI Dances China),"200名全美舞蹈协会的儿童舞者携手24名来自中国的访问儿童,共同带来一次愉悦和充满能量的舞蹈和音乐表演,精彩呈现中国文化和传统"①。

周文中对中小学艺术教育的重视,还可从他1980年开始就数次安排美中艺

---

① 《中美儿童联袂参加全美舞蹈协会公演 呈现中国文化》,载《中国新闻网》(2014年6月21日)https://www.chinanews.com.cn/cul/2014/06-21/6305437.shtml;《"舞出未来"访问团赴美交流 纽约掀起中国风》,载《文汇报》(2014年6月25日)。

术教育代表团互访活动窥见一斑。以上提到，1980 年春，文化部副部长林默涵曾应"交流中心"邀请，率领第一个中国音乐艺术教育代表团访美。在与周文中的谈话中，林默涵希望能够建立一个双边论坛来促进美中在艺术教育方面的进一步合作。与此同时，"交流中心"的主要支持者洛克菲勒兄弟基金会执行副总裁小罗素·菲利普斯（Russell A. Phillips, Jr）也委托周文中调查一下中方对举办两国间艺术教育工作者和管理人员这样的会议有没有兴趣。在接下来的两年里，周文中就这个想法与林默涵、菲利普斯和相关人员进行了广泛的协商。1982年，周文中正式提议在中国召开一次中美双边艺术教育会议。美国教育部秘书处艺术项目协调员、洛克菲勒兄弟基金会艺术教育基金部主任隆娜·琼斯（Lonna B. Jones）组织并制定了由中国文化部、中国教育部和美中艺术交流中心共同赞助的北京艺术教育研讨会会议议程。10 月，中美首次艺术教育会议在北京和上海召开，美方代表团由国际著名教育学家和心理学家、多元智能理论的创始人、哈佛大学"零点项目"（Project Zero）的霍华德·加德纳（Howard Gardner）博士带领，团员包括匹兹堡教育委员会顾问特里·贝克（Terry L. Baker）、纽约市芭蕾舞团双簧管演奏家兼初中音乐老师詹姆斯·拜尔斯（James L. Byars）、密歇根州立大学医学和教育学教授、人类学兼职教授弗雷德里克·埃里克森（Frederick Erickson）、洛杉矶联合学区教学副总监约瑟夫·林斯科姆（Joseph P. Linscomb）、纽约马马罗内克高中教师、艺术课程专家乔恩·默里（Jon J. Murray）、明尼苏达州罗斯维尔学校负责人劳埃德·尼尔森（Lloyd Nielsen）和视觉艺术家安·斯拉维特（Ann Slavit）等。中方代表团长为中央音乐学院院长吴祖强，团员包括文化部教育司副司长王伯华、国家教委初教司副司长姬君式、北京舞蹈学院副院长李正一、中央美术学院副教授詹建俊、文化部干部吕正武和北京市中小学、幼儿园音乐教师等。除参会正式代表外，来自北京及周边地区各教育机构的约 30 名观察员也出席了会议。①

----

① "Dialogue on U.S.-China Arts Education," *Us-China Arts Exchange Newsletter* 3（Summer 1983），pp.1，7 - 8.

图 18　吴祖强、拜尔斯(左三)、默里(右四)和埃里克森(右一)与
北京幼儿园的学生一起即兴创作音乐

图 19　吴祖强与出席 1982 年首次美中艺术教育会议的部分中美代表

洛克菲勒兄弟基金会对此次会议的成功举办非常满意。但是为了确保能继续得到该基金会的支持，周文中在 1983 年 3 月访华时特地与文化部领导约定，请他们出面安排洛克菲勒兄弟基金会执行委员会主席小大卫·洛克菲勒（David Rockefeller, Jr., 1941—　）和戴安娜·洛克菲勒（Diana Rockefeller）来华考察。由于周文中的机智运作，洛克菲勒在结束了 1983 年 5 月在北京、西安、上海和广州为期 3 周的访问后，决定继续提供 24 万美金来支持一项为期 3 年（最终拓展为 6 年）的中美普通艺术教育交换项目。① 此项目仍由"美中艺术交流中心"与哈佛大学研究生院"零点项目"合作实施，中方合作者为文化部和国家教育委员会。1984 年秋，由吴祖强、王伯华、姬君式和吕振武组成的高层中国艺术教育代表团到美国进行为期 4 周的访问活动，考察了纽约、波士顿、华盛顿特区、孟菲斯、新奥尔良、明尼阿波利斯和圣保罗的小学、中学和高等教育环境中的平均和高级艺术课程的艺术教育（图 20）。②

图 20　1984 年秋，吴祖强在明尼苏达公学观看高中学生管乐表演

按照中美双边协定，1985 年 3 月，由周文中和哈佛大学教育研究生院教授兼哈佛"零点项目"主任霍华德·加德纳率领、团员包括洛克菲勒兄弟基金会艺术教育基金部主任琼斯和"交流中心"项目协调员华敏臻的美国艺术教育代表团访华，对中国 7 个城市（广州、厦门、桂林、柳州、成都、西安、北京）的大中小学

---

① "Dialogue on U.S.-China Arts Education," *Us-China Arts Exchange Newsletter* 3（Summer 1983）, p.7; "Arts Education," *Us-China Arts Exchange Newsletter* 5（Summer 1984）, p.1.

② "Three-Year Arts Education Exchange Continues," *Us-China Arts Exchange Newsletter* 6（Summer 1986）, pp.1－4.

及幼儿艺术教育体系进行了全面系统的考察。①

　　1986年春,由中央音乐学院副院长于润洋率领的中国音乐教育研究小组(团员包括上海音乐学院附中校长汝洁),应周文中邀请来美进行音乐教育考察活动。在这三个月里,由于"美中艺术交流中心的出色的工作,周文中的精心安排",他们在纽约"重点考察了美国具有一定代表性的纽约四所音乐院系和学校,即哥伦比亚大学音乐系、茱莉亚学院音乐部、曼哈顿音乐学院和拉瓜迪亚艺术高中",还到纽约城市大学的城市学院、霍瑞斯曼高中、洛克菲勒的普通艺术部以及设立在华盛顿郊区的美国全国音乐教师协会和音乐院校协会等机构进行了走访。此外,于润洋和汝洁还对美国其他州的一些著名的大学音乐系和音乐学院进行了访问,如康涅狄格州的耶鲁大学音乐系、西哈特福特公学、哈特音乐学院、哈佛大学音乐系、波士顿的新英格兰音乐学院、费城柯蒂斯音乐学院、加州大学伯克利分校音乐系。② 在哥伦比亚大学,于润洋和汝洁就中国音乐教育作了专题演讲。此外,"交流中心"还安排他们参加了许多校外的社交活动,如到美国的学者、艺术家、教师家中做客,去听音乐会,观看芭蕾剧和获奖百老汇音乐剧《大河》和《四十二街》等。③

　　1986年9月,经"交流中心"推荐,中国国家教委派遣湖北天门实验小学音乐教师兼任市音乐教研员朱则平和福建省中师音乐教师辛国鎏组成的二人艺术(音乐)教育考察小组赴美进行为期3个月的艺术教育考察,这是中华人民共和国自成立以来首次由中央政府正式派遣中小学教师赴西方国家考察交流,周文中不仅对此次历史性访美的组织与策划发挥了重大作用,对代表团在美国的具体访问活动也竭尽全力。33年后,此次事件的亲历者朱则平是这样回忆周文中的:

　　　　1986年9月,我们在抵达纽约的第二天就见到了周文中教授,在第一次的交谈中周教授就提醒我们:在美国中小学进行课堂内外的观

---

①　"Three-Year Arts Education Exchange Continues," *Us-China Arts Exchange Newsletter* 6 (Summer 1986), pp.4, 9.

②　于润洋、汝杰:《美国专业音乐教育考察报告》,载《中央音乐学院学报》1987年第1期,第7页。

③　"An Enduring Exchange," *Us-China Arts Exchange Newsletter* 7 (Summer 1987), pp.1, 5.

察时一定要注意美国音乐教育所突出的创造教育理念。他说：创造就是美国艺术教育的核心理念，美国学校艺术教育的主要目标就是培养学生的创造性。他表示他个人就是持这种理念的。在此后多次的学术研讨中，周文中教授亦时常强调这个观点。……在后面的考察交流中，周文中先生特意安排我们考察了很多体现培养学生创造思维的项目，如哥伦比亚大学教育研究院著名爵士乐教育家博特·科洛维兹教授的爵士钢琴教学法课程、茱莉亚音乐学院预科学校的黑人灵歌课程、纽约第84公立小学的儿童集体作曲课、大都会歌剧院在布鲁克林小学所做的歌剧创作表演课程，以及大量的奥尔夫、柯达伊、达尔克罗兹、综合音乐感教学法课程。我们得以观摩众多体现以创造为核心价值的音乐课，这样的考察安排实际上充分体现了周文中先生对于音乐教育创造性价值的看重。……10月下旬，当我们即将结束对纽约的考察交流转往康涅狄克州交流访问之际，周文中先生在纽约为我们举办了一个特别温馨的送别派对，我们访问过的一些纽约的大中小学的艺术教育专家、学者、普通教师代表出席了活动。在活动的高潮中，周先生分别赠送给我和辛国鎏先生每人三支竖笛（recorder）和一台钢片琴。我们俩高兴地接过这珍贵的礼物，我知道周先生是希望我们回国后能够推动国内的学校对学生开展"器乐化"的音乐教学……周先生不仅让我们去考察学校的器乐教学，还特别安排我们到纽约布民代尔艺术中心去学习奥尔夫课程中的器乐演奏。因此，我们学习了竖笛和音条乐器的演奏与教学法。他还安排我们去联合国国际学校专题考察了该校富有特色的竖笛普及与提高教学。①

中美艺术教育交流总结会于 1988 年 7 月 7 日至 10 日在纽约郊外塔里镇（Tarrytown）的会议中心举行。中方代表团由吴祖强任团长，成员有于润洋、姬君式、吕正武、汝洁、侯令、王定基、赵咏梅和朱则平共 8 人。美方参会成员包括"美中

---

① 　朱则平：《感悟周文中先生基础音乐教育的"五道"理念——一名中美基础艺术教育交流亲历者的回顾》，载《课程教学研究》2019 年第 8 期，第 7 页。

艺术交流中心"全体工作人员、参与过中美艺术教育交流项目到中国考察过的加德纳夫妇、美国西北大学音乐教授班尼特·赖默(Bennett Reimer)、新英格兰音乐学院音乐理论教授莱尔·戴维森(Lyle Davidson)、迈阿密大学美术学院芭芭拉·卡莱尔(Barbara Carisle)博士、哈佛大学历史博士候选人尔玛·韩倞(Carma Hinton)和波士顿学院心理学教授艾伦·温纳(Ellen Winner)等。此外,会议还邀请了华裔美籍学者胡昌度教授、郑培凯博士为中国问题顾问。周文中和加德纳共同主持了这次会议。会议的重点是总结和反思中美两国自1982年即开始的在普通学校艺术教育方面的交流情况。与会的两国代表对过去6年来两国间的艺术教育交流所取得的成绩都表示十分满意,并认为今后应继续推广类似的交流活动。艺术教育交流外,两国代表还就"外来文化与原有文化的关系""中国古代文人教育及美学思想"、艺术史、艺术美学等双方都感兴趣的话题进行了探讨。除口头发言外,会议还将与会代表提交给会议的报告印发,其中大部分的报告经更改后,由美国颇有盛誉的学刊《美育》(*Journal of Aesthetic Education*)于1989年春季正式发表。①

图21　周文中与1988年7月出席中美艺术教育交流总结会的中美双方代表合影

---

① "Conference on Arts Education Completes Three-year Exchange," *Us-China Arts Exchange Newsletter* 9 (Fall 1990), pp.3, 5. 朱则平:《中美艺术教育交流总结会简介》,载《中国音乐教育》1989年第2期,第38—39页。

从 1982 年起就参加并领导中美艺术教育交流项目的加德纳后来也专门就中国艺术教育写过一本题为《开放思维：当代教育困境的中国启示》的专著，1989 年在纽约出版。①

3. 美中专家、教师、学生交流

除了组织代表团互访外，周文中领导的"交流中心"自 1979 年夏天开始，还安排中美艺术家、学者、教师、技术人员、管理人员短期（三个月或更短时间）或长期（一个或多个学期）交流。短期交流还包括"曝光之旅"（exposure tours），中美专家互访两国的主要艺术机构，并通过音乐会、讲座、研讨会和大师班来达到对中美两国艺术的相互了解。

1979 年夏天，"美中艺术交流中心"组织了第一批中国舞蹈学生（即后来以影片《最后的舞者》闻名的李存信和张伟强）到休斯敦芭蕾舞学院深造。这两位舞者是 1979 年春天休斯敦芭蕾舞团艺术总监本·史蒂文森（Ben Stevenson）在周文中率领的美国艺术家访华团访问北京中央舞蹈学院时遴选的（图 22）。

图 22　从左至右：休斯敦芭蕾舞学院教师克莱尔·邓肯（Claire Duncan）、张伟强、史蒂文森、李存信

---

① Howard Gardner, *To Open Minds: Chinese Clues to the Dilemma of Contemporary Education*（New York: Basic Books, 1989）. 关于加德纳及其中美艺术交流项目，参见杨应时：《中美艺术之比较——访国际著名教育学家霍华德·加德纳教授》，载《艺术教育》2005 年第 4 期，第 14—15 页。

1979 年夏末,他俩带着史蒂文森专门为他们编排的双人舞回到了中国。10 月,李存信又回到休斯敦,开始了在休斯敦芭蕾舞团为期一年的学徒生涯。[①]

　　1979 年 12 月,应"交流中心"的邀请,上海音乐学院副院长、乐器制作家谭抒真和他夫人左绍芬到美国访学。在美国的两个月里,周文中除了引介谭氏夫妇与纽约的艺术教育家同行见面外,还安排他们考察纽约各大院校的音乐课程,并请谭抒真就中国音乐教育和中国乐器制作等题目举办研讨会。如在哥伦比亚大学,谭抒真举办了两次研讨会,一次是针对美国乐器制造商,另一次是面向弦乐音乐家。此外,谭抒真还举办了题为"中国的音乐与音乐教育"的公开演讲,向纽约所有音乐学校的老师和学生开放。1980 年 2 月,"交流中心"还安排谭抒真夫妇前往美国其他城市的院校——如耶鲁大学、密苏里大学、布法罗大学、肯特州立大学、欧柏林学院的音乐系和伊斯曼音乐学院等——进行考察。[②]

图 23　谭抒真在哥伦比亚大学为其举办的欢迎会上与艺术学院院长斯凯勒·查平(左一)、美国室内乐执行总监本·邓纳姆(右一)交谈

①　"The Exchange of Students," *Us-China Arts Exchange Newsletter* 1 (Spring 1980), p.5.

②　"The Exchange of Specialists," *Us-China Arts Exchange Newsletter* 1 (Spring 1980), p.2.

　　谭抒真之后经"交流中心"安排到美国访问的是中央音乐学院钢琴系教授周广仁。1980 年 8 月 18 日，周广仁抵达美国堪萨斯城密苏里大学进行为期半年的演出、讲学活动。旅美期间，周教授先后考察了美国东部、北部、东南部、西部和南部一些城市的近三十所大学，同时也进行了繁忙的演出、讲学活动。她的来访，引起美国音乐界的普遍关注。她 9 月 13 日首场演出，由卫星向全国作了转播，各地报刊纷纷发表了许多热情的宣传评论。周广仁用她精湛的钢琴演奏技艺向美国听众介绍了新中国成立 30 年来的代表性钢琴作品，如贺绿汀的《牧童短笛》、陈培勋的《卖杂货》《平湖秋月》、汪立三的《兰花花》、郭志鸿的《新疆舞曲》、王建中的《绣金匾》《翻身道情》、储望华的《民歌二首》《南海小哨兵》、周广仁自己创作的《陕北民歌主题变奏曲》等。[①] 她讲授《中国钢琴音乐发展史》，使美国同行第一次比较系统地了解了钢琴艺术在新中国的发展情况。周广仁受到特别的欢迎，并获得密苏里大学"斯诺教授"的荣誉。周广仁此次的赴美演出讲学活动，虽然是由美国斯诺基金会邀请和资助的，但周文中和他的"交流中心"也出力不少。1981 年 1

图 24　周广仁和女儿在施坦威音乐厅（Steinway Hall）

① 潘一飞：《欢迎友好使者归来——周广仁教授赴美讲学小记》，载《中央音乐学院学报》1981 年第 2 期，第 23 页。

月,"交流中心"还邀请周广仁到纽约做为期一周的访问活动。①

　　1981 年 2 月,"交流中心"安排上海音乐学院陈钢、中央歌剧舞剧院作曲茅沅、中央芭蕾舞剧团服装设计师李克瑜到美国进行为期 4 个月的交流访问。陈钢在哥伦比亚大学等高校讲授中国音乐创作,观摩音乐创作与理论课程。纽约外,"交流中心"还安排他前往美国其他许多城市,参加会议并在音乐学院和大学举办讲座。茅沅在美期间会见了许多作曲家和音乐组织代表。和陈钢一样,他也到美国数所大学和音乐机构,如哥伦比亚大学、耶鲁大学、伊斯曼音乐学院、北美华人音乐学会、加州大学洛杉矶分校和卫斯理大学等进行演讲演示。他还为以上提到的英国出生的休斯敦舞蹈家史蒂文森的芭蕾舞剧《郑板桥》谱曲,妻子李克瑜则担任了该剧的服装设计(图 25)。②

图 25　茅沅、李克瑜夫妇(左图)及李克瑜为《郑板桥》设计的服装草图

　　1982 年 8 月,虽然有不利于中美关系的"胡娜事件"发生,但周文中仍成功邀请了中国女子小提琴教育代表团到美国 16 个城市访问,并安排她们参加美国爱斯本音乐节。中国小提琴家代表团五人中有三位是教师:俞丽拿、黄晓芝、丁芷诺。另外两个是以上提到过的两个女学生——上海音乐学院的 Guo Li(郭立)和湖北艺术学院的于彦。在爱斯本音乐节,周文中安排她们与最高水平的美国音乐家互动。俞丽拿、黄晓芝、丁芷诺得以旁听美国音乐家课堂教学,并参加讲习班和乐队

①　*Us-China Arts Exchange Newsletter* 2.1 (Spring 1981), p.8.

②　*Us-China Arts Exchange Newsletter* 2.1 (Spring 1981), p.11. "Educating a new audience," *Us-China Arts Exchange Newsletter* 3.1 (Spring 1982), pp.6-8.

排练。Guo Li(郭立)和于彦每天接受将成为她们在学院的主要老师的库尔特·萨斯曼斯豪斯(Kurt Sassmannshaus)的指导。三位老师于 8 月 19 日举行了独奏会。黄晓芝演奏了一些中国传统歌曲,俞丽拿则与陈钢指挥的爱斯本音乐学校管弦乐队合作演奏了《梁祝》。她们还就中国小提琴教学方法和中国音乐教育举办了讲座并进行了演示。爱斯本音乐节之后,中国小提琴教育代表团飞往首都华盛顿参观访问。在"交流中心"顾问委员会成员亨利·赛勒(Henry P. Sailer)的家中住了一个星期后,她们于 8 月底前往纽约考察。这里"交流中心"为她们安排的活动包括参观大都会艺术博物馆的乐器收藏和修复设施、林肯中心的图书馆及设施、世界著名乐器制造商的工作室和陈列室:雅克·弗朗西斯稀有小提琴珍藏(Jacques Francais Rare Violins),斯特拉迪瓦里工作室(Stradivarius Studios),萨尔乔的琴弓专卖店(Salchow's Bow Shop)和施坦威钢琴公司(Steinway & Sons)。"交流中心"还安排中国女子小提琴教育代表团与纽约的作曲家、表演艺术家见面。为了使她们接触到中国无法获得的乐谱、磁带和其他专业音像资料,"交流中心"安排她们走访纽约主要的音乐出版商,如 G.席尔莫(G. Schirmer, Inc.)、C. F.皮特斯(C. F. Peters Corporation),以及卡尔·费舍尔(Carl Fischer, Inc.)等。"交流中

图 26　黄晓芝、俞丽拿、丁芷诺向新墨西哥大学小提琴教授
费尔伯格展示中国制造的小提琴

心"安排中国女子小提琴教育代表团到美国其他城市的音乐学院参观访问,包括耶鲁音乐学院、哈佛大学、东北大学、波士顿大学、新英格兰音乐学院、伊斯曼音乐学院、印第安纳大学、西北大学、北伊利诺伊大学、加州艺术学院、密苏里大学、新墨西哥大学、南加州大学和旧金山音乐学院等共 21 所专业音乐院校。[①]

　　与此同时,周文中和他的"美中艺术交流中心"也安排美国音乐家来华讲学演出。最早经中心安排来中国的美国声乐家是纽约大都会歌剧院著名花腔女高音歌唱家罗伯塔·彼得斯(Roberta Peters,1930—2017)。1980 年 9 月,经过"交流中心"协调,彼得斯应中国文化部邀请访华十天。彼得斯在北京、上海和广州进行了公开演出,并举办了大师班。[②] 参加她声乐大师班的学生包括女高音吴霜、邓桂萍等。

　　1981 年 5 月 16 日,"美中艺术交流中心"应中国文化部的请求,安排有"国际超级歌剧明星"之称的抒情花腔女高音歌唱家贝佛蕾·西尔斯(Beverly Sills,1929—2007)到中国做为期三周的访问(见图 27)。作为中央音乐学院的嘉宾,西尔斯"听了将近二三十个学生演唱"。除中央音乐学院声乐系外,西尔斯还到中央歌剧舞剧院、上海乐团、上海音乐学院等处讲学与参观,并与北京音乐家协会的歌唱家、声乐教师、音乐团体负责人举行座谈与交流,到西安、苏州、杭州等其他城市的音乐院校进行演讲和演示。陪同西尔斯巡演的是其丈夫彼得·格雷诺(Peter Greenough)、女儿梅瑞狄斯(Meredith)以及哥伦比亚大学艺术学院院长、大都会歌剧

图 27　1980 年 9 月彼得斯独唱音乐会节目单

①　"Master Teachers and Promising Students," *Us-China Arts Exchange Newsletter* 3 (Summer 1983), pp. 3 – 4, 15. 黄晓芝:《美国音乐教育见闻》,载《中央音乐学院学报》1983 年第 1 期,第 60—62 页。

②　*Us-China Arts Exchange Newsletter* 2.1 (Spring 1981), p.5.

图 28　1981 年 5 月美国花腔女高音歌唱家西尔斯与中央音乐学院沈湘、喻宜萱、蒋英合影

THE NEW YORK TIMES, SUNDAY, AUGUST 23, 1981

China Gets a Lesson From Beverly Sills

Beverly Sills and Schuyler Chapin with Chinese hosts—"Helping a new generation of Chinese singers in the art of western singing and opera"

China Gets a Lesson From Beverly Sills

By SCHUYLER CHAPIN

A 19:27 A.M. on Monday, May 18, 1981 the wooden gates of the Central Conservatory of Music in Peking, China, swung open slowly to admit three gray 1950's Studebaker-type sedans. They moved cautiously along a very narrow road leading to the main administration building and on arrival quickly discharged their passengers. One of the these, a tall amply-built exuberant redhead, instantly recognizable to half the people of the world, bounded up the front steps to

Schuyler Chapin, former general manager of the Metropolitan Opera, is presently Dean of the School of the Arts at Columbia University.

the various officials standing there to meet her.

As hands were joined in greetings and friendship, spontaneous applause burst forth from students strolling about the courtyard. Heads appeared out of classroom windows, smiles spread as if contagious, conversation flew; there was an air of excitement for this was the day that had been promised, the day that Beverly Sills arrived, ready to give of heart and talents to help a new generation of Chinese singers whose interest and training might lead to a revival of western singing and western opera in the Peoples Republic.

Introductions were made all around, as our party consisted of Miss Sills's husband, Peter Greenough; their daughter, Muffie; my wife, Betty, and myself. Our visit had been arranged

by Columbia University's United States-China Arts Exchange Program under the direction of vice-dean Chou Wen-chung. With the touching reticence combined with eagerness that marks so many present day-meetings with the Chinese, we were all made to feel welcome and ushered into a reception room where, over the inevitable mugs of tea, the director of the conservatory, Shao Feng, himself a former singer and manager of the old Peking Western Opera Company, spoke of the difficult times of the past.

Stressing the problems of the cultural revolution, he made it very clear that they intended making up for the lost years by bringing their teaching and training up to new standards and he hoped that Miss Sills would be frank and professional in advising them. We were then led to a central classroom wall-to-wall with present members of the vocal and operatic faculty. The room itself was dingy and dominated by two old pianos, both, it turned out, barely in tune. Windows were opened to the outside and through them the cacophonous sounds of the conservatory could be heard in all fullness. Pressed outside, with their faces barely visible inside, were banks of students intent upon watching our proceedings.

Ground rules were set: Miss Sills would hear any student presented to her and pick five or six for a master class. She stressed that those she planned to pick would not necessarily be either the best or the worst but those with problems and strengths common to the art of professional singing. Before the morning was finished we heard more than a dozen students. With the appearance of the fifth student, a tiny girl looking all of 10 years old, who sang "Una voce poco fa" from Rossini's "The Barber of Seville," Miss Sills rose from her seat and went over to one of the pianos. With her wide and matchless smile she suggested that the girl might begin the aria again and as she did Miss Sills began singing along with her. By eye contact and body language she conveyed to the girl a different set of musical values, bringing the aria up to tempo and stressing the text.

When they'd both gone about halfway through the piece, Miss Sills stopped and asked whether or not the student understood the character she was playing. It was obvious that the aria had been learned by rote and that neither the girl's teacher nor the girl herself had the remotest idea about what they were singing. Patiently and with great good humor Miss Sills outlined the plot of the opera and indicated the character of the heroine. During all this her words were being

Continued on Page 30

图 29　查平关于西尔斯讲学的专题报道（局部）

院前总经理斯凯勒·查平夫妇。① 查平还就西尔斯的讲学写有专题报道,发表在《纽约时报》上。②

同年9月,"美中艺术交流中心"还安排美国女高音歌唱家阿妮塔·爱诺夫(Anita Aronoff)在北京和上海举办独唱音乐会和为期三周的大师班(见图30)。在音乐会上,爱诺夫除了演唱经典独唱曲目外,还唱了美国作曲家史蒂芬·福斯特(Stephen Foster,1826—1864)编写的乡村民谣《哦,苏珊娜》(*Oh,Susannah*)。北京和上海两个城市的广播电台和电视台都将她的音乐会录音录像。③

图30　阿妮塔·爱诺夫访华独唱音乐会海报

1982年8月,曼哈顿音乐学院声乐系前系主任、茱莉亚音乐学院声乐教师、低男中音歌唱家丹尼尔·弗洛(Daniel Ferro,1921—2015)经"美中艺术交流中心"安排,在上海音乐学院举办大师班。时任上音副院长的周小燕亲自挑选了一批最优秀的学生由其进行为期三周的强化辅导,并和高芝兰、丁善德一起为弗洛翻译(见图31)。大师班尽管是在闷热的8月举办,但每天都有150多名学

---

① "Beverly Sills Shows How It's *Done*," *Us-China Arts Exchange Newsletter* 3.1 (Spring 1982), p.3. 章珍芳:《贝弗莉·西尔斯在中国》,载《中国音乐》1981年4月号,第42—44页。

② Schuyler Chapin, "China Gets a Lesson from Beverly Sills," *The New York Times*, August 23, 1981.

③ "Oh, Anita," *Us-China Arts Exchange Newsletter* 3.1 (Spring 1982), p.5.

生、老师和专业歌手挤进上课的礼堂旁听。① 大师班结束时，弗洛精心挑选的学生举办了一场有 800 多人参加的独唱音乐会。演唱的曲目包括在大师班上学过的歌剧《波希米亚人》《命运之力》《唐璜》《费加罗的婚礼》选曲，以及肖松、沃尔夫、舒伯特和威廉姆斯的艺术歌曲。除了教学外，弗洛还给上音带来了美国艺术机构捐赠的磁带、唱片、乐谱以及有关西方歌剧技巧的书籍。②

图 31　1982 年 8 月弗洛在上音为张建一指导

除声乐艺术家外，"美中艺术交流中心"还安排了一些美国器乐演奏家和教育家来中国巡演并短期任教。1981 年 8 月，"交流中心"安排茱莉亚音乐学院著名小提琴教育家陶乐丝·狄蕾(Dorothy DeLay，1917—2002)来北京担任全国小提琴比赛评委，与她同时来华的还有她的学生——在中国台湾出生的美籍小提琴家林昭亮和他的钢琴伴奏桑德拉·里弗斯(Sandra Rivers)。比赛后，狄蕾在中央音乐学院举办了大师班。林昭亮与中央乐团合作，在大卫·吉尔伯特(David Gilbert)的指

---

① 关于弗洛大师班具体教学内容，可参见当时听课者温可铮的记录，详见《歌唱前的准备——弗洛教授讲学纪要之一》，载《音乐艺术》1983 年第 3 期，第 46—49 页。

② "American Artists in China — Focus on Technique," *Us-China Arts Exchange Newsletter* 3 (Summer 1983)，p.9.

挥下演奏了西贝柳斯的《d小调小提琴协奏曲》,在中央音乐学院演奏了几首奏鸣曲①,并在西安、成都和广州举办独奏音乐会和大师班。9月初,林昭亮和狄蕾到上海进行演示和独奏会,包括在上海音乐学院举办大师班。② 林昭亮还与黄贻钧指挥的上海乐团合作,演奏了圣-桑的《b小调第三小提琴协奏曲》。狄蕾在授课时还将她认为中国最有才华的年轻小提琴家的演奏录制了磁带带回美国,以替他们申请奖学金。在她的推荐下,其中两名学生被辛辛那提音乐学院录取,并提供全额奖学金(见图32)。她们到美后,"美中艺术交流中心"安排她们和同行的上海音乐学院教师丁芷诺、俞丽拿一起参加1982年爱斯本音乐节,还协助她们参观美国主要的音乐院校。③

图32　狄蕾与她带回美国的上海音乐学院的 Guo Li(郭立,左一)和
湖北艺术学院的于彦(右一)在一起

　1981年秋,在曼尼斯音乐学院(Mannes College of Music)和纽约州立大学石溪分校任教的中提琴演奏家、教育家约翰·格雷厄姆(John Graham)在"交流中心"的协助下来到北京,在中央音乐学院进行为期六个月的中提琴教学活动。

---

①　韩里:《他的艺术气质和创作道路——林昭亮的演奏给我的启发》,载《人民音乐》1984年3月号,第52页。

②　丁芷诺:《狄蕾、林昭亮谈小提琴教学与演奏》,载《音乐艺术》1982年第1期,第73—76页。

③　"'Miniature UN' for DeLay, Lin, and Rivers," *Us-China Arts Exchange Newsletter* 3.1 (Spring 1982), p.5.

教学外，格雷厄姆还与中央乐团合作在 8 月 23 日举办的星期音乐会上首演了巴托克的《中提琴协奏曲》。由于中国出版的中提琴乐谱很少，"交流中心"帮助他从美国音乐出版商那里获得乐谱捐赠。格雷厄姆还鼓励中国作曲家多关注中提琴。"交流中心"通过中国音协安排中国作曲家在格雷厄姆逗留期间向他提交中提琴独奏的新作品。他表示会把这些作品带回美国，把它们介绍给美国听众。①

　　1985 年 6 月，奥尔巴尼交响乐团（Albany Symphony）的音乐总监兼指挥、中提琴家和小提琴家尤利恩斯·海基（Julius Hegyi，1923—2007）在"交流中心"的安排下来华。在中国的五个星期里，他与中央乐团和上海交响乐团合作举办大型交响音乐会。他在北京和上海指挥的两场音乐会都获得了观众的好评。特别是在上海举行的纪念柴科夫斯基诞生 145 周年音乐会——由李坚担任钢琴独奏，极受欢迎，音乐会票在演出前几天就售罄了（见图 33）。值得一提的是，海基在中国的时间虽然只有 5 周，但他与中国音乐界的联系却没有断。回美国后，海基一直在收集小提琴、中提琴的曲谱和相关资料，以寄给中国的同行。②

图 33　尤利恩斯·海基在上海交响乐团纪念柴科夫斯基诞生 145 周年音乐会海报前

---

① "Viola Virtuoso," *Us-China Arts Exchange Newsletter* 3（Summer 1983），p.12.
② "Americans Make Music in China," *Us-China Arts Exchange Newsletter* 6（Summer 1986），p.8.

　　1985 年 10 月,从本宁顿学院(Bennington College)休学术年假的小提琴家雅各布·格利克(Jacob Glick,1926—1999) 和他的妻子小提琴家莉洛·坎托罗维奇-格利克(Lilo Kantorowicz-Glick,1915—2013)由"交流中心"安排来华教学。在接下来的十个星期里,他们夫妻不仅分别在音乐学院和中学任教,还举办音乐研讨会。他们一起在上海音乐学院教过 120 多名学生(见图 34)。格利克也教中提琴学生,同时还指导各种室内乐团,包括弦乐四重奏,木管五重奏和钢琴三重奏,并举办了六场中提琴独奏会。他太太则主要为上海音乐学院附中的学生举办小提琴大师班。上海音乐学院安排格利克夫妇到南京艺术学院举办了为期四天的室内乐工作坊。这对夫妇还在北京待了几天,他们希望在下次中国之行时在那里教书。①

图 34　1985 年 10 月,格利克夫妇与他们教的上音学生在一起②

　　1986 年春,在"交流中心"的安排下,小提琴家丹尼尔·海菲茨(Daniel Heifetz)来中国进行为期两周的访问,并在上海和北京演出。在北京,他与中央乐团合作

---

①　"Making Music,"*Us-China Arts Exchange Newsletter* 7 (Summer 1987), pp.4 - 5.

②　照片来源: https://jacobglick.weebly.com/teaching.html。

演奏了布鲁赫的《g小调第一小提琴协奏曲》，在京的西哈努克亲王出席了他的
音乐会。①

　　1983年9月，经"交流中心"安排，美国罗切斯特爱乐乐团首席竖琴手黄颂
恩(Grace Wong)在其父亲黄永熙(1917—2003)的陪同下，到北京和上海进行了
为期十二天的教学和表演活动(见图35)。这位出生于美国的竖琴演奏家受到
了中央乐团的指挥家严良堃和李德伦、中央音乐学院的司徒华城教授和黄飞立
教授等名家的热烈欢迎。参加她大师班的学生，不仅有音乐学院的师生，还有来
自西安、新疆和广州的管弦乐团竖琴手和录音室专业人员。②

图35　1983年9月，黄颂恩(右二)在上海音乐学院辅导大师班学生

　　从1980年代初起，"美中艺术交流中心"还协助美国著名交响乐团的一些
铜管乐手和木管乐演奏家来中国访问。1981年夏天，在"交流中心"的建议下，
中央乐团邀请纽约市芭蕾舞团的首席小号罗纳德·安德森(Ronald Anderson)到
北京训练小号演奏员和铜管乐团。安德森也是纽约州立大学石溪分校和纽约大

　　①　"Making Music," *Us-China Arts Exchange Newsletter* 7 (Summer 1987)，p.5.
　　②　"Music Exchanges Flourish," *Us-China Arts Exchange Newsletter* 5 (Spring 1982)，pp.6-7.

学的小号教员,是公认的巴洛克音乐演奏家,也是当代小号独奏创作和室内乐作品的倡导者。在北京期间,安德森与九名私人学生和两个铜管五重奏合作,使他们接触到了从文艺复兴时期、巴洛克时期到美国黑人作曲家和钢琴家斯科特·乔普林(Scott Joplin, 1868—1917)的散拍音乐(Scott Joplin's rages)的浩瀚的小号和铜管曲目。安德森在逗留期间还进行了多场演讲和示范表演。他举办了关于当代西方室内乐作品的讲座,并演示了包括道奇(Charles Dodge)和康诺利(Justin Connolly)的为小号和磁带所创作的两部作品。9月,安德森在由周文中亲自安排到中央乐团的大卫·吉尔伯特(David Gilbert)的指挥下,与中央乐团合作演出了海顿的《降E大调小号协奏曲》和沃尔普的《独奏曲》。离开中国前夕,安德森与他辅导过的学生举办了一场小号独奏音乐会,演出了包括苏萨托(Tielman Susato)、比伯(Heinrich Biber)、维瓦尔第、胡梅尔(Johann Hummel)和海顿等作曲家在内的独奏和合奏作品。

由于在中央乐团的教学深受好评,1982年夏天安德森又被邀请回到北京帮助中央乐团训练铜管声部。在他的指导下,中央乐团铜管五重奏组进步很快,获得了听众的普遍认可。在9月2日的音乐会上,他们不仅演奏了巴赫的管乐作品,还成功地首演了斯特拉文斯基的《管乐交响曲》和《管乐器八重奏》。与他第一次来华一样,安德森不仅与中央乐团一起教学和排练,而且还参加他们在国内的巡回演出。除了指导中央乐团铜管乐队外,安德森还为中央乐团提供铜管乐器材和乐谱。如在第一次访问中国时,安德森发现乐团的铜管演奏者急需高质量的静音器和乐器吹嘴(mouthpieces)。在他后来的访问中,他带来了一套完整的静音器,这些静音器由美国公司捐赠或由玛丽·利文斯顿·格里格斯和玛丽·格里格斯·伯克基金会的资金购买。中央乐团1981年2月首演斯特拉文斯基《春之祭》时所用的高音小号就是安德森专门从美国带来的。① 安德森还带来了大量16世纪威尼斯铜管乐器作品的乐谱,以培训中国音乐家演奏古老音乐的传统和技巧。安德森发现中国对当代西方音乐的接触仍然有限,于是帮助中央

---

① 周光蓁:《凤凰咏:中央乐团1956—1996》,生活·读书·新知三联书店,2013年,第405页。

乐团开发了一系列以纽约爱乐乐团的年轻人音乐会为蓝本的音乐会。他还与乐团探讨了定期举办工作坊的可行性，让专业的中国音乐家可以一边聆听当代西方作品的录音，或观看西方音乐家演奏这些作品的录像带，一边读乐谱。①

　　安德森之后来中国短期教授铜管乐器的是美国大都会歌剧院管弦乐团首席长号手大卫·朗格利茨（David Langlitz）。经周文中安排，朗格利茨于1984年底到上海音乐学院和中央音乐学院访问教学（见图36）。作为过去30年来第三位来华执教的西方长号手，他的长号教学受到了空前的欢迎，不仅来自全国各地的长号手蜂拥至上海参加他的大师班和独奏会，而且他每次的演讲和表演都被录制下来，录像带在全国各地广泛流传。②

图36　朗格利茨给上海音乐学院学生上课

　　1988年冬，时任密歇根大学音乐学院的单簧管教授弗雷德·奥曼德（Fred Ormand）也经"交流中心"安排来上海进行了一个半月的教学，并在上海音乐学院举办了单簧管独奏音乐会，给包括上音副院长李名强在内的上音师生"留下

①　"Encore for Anderson." *Us-China Arts Exchange Newsletter* 3（Summer 1983），pp.9 - 10.
②　"Americans Make Music in China," *Us-China Arts Exchange Newsletter* 6（Summer 1986），p.8.

了美丽的印象"。同年经"交流中心"安排来华的美国管乐手还有檀香山交响乐团巴松演奏家菲利普·哥特林(Philip Gottling)。哥特林1988年12月除了在上海音乐学院讲学外,还在西安音乐学院和四川音乐学院开设了大师班。[①]

　　周文中也将美国的一些键盘乐器专家安排到中国短期任教。如早在1981年8月,"交流中心"就安排自1966年以来一直在茱莉亚音乐学院任教的、古巴出生的钢琴家雅各布·拉泰纳(Jacob Lateiner)到中央音乐学院进行为期7周的教学活动。参加他钢琴大师班的人中有来自北京和其他省份音乐学院和其他音乐机构的600多个教师和学生。他的教学还被录音录像,在中国各地广泛传放。除了在音乐学院教授巴赫、贝多芬、肖邦、李斯特、舒曼、勃拉姆斯、巴托克的作品外,拉泰纳还和中央乐团合作,在吉尔伯特的指挥下,演出了贝多芬的第五号钢琴协奏曲《皇帝》(见图37)。[②]

图37　与中央乐团合作演出贝多芬《皇帝》之后,拉泰纳接受吴祖强、易开基和潘一鸣的祝贺

---

① "Center Lends a Hand," *Us-China Arts Exchange Newsletter* 9 (Fall 1990), p.7.
② "Finale, Fanfare, and Focus," *Us-China Arts Exchange Us-China Arts Exchange Newsletter* 3.1 (Spring 1982), p.2.

1984 年 5 月，"交流中心"安排出生在加拿大的钢琴家朱莉·霍尔茨曼（Julie Holtzman）来华演出。霍尔茨曼以演奏格什温的《蓝色狂想曲》和《一个美国人在巴黎》闻名。霍尔茨曼于 5 月 19 日和 20 日在北京与中央乐团合作，担任客座独奏。在这两场均由韩中杰指挥的音乐会上，霍尔茨曼演绎了管弦乐版《蓝色狂想曲》。[①] 同年秋，茱莉亚学院钢琴荣休教授约瑟夫·布洛赫（Joseph Bloch，1917—2009）经"交流中心"安排，到中央音乐学院、上海音乐学院、西安音乐学院讲学，举办钢琴大师班、钢琴文献讲座和独奏会（图 38）。[②] 1985 年春，年轻的音乐会钢琴家弗雷德里克·莫耶（Frederick Moyer）经"交流中心"安排，在北京、西安和上海举办音乐会和大师班。[③] 同年 5 月下旬，出生于莫拉维亚的著名钢琴家鲁道夫·菲尔库斯尼（Rudolf Firkusny，1912—1994）来中央音乐学院、西安音乐学院和上海音乐学院举办独奏音乐会并教授大师班（图 39）。在北

图 38　1984 年秋，约瑟夫·布洛赫在中央音乐学院指导学生

---

① "Music Exchanges Flourish," *Us-China Arts Exchange Newsletter* 5 (Summer 1984), p.7.
② "Americans Make Music in China," *Us-China Arts Exchange Newsletter* 6 (Summer 1986), p.7.
③ "Americans Make Music in China," *Us-China Arts Exchange Newsletter* 6 (Summer 1986), p.7.

图 39　1985 年春,鲁道夫·菲尔库斯尼在上海音乐学院指导学生

京期间,他还与中央乐团合作,在韩中杰的指挥下演奏了勃拉姆斯《第一钢琴协奏曲》。[1] 1987 年 6 月,出生于古巴的曼哈顿音乐学院钢琴教授所罗门·米科夫斯基(Solomon Mikowsky)也通过"交流中心"安排,对中央音乐学院、上海音乐学院、西安音乐学院进行了专业访问,并举办了大师班。[2] 1989 年 5 月,"交流中心"又将米科夫斯基的同事、曼哈顿音乐学院教授泽农·菲什拜因(Zenon Fishbein)安排到中央音乐学院教授钢琴大师班。[3]

　　除了安排美国器乐专家访华外,"美中艺术交流中心"还受中国文化部委托,将美国的一些重奏团体邀请到中国演出,并安排其成员在中国各地的音乐学院开展短期教学活动。如 1982 年 10 月,应中国文化部的邀请,经"交流中心"统筹安排,由低音长号手比德尔科姆(Robert Biddlecome)、高音长号手博罗(Ronald Borror)、小号手盖克(Chris Gekker)、马斯(Raymond Mase)和圆号手韦克菲尔德(David Wakefield)组成的著名的美国铜管五重奏团(American Brass Quintet)到

---

[1]　"Americans Make Music in China," *Us-China Arts Exchange Newsletter* 6 (Summer 1986), p.7.

[2]　"Center Lends a Hand," *Us-China Arts Exchange Newsletter* 8 (Summer 1988), p.7.

[3]　"Center Lends a Hand," *Us-China Arts Exchange Newsletter* 9 (Fall 1990), p.7.

北京和上海进行了为期两周的巡演和讲座活动。五重奏团于 10 月 13 日在中央音乐学院举行了第一场铜管乐音乐会，使主要由学生和教师组成的听众第一次听到了从文艺复兴时期意大利作曲家乔瓦尼·卡佩拉里奥（Giovanni Caperario）的《两个幻想》（*Two Fancies*）到当代德裔美国作曲家英戈尔夫·达尔（Ingolf Dahl，1912—1970）的当代作品的跨越四个世纪的铜管乐作品。接下来的两天，五重奏团又在北京红塔剧院演出。他们的音乐会以意大利文艺复兴时期作曲家和管风琴家加布里埃利（Giovanni Gabrieli）、英国作曲家霍尔本（Anthony Holborne）以及美国当代作曲家艾略特·卡特（Elliott Carter）、英国当代作曲家威廉·洛夫洛克（William Lovelock）的作品为特色，赢得了听众的普遍赞誉，《北京晚报》对他们的音乐会有过长篇的报道。在上海，由上海音乐学院安排的两场音乐会同样受到好评。《解放日报》的音乐评论家称赞五重奏团"音色精湛，旋律表现力强，流畅且富有抒情品质"。在巡演间隙，五重奏团还举办了大师班，聆听了音乐学院学生和教师的演奏，并与中国音乐家就铜管音乐交换了意见。①

1983 年秋天，周文中安排哥伦比亚大学驻校重奏团"作曲家弦乐四重奏团"（Composers String Quartet）来北京、上海和西安巡演并讲学。在中央音乐学院，该团举办了传统和现代两场音乐会，一场是古典作曲家作品音乐会，另一场是美国当代作曲家，如巴伯（Samuel Barber）和考威尔（Henry Cowell）作品音乐会。他们还举办了一个大师班。在西安音乐学院，他们的音乐会人满为患，场内场外挤满了听众。在上海，"作曲家弦乐四重奏团"与上海音乐学院的弦乐四重奏进行了联合演奏，并聆听了上音民乐系学生演奏的中国传统乐器。②

与哥大"作曲家弦乐四重奏团"几乎同时来中国演出的，还有爱荷华州格林内尔学院（Grinnell College，Iowa）的"Mirecourt"三重奏组。在北京、西安和上海举办的音乐会和大师班上，该三重奏组"花了大量时间讨论演示巴洛克、古典和浪漫音乐之间的风格差异，以及如何应用装饰、断句和音色技巧来创造所需的音响效果和情感内容"。考虑到中国音乐院校普遍缺乏乐谱及音响资料，该三重奏

---

① "The Golden Sound of Brass," *Us-China Arts Exchange Newsletter* Vol. 3（Summer 1983），p.10.

② "Music Exchanges Florish," *Us-China Arts Exchange Newsletter* 5（Summer 1984），p.6.

组在来华访问之前就已经将他们演奏的古典和当代作曲家的录音录像邮寄到各音乐学院，以使学生和教师熟悉他们演奏的曲目。当中央音乐学院的学生和教师得知钢琴手詹森(John Jensen)在格林内尔学院也演奏爵士钢琴并教授爵士乐历史和理论课后，爵士乐历史和理论和演示就成为三重奏组经常在课上讨论的话题。①

1984 年春，密歇根州立大学的 Verdehr 三重奏组经"交流中心"安排，来访中央、西安和上海音乐学院。与之前来访的 Mirecourt 三重奏组不同，Verdehr 三重奏组演奏了巴托克为小提琴、单簧管与钢琴而作的《对比》(Contrasts)，斯特拉文斯基的舞剧《士兵的故事》组曲(Suite from l'Histoire du Soldat)，布鲁赫(Max Bruch)、万哈尔(Jan Vanhal)等人的作品，并在大师班展示了普利策奖得主莱斯利·巴塞特(Leslie Bassett)和卡雷尔·胡萨(Karel Husa)以及密歇根州立大学教员杰雷·哈奇森(Jere Hutcheson)和詹姆斯·尼布洛克(James Niblock)专门为 Mirecourt 三重奏团创作的作品。

1987 年春，"交流中心"安排乔治亚铜管五重奏团(The Georgia Brass Quintet)在上海音乐学院进行为期一个星期的访问，在那里他们为教师和学生举办大师班和表演。同年 5 月，周文中还安排匹兹堡交响乐团前往北京，在北京音乐厅和工人体育场公演。②

1987 年 6 月，在"交流中心"的运作下，由 12 名成员组成的茱莉亚管弦乐团来中国演出。在北京、上海和广州的音乐会上，乐团演奏了施特劳斯、巴托克、斯特拉文斯基、巴伯、海顿和贝多芬的曲目，受到了中国观众和中国媒体的热烈欢迎。这次访问不仅仅是普通的巡回音乐会。此次巡演的亮点之一是对中央音乐学院的参访。在那里，中美学生们进行了互动，茱莉亚学院的教师——包括以上提到的小提琴教授陶乐丝·狄蕾、茱莉亚弦乐四重奏的创始人罗伯特·曼(Robert Mann)、长笛演奏家朱利叶斯·贝克(Julius Baker)——则提供了大师班。③

---

① "Music Exchanges Florish," *Us-China Arts Exchange Newsletter* 5（Summer 1984），pp.6 – 7.

② "Center Lends a Hand," *Us-China Arts Exchange Newsletter* 8（Summer 1988），p.7.

③ "The Juilliard Orchestra Plays Beijing, Shanghai, and Guangzhou," *Us-China Arts Exchange Newsletter* 8（Summer 1988），p.6.

图 40　1987 年 6 月,茱莉亚管弦乐团成员与中国学生同游长城

以上提到,"美中艺术交流中心"的首要目的是促进中美间艺术教育或专业性质的交流,一般不组织商业性的演出活动或大型展览,但有时也会偏离这一政策。1986 年 6 月,著名歌唱家帕瓦罗蒂随热那亚歌剧院前往中国。"交流中心"为促进帕瓦罗蒂此次访华在申办许可和规划行程方面起到了核心作用。作为中央歌剧院和文化部的嘉宾,热那亚剧院演出了《波希米亚人》,并举办了几场 19世纪意大利歌曲的独奏会。除了协助安排演出外,"交流中心"还协助拍摄了纪录影片《遥远的和谐》(*Distant Harmony*)。[1]

4. 中美艺术家长期(一个或多个学期)交流活动

除了短期交流活动外,"美中艺术交流中心"自 1979 年起,还安排访华的美国人将在中国艺术机构任教、联合研究或担任客座教授或学者。最早由"交流中心"安排来华任教的是时任亚利桑那州立大学音乐系副教授的刘邦瑞博士(Marjory Bong-ray Liu, 1923—2022)。她于 1979 年在中央音乐学院工作了一年。除了为"交流中心"收集音乐和戏剧方面的研究资料,并继续对她的专业领域昆曲进行研究外[2],刘邦瑞还于 1979 年 3 月 14 日至 6 月 27 日在中央音乐学

---

[1]　"Pavarotti in China," *Us-China Arts Exchange Newsletter* 8 (Summer 1988), p.7.

[2]　*Us-China Arts Exchange Newsletter* 1.1 (Spring 1980), pp.3 – 4.

图 41　纪录片《遥远的和谐——帕瓦罗蒂在中国》一景

院进行了多次讲学活动。她以"西方音乐学研究的几个问题"为题作了五次报告；并与音乐学系亚非拉音乐小组的同志们座谈八次，重点介绍了非洲、拉丁美洲的音乐特色和美国爵士乐的起源、种类及作用等。在 6 月 27 日的最后一次讲座中，刘先生介绍了"音乐治疗学"。①

　　1980 年，第一位由"美中艺术交流中心"安排来中国进行长期艺术交流的是休斯敦芭蕾舞团的艺术总监本·史蒂文森（Ben Stevenson）。史蒂文森 1978 年即作为周文中率领的美国艺术家代表团成员来华访问过。1980 年 3 月，"美中艺术交流中心"又安排他在北京舞蹈学院任教。4 月，中央芭蕾舞团在北京上演了他编舞的两部作品《泪泉》和《三首前奏曲》。休斯敦公共广播电台 KUIIT8 的摄制组报道了对他的访问。② 之后，史蒂文森又多次回到北京舞蹈学院志愿担任客座教师，并继续邀请学生和老师到休斯敦芭蕾舞团接受培训。迟至 2018 年，82 岁高龄的史蒂文森再度率其创作团队来北京排演经典芭蕾舞剧《灰姑娘》。史蒂文森版《灰姑娘》作为 2018 年国家艺术院团演出季参演剧目之一，由中央芭蕾舞团在北京天桥剧场首演。③ 从史蒂文森第一次访问中国开始，他就

---

① 刘邦瑞：《音乐治疗学问题》，载《中央音乐学院学报》1980 年 4 月第 1 期，第 58—63 页。

② *Us-China Arts Exchange Newsletter* 2.1（Spring 1981），p.4.

③ https://www.tianqiaojuyuan.com/news/69.html。

为中国舞蹈艺术的精致优雅和中国文化的博大精深而痴迷，并一直梦想着编排一部中国主题的芭蕾舞剧。1981 年，他终于鼓足勇气把这个想法告诉了周文中，周随即将他介绍给"美中艺术交流中心"刚请到美国的三位中国艺术家：中央歌剧舞剧院作曲茅沅、中央芭蕾舞团服装设计李克瑜、上海芭蕾舞团指挥陈燮阳。他们四人合作创作出了芭蕾舞剧《郑板桥》。《郑板桥》1982 年 3 月由休斯敦芭蕾舞团（李存信饰郑板桥）在美国首演后，大获好评（见图 42）。①

Dance: Houston Ballet

HOUSTON BALLET — Repertory program Thursday evening, with repetitions at 8 p.m. Saturday and 2 p.m. Sunday in Jones Hall. Orchestra conducted by Chen Xieyang and James Slater. *Adagio: Hammerklavier* (Van Manen/Beethoven); *Zheng Ban Qiao* (Stevenson/Mao Yuan); *Etudes* (Lander/Czerny, arr. Riisager).

By CARL CUNNINGHAM

Three stylistically very different ballets complemented each other more tastefully on Houston Ballet's March repertory program Thursday evening than on any similar program in the company's recent history.

Artistic director Ben Stevenson's new *Zheng Ban Qiao* (pronounced Jon Ban Chow), a piece inspired by his recent experiences in China, was the program's charming new work. The 33-minute ballet is named after a famed 18th-century Chinese bamboo painter and poet, and its plot fictionally portrays him dancing in his dreams with a coy moon maiden in the midst of a swaying corps of human bamboo.

It is a light, gentle piece that harks back to past dance traditions, and Stevenson has skillfully blended quaint oriental dance mannerisms with those of Western ballet.

Review

Peking composer Mao Yuan's flowingly modal musical score, which was commendably conducted by Chen Xieyang of the Shanghai Ballet Orchestra, even shows touches of Debussyian impressionism and an occasional passionate climax that has the flavor of Rachmaninoff.

It was no surprise that Li Cunxin, the Chinese exchange dance student who has become a Houston Ballet soloist, danced the occasionally spectacular title role admirably in every respect. But Janie Parker's identification with the shy, sometimes tartly formal oriental gestures Stevenson assigned to the moon maiden was a delight to watch and a notable illustration of her talent for dance characterization.

Stevenson's gently flowing but quite symmetrical choreography for the bamboo corps formed a fascinating series of geometric designs around the fragile pas de deux he created for Parker and Li. Designer Matthew Jacobs devised a storybook setting of bamboo-decorated clear vinyl panels, overlooked by a saffron-colored moon, and costume designer Li Keyu garbed the dancers in tasteful shades of green, white and gray.

Stevenson again put the spotlight on Li and on two of Houston Ballet's other strongest technicians, Suzanne Longley and William Pizzuto, for the company's first encounter with Harald Lander's formidable *Etudes*. By and large, they came off admirably, and their various feats of virtuosity were highlighted by Li's seemingly infinite ability to spin like a perfectly balanced top and the delightful, sparkling-diamond brilliance Longley imparted to her final solos.

But Longley's poetic demeanor in the central romantic adagio solo and pas de deux with Pizzuto were deeply affecting moments that signaled a new, more expressive dimension in her dancing.

Janie Parker and Li Cunxin in Ben Stevenson's 'Zheng Ban (

In a sense, they pinpointed the gently softer, less ostentatious approach Houston Ballet's corps takes to this ballet's technical challenges, compared with the bold, brassy style American Ballet Theatre has injected in past performances of the work here. However, the corps' dancing occasionally fell short of the ballet's requirements for starchy perfect synchronization and straight lines.

Lyline of Monaco came here personally to recreate her original fluffy, lacy, starchy-straight classical tutus for this ballet. William Banks complemented her neat-appearing work with clean-lined settings and dramatic contrasts of bright and dark lighting effects.

Hans van Manen's severely beautiful *Adagio: Hammerklavier* returned to Houston Ballet's repertoire in a more meaningful expression of romantic relationships than at the company's 1977 premiere of this piece. Pizzuto's yearning pas de deux with Andrea Vodehnal gave expression to a growing maturity in his dancing. Jennifer Holmes made a striking stage impression in the pent-up energy of the central pas de deux, strongly partnered by Dennis Poole.

图 42   《休斯敦邮报》关于舞剧《郑板桥》的报道

---

①   "Painter-Poet, Dreamers, and Dancers," *Us-China Arts Exchange Newsletter* 3.1 (Spring 1982), p.7.

　　1980 年夏,周文中直接协助中国政府邀请了时任格林威治爱乐乐团音乐总监兼指挥的大卫·吉尔伯来华训练中央乐团。吉尔伯毕业于伊斯曼音乐学院作曲系,毕业后曾跟随布列兹(Pierre Boulez)学习指挥,在过去几年中曾多次与纽约爱乐乐团合作。与他同时来华的还有一位美国小提琴家,担任中央乐团的客座首席。据吉尔伯多年后回忆:"他到中央乐团指挥一事可以追溯到 1979 年 3 月小泽征尔和波士顿乐团访华,其间小泽曾向中方建议为乐团请较为长期性的外籍指挥来训练乐队。这个建议后来转达给周文中,而周教授返美后联络吉尔伯特,提出到中央乐团工作一年,主要是训练乐队和指挥演出。教授特别声明两个条件:一是要懂得训练;二是愿意在中国国内工作。'我记得周教授向我提出到北京工作一事时我们正在纽约的地铁车厢内,还未谈完他要下车了,他是隔着

The New York Times

SUNDAY, OCTOBER 12, 1980

A Musical Interlude In Peking

By ROBERT SHERMAN

DAVID GILBERT, music director of the Greenwich Philharmonia, has some strong opinions on the future of the Peking Central Philharmonic.

"The situation in Peking is really quite amazing," said Mr. Gilbert, who spent three months as principal guest conductor and music adviser in the Chinese capital, "because awareness of Western repertory and standards is just beginning to open up. The players are fine professional musicians, they have finger technique, they can play the notes, but they have no repertory and no experience. A cellist who performed the Dvorak concerto with me not only had never played the piece before, had never even played a solo with orchestra before.

"The orchestra itself had never done Beethoven's Eighth Symphony, and when I scheduled the overture to 'Die Meistersinger' I discovered it was their first Wagner of any kind. On the other hand, their progress and improvement, the quickness to learn, was simply astounding. They are excited about everything, and the magic is there. They simply need time for more experience, orchestral discipline and repertory."

After a number of years of isolation, said Mr. Gilbert, the Chinese have evidently come to a great love for Western music. Concerts are well attended, especially by young listeners, and usually there is no need to advertise more than a few days in advance of an event because the tickets are snapped up immediately. Mr. Gilbert's first concert in China was telecast throughout the country, and during his stay, audience response was highly enthusiastic. "They really roared to Stravinsky's 'Firebird,'" he said, "and when I am back I'll be doing the Bartok Concerto for Orchestra. If they need anything in their lives, it's color — they're dying for colorful, exciting pieces."

How did the Chinese connection come about? The process began with a call from Chou Wen-chung, a composer who is the director of the Columbia Univer-

Maestro Gilbert Tells Of His Stay in China

Continued from Page I

sity Center for United States-China Arts Exchange. Mr. Chou had long taken an interest in Mr. Gilbert's career and considered him the right person for the position in Peking.

Mr. Gilbert, who won the Dimitri Mitropoulos International Music Competition in 1970, had been an assistant conductor of the New York Philharmonic for a total of nine years and had conducted the American Ballet Theater for four years. The conductor, who is 44 years old and now in his sixth season with the Greenwich Philharmonia, quickly accepted the challenge.

After a slow start — he came down with a fever after only two rehearsals, and spent the next two weeks in a Chinese hospital — Mr. Gilbert plunged into a solid schedule of rehearsals and concerts. "I haven't conducted so much since my ballet days," he wrote last August to Mrs. John Seel, a board member of the Greenwich Philharmonia, noting also that he was spending a good deal of time investigating traditional Chinese music. "The possibilities inherent in a young tradition of both Western and Eastern instruments are simply mind-boggling, and I hope to instigate such a dialogue between our two countries."

At first, all communication was accomplished through an interpreter, although gradually Mr. Gilbert picked up enough Chinese to get through a rehearsal. By the end of the summer, he was functioning quite well on his own. "I can't say that I can hold an extended conversation," he said, "but I learned a lot of the musical terms and pretty much could guide the players into repertory they had never done before

— which is to say, practically everything!"

The trip proved beneficial in many ways, not the least of which was discovering new talents. Mr. Gilbert was especially enthusiastic about a pianist, Ying Zhengzhong: "Remember that name — he is a major artist, Russian-trained, who came in second to Vladimir Ashkenazy some years ago in the Tchaikovsky competition. Ironically, he was in favor during the cultural revolution, and so since 1976 was in some political trouble. He hadn't played in public for four years, but fortunately all is forgiven now, and his debut was with me."

Mr. Gilbert also was impressed with the conducting of Zhen Xieyang, who directs the Shanghai Ballet Theater. "I have suggested worldwide travel and study for him," he said, "and I think this will happen. He is very talented and should make a name for himself."

Mr. Gilbert had less immediate success locating worthy music by Chinese composers, although he is investigating a number of pieces. "You must remember that the symphonic tradition is only now beginning in China," he pointed out. "For instance, the Central Philharmonic is not just an orchestra, but a chorus and a national music ensemble as well, and it maintains a staff of 37 composers and text writers. They work on songs and various other compositions, but the rest of the time they are free to write what they want.

"Most of the works I heard are pretty naive, but I did come across one gifted composer in Shanghai who wrote an excellent ballet. He is openly influenced by Stravinsky, but he is quite imaginative, and I think he might have a good future."

Mr. Gilbert's own future plans are diverse and exciting. Since his American

commitments did not permit him to stay in China longer than the summer, he hopes to return a number of times over the next couple of years, each time taking Western scores to China, and trying to find Chinese music that would be well received here.

Also, an extraordinary possibility for mutual celebrations occurs next season: by coincidence, both the Greenwich Philharmonia — which opens its season at the Greenwich High School today at 4 P.M., playing Haydn, Schumann and Stravinsky — and the Central Peking Philharmonic will be marking their 25th anniversaries.

A United States tour for the Peking Philharmonic? "It could happen," Mr. Gilbert said. "A fine orchestra is in the making there, and if they continue making such astonishing progress, they might well be ready by the fall of 1982."

What did Mr. Gilbert like best about China? The people. "They are simply marvelous," he said. "warm, friendly, relaxed. They laugh and sing in the streets, there is an openness, an informality that makes them simply among the most special people in the world."

Is the atmosphere in China very different from that of the Soviet Union? Emphatically yes, said Mr. Gilbert, who visited Russia several years ago with the New York Philharmonic. "I think many Chinese people are going through a confused state and may not know how free they are, but they are not positive in their own minds just how free they are, but they are not afraid, as people were in Russia.

"In fact, the Chinese mood is very optimistic. There's a kind of frontier, pioneer atmosphere as though this is a fascinating and important moment in their history. All I can say is that I'm very happy to be part of it." ■

David Gilbert directing the Peking Central Philharmonic

图 43　《纽约时报》1980 年 10 月 12 日关于吉尔伯在中国的报道

车门对我说会致电给我。因此我的北京之旅可以说是在地铁中敲定的。'"①

　　对于曾经在卡拉扬和小泽征尔指挥棒下演奏过的中央乐团乐师来说，对周文中选择名气稍逊的吉尔伯来训练乐团这个决定他们是颇有疑虑的。韩中杰后来就回忆说："起初我们对周文中的推荐有保留，因为我们希望请来一位老练和知名的指挥。"②事实证明周文中的选择是正确的。自 1980 年 6 月 28 日首场音乐会开始，至 1982 年 2 月 27 日最后一场止，年富力强又极具工作热忱且被昵称为"活雷锋"的吉尔伯一共带领中央乐团排演了 20 套节目，其中首次演出的作品多达 40 部，较乐团前 20 年所演的总和还要多。乐队队长罗青回忆："吉尔伯为乐队带来新的营养，给我们看见自己跟外面的差距，让我们认识到自己要有所提高，干劲很大。李德伦、韩中杰的曲目有限，大部分都是俄罗斯的。欧洲，尤其是浪漫派的很不够，因此给比了下去，这是客观存在的事实。"打击乐手阎学敏也说："我们见过更好的之后，旧的就当然不行了！吉尔伯让我们眼界开阔了，要求更高了再不能满足于《柴五》《德九》等老曲目。"③的确，吉尔伯指挥的作品类别和时间都跨度很大，"巴洛克、古典、浪漫和现代时期都有，可以说是中央乐团 40 年最集中锻炼管弦合奏实力的时期"。④ 以 6 月 28 日在民族文化宫的首场音乐会为例，吉尔伯选择的是中央乐团从未演奏过的莫扎特《第三十九交响曲》、韦伯《优利安特序曲》、门德尔松《第三交响曲》。在之后的系列音乐会上，他指挥中央乐团演奏了施特劳斯、瓦格纳、马勒、拉威尔、巴托克、埃奈斯库、斯特拉文斯基、巴伯、科普兰等作曲家的作品。⑤ 吉尔伯也指挥中国作曲家的新作，如秦咏诚的《海燕声乐协奏曲》、张千一的《北方森林交响音画》、王酩的《海霞组曲》、黄维强的管弦乐组曲《美丽的三江》等。⑥

---

① 周光蓁：《凤凰咏：中央乐团 1956—1996》，生活·读书·新知三联书店，2013 年，第 390 页。
② 周光蓁：《凤凰咏：中央乐团 1956—1996》，生活·读书·新知三联书店，2013 年，第 389 页。
③ 周光蓁：《凤凰咏：中央乐团 1956—1996》，生活·读书·新知三联书店，2013 年，第 405—406 页。
④ 周光蓁：《凤凰咏：中央乐团 1956—1996》，生活·读书·新知三联书店，2013 年，第 390 页。
⑤ "David Gilbert with the Central Philharmonic," *Us-China Arts Exchange Newsletter* 2.1 (Spring 1981), p.6.
⑥ 周光蓁：《凤凰咏：中央乐团 1956—1996》，生活·读书·新知三联书店，2013 年，第 397、401 页。

　　1981 年 6 月,吉尔伯特第三次回到中央乐团,这次他除了排练指挥了舒曼《第一交响曲》、斯特拉文斯基舞剧音乐《彼得鲁什卡》、埃内斯库《第二罗马尼亚狂想曲》《降 E 大调第一交响曲》、戈里哥良《小提琴协奏曲》等曲目外,还和来访的外籍小提琴家林昭亮、尤金·列斯特(Eugene List)、中提琴家格雷厄姆、小号演奏家安德森、钢琴家拉泰纳、格鲁岑(Berenice Lipson-Gruzen)合作,分别演奏了西贝柳斯《小提琴协奏曲》、巴托克《中提琴协奏曲》、拉赫玛尼诺夫《第二钢琴协奏曲》、海顿《小号协奏曲》、贝多芬《皇帝钢琴协奏曲》、肖邦《第二钢琴协奏曲》。1982 年 1 月,吉尔伯最后一次来北京训练中央乐团。这次他带来的四套曲目中绝大部分也是乐团从未演奏过的管弦作品,不少是近现代的著名经典,例如埃尔加的《谜语变奏曲》、布里顿的《青少年管弦乐队指南》和理查·施特劳斯的《悌尔的恶作剧》等,但更多的是美国现代作曲家的作品,包括周文中的管弦乐作品《花落知多少》、格里菲斯(Charles Griffes)的《忽必烈的欢乐宫》(*The Pleasure Dome of Kubla Khan*)和彼得·门宁(Peter Mennin)的《第九交响曲》。唯一的中国作品是黄维强的管弦乐组曲《美丽的三江》。这场 2 月 13 日在民族宫礼堂的音乐会是吉尔伯最后两场演出的第一场。2 月 26 日及 27 日晚上的节目包括瓦格纳歌剧《黎恩济序曲》、斯特拉文斯基《春之祭》,以及殷承宗弹奏的拉赫马尼诺夫《第三钢琴协奏曲》。[①]

　　吉尔伯也是首个率领中央乐团到中国各地巡演的西方指挥家。他在 1980 年首次来华时就曾率领中央乐团在上海、北京和东北几个城市巡演。1981 年 10 月至 11 月,他又随同中央乐团到牡丹江、哈尔滨、吉林和长春巡演。吉尔伯也是最早为中央乐团录制唱片的美国指挥。1981 年 9 月,他指挥中央乐团与来自纽约的独奏家利普森-格鲁岑合作,在北京电影制片厂录音棚里录制了肖邦的《第二钢琴协奏曲》。这张唱片是中央乐团由美国唱片公司录制的第一张唱片,于同年秋天由 Desto 唱片公司在美国发行。[②]

---

①　周光蓁:《凤凰咏:中央乐团 1956—1996》,生活·读书·新知三联书店,2013 年,第 404 页。

②　"American Artists in China — Finale, Fanfare, and Focus," *Us-China Arts Exchange Newsletter* 3.1 (Spring 1982), p.2. 周光蓁:《凤凰咏:中央乐团 1956—1996》,第 400 页。

在中央乐团任指挥期间，吉尔伯还为乐团带来大量各种管弦乐谱和音乐的文献。这些资料都是通过周文中的"美中艺术交流中心"从美国乐谱出版商那里募捐来的。虽然从美国托运和入关申报都颇多麻烦，但吉尔伯总是说此举为他带来很大满足感。① 事实上，诚如中央乐团史研究者周光蓁所言："吉尔伯带给中央乐团的不只是新曲目或一箱一箱的乐谱，还有更重要的排练效率和纪律，以及可实践的艺术效果，让乐师们对自己乐团的潜在实力和发展方向重拾信心。"②

除了将美国编舞、指挥家请到中国执教外，周文中也安排中国指挥家到美国考察、进修和见习。1981 年 9 月，应"交流中心"邀请，上海芭蕾舞团 42 岁的指挥陈燮阳开始了为期一年的全美考察、进修和见习之行。"交流中心"首先安排他在纽约和波士顿与当地音乐家（如著名指挥家伯恩斯坦、梅塔、马克斯·鲁道夫、小泽征尔，小提琴家斯特恩等）和教育家进行互动。在当时写给李凌的信中，陈燮阳提到周文中为他做出的具体安排：

> 美中艺术交流中心很热情地接待了我。已安排我听指挥大师伯恩斯坦的排练和演奏，与他见了面。还听了梅塔指挥纽约爱乐乐团的排练，当他知道我是中国来的指挥时，当即邀请我出席他的音乐会。我还在周文中先生家里见到了小提琴大师爱塞·斯特恩，他热情地和我谈了许多问题。有这么多的机会接触音乐，接触这样的一些著名的艺术家，连一些美国的同行也很羡慕呢！纽约的音乐活动十分丰富，我基本上白天听排练，在图书馆，乐谱唱片商店，晚上听音乐会……

> 最近，我参观了纽约的"美国音乐中心"，那里收藏了几乎全部美国作曲家的作品，包括手稿、唱片录音、作曲家的传记、资料和通讯录。

---

① "David Gilbert with the Central Philharmonic," *Us-China Arts Exchange Newsletter* 2.1（Spring 1981），p.6.

② 周光蓁：《凤凰咏：中央乐团 1956—1996》，生活·读书·新知三联书店，2013 年，第 405 页。

我希望将来我们中国也会有这样的中心，收集我们中国作曲家的作品，不至于分散各地，无以找寻……我现在正在准备十二月指挥纽约现代音乐演奏团举行的现代中国作品音乐会。这个乐团，主要是演奏现代派的作品的，成员的水平都很高……①

关于陈燮阳信中提到的这场"现代中国作品音乐会"，《纽约时报》在音乐会演出之前就刊登有知名乐评家霍兰德（Bernard Holland）的专题报道。在这场音乐会上，陈燮阳指挥了茅沅、黄虎威、陈钢、华彦钧（阿炳）、丁芷诺、林德虹、王西麟的现代中国作品。② 音乐会后，陈燮阳立刻写信给李凌说："12月14日，我第一次在美国指挥纽约现代音乐演奏团举行的'现代中国作品音乐会'，演出非常成功，也许这许多观众是第一次接触真正的中国音乐，那鼓掌是热烈的。演奏员们和经理对我的指挥也很满意。"③

图44　陈燮阳在美国指挥阿斯彭音乐会管弦乐团首演奚其明的芭蕾组曲《魂》

---

① 李凌：《大潮动若寐——一个有前途的青年指挥家陈燮阳》，载《人民音乐》1983年6月号，第30页。
② Bernard Holland, "From China, Musically," *The New York Times*, December 3, 1981.
③ 李凌：《大潮动若寐——一个有前途的青年指挥家陈燮阳》，载《人民音乐》1983年6月号，第30页。

　　1982 年 3 月，陈燮阳指挥休斯敦芭蕾舞团乐队演奏由史蒂文森编舞、茅沅作曲、李克瑜服装设计的芭蕾舞剧《郑板桥》。① 之后，"交流中心"安排他访问了芝加哥交响乐团、密歇根大学和底特律交响乐团，担任无线电城管弦乐团（Radio City Orchestra）客座指挥，指挥布鲁克林爱乐乐团演奏中国音乐作品（如香港作曲家林敏怡的《旅程》、周文中的《渔歌》、卢炎的《浪淘沙》、葛甘孺的《室内交响曲》），出席伯克希尔音乐节（Berkshire Music Festival）。在 1982 年 8 月爱思本音乐节上，陈燮阳还应邀指挥音乐节乐团演奏了奚其明的芭蕾组曲《魂》。② 在音乐会当晚写给李凌的信中，他兴奋地写道："刚刚演出回来，现在已是深夜，我怀着无限激动的心情给您写这封信，我在爱斯本音乐节指挥的音乐会，获得巨大的成功。奚其明作的芭蕾组曲《魂》同样受到了热烈的欢迎，音乐会受到观众长时间的欢呼和鼓掌，我谢幕了很多次。在后台，我被乐队演奏员、观众、华侨、留学生包围了，我深感我为祖国争了气……"③

　　除指挥家外，周文中从 1980 年代开始，也邀请中国古代音乐史学家、民族乐器演奏家和当代作曲家访问美国。1982 年 11 月，"美中艺术交流中心"邀请北大教授、唐宋音乐专家阴法鲁作为哥伦比亚大学的首位亨利·卢斯访问学者访问美国。与时任哥大民族音乐学研究中心馆长的迪特尔·克里斯滕森（Dieter Christensen）教授合作，阴法鲁在哥伦比亚大学驻留了六个多月。④ 阴法鲁在访问结束回国后所写的报告中是这样提及他在美国的访问经历的："在哥大'美中艺术交流中心'主任周文中以及吴美文女士、郝光明先生等热情协助下，和研究中国音乐的学者，进行了学术交流。此外，还访问了巴尔的摩的马里兰大学分校音乐系、波士顿的哈佛大学音乐系、明尼波利斯的明尼苏达大学东亚语言文化系和音乐系、西雅图的华盛顿大学东亚语言文化系和音乐系。在各地通过座谈讨论、音乐欣赏和参观考察，我受到了启发，也深深地感觉到，中国音乐不但为在美

① "Painter-Poet, Dreamers, and Dancers," *Us-China Arts Exchange Newsletter* 3.1（Spring 1982），p.7.

② "Year's Sojourn for Conductor," *Us-China Arts Exchange Newsletter* 3.1（Spring 1982），pp.8 – 9.

③ 李凌：《大潮动若寐——一个有前途的青年指挥家陈燮阳》，载《人民音乐》1983 年 6 月号，第 30 页。

④ "Columbia's First Henry Luce Visiting Fellow," *Us-China Arts Exchange* 4.1（Spring 1983），p.6.

国的华侨和华裔人士所依恋欣赏,而且也为美国人民所理解和热爱。"①

在美访问期间,阴法鲁所做的最重要的工作,是与周文中共同担任哥大音乐系《中国音乐》讨论班主讲教师。据阴先生自己说,该讨论班"讨论的方式是从中国音乐史上常用的词语入手,阐明一些中国音乐的理论和历史问题。研究者由于掌握不同国家民族的音乐知识,可以用比较方法进行讨论,收到了互相启发、互相补充的效果"。对于周文中多次强调的"要研究中国古代音乐,必须掌握中国古代文献资料"的见解,阴法鲁十分认同("这种见解是十分中肯的")。可喜的是,将近 30 年后,周文中和阴法鲁在讨论班上所使用的资料和教学纲要都已被翻译成中文,由中央音乐学院出版社于 2019 年 3 月出版。②

除在哥大教授中国古代音乐史外,周文中还安排阴法鲁到美国名校举办讲座。如应哈佛大学音乐系赵如兰教授邀请,阴法鲁于 1983 年 4 月 20 日晚上 8 点在哈佛大学作了题为"历史上中国和外国音乐文化的交流"的讲座。讲座由赵如兰翻

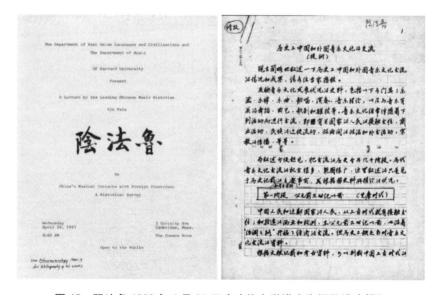

图 45　阴法鲁 1983 年 4 月 20 日晚哈佛大学讲座海报及讲座提纲

---

① 阴法鲁:《访美喜闻华夏声》,载《中国音乐》1984 年第 2 期,第 10—11 页。
② 周文中:《跨文化语境中的中国音乐教学——周文中中国古代音乐史教学笔记》,中央音乐学院出版社,2019 年。

译,听众不仅包括哈佛师生(如林萃青),还有专程从匹兹堡赶来的荣鸿曾等。①

阴法鲁之后由周文中安排到美国交流访问或深造的中国乐人有中国音乐学院古琴教师吴文光,中国东方歌舞团古筝演奏家张燕,作曲家罗京京、葛甘孺、周龙、陈怡、谭盾、盛宗亮、瞿小松及管弦乐团管理人员杨大经②等。

吴文光和罗京京是1983年8月初抵达美国的。他们到达纽约时,正赶上国际传统音乐理事会(IMC)第二十七届会议在哥伦比亚大学举行。周文中安排他们与来自世界各地的作曲家、民族音乐学家和表演艺术家见面,并请他们参加了研讨会、小组讨论。就是在此次会议期间,吴文光举办了他在美国的首次古琴独奏会。会议后,吴文光还应邀为在纽约联合国总部的工作人员举办了有关古琴与中国文化的讲座。10月6日,吴文光由"交流中心"、亚洲文化协会(ACC)和哥伦比亚艺术学院共同赞助,在哥伦比亚校区的圣保罗教堂举行了一场公开音乐会。11月6日,他又在大都会艺术博物馆举行了另一场音乐会。该场音乐会是大都会艺术博物馆乐器部和亚洲音乐协会合作举办的。在纽约期间,吴文光

图46   吴文光在周文中办公室展示古琴技艺

---

① "Letter from Rulan Chao Pian to May Wu" (March 17, 1983); "Letter from Rulan Chao Pian to Yin Falu" (March 17, 1983). In "Rulan Pian Chao Collection," the Chinese University of Hong Kong Library.

② Orchestral Management," *Us-China Arts Exchange Newsletter* 8 (Spring 1988), p.5.

还应邀在电台和电视台表演,并讲述古琴的历史及其在中国音乐传统中的重要性。

与此同时,罗京京作为特殊学生被安排进入哥伦比亚艺术学院,跟随周文中学习作曲,同时旁听20世纪风格和技巧的课程以及音乐理论研讨会。除哥大的课程外,"交流中心"也安排罗京京参加纽约其他院校的活动,如参加茱莉亚音乐学院作曲家论坛、美国女作曲家联盟纽约分会的会议,并鼓励她在研讨会上讨论自己的作品。在纽约的访学结束后,"交流中心"又安排吴文光和罗京京到卫斯理大学、哈佛大学、新英格兰音乐学院和密歇根大学访问,观摩课程并与教师和学生会面。吴文光还独自前往马里兰大学巴尔的摩分校、加州艺术学院、西雅图华盛顿大学以及加州大学圣克鲁斯分校、洛杉矶分校和伯克利分校举办讲座和独奏会(见图47)。罗京京则在"交流中心"的安排下,参加了华盛顿特区新音乐节和布鲁克林音乐学院"下一次浪潮音乐节"(Next Wave Festival)的活动。[①]

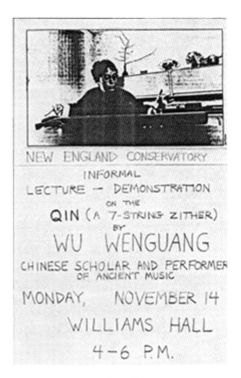

图 47　吴文光在新英格兰音乐学院古琴演奏会海报

1984年11月,应周文中的邀请,中国东方歌舞团古筝演奏家张燕来美讲学并巡演。在"交流中心"的安排下,张燕访问了耶鲁大学、哈佛大学、卫斯理大学和马里兰大学巴尔的摩分校。她还在亚洲音乐协会的赞助下,在大都会艺术博物馆演出。[②]

---

①　"Qin Master Wu Wenguang & Composer Luo Jingjing," *Us-China Arts Exchange Newsletter* 5 (Summer 1984), pp.3 - 4.

②　"Musician Zhang Yan," *Us-China Arts Exchange Newsletter* 6 (Summer 1986), p.12.

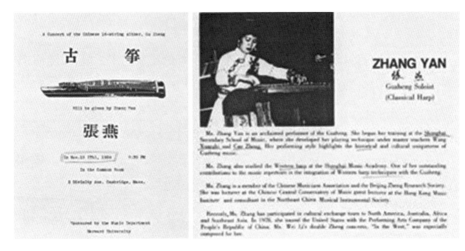

图 48　张燕 1984 年 11 月 15 日在哈佛大学古筝演奏会海报及简介

除中国民族器乐演奏家外,周文中还协助中国作曲家申请奖学金到美国深造。可贵的是,周先生常能慧眼识英才,在一些作曲家尚未成大家以前,就安排他们来美读博士。如 1983 年赴纽约哥伦比亚大学攻读作曲专业博士学位的葛甘孺,以及之后的周龙、陈怡、谭盾。① 盛宗亮虽然先是在纽约市立大学读的硕士,但其博士学位也是在周文中麾下完成的。周文中逝世后,盛宗亮回忆自己对周文中的敬畏之情,他说他们这一辈对中国传统文化知之甚少,而周文中坚持让他们熟悉中国文化。"'我们每周都在他的家里举行晚餐会,有时是在饭馆,他会讨论这些哲学思想。'盛说,这些话题包括易经的语言体系与它在音乐中的应用;中国戏曲的打击乐节奏;乃至书法和写意画艺术。"②

除了指导博士学生外,周文中也邀请中国的年轻作曲家来美国访学或参加研讨会。如 1989 年 2 月,在"交流中心"的协助下,时为中央音乐学院教师的瞿晓松抵达纽约,开始了在美国为期六个月的观察和研究当代美国音乐之旅。瞿晓松的交流访问虽然是由亚洲文化协会资助的,但具体的交流活动均由"交流

---

① 陈怡、周龙著,王阿毛译:《一位真正的文人》,载《星海音乐学院学报》2020 年第 2 期,第 11 页。

② Corinna da Fonseca-Wollheim, "Modern Voice, Ancient Origin,"(《他曾在上海的炮火中演奏巴赫》),载《纽约时报》2014 年 10 月 21 日,https://cn.nytimes.com/people/20141021/t21chou/。

中心"主理。在"交流中心"的安排下,他对寓居纽约的当代作曲家(如卡特、凯奇、格拉斯、冈瑟·舒勒等)、表演艺术家、学者和民族音乐学家进行了访谈,并观看了纽约爱乐乐团的音乐会和排练以及其他文化活动的表演。"交流中心"还安排瞿晓松到波士顿、华盛顿、费城、匹兹堡、圣地亚哥、洛杉矶走访当地的音乐家和专业组织,观看当地的表演。他还作为科罗拉多州爱斯本音乐节的嘉宾,参加了为期两星期的音乐会、排练和研讨会活动。交流活动于 8 月底结束后,瞿晓松并没有按照计划如期回国,而是决定继续留在美国为其拟创作的一部当代

图 49　周文中与何训田、瞿小松等 1990 年在日本札幌

图 50　周文中与叶小钢在 1990 年太平洋音乐节作曲家会议间歇

歌剧做准备。并参加了美中艺术交流中心1990年在日本札幌举办的为期三周的太平洋音乐节作曲家会议。同时参会的不仅有陈怡、周龙，还有叶小钢、陈晓勇、朱世瑞、陈远林、何训田等。[①]

5. 用音乐修补两岸关系

1981年3月5至11日，隔绝了32年的中国大陆和台湾地区的代表在亚洲作曲家联盟香港分部的会议上有过一次罕见的会面（见图51）。周文中在促使这次历史性的会面上起到了至关重要的作用。关于这一史无前例的会面的协商工作，于1979年在汉城举行的第六届亚洲作曲家联盟会议就已经开始了。在此次会议上，周文中作了一份关于中国大陆音乐状况的报告，当时来自台湾地区的作曲家听后非常感动，当即向周文中提出了请他出面协商与中国大陆同行会面的建议。周文中随后向中国音乐家协会主席吕骥传达了这一意愿，并敦促其他中国政府官员允许海峡两岸作曲家进行正常交流。由于这些官方和非官方的努力，海峡两岸的作曲家得以在第七届亚洲作曲家会议和音乐节上历史性地会面。[②]

图51　1981年3月，中国音协副主席李焕之与周文中、许常惠交谈

---

① "Qu Xiaosong," *Us-China Arts Exchange Newsletter* 9（Fall 1990），p.5. 陈怡：《记太平洋音乐节作曲家会议》，载《人民音乐》1991年第1期，第43页。
② "Hong Kong Rendez-Vous," *Us-China Arts Exchange Newsletter* 3.1（Spring 1982），p.9.

1988年8月8日,经过周文中的不懈努力,"美中艺术交流中心"在纽约哥伦比亚大学举办了为期四天的"海峡两岸作曲家会议——中国音乐的传统与未来"研讨会。来自中国大陆的十位作曲家(吴祖强、罗忠镕、田丰、丁善德、汪立三、瞿小松、赵晓生、何训田、陈怡、谭盾)和台湾地区十位作曲家(许常惠、沈锦堂、温隆信、潘皇龙、曾兴魁、钱南章、卢炎、李泰祥、马水龙、许博允)欢聚在哥大校园。在周文中的主持下,两岸作曲家除介绍了各自的作品外,还就"音乐创作上的东西方关系""传统与创新""技法与内容""民族性与时代性""风格与表现"等共同关心的话题进行了热烈的讨论。①

与1981年促成李焕之与许常惠等台湾地区代表在香港的历史性相会一样,周文中在促成"中国音乐的传统与未来"研讨会方面发挥了关键作用。此次"旨在结束近四十年的两岸隔阂"的会议在中国近代音乐史上意义非凡,吴祖强在会后的报告中,甚至用了"历史性的聚会"这样的标题。的确如他所说:"这是一次十分激动人心的活动,……因为这不仅是四十年来海峡两岸的音乐家的第一次会晤,也是四十年来两岸文化界的首次正式接触。"②《人民日报》也援引8月12日上午发表的会议新闻公报说:"这次历史性的聚会反映了海峡两岸艺术家的共同心愿。它对中国音乐事业的发展一定会产生深远的影响。"③周文中自己在总结报告中也感叹道:"尽管有超过30年的政治分歧,但是在5天集中的会议并且聆听了每一位作曲家的作品录音之后,这20位作曲家……在对中国音乐的现状和未来发展方面的看法表现出了惊人的一致。在会议结束时,海峡两岸都称其为一次'历史性'的事件。"④

---

① "Conference on 'Tradition and the Future of Chinese Music'," *US-China Arts Exchange Newsletter* 9 (Fall 1990), pp.3,6.
② 吴祖强:《历史性的聚会》,载《人民音乐》1988年第10期,第1—2页。
③ 《海峡两岸作曲家座谈会在纽约闭幕》,载《人民日报》1988年8月13日第6版。
④ 周文中:《美中艺术交流:一种哲学探寻的实践》,邹彦译,载梁雷主编、洛秦副主编:《汇流——周文中音乐文集》,上海音乐学院出版社,2013年,第130页。

图 52　参加 1988 年"中国音乐的传统与未来"研讨会的两岸代表

结　　语

自 20 世纪 80 年代末起，周文中和他领导的"美中艺术交流中心"调整其项目计划，包括暂停或推迟原定于 1989 年夏季和秋季与中国进行的所有专家和艺术专业人士交流项目。如推迟 1989 年 6 月霍勒斯·曼恩学校合唱团（The Horace Mann School Glee Club）的访华之旅，以及取消原定于 1989 年 5 月、10 月和 11 月举行的奥尼尔中美视觉艺术和音乐教师交流会（The O'Neill Teachers Exchange of U.S. and Chinese Visual Arts and Music Teachers）。① 但这并不意味着"美中艺术交流中心"使命的终结。

---

① "Arts Exchange Postpones Some China Programs，" *US-China Arts Exchange Newsletter* 9（Fall 1990），pp.1，8.

　　从 1990 年开始,"交流中心"将工作的重心从原来的互派专家、学者、代表团到主要都市进行交流,转向对边陲少数民族文化遗产的保护、传承、教育、交流和人才培训上。① 自 1990 年初起,周文中与云南省展开一次大规模的合作项目"云南民族文化合作计划"。从 1990 年 12 月首次到昆明探索少数民族民间艺术保护和人才培养可能性始,至 2007 年最后一次抵滇,周文中多次到云南实地考察,足迹遍及丽江、大理、巍山、鹤庆、景洪、勐海、勐腊等地的民族村寨。在他的统筹下,来自中国、美国以及整个太平洋地区的数百名专家参与了这个项目,协助云南省的文化领导者制定出了针对云南 25 个少数民族传统艺术保护、传承与延续发展的一整套综合策略。②

　　纵观近代中美艺术交流史的历史旅程,1979 至 1989 年这 10 年间中美艺术交流,无论从其交流活动的规模、涉及的范围方面看,还是从其影响的深度和广度讲,都是中美文化交流史上前所未有的。而此间最为活跃、贡献最大者,则非周文中莫属。是周文中为改革开放后的中美艺术(特别是音乐)交流架设了通畅的桥梁,为后世留下了丰富的遗产。

本文原载于《黄钟》(武汉音乐学院学报)

2023 年第 4 期,2024 年第 1 期

---

① "Nationality Arts in Yunnan Province," *US-China Arts Exchange Newsletter* 10 (Spring 1992), p.14; "Yunnan Nationalities Cultures Project," *US-China Arts Exchange Newsletter* 11 (Fall 1991), p.1.

② *US-China Arts Exchange Newsletter* 11 (Fall 1991), pp.1 - 25. 关于周文中与"云南民族文化合作计划",学界已有诸多叙述,可参见周凯模:《周文中对中国音乐发展的思想和实践———"云南民族文化合作计划"回顾》,载《音乐艺术》2007 年第 1 期,第 12—19 页;杨德鋆:《著名音乐家周文中在西南边陲的文化贡献———中美"云南民族文化合作计划"行动 20 周年回记》,载《民族音乐》2013 年第 5 期,第 57—59 页。

觅"独立"之声　响"汇流"之音

——周文中音乐独立之路

陈羽涵、程炳杰

> 关键词是独立：独立于西方文化；独立于自己的文化；独立于陈规陋习；还要自由于社会的、政治的和专业的压力。这是需要勇气的。
>
> ——周文中《关键词是独立》①

2023 年是周文中先生的百年华诞，在这位一生都奉献给音乐艺术的伟大作曲家眼中，未来的世界音乐将是一个百川汇流的新时代，全球各地的音乐文化都有其独立与不可取代之地位。② 事实上，只有发源于不同地域文化、拥有深厚历史底蕴的干流才能最终奔向海洋合流一处。音乐艺术也如此，汇流的前提是自身的独立。

回顾百年，身兼作曲家、音乐理论家、文化使者等多重身份的周文中，长期致

---

① 周文中：《关键词是独立》，蔡良玉译，载梁雷主编、洛秦副主编：《汇流——周文中音乐文集》，上海音乐学院出版社，2013 年，第 153 页。
② 参见周文中：《百川汇流的黎明时代，音乐的未来何在?》，李雅贞译，载梁雷主编、洛秦副主编：《汇流——周文中音乐文集》，上海音乐学院出版社，2013 年，第 181—195 页。

力于中国传统文化的研究。周文中经常谈到"关键词是独立"这一话题,他提醒当代作曲家不应受西方音乐理论的约束,也要避免仅仅嫁接传统却未与西方美学与实践整合,采用表面的中国性"标签"迎合外国人猎奇心态的做法,而应超越狭隘的民族主义观念,创作出真正独立于西方也独立于中国的音乐。① 可贵的是,他的音乐思想均与实践成功联结,其留下的25部作品(已发表)均在亲自示范如何将传统文化内化成自己的音乐语言,从而突破表面融合的桎梏。周文中的独立内化之法主要显现在下文三个方面。

一、以"易"为核——音高中的东方哲理

(一) 可变调式(Variable Mode)创立之路

周文中第一部作品《山水》(*Landscapes*)创作于1948—1949年,处在传统与现代,东方与西方的交汇点。② 作为1946年才赴美国的华人作曲家,周文中所面临的处境十分严峻。他既要熟稔传统作曲技法,还要跟上20世纪现代音乐创作的步伐,实非易事。在周文中尚未创立可变调式体系之前,他采用五声性调式素材为主要音高控制手法,为与西方现代音乐接轨,还会辅以一些现代和音技术,如非三度叠置和弦、五声纵合化和弦、分裂音和弦等,体现在《民歌两首》(*Two Chinese Folk Songs*,1950)、《花月正春风》(*All in the Spring Wind*,1952—1953)、《花落知多少》(*And the Fallen Petals*,1954)等作品中。③

20世纪50年代末,经过多年对传统文化的深入研究,周文中从中国古代哲学《易经》中汲取灵感,创立了可变调式体系,形成了自己的语言风格。《易经》提及一卦分为三爻,阴爻与阳爻排列组合形成8种卦象,其中阴与阳不断互动转

---

① 参见梁雷:《周文中的启示》,载梁雷主编、洛秦副主编:《汇流——周文中音乐文集》,上海音乐学院出版社,2013年,编者序第6页。

② 同上,编者序第1页。

③ 这些作品除了上述四首还包括《民歌三首》(*Three Folk Songs*,1950)、《组曲》(*Suite*,1950—1951)、《唐诗七首》(*Seven Poems of T'ang Dynasty*,1951—1952)、《柳色新》(*The Willows are New*,1957)、《思凡》(*Soliloquy of a Bhiksuni*,1958)等。

换,形成卦象的转变,产生"易"的现象,暗示着宇宙万物处在不断变化中,但遵循着本质规律。借此观念,周文中将一个八度视为一个卦象,内部平均分为三个大三度,每个大三度代表一爻,阴爻则继续将大三度分割成 M2+M2 的音程模式,阳爻为 m3+m2,调式名称以卦象命名。① 该体系的优势在于,M2 到 m3 只需扩张一个半音,仅半音的变化,阴爻即可变为阳爻,调式随即转变。周文中将八卦中由于阴阳互动产生的"变"之现象蕴藏于调式音阶中。可见,可变调式体系并不是标新立异的产物,而是作曲家寻求独立之法的大智之举。此外,该体系还受到印度拉格(raga)的影响,具有上下行之分(见谱例 1,以火调式为例,起始音为 C),这便是可变调式的核心思想,并被首次运用在《卜喻》(*Metaphors*,1960—1961)当中。

谱例 1　火调式上下行音阶构造

(二) 可变调式更新之路与价值内涵

20 世纪 60 年代后,可变调式体系经历了多次完善,先后产生了变体 I 与变体 II 两种形式,②其中最主要的变化是作曲家分别选取相同或不同调式的上下行音阶,将其成组形成调式复合体,并在阴爻中加入填白音(即在 M2+M2 的音程模式中继续补进半音,形成 M2+m2+m2 的音程模式),如作品《变》(*Pien*,1966—1967),开头两小节由管乐依次奏出 T/F③ 雷调式音阶,4—6 小节的音高

---

① 分别为天调式(111)、地调式(000)、风调式(011)、雷调式(100)、水调式(010)、火调式(101)、山调式(001)、泽调式(110)。1 代表阳爻,0 代表阴爻。

② See Eric C.Lai,*The Music of Chou Wen-chung*,Burlington：Ashgate Publishing Company,2009,p.46.

③ 可变调式的标识参见上注,第 68 页.如 T/F,左边为雷卦 Thunder 首字母,右边为起始音高 F。

构成泽调式 L'/F,两个调式互补形成十二音,且在阴爻的第二个大二度中均加入了半音填白音(见谱例2)。从中发现,作曲家将调式配对、设计填白音的意图正是为了使可变调式与当时火热的十二音作曲技法产成对话与共融。

此外,周文中还有不加入填白音即可形成十二音的做法,即使用起音相距半音的调式上下行进行组合,从而产生音级间的互补形成十二音。如《山涛》(*Windswept Peaks*,1989—1990)第63—67 小节,小提琴和大提琴分别奏出的起音相距半音的风调式 W/♯F 与 W'/G,正好形成完整十二音(见谱例3)。

谱例 2　《变》1—6 小节调式构造①

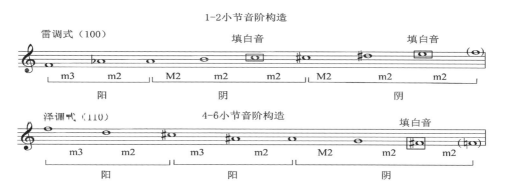

谱例 3　《山涛》63—67 小节小提琴与大提琴调式构造

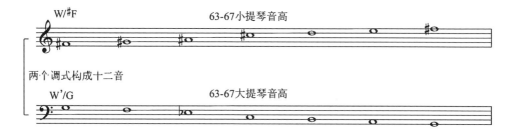

上述可见,周文中的可变调式虽含有序列思维特征,亦属于人工调式的范畴,却有别于纯西方的音高组织体系。首先,作曲家赋予了西方理性音程模式东方哲理的内涵,即小三度代表阳,大二度代表阴,正契合《易经》中偶数为阴,奇

① 末尾括号内的音在作品中并未出现,这里仅是为了与调式起始音形成一个八度,方便观察。

数为阳的思维。其次，可变调式中由于音程转换形成的调式交替乃是阴阳互动的结果，暗示事物发展的规律，音乐发展的本质，也是可变调式"变"的含义。最后，可变调式中上下行音阶特征、填白音手法、调式复合等思维依托的是多民族音乐与多种艺术的智慧之果，融入的是多元文化，展现了一位华人作曲家博大的胸襟。如此说，可变调式体系的创立不单单是音高组织的个性思维，更多蕴藏着作曲家常年来对中国传统文化与世界音乐的研究成果和深远见解，这无疑使他在屹立于20世纪人才辈出的西方音乐家之林中，拥有"独立"身份。

二、以音"书"声——"音乐书法家"之美誉

　　我往往喜欢给我的美国作曲博士候选人找麻烦，问他们："什么时候一条线不是一条线？"当然，从来没有人能回答的。我就说："用毛笔的一条线就不只是一条线。"因为那样的线有粗细、干湿、浓淡的。

——周文中《音乐创作与中华文化》[①]

　　我越来越对由中国书法所证明的那些原理产生兴趣，其中笔墨的运用在均衡的空间中通过动与力之间的相互作用，以及线条和织体的变化来产生出富有持续性的运动与张力。

——周文中《走向音乐的再融合》[②]

　　周文中是第一个从书法中汲取灵感用于音乐创作的作曲家，多年对书法艺术的研究使他的作品形成了鲜明的"笔墨音乐"风格，上述两段文字显露，这主要归功于他的音乐创作萃取了书法中的多维线条理念与笔法运动态势，即书法的静态与动态特质，从而产生了独特的音乐表达方式。

---

① 周文中：《音乐创作与中华文化》，载梁雷主编、洛秦副主编：《汇流——周文中音乐文集》，上海音乐学院出版社，2013年，第229页。

② 周文中：《走向音乐的再融合》，邹彦译，载梁雷主编、洛秦副主编：《汇流——周文中音乐文集》，上海音乐学院出版社，2013年，第6页。

(一) 基于书法的音乐线条观

这一理念在作品中具体体现为以下三个方面: 其一,书体线条形态特征的模仿;其二,特殊线条的视听转换;其三,乐句线条的多维体现。

对书体特征的直接模仿主要存在于周文中早期为长笛与钢琴而写的作品《飞草》(*Cursive*, 1963)中,也是作曲家起初将书法艺术融入音乐中的具象化手段。草书以极具张力和对比性的线条闻名,具有一定的即兴特质。《飞草》最主要的特征即它的旋律形态,其中几乎每两个音之间均是超过八度的远距大跳,音响也一直延留在不断地跳跃中(见谱例4)。这种似乎违背常理的旋律写作手法却暗含着草书的线条魅力。长笛和钢琴的两个声部几乎没有同时出现过,而是依次出现,形成了笔画间的反复交织,在时间上产生了对位。此外,节拍几乎每小节就要变化一次,强弱规律无法寻觅,含有草书写作时的即兴韵味。

谱例 4 《飞草》2—4 小节音高形态

特殊线条是由于各种书写技法产生的,周文中的音乐主要暗示了连笔、隶书的波画、平行笔画等技巧。极致的连笔便会形成一笔书,在《浮云》(*Clouds*, 1996)中,第三乐章通篇都为滑音演奏,这种音响效果不仅可以和一笔书产生艺术通感,二度迂回式滑奏还模仿了隶书的波画形态。平行笔画产自一个笔画的两侧[①],对此技术,在周文中音乐里显现为分组对位式的手法,在《流泉》(*Strems*,

---

① "平行笔画"一词参见弥生·宇野·埃夫莱特:《书法与周文中近期作品的音乐表情》,王婷婷译,《音乐艺术》2008 年第 2 期,第 92—93 页。

2003）中多次出现。

周文中的作品，有一个显著特征，即它对每一个结构单位都有十分严谨的节奏布局与精细复杂的力度、速度术语标记，如作品《山水》《飞草》《浮云》《流泉》等，甚至有部分作品将可变调式的运用范围扩展到节奏体系上，产生节奏调式，如《御风》（*Riding the Wind*，1964）、《谷应》（*Echoes from the Gorge*，1989）。有些作品还会使用音符时值的长短来控制乐句速度的变化，如《浮云》第一乐章第2小节（见谱例5）。因此，在周文中的音乐中，音乐表情记号与节奏模式具有与音高结构同等的地位。如同笔画的浓淡、粗细、干湿，作曲家给予了单一音高线条更多的表现力。此外，对单音进行特殊处理，从而丰富其音响形态是周文中钟爱的手法之一，这一举措同样拓宽了音乐线条的表达维度。

谱例 5　《浮云》1—2 小节

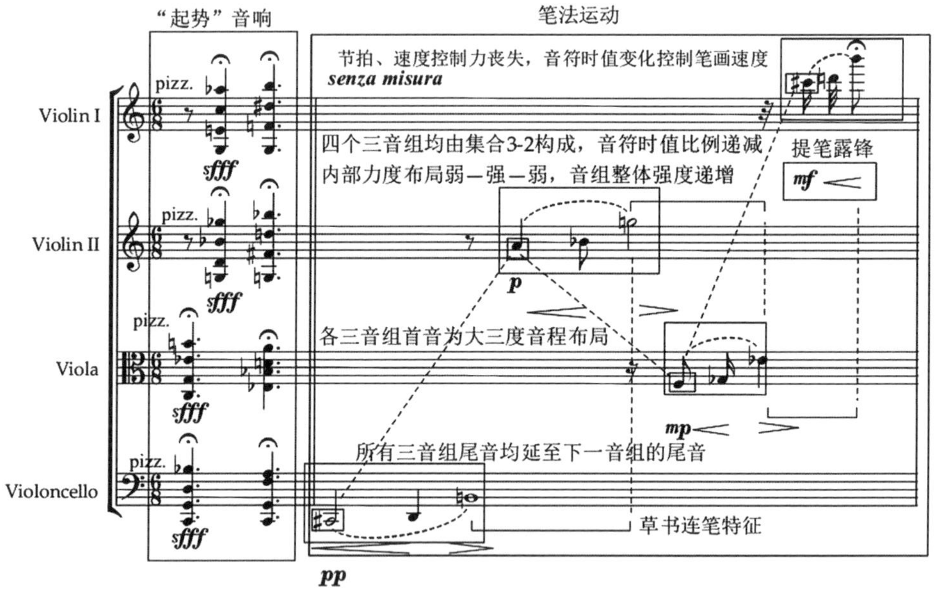

（二）音乐中笔法运动的"起势"与"运笔"感

在周文中早期音乐中，他融入书法元素的主要关注点在音高形态、织体线条等方面。然而经过 18 年（1968—1986）的创作间歇期后，其逐渐将书法的笔法运动特征内化进音乐的音响结构中,从而突破了某种音乐要素单一维度的指代限制。

王羲之曾提及:"夫欲书者,先干研墨,凝神静思,预想字形大小,偃仰平直振动,令筋脉相连,意在笔前,然后作字。"因此,笔法运动的全部过程应包含运笔前"意"的酝酿,即"起势"过程,这亦是与古琴音乐相通的艺术特征。以作曲家晚期创作的《浮云》第一乐章为例,引子1—17小节的音高呈现方式为纵向和弦与横向旋律的交替。第1小节具有确定音高感的纵向和弦结合上方标注的延音记号具有"起势"的音响特征。而后的横向旋律在自由节拍的背景下,由四个弦乐声部分别演奏四个三音组,音符时值呈比例递减,速度感知递增,每个音组的强度不仅在内部有着弱—强—弱的变化,各个音组的强度也依次递增,直至最后一音的延音渐强凸显收笔露锋的意图,且三音组的最后一音均延至后一音组的尾音,颇具草书的"连笔"感,这种伴随丰富表情的乐句线条正暗示了运笔时的提按轻重与速度变化(见谱例5)。

至此,"音乐书法家"的"书写"之法得以明晰,在独立之路上,这一凝聚着中华民族智慧结晶的艺术形式被周文中融进音乐创作中,他于西方音乐界以华人作曲家的身份"书写"中国声音。

三、以"琴"传韵——音乐中的古琴之韵

1977年,经过周文中的提议,古琴曲《流水》被顺利收进了美国送到太空的宇航船"航天者"(Voyager)所载的一张金制唱片中,与欧洲的巴赫、莫扎特、贝多芬并立代表了整个地球有史以来的古典音乐。[1]

1950年开始,周文中开始研究古琴音乐,其美学和技术理论甚至成了他音乐观念的中心。[2] 聆听周文中的音乐总能感受到古琴的音乐特征,原因体现在

---

[1]　周文中:《音乐创作与中华文化》,载梁雷主编、洛秦副主编:《汇流——周文中音乐文集》,上海音乐学院出版社,2013年,第228—229页。
[2]　周文中:《景与声:一个回忆》,蔡良玉译,载梁雷主编、洛秦副主编:《汇流——周文中音乐文集》,上海音乐学院出版社,2013年,第138页。

以下两方面：其一，周文中善于运用西方乐器性能构建古琴的音响风格，包括使用特殊演奏技法或小二度音程对单音进行装饰和使用古琴中常见的八度旋律音程；其二，周文中的音乐具有和古琴相通的哲学理念——有控制的自由。

（一）古琴音响建构方式

对古琴音响的借鉴首次出现在钢琴独奏《柳色新》（*The Willows Are New*，1957）中，该作品直接使用了古琴曲《阳关三叠》的主题作为主题旋律。整部作品弥漫着频繁模仿古琴音高模糊性的小二度倚音音响，使强拍位置的音高无法直接到达，产生不确定、飘荡的感觉。如同《飞草》，几乎每小节就要变化的节拍形式，致使该作品的强弱模式并不规律，古琴韵味由此而来。此外，该作品中还有大量古琴音乐所特有的八度音程跳动。

《渔歌》则是作曲家据毛仲敏的古琴曲《渔歌》改编而来，为小提琴、管乐器、钢琴和打击乐而作，这是周文中第一部也是唯一一部通过挖掘西方多种乐器的特殊演奏法、发音法、微分音的调制来最大还原琴曲音响特征的作品，凸显出作曲家精湛的配器技术。

在这两部专门模仿古琴音响的作品之后，作曲家就再未进行刻意的音响模仿，而是将单音的偏移属性吸纳进之后的创作中，如《山涛》《浮云》《苍松》（*Eternal Pine*，2008）。

（二）自由与控制之法

周文中对于自由与控制的理解同中国传统古琴艺术、书法、水墨画等多种艺术形式均有渊源，他的作品常常伴随着一种文人自由、洒脱的气质，这离不开他音乐中的变控之法。

1. 演奏法与速度层面

在《飞草》中，长笛使用了特殊的颤音技法产生了有控制的微分音，来模仿中国竹笛中的气震音。在速度表情上更是独具匠心，作曲家在许多段落中将两件乐器置于同一速度背景下启动，随之采用不同的渐变模式形成速度对位,最终在记号处保持一致,如作品的 54—60 小节,61—67 小节,96—102 小节等片段。

2. 自由段落下的严格音高

自由段落常见于周文中的作品中。如《浮云》第一乐章,第 2 小节、17 小节、40 小节的自由性体现在自由节拍(senza misura)上,第 85—136 小节则显现在不断变化的速度、力度、对位形式上。然而,在自由的背景,音高却具有严密的组织逻辑。第 2 小节由集合 3-2 控制下的四个三音组构成,且三音组首音为大三度布局(见谱例 5)。第 17 小节所有的音高材料均由三音组 3-1 构成(见谱例 6),第 40 小节则是集合 3-1 的衍生与发展。第 85—136 小节的发展完全基于段落开头的核心四音组主导下。此外,在宏观视角上,7 个段落的(引子除外)性格面貌均不相同,无论在速度、节奏、织体等要素上均充满对比,然其音高材料却受主题核心集合 5-6 及其子集 3-1 控制,集合 3-1 甚至成了大多乐段的启动与终止材料。值得指出,3-1 这种极具半音化且具有渐变特质音高形态正隐喻了古琴中音高的微变,作曲家将有控制的半音化音高体置于自由节拍的背景中使音乐流露出古琴的声音意境。富有特点的是,周文中晚期创作的《流泉》《霞光》(Twilight Colors, 2007)等作品均含有这种意味(见谱例 6)。

谱例 6 《浮云》第 17 小节的音高构造

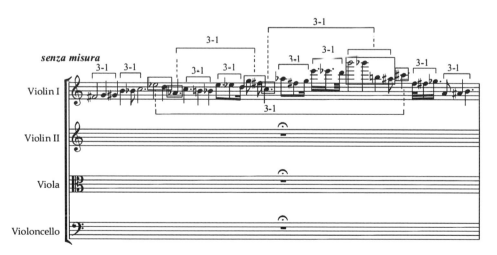

由此可窥,周文中音乐中的文人特质是作曲家常年对古琴音乐文化深入研究而形成的,不仅表现在"琴韵"的音响构建上,更体现在其创作时变控之法的审美旨趣上。除此之外,周文中的音乐还自含古琴中深厚的思想体系,即琴学。儒道思想对其形成具有关键作用①。《道德经》曾提出"归本曰静",这正是古代文人音乐家力图达到的境界。聆听周文中的音乐,总能感受到自然与宁静,其作品没有"华而不实"的"辞藻",极少出现剧烈对比的段落与离奇刺耳的音响,而是采用精炼的材料进行有限的装饰变奏这一类似古琴音乐的结构手法来发展音乐,以达到感情的自然流露从而追求"静"之意境。

结　　语

周文中所处的时代正是西方先锋派音乐风靡的时期,大部分作曲家都在追求新奇音色音响的塑造与令人莫测的作曲技法。但他没有随波逐流受其影响,而是返本于民族源头中形成自己的创作理念。通过音高组织中的东方智慧,织体形态中的笔墨线条,音响哲理中的古琴之韵,以毕生的创作,追求"独立"之路,成就"汇流"之声。2023 年 11 月 3 日,星海音乐学院举办"周文中百年诞辰纪念音乐会",上演了周文中的《渔歌》《霞光》《商调》与当代华人作曲家周龙、梁雷、陈晓勇等人的共 9 部作品。在周文中音乐"汇流"思想的熏陶之下,9 部作品的时间线横跨半个多世纪,却现"同频"之音。古琴、传统音乐、书法笔墨等中国元素与西方音乐文化融合之时,真正"独立"的音乐如林籁泉韵般沁人心脾,奏响了属于华人作曲家的"汇流"之声。

本文原载于《人民音乐》2024 年第 8 期

---

① 　参见高罗佩:《琴道》,宋慧文、孔维峰、王建欣译,中西书局,2013 年,第 42 页。

关于《商调》

周渌岩

亲爱的朋友们、同事们,早上好!

在这里,我谨代表我的父亲和我们全家,向星海音乐学院蔡乔中院长致以深深的谢意! 感谢您致力于建设周文中音乐研究中心,感谢您主办我父亲100岁诞辰纪念活动这一重要时刻。同时,我也要向唐永葆院长致以深深的谢意,感谢您与我父亲和我们全家几十年的友谊,这非常有助于促成我们的伙伴关系。

感谢祁斌斌教授,以及星海音乐学院的老师们。感谢你们在过去几年中的奉献精神和不懈的努力,尽管遇到了许多挑战。我母亲钟爱的施坦威钢琴运抵星海的故事是一个传奇性的故事,你们都是这个故事中的英雄!

感谢梁雷教授,感谢您致力于(发扬保护)我们父亲遗产的巨大奉献,同时感谢您在星海周文中音乐研究中心建立中起到的领导作用。您是我们家难能可贵的伙伴,我们一起工作,致力于将我父亲的音乐遗产于更广泛的听众和后继学者们当中发扬光大。

我们的家人也希望表达对周文中中心执行委员会和顾问委员会成员们的感

谢。正如你们所知的，我们如同父亲一样，把你们当作是我们大家庭的一员。我们的父亲永远对你们的作品有着极大的尊重，尊重你们的学术成就，以及你们带着这些（音乐）遗产前行的能力。我们的家人永远感激你们对中心的贡献，以及你们为实现我父亲理想所作的贡献。

我也想感谢这个周末坐在这间报告厅中的你们所有人。你们的到来，见证了周文中音乐遗产的影响在不断扩大。特别感谢周龙教授和潘世姬教授，我期待着马上听到你们的主题演讲，感谢所有其他发言的学者。尤其感谢此次会议的所有发言人和作报告的学者们，我非常激动，能够在这里代表周家，聆听你们的工作以及面对面地学习你们的学术成果。

昨晚，我们听到了我父亲作品的一次非常完美的演奏，以及另外几位作曲家们作品的完美演奏，这些作曲家都是持续构建和发扬父亲音乐理想的作曲家们。我深深地被星海音乐学院老师们的演奏打动了。我知道父亲听到也将会非常开心，谢谢你们！感谢陈冰教授的精彩指挥。本周的亮点之一是我聆听了音乐会前的排练，见证了您沉浸在音乐当中，与音乐对话。

我想讲一些关于《商调》的事情，这部作品于昨晚世界首演。在我们的父亲去世之后，我们在与父亲的出版商 Peters 出版社讨论后，我们发现这是直到父亲去世，也尚未被出版的少量作品中的一首。正如你们所知，我父亲对于自己的手稿和出版事宜是非常谨慎的。正如潘教授即将在接下来的会议中讨论到的，我父亲是在瓦雷兹作品的抄写和编辑工作中学到的这一点。他兢兢业业地工作，以保证瓦雷兹和他自己的作品都能够精确地出版，并传诸后世。所以当我第一次听到《商调》唛唛沙沙的录音时，是有些惊讶的。这是《商调》于1957年在哥伦比亚大学米勒剧院工作坊演出时的录音，是来自我父亲的长期助手关淑玲在父亲去世后的一次特殊发现。我们猜想这部作品是有意地未被出版的，因为父亲认为它们是偶然的或不值一提的。对于我未经训练过的耳朵来说，《商调》是一个严肃的作品，这清楚地预示了他之后很多的著名作品的音调和主题基调。这一评价得到了你们当中许多人的响应，你们对我父亲作品有更加专业评价。

这一切都指向为什么《商调》从来没有被出版过的谜题。直到 Belinda 指出原手稿中的更多细节，情况才变得清晰起来。Belinda 注意到，手稿上写着"致 Poyu"。

你们大多数人都会惊讶地发现，就像我在大学时期才发现我们的父亲结过两次婚一样。"Poyu"指的是父亲的第一任妻子（Katherine Poyu Choy），她于 1957 年 11 月结婚，但不久于 1958 年 2 月不幸去世。我们相信，《商调》在父亲在世时一直没有出版，至少部分原因是他第一次婚姻的悲惨境遇以及他从中经历的悲伤。即便是对家庭成员，父亲也极少提及他的第一段婚姻。Poyu 英年早逝后的那段时间是我父亲创作的高产时期，在他与我们的母亲张易安结婚后，这种创造力更加加速。我母亲的钢琴现在在广州，而父亲的钢琴独奏代表作《柳色新》就是题献给我母亲的。父亲在后来的几年中经常提到情感，尤其是悲伤在他作品中的角色。当然，我们现在认为从《商调》到《柳色新》的历程充满了情感   既悲剧又救赎。

作为他的家人，我们认为了解这个背景故事对你们所有人来说都很重要，因为归根结底，就像父亲被作曲理论、《易经》原理，以及他构建一个新的融合西方和东方传统的音乐理想所驱动和启发一样，他的情感、激情和生活经历也促进和启发了他的创作。

我也非常高兴地告诉大家，我们将于 2024 年 3 月 21 日，在哥伦比亚大学 1957 年演出同一作品的那个大厅当中，举行这部作品的美国首演。这部作品将会由茱莉亚新乐团的前任指挥乔尔·萨克斯（Joel Sachs）来指挥。我们将会分享这场演出的更多信息，也真诚地希望你们当中的一些人可以来参加。萨克斯也会演奏《柳色新》——我母亲和我父亲结婚后不久，她演奏了这部作品。

最后，我认为值得一提的是梁教授和潘教授为了在本周及时完成《商调》的乐谱而付出的巨大努力。在编辑过程中存在许多悬而未决的问题，和不一致的地方，我们必须先解决这些问题，然后才能将作品带给更广泛的公众。并且，我相信爸爸会很高兴，而世姬和梁雷让这一切都成为了可能。

再一次感谢大家来参加这一重要的活动，感谢大家来帮助庆祝父亲的 100

岁诞辰，并继承他的遗志，将他的音乐遗产带给中国、美国以及全球的下一代音乐家们。我们的家人认为，现在是来庆祝和拥抱他的音乐和哲学中跨文化精神的最重要时刻。

2023 年 11 月 4 日，星海音乐学院
"汇流——周文中先生百年诞辰国际研讨会"
开幕式致辞

周文中的《商调》(1956)

潘世姬、[美－日]弥生·宇野·埃夫莱特

一、背景(弥生·宇野·埃夫莱特)

2023 年 11 月 3 日,《商调》在中国广州的星海音乐学院上演,我们在场的听众们都被这部在作曲家去世后才得到出版的室内乐遗作中所蕴含的完全来自它自身的戏剧性特质所摄动。与周文中 1950 年代的其他作品,例如《柳色新》(1957)中的宁静优雅相比较,《商调》在安静与暴烈的状态之间以一种不同寻常的方式来回振荡。在一个被驱使着的顽固低音与不协和的弦乐滑奏组成的引子之后,一个民歌似的主题由英国管首先奏出,接着由一个个木管乐器接续下去。这个主题经历了一系列变奏后引到全曲中间的部分,在这里,低音鼓低沉的敲击节奏与高音区精致的主题片段此起彼伏,并构建成了一个爆发性的"哭号"。虽然最终还是回到了陈述性的民歌主题,但这并没有缓解听众此前所感受到的情绪:周文中正在经历他内心深处不可调和的动荡,而音乐也在"情感上"变得失衡。① 这部作

---

① 《商调》献给了周文中的第一任妻子 Poyu,她在与周文中结婚后的两三个月时,此作首演之前自杀身亡。显然,对于作曲家来讲这是一段痛苦的时期。

品一直都没有被出版，也许是有原因的。直到周文中 2019 年去世之后，他的长子周渌岩(Luyen Chou)才在手稿箱中发现它，他认为这部作品太过于优秀，不应该被埋葬在历史的尘埃之中。经过潘世姬对手稿的校对以及她与梁雷在星海音乐学院周文中百年纪念活动中对乐队的排练，周渌岩随后在哥伦比亚大学的米勒剧场组织了百年纪念与遗产音乐会——而这也正是在米勒剧场这个历史性的表演场所中，《商调》于 1957 年 2 月 2 日——六十七年之后首演。①

　　《商调》与《花月正春风》(1952—1953)、《花落知多少》(1954)组成了一套管弦乐的三联画，它们见证了周文中将中国美学与西方现代音乐语言结合在一起的早期尝试。这些作品中展示的技巧也预示了——同时也不同于周文中 1960 年代开始基于《易经》系统构建的变调式。中国性的文化印记早在周文中的管弦乐《山水》(1949)中对民歌旋律的直接运用中就可以找到，而这种直接运用的做法又在《三首民歌》(1950)和《竖琴与木管五重奏组曲》(1955)中被"回收"。例如，竖琴与木管五重奏《组曲》先是展示了在泛调性语境中被变化的"凤阳花鼓"一系列片段，最后在末乐章，通过由各个木管接连奏出的乐句，组成并揭示了"凤阳花鼓"旋律的完整陈述。然而，在同一时期，周文中创作的《花落知多少》对民间主题的引用就变得不是那么明显了，好像他被来自遥远过去的回忆所指引。周文中在为孟浩然(689—740)的一首诗作谱曲的《花落知多少》的曲目介绍中写道："想到所有在暴力和恐怖中失去生命的年轻人，透过鲜血的面纱回首他们难以理解的人生景象，我创作了这部作品以示纪念。"②他在后来的演出中要求将这些话从曲目介绍中撤回。③

　　实际上，《花落知多少》在很多方面都可以被视作《商调》的姐妹篇。前者开

---

①　这场首演的主题是《作曲家们的论坛》，表演了路易吉·达拉皮科拉的两部作品：《安娜利贝拉的音乐笔记》(Quarderno Musicale di Anneliebra)和《希腊抒情歌》(Liriche Greche)，以及周文中的两部作品。音乐会以周文中的竖琴与木管五重奏《组曲》开场，以《商调》结束。

②　引自马克·拉戴斯 Mark Radice, "A Biographical Essay." In Polycultural Synthesis in the Music of Chou Wen-chung, eds. Mary Arlin and Mark Radice (New York and London: Routledge), p.37.

③　对于我来讲很显然的是，周文中当时正在与第二次世界大战带来的创伤性记忆作斗争，并在谈论生死定数的古诗中寻求庇护：这里，"花落"可以被理解为一种对战争和自然灾害中失去的年轻生命的隐喻式的表达。

头主题中用轻快的附点节奏奏出的一系列下行四度与《商调》的主要主题有相似的轮廓。在近似于回文的曲式中使用对比性的速度标记也是两者之间的一个共同点。最值得一提的是,这两部作品都带来了更为阴暗的音色色彩,这种色彩深入到了不解决的不协和音、碎片化、整块音乐间的对立以及主题材料的变奏之中,这种技术远远超越了《山水》中的泛调性音乐特色和之前的其他作品。也许这就是黎昭纲(Eric Lai)将 1953 年到 1959 年这段时间称为周文中的"实验时期"的原因,这些作品呈现了一个重要的转变阶段,走向对中国与西方现代音乐语汇更深入的融合。

从这个角度来看,埃德加·瓦雷兹(Edgard Varèse)对周文中的影响不容低估。马克·拉戴斯(Mark Radice)写道,周文中"不仅从瓦雷兹那里学到了具体的作曲技术,而且,更为重要的是,如何发现视觉艺术与音乐艺术之间的联系,并将它们作为每个作品以及音乐理论性基础的出发点。"[1]取自书法、绘画、诗歌和哲学的传统中国元素自《山水》以来就深入地渗透在周文中的早期作品之中。潘世姬表示周文中从《山水》开始就将中国哲学的原则嵌入其中:"一种在概念上与自然的亲近,隐喻的表达与实现的简洁。"[2]这三个美学原则渗透在周文中的全部作品之中。

从音乐理论视角来看,关于周文中这个时期的作品,调式问题还没有被充分地讨论过。从中国调式的角度来看,"商调式"在《商调》中究竟有什么意义呢?周文中在这部作品的展开中是如何进行调式转化的? 对此,黎昭纲引用了周文中 1961 年写给尼古拉斯·斯洛尼姆斯基(Nicholas Slonimsky)的信,其中周文中将他对调式变形过程的考虑叙述如下:"在调性平面(即调式)中的转变主要受以下影响:(1) 使用共同音联系不同调性平面,(2) 在一个跑动片段的结尾或者在一个延长(fermata)处强调或者持续一个邻音或者一个和弦音(与音阶中的音无关),以此引入一个新的调性平面。"[3]

---

① Mark Radice,"A Biographical Essay,"p.28.
② 《山水》的曲目介绍(New York:C.F. Peters,1953).
③ 引自黎昭纲《周文中的音乐》(Arnham:Ashgate,2009),p.24.

　　带着这些疑问，本文聚焦于中国调式理论和瓦雷兹的作曲美学之间的结合，特别是后者关于"音群"的概念，以及它如何塑造《商调》的结构与表情特征。潘世姬将揭示《商调》与中国调式理论之间的诸多技术性联系（第二节）。弥生·宇野·埃夫莱特将提供对全曲的曲式分析（第三节），聚焦于主题、动机与织体的扩张、收缩之间的发展与互动，并将其与作品的表情特征联系在一起。

二、周文中作品《商调》（1956）分析（潘世姬）

　　作为音乐合流的倡议者，作曲家周文中确信"我们已经到达将东、西方音乐概念与实践进行真正的'再融合'的阶段……"[1]在他早期的作品中，多以中国曲调融合当代音乐的创作，《商调》这部作品也不例外。此文，笔者拟探讨《商调》作品在"融合"东与西、古与今音乐实践的三种方式：1. 调式转换；2. 旋宫[2]；以及 3. 犯调[3]。由于旋宫以及犯调在中国音乐理论系统中并没有一个统一的说法，本文所讨论的范畴仅限于周文中在概念上如何借由上述三种中国音乐理论体现在商调这部作品[4]。

---

① 梁雷主编、洛秦副主编：《汇流——周文中音乐文集》，上海音乐学院出版社，2013 年，第 10 页。
② "旋宫"指调高的变换。黄翔鹏：《溯流探源——中国传统音乐研究》，人民音乐出版社，1993 年，第 110 页。
③ 笔者于 1985 年于纽约哥伦比亚大学作曲研究所博士班时选修一门"独立研究"课，指导教授是周文中。周教授给我的第一个研究题目是宋代的犯调。在宋代的文献中提起犯调的并不止于姜白石（1155—1209）一人，还包括音乐理论家沈括（1032—1096）与陈旸（1068—1116）。然而就音乐理论与实践的角度而言，自然是选择作曲家姜白石作为研究的对象。姜白石自制曲《凄凉犯》的小叙对犯调有非常明确的描述"琴有凄凉调，假以为名。凡曲言犯者，谓以宫犯商、商犯宫之类。如道调宫上字住，双调亦上字住。所住字同，故道调曲中犯双调，或于双调曲中犯道调，其他准此。唐人乐书云：犯有正旁偏侧。宫犯宫为正，宫犯商为旁，宫犯角为偏，宫犯羽为侧。此说非也。十二宫所住字各不同，不容相犯，十二宫特可犯商角羽耳。"但本文讨论的犯调范围并不仅限于姜白石。
④ 在哥大与周教授上课时的对话（1986）。根据周文中的说法，他的音乐理论想法是一种"调式调性"（modal tonality）的体现，这不仅适用在早期作品上，也是后来变调的基础。周文中的"调式调性"与美国作曲家兼理论家乔治·珀尔（George Perle）的"十二音调性"（twelve-tone tonality）是相近的，都是一种"调式调性"的体现。不同的是前者将中国五声调式与调性相互融合；而珀尔是将调式与十二音调性相互融合。

1. 调式转换(rotation)

它是中国调式转换的常见手法,指的是同宫系的调式转换。这种手法常见于古琴与民间音乐的作品。它也在商调这部作品扮演关键的转换调式手法。我们来看在 A 段(即主题)中的一个同宫系的调式转换例子。主题段分为三句,分别为第一句(第 21 - 25 小节),第二句(第 26 - 35 小节),以及第三句(第 36 - 44 小节)。

谱例 1　主题 1 中的调式转换(A,第 21—38 小节)

第一句(第 21—25 小节): B 角调式(G为宫音)

第二句(第26—28小节): F羽调式(♭A为宫音)

第28—31小节: ♭A 宫调式(♭A为宫音)　　　　　　　F羽调式(♭A为宫音)

第32—35小节: C 角调式(♭A为宫音)

第三句(第36—38小节): B 商调式(A为宫音)

第二个同宫系的调式转换例子是在 A"主题 1 的结尾段。这里是有五次调式转换,依序为长笛独奏(E 羽调式,第 197—199 小节),接到竖笛独奏(D 徵调

式,第 200—202 小节),长笛独奏(B 角调式,第 203—205 小节),再接到竖笛独
奏(A 商调式,第 206—208 小节),最后再由短笛独奏(A 商调式,第 209—211 小
节)确认本曲的商调式,如谱例 2。

谱例 2: 主题 1 中的调式转换(A",第 197—211 小节)

2. 旋宫(*xuan-gong*, modulation 1)

　　它指的是调高的整体移位关系,也是宫系的转换,同时它是一种中国五声音
阶较为常见的运用。在古琴音乐中扮演重要的调弦定调方式有两种:慢宫为
角①以及紧角为宫②,见图表 1。这两种方式都形成一种旋宫的概念,也在商调
这部作品扮演关键的调式转换手法,其中慢宫为角出现的次数又较紧角为宫多。
在这首作品中,笔者介绍两种典型的旋宫的手法:(1)一系列的旋宫;(2)暗示
性(implied)的旋宫。

---

① 慢宫为角即是将宫音调低半音以作角音。若以西方的转调看待,是转到上五度的近关系调。
② 紧角为宫即是将角音调高半音以作宫音。若以西方的转调看待,是转到下五度的近关系调。

图表 1　旋宫技巧,慢宫为角以及紧角为宫

a. 一系列的旋宫

这种方式多出现在大段落内作为连接相邻的乐句之用。B 段 b1(第 45—60 小节)包含五个乐节,周文中以一系列的旋宫手法连接,如图表 2。

图表 2　一系列旋宫的中心音与调式关系

调式中心音	F 宫	#F 宫	C 宫	♭D 宫	D 宫
调　式	D 羽	#C 徵	C 宫	♭B 羽	#F 角
乐　器	长笛	竖笛	长笛	双簧管	长笛
调式中心音	C 宫	#C 宫	G 宫	♭A 宫	A 宫
调　式	A 羽	#G 羽	G 宫	F 羽	#C 角
乐　器	低音管	英国管	低音管	英国管	低音竖笛
旋宫手法	慢宫为角	紧角为宫	慢宫为角	慢宫为角	慢宫为角
乐　节	1	2	3	4	5
小　节	45—47	48—50	51—53	54—56	57—59

b. 暗示性(implied)的旋宫

暗示性的旋宫转调是作为连接相邻的两个段落之用,这里介绍两个例子。第一个出现在以慢宫为角的方式连接 A 主题段结束句(第 36—44 小节)到 B 段 b1 的开头句(第 45—47 小节)之处,图表 3。

图表3　暗示性的旋宫(1)

调式	B 商	D 羽叠置 A 羽
乐器	竖笛、英国管、低音竖笛	长笛叠置巴松管
段落	A 主题段结束句	B 段 b1 的开头句
小节	第36—44小节	第45—47小节

第二个出现在以紧角为宫的方式连接 B 段 b1 的最后一句(第 57 - 60 小节)到 b2 第一段的开头句(第 61 - 63 小节)之处，图表 4。在暗示性旋宫手法，以慢宫为角的转换调式方式其旧新调式的关系是大三度；以紧角为宫的方式其旧新调式的关系是增四度(或减五度)。

图表4　暗示性的旋宫(2)

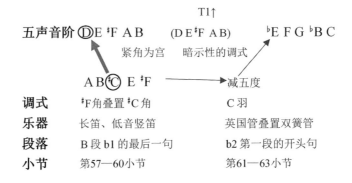

调式	♯F角叠置 ♯C角	C 羽
乐器	长笛、低音竖笛	英国管叠置双簧管
段落	B 段 b1 的最后一句	b2 第一段的开头句
小节	第57—60小节	第61—63小节

3. 犯调(*fan-diao*, modulation 2)

犯调①是指调系的转换，指的是在一首乐曲中的乐句或段落出现不同宫调的调高。犯调②在商调的运用是以叠置方式呈现。在中国传统音乐中，不会同时出现叠置两种调式的用法。但在商调作品，周文中借由融合古今与东西，将传

① 林世加：《古琴音乐中的旋宫与犯调——以〈阳春〉、〈渔歌〉为例》(2006)，未出版。
② 概念上，犯调是存在于旋宫，但旋宫不一定会犯调。

统的犯调手法扩大以达到更为宽广的旋宫转调用法。同时,笔者必须指出犯调在本曲的用法是周文中对传统中国调式理论的一种借用。

　　叠置的用法在本曲有点类似赋格中的主旋律与对旋律的关系。这里介绍两个例子。第一个例子(图表5)出现在 A'(主题 2)段落的第一段(第 98－104 小节),以紧角为宫的手法,将 E 宫调式中的角音(♯G)转为 A 宫音的宫调式。这里的主题旋律是由低音号及法国号以交替的方式呈现,其对旋律是由竖笛以及英国管担任,以同音齐奏方式呈现。这个段落形成 B 徵调式(低音号及法国号)叠置 B 商调式(竖笛以及英国管)。低音号/法国号的主旋律与竖笛/英国管的对旋律形成一个四度关系。这个段落是既有旋宫(紧角为宫),又有犯调现象的例子。

图表5　A'(主题 2)段落犯调

乐器	竖笛/英国管
调式	B 商
犯声	A
对旋律	ⒶB ♯C E♯F
	紧角为宫
主旋律	E ♯F Ⓕ♯GB ♯C
调式	B 徵
乐器	低音号及法国号
段落	A'(主题 2)第一句
小节	第98—104小节

　　同时,请留意对旋律的 A 音(英国管,第 104 小节)就是一个犯声。它不是 E 宫调式的正音(12356),而是 E 宫调式外的"清角"音(4)。这里,调式由 B 徵调式,经由 A 音犯入 B 商调式。调式变了,但调头 B 没有变,它就是一个犯调。周文中对于对旋律的这个犯声(A)运用是十分的巧妙,在这个段落,A 音是被压抑着一直到这段结束的第 104 小节才出现。相同的做法一样发生在再现 a 段时(第 114－123 小节),唯一不同的是被压抑的音高此时是 ♭B(也是犯声)。

　　如果没有犯声 A 以及 ♭B 音,这两处的叠置声部就仅是同一调式内单纯的四度关系。然而犯声被压抑到最后才出现，作曲家巧妙地模糊了音乐的方向，使其呈现出一种短暂的不确定性，从而延迟了听众的期望。这种手法在音乐美学中被用来制造张力，让听者在过程中感受到一种悬念。当音乐最终成功地将过程与审美的满足相连接时，这种延迟的期待便得到了满足，而这往往也被视为是一首好作品的特征。

上述的两个例子我们看到，虽不像赋格中主旋律与对旋律在调性上有明确的主-属关系，但是周文中以四度关系规范主旋律与对旋律的关系。上述例子的用法可以说是周文中在早期作品中融合古今与东西的绝佳例子。

本节分析试图透过中国音乐理论中的调式转换，旋宫与犯调等三种技巧如何在商调这部作品融合古今与东西的一个例子。相信更多以及深入地分析这部作品可以让读者更加理解周文中所倡议的音乐思想—音乐合流。

三、《商调》：曲式理念与诠释观点
（弥生·宇野·埃夫莱特）

根据潘世姬在第二节中对中国调式理论的解释和对主题的诠释，我为这个作品构建了一个曲式概况，请见图表 6。与周文中在《花落知多少》中采用的近似回文结构相似，我们将《商调》的曲式解释为一组嵌套在类似五部回旋曲式中的变奏曲：I-A-B-A'-C-A"。引子（I）由两个段落组成，分别为 X1 和 X2，前者的特点是 B 音上的固定节奏，后者则是弦乐上的上下行滑奏。请注意 X1 是如何在 A' 段（第 92 小节）的开头重现，而 X2 则出现在结尾减缩的 A" 段之前。

图表 6 列举了以主要特征、速度、转调类型和结束音高、音级集合以及其他动机特征划分的段落性变化。最重要的是，基于中国调式理论的调式变形和基于西方后调性分析方法的动机和音级集合之间的交叉有力地证实了"汇流"的思想。段落 A、B 和 C 由其呈示的迥异但又彼此互相联系的主题和对题区分。速度上的变化也被纳入此表是因为它们标志着一个新段落的开端，也强调了主

题变奏的对比性特征：例如，"运动而有表情地"（*espressivo con moto*）伴随着主要主题的再现。在 A' 段，速度变化得更为紧凑，从"宽广地"（largemente）到"安静地"（tranquillo）再到强调从低音鼓（低音）到木管（高音）的音区变化并准备在第 121 小节建构戏剧性高潮。

图表 6　《商调》的曲式概况

段　落		主要特征	速　度	转调的类型/结束的音高	音级集合/动机
I **X1**	1—11小节	固定节奏	*Moderato con moto*		（0156）四音组；动机 **β**（三连音节奏）
X2	12—20小节	滑奏	*A tempo leggiero*		动机 **β**；（0156）四音组
A	21—44小节	**主题 1**	*Molto expressivo ma con moto*	调式转换；转调 G－♭A－A 宫（谱例 1—2，谱例 4a，谱例 4b）**B=结音**	动机 **α**（上行姿态）；动机 **β**；暗示性的旋宫第 42—45 小节（图表 3）
B **b1**	45—60小节	变奏 1：附点节奏	*Animato*	旋宫/犯调：慢宫为角；紧角为宫（图表 1；谱例 5）**G=结音**	暗示性的旋宫，第 57—61 小节（图表 4）
b2	61—76小节	变奏 2：12/8 拍，被 X1 截短	*Expressivo con moto*	转调：♭E—E 宫	动机 **α**（第 70 小节，第 76 小节）
b3	77—91小节	变奏 3：6/8 拍，装饰音	*Adagietto grazioso*	转调：C，♭D，G 到 ♭D 宫。**F=结音**	动机 **α**（第 91 小节）
A' **X1**	92—97小节	B 音上的固定节奏	*Come prima*		♯F 与 G 加入弦乐震音
a	98—104小节	**主题 2**+对题	*Sonoro a con moto*	旋宫：紧角为宫（♯G－A）；通过叠加犯调（图表 5；谱例 6）**A=犯声**	（0156）四音组

段　落		主 要 特 征	速　度	转调的类型/ 结束的音高	音级集合/动机
b	105—113 小节	低音鼓（bd） 动机	*Largamente* *Molto* *tranquillo*	bd 主题（x1）vs. 精 致的主题（ᵇB宫）	（0156）四音组
a	114—120 小节	**主题 2**+对题	*Come prima*	<u>旋宫</u>：慢宫为角	（0156）四音组
c	121—133 小节	高潮：低音区 与高音区	*Largamente* *Delicatissimo*	bd 5 音（x2）→加 强（x8）（谱例7）	（0156）四音组
C **c1**	134—156 小节	**主题 3/变奏 3**：6/8 拍，装 饰音	*Andantino* *grazioso*	<u>调式转换</u>：D 商/ G 徵	**动机 α**（第 156 小 节）
c2	157—172 小节	变奏 2：12/8 拍→12/16 拍 主题	*Come sopra*	<u>旋宫</u>：慢宫为角； 紧角为宫；**G** = 结 音	**动机 α**（第 166 小 节，第 172 小节）
c3	173—187 小节	变奏 4：装饰 音 vs.强调	*Lento*	<u>转调</u>：F－ᵇG－D－ ᵇA宫（第 173—179 小节）；E/F—<u>旋 宫</u>：ᵇA/A－ᵇE/E 宫（第 180—187 小节）；（谱例8）	（0156）四音组
X2	188—196 小节	滑奏回归	*Come prima*		**动机 β**
A′	197—211 小节	主题回归	*Tranquillo ma* *expressivo*	<u>调式转换</u>：**A** = 结 音（商）	**动机 β**

　　至于调式的变化，请注意调式变形的"调式转换性"方法主要被运用在乐曲首尾的 A 与 A″ 段、B 段之中以及 C 段开头。与之不同的是，"旋宫"与"犯调"技术被用于生成更为复杂的转调和乐曲中部的织体性互动，这将在随后的分析中讨论。

　　同时，源于西方的后调性分析揭示了周文中如何认识瓦雷兹的"音群"概念并通过对小九度音程的持续运用将其整合为一个建筑材料，生成了叠加的四音组（0156），并由伴奏乐器奏出。虽然这个不协和的四音组最初呈现在 X1 和 X2

中,与主要主题的五声性泾渭分明,但这些音响随着乐曲的铺陈渐渐融合到了一起。变奏4(C段)是值得注意的,因为对唱式呼唤—回应织体将主题碎片和(0156)四音组捆绑在一起——潘世姬将此视为全曲的结构高潮。

在第三节的余下部分中,我将强调潘世姬在第二节中阐释的展示了调式技术的主要音乐事件,并将它们与《商调》音乐铺陈中的戏剧性含义结合起来。引子的第一段X1由通通鼓和弦乐在B音上奏出的短短长格(anapaest)节奏构成,它渐强并加快直到X1结尾的动机β,见谱例3。弦乐的不协和和声由交叉的(0156)四音组组成,并由第一和第二小提琴奏出的重叠小九度画上X1的句号。我将第9小节的三连音节奏称为动机β,因为它是此曲中两个反复用作终止材料的节奏模式之一。

X2段作为对比,以弦乐六连音的滑奏为特征,勾勒出小九度的距离,上行为(♯F-G),下行为(♭A-G),并强调G音为焦点音高。谱例中没有展示的英国管、低音单簧管和法国号在第11小节保持音高D4,将引子的两个部分通过周文中的"共同音"方式联系起来,同时也预示了第21小节长笛从D4音开始奏出的主要主题呈示。

谱例3: 通过动机β将X1与X2联系在一起(第8—13小节),仅弦乐

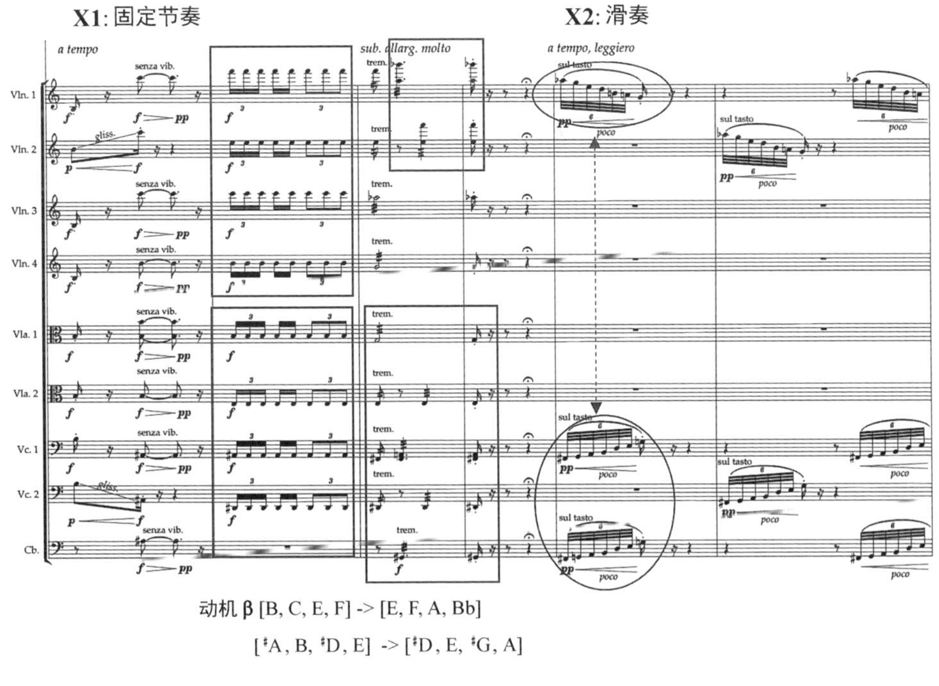

动机β [B, C, E, F] -> [E, F, A, Bb]

[♯A, B, ♯D, E] -> [♯D, E, ♯G, A]

　　现在让我们转向主要主题和它的变奏。在分成两个部分的引子之后，主题 1 首先于第 21 小节在英国管上听到，勾勒出了 B 角调式（G），如谱例 4a 所示。配以一个轻快的复四节拍（12/16），阴沉的主题被弱位置上的邻音所装饰，并以一个下行小七度结尾。这个主题的最初陈述之后跟随着一个应答对唱式的回应——长笛、竖琴、吊镲和小提琴齐奏的一个短小的上行姿态，我称之为动机 α。注意"共同音"手法用 B 音将英国管和长笛连接起来①，接下来的主题进入也是如此首尾音高相接：正如虚线箭头所指，上行姿态的结尾与大管奏出的从 C 音开始的移位主题（F 羽调式）相接，接下来长笛奏出的第三次主题进入（♭A 宫调式）也是如此对齐在一起。此共同音手法继续下去，主题从低音单簧管传递到单簧管、英国管，再返回单簧管，被上行动机切断。

谱例 4a：主要主题与随后的移位（第 21—29 小节），仅木管

---

① 对于"共同音"的使用被称为"接尾法"，在中国民间音乐中是连接两个乐句的常用手法。

A 段体现了基于调式变形的调式转换手法的一系列主题,在第 44 小节抵达了一个稳固的收束。正如谱例 4b 所展示的,这个结束段落展示了潘世姬在第二节图表 2 中讨论过的暗示性的"旋宫"技术。在结束 A 段的 B 商调式之下,潜在的是"慢宫为角"的技术,将 A 宫与暗示性的 E 宫调式联系在一起。这与第 45—47 小节建立的 F 宫与 C 宫调式之间的"慢宫为角"关系是平行的,如谱例 5 所示。从"连接"音高的视角来看,结束的 B 音变成了第 44 小节竖琴奏出的 (0156) 四音组的一部分,而这个四音组的低音 F 连接了 B 段开头的长笛进入,如虚线所示。

谱例 **4b**: 暗示性的旋宫技术将 A 段与 B 段联系在一起(第 40—44 小节)

紧接在 A 段对主题 1 的呈示之后,音乐进行到了一组变奏,并运用"旋宫"技术,通过叠置和并置将动机片段连接起来。谱例 5 部分地展示了通过这种手法完成的一连串转调,如潘世姬的图表 1 所示。首先,请留意长笛声部的附点节

奏变奏(D 羽)如何与大管声部(A 羽)的动机片段通过叠置联系在一起。同时，
当依据其调式中心考虑这两个截段时，它们通过"慢宫为角"的技术联系在一
起，从 F 宫转至 C 宫。

谱例 5：B 段中的旋宫技术，变奏 1(第 45—52 小节)，仅木管

与之相对的是，单簧管在第 48 小节进入(♯C 徵)，这可以与第 49 小节英国
管的进入(♯G 羽)通过并置联系起来。如谱例 5 下方所示，两者的调式中心可以
用"紧角为宫"的技术联系在一起。尽管在此谱例中并未展现所有的动机进入，

变奏技术继续在长笛第 51 小节的进入(C 宫)与大管第 52 小节的进入(G 宫)继续,并继续以"旋宫"技术作为主要的调式变形手法。

在 B 段余下的变奏中,主题的进入以截短和碎片化的方式处理。在变奏 2(第 61—77 小节)中,主题在各乐器上以同度或纯四度的音程复奏方式进入,彼此交错,并将进入的主题片段从两个小节截短至一个小节,通过下行四度的跳进强调乐句的结尾。这个片段的弦乐伴奏是错拍上的固定节奏,跟在吊镲上奏出的模式之后,但是强调了 #F 与 G 之间的小九度音程。如此,这个变奏将对主题的模进式处理与打击乐中的节奏与和声背景对 X1 的回忆结合了起来。

变奏 3(第 78—91 小节)提供了另一个变奏,6/8 拍,带有长笛奏出的华丽的装饰音。标记着表情记号"优雅的小柔板"(Adagietto grazioso),它提供了对碎片化主题的纤薄、更为精致的演绎。虽然主题被截短了,它仍然由动机 β——竖琴与弦乐构成(0156)四音组的上行姿态——所伴奏。随着主题变奏与上行姿态之间的距离被缩短到每两个小节,且最后一个法国号的进入在第 91 小节结束在 F 之上,碎片化也被加剧了。

从 A' 段可以窥见周文中对调式变形与织体发展的精湛处理,将其构建至带有低音鼓的戏剧性高潮。首先,一个被削减的 X1 的回归(第 92—97 小节)带着固定低音动机引入了 A' 段。这正是对主题的主要展开出现的地方,与潘世姬在表 4 中对"犯调"和"犯声"技术的分析相吻合。主题 2 铺遍了法国号和低音号,与英国管和单簧管奏出的对题叠置。如图表 5 所示,这两部分的调式以"紧角为宫"的技术相联系。

主题 2 与它的对题之间在每小节强拍上构成的纯四度从对位写法上来说是值得注意的。不仅如此,潘世姬在英国管声部指出的"犯声"(见图表 5)与两个重叠的(0156)四音组以及低音鼓的动机的到来在第 104 小节同时出现。这里有一个速度上转为"宽广地"(Largamente)的明确变化,上方的木管也以颤音结束,之后是一个延长记号(fermata)。

谱例 6：犯调/犯声技术与低音鼓动机（第 95—106 小节）

虽然缺少精确的音高,低音鼓的五音动机在两组交织的(0156)四音组的伴随之下进入,它还是带来一个阴暗,充满了不祥预感的时刻,将前面段落中附点节奏的变奏,以及随后充满了装饰音的抒情旋律的田园气氛打得粉碎。与主题和随后的上行动机 α 构成的呼唤—回应格式相比较,低音鼓动机在此处听起来更像是一种突然的插入———一种痛苦的表情切入了安静的表面,并且决定性地改变了音乐的情绪基调。如潘世姬所提到的(第二节),通过进行到 E 调式的变化音,英国管和低音号下行到了 A,颠覆了一个训练有素的聆听者的期待,而这个变化音是(0156)四音组的一部分,并由这个四音组提供和声支持。周文中在低音鼓动机第一次出现时也恰恰给出了这个音,显然不是巧合。

在这个三部分的序列中又轮转了一次后,低音鼓动机在第 121—122 小节通过增加重复的次数延长到了两个小节,获得了更大的话语权。在上方木管的华丽装饰之后,低音鼓动机重复了超过八个小节,随着它的重复,动机被逐渐剪短,营造了更为紧张的效果,如谱例 7 所示。木管乐器在三个不同的移位上勾勒出了(0156)四音组,以一种呼唤—回应的格式伴随着低音鼓动机,创造并维持着一个"音群"织体,随着高音木管在一个下行四度之后延长停顿(fermata),进行到了一个突兀的中断。此曲不似《花落知多少》那般有一首诗歌作为指引,因此很难精确地说出这个片段对于周文中来说意味着什么。尽管如此,对于我的耳朵来讲,B 段的音乐传递出了一种关乎生死存亡的斗争,在宁静与暴烈的对峙中,震荡于感情的两个极端之间。

在这个爆发性的"哭号"之后,低音鼓从配器中彻底消失了。好像要鼓起勇气,音乐庄重地进行下去,引入了主题 3,并通过对位和调式上的装饰予以发展。在"优雅的小行板"(Andantino grazioso)的标记之下(第 134—156 小节),这个主题以 6/8 拍重新陈述,以带有装饰音型的短笛和单簧管开头,是对变奏 3 的回忆。这里主要的区别在于一对高音区乐器与另一对低音区乐器构成了应答对唱(呼唤—回应)的关系,同时交换了纯五度与纯四度的和声音程。

谱例7："音群"织体（第129—133小节），仅低音鼓、木管和铜管

C段（第134—187小节）引入了目前为止得到最大程度装饰的一系列主题变奏。例如，变奏2的织体（12/8拍）在第157小节回归，错落的主题进入被每个小节都改变的一对乐器的方式进一步加强了，并在第167小节以一个主题α（上行琶音）的变体画上句读。周文中将弦乐的伴奏织体改变为轻快的三连音［带有"靠琴马"（sul ponticello）标记］，同时在第168小节以12/16拍的主题变奏继续下去。最后一个变奏，我称之为变奏4，在此脱颖而出，因为其应答对唱的呼唤—回应织体经历了进一步的装饰，如谱例8所示。请注意其低音木管的顿足式节奏［标有"强调"（marcato）奏法］与带有装饰音型的主题碎片彼此交替。同时，如标记所示，主题碎片含有调式的隶属关系，高音木管的"强调"音型基于保持一系列的T_3（三个半音的移位关系）关系的（0156）四音组之间的共同音得以构建。弦乐声部在谱例8中被省略了，它们重复了低音木管的上行模式。这个变奏展示了周文中以经济的方式创造大量织体变奏的能力。

谱例 8： *Lento/Brioso*(慢速/充满活力的)，变奏 4(第 176—180 小节)，仅木管

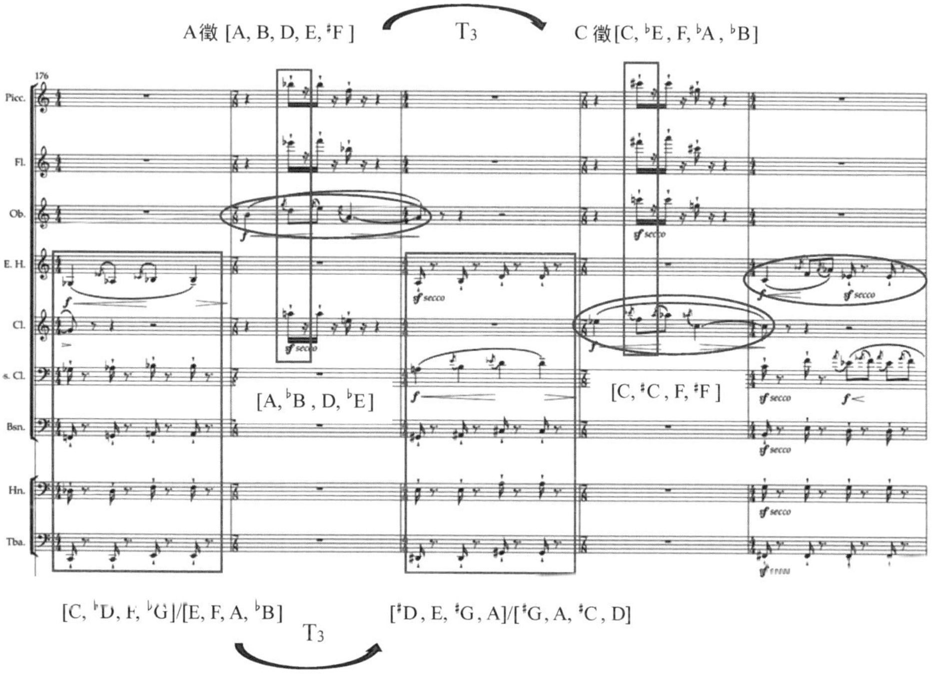
A徵 [A, B, D, E, ♯F]
T_3
C 徵[C, ♭E, F, ♭A, ♭B]
176
Picc.
Fl.
Ob.
E. H.
Cl.
s. Cl.
Bsn.
Hn.
Tba.
[A, ♭B , D, ♭E]
[C, ♯C , F, ♯F]
sf secco
[C, ♭D, F, ♭G]/[E, F, A, ♭B]
T_3
[♯D, E, ♯G, A]/[♯G, A, ♯C, D]

虽然没有给出明确的叙事性叙述，《商调》凭借其于宁静与暴烈间呈现的充满表现力的对峙，在周文中创作风格形成时期的其他作品之中显得独树一帜。从乐曲的一开始，X1 和 X2 这两个段落并非仅仅是一个为主题 1 的进入做准备的引导性片段，而是通过将不协和的(0156)四音组整合进起句读作用的终止式，携带了黑暗的种子。从这里可以看出，重复出现的动机 β 可以被听作是一个激动不安的姿态，这种激动不安是由四音组的内在不协和性所带来的，与此同时，动机 α 可以被听作为一种转瞬即逝的姿态——应答对唱式的呼唤与回应中的回应部分，发出空灵的和想入非非的声音。B 段与 A’ 段的变奏充分利用了调式变形的“旋宫”的方法，同时通过碎片化和凝聚强化了“漫游”的表情。低音鼓动机引领了高音区和低音区的乐器之间的对峙，一直进行到 A’ 段的结尾，导向高潮的“音群”时刻——低音鼓动机的重复伴随着木管在(0156)四音组上激烈的颤音。在这个戏剧性的“哭号”之后，音乐通过给出另一个运用了调式转换和

"旋宫"手法的主题性变奏重拾其镇定之态。谱例 8 中所示的最后一个变奏中的"跺脚"节奏表明了一个妥协状态：弦乐在 4/4 拍上谨慎的节奏步伐建立了稳定性，同时在上方的木管中以主题碎片建立了应答对唱式的呼唤与回应。[①] 最后，引子的第二个部分 X2 回归并随后进行到被缩减的主要主题的宁静的呈示部的再现（A" 段）。主题 1 在此曲最初使用的调式变形的转换手法之后于长笛和单簧管之间来回传递。在一些漫游之后，全曲在短笛对主题精致的渲染下于 A 音上结束，正是 G 宫调式的商音。

四、结论与进一步的思考

《商调》是第一首没有关联上中国历史中的文学或视觉来源的作品。然而，它承载着周文中未来音乐创作技艺的种子，尤其是通过隐喻的表达和实现中的简洁性以达到不同音乐传统之间的融合。人们可以主张它最初从 B 商调调式出发（第 44 小节），A 音滑移进入"犯声"（第 104 小节），以及最终返回 G 宫调式中注定的"商音"，这个进行承载了隐喻性的意味。同时小九度音程和（0156）四音组从始至终与五声性主题的调式变化结合在一起，为作品提供了一个坚实的和声基础。不仅如此，通过将对比性的高低音区音色并列在一起造就的一系列音响图画也预示了丰富的管弦乐音色画板，与《雾中古都》（*Beijing in the Mist*，1989）、《山涛》（*Windswept Peaks*，1990）以及其他作品关联在一起。

然而，本研究需要对周文中 1950 年代的音乐进行更深入的研究。例如，《花落知多少》和《商调》之间的共同特征引出了一个问题：从中国调式理论的角度——如"旋宫"和"犯调"技巧来看，这两首曲子的结构是否有关联。通过中国调式理论的视角来分析这些作品，填补了对周文中 1950 年代音乐的研究的一个明显空白，从而为他在 1960 年代变调式成形之前的跨文化作曲方法提供了可观的洞见。

---

①   潘世姬认为，C 段（c3），变奏 4，从结构角度来看代表了全曲的高潮。

不仅如此,民族音乐学家约翰·温森伯格(John Winzenburg)在评论张明坚(Peter Chang)和黎昭纲的著作时,也提出了"东西融合"的问题。他指出周文中的音乐遭到了互相矛盾的接受,质疑其"符合中国传统"的程度以及"(他所)融合的技巧如何转化为当代的中国性"。① 我们希望通过本文介绍的方法消除这种看法,将周文中的"再融合"原则的基础追溯到 1950 年代,从那时起,周文中就在音乐中将中国调式理论与西方现代主义音乐实践融合在了一起。

艾力 译

---

① John Winzenberg, Review of *Chou Wen-Chung: The Life and Work of a Contemporary Chinese-Born American Composer* by Peter M. Chang and *The Music of Chou Wen-chung* by Eric Lai, *Asian Music* (Winter/Spring) 45/1：p.148.

音乐随想——再听周文中《渔歌》

20 世纪 70 年代末，我初次邂逅了《渔歌》。这首作品由旅美华裔作曲家周文中于 1965 年创作，当时听到的是由哥伦比亚大学现代音乐小组在 60 年代末演奏的版本，这让刚刚接触西方现代音乐的我耳目一新。

记得那时的北京刚度过了一个漫长的严冬，大地再次返绿，这个三十年来仿佛隔绝于世的人口大国，也在刹那间，敞开她尘封已久的文化之门，20 世纪的音乐作品如潮水般从四面八方猛然涌入，巨大的冲击震荡了我们曾经习以为常的艺术观。这些声响乍然听来光怪陆离、却迷人且耐人寻味。带着些许的疑惑，我们却第一次萌生了对音乐创作价值和意义的思考。

如今，便捷的通信技术和交通工具使人们在不自觉间具备了超高的、对新生事物的接纳能力，国际间的信息沟通几乎在同步进行，任何特立独行都被赋予了自由存亡的权利。这使得眼前一切所见对这一代人来说变得自然而然。但对于从未亲身经历过那个思想变革、思想解放时代的人来说，新艺术和新思潮对那代人的强大冲击，人们所产生的好奇、热情、求知欲及创造欲望的迫切程度，再也不可复制。阅读历史或许是个办法，但即便这样，后人也难以真正理解那个不合逻辑的时代现实。

初听《渔歌》，于我而言，正是这样一次思想变革的余震。尤其是当它在同时期的其他欧美作品中脱颖而出之时，更显出其迷人的魅力。它别具一格的音响风格对我产生的全新感官刺激和新鲜感，也成为在文化交融如此繁密的今天，再也无法复制的体验。

回想彼时，已过四十余载。2021 年春，我在汉堡音乐与戏剧大学开设的音乐跨文化研讨课上，给学生展示并介绍了这首作品，借此机会我也重新审视了自己时隔已久后对它的进一步理解和认知。作曲家自己谦虚地称之为改编，而我却发现了其背后的价值，并获得启发。

《渔歌》原为元代琴家毛敏仲根据唐代诗人柳宗元诗词《渔翁》而作的琴曲。《渔翁》中写道："渔翁夜傍西岩宿，晓汲清湘燃楚竹。烟销日出不见人，欸乃一声山水绿。回看云际下中流，岩上无心云相逐。"这里的渔夫象征着人与自然的亲密与和谐。

古琴琴弦的材质、共鸣箱材料和琴身厚度及表面大漆涂层对发音的影响，在振动和共鸣方面明显有别于其他乐器。20 世纪中叶以来，人们曾多次对其进行制作上的改进，甚至一度将古琴在发声上的独特性作为缺陷试图去除。古琴的上百种指法和演奏技巧，赋予其优雅细腻的音色变化，使这一乐器在情感表现上具有近乎无限的可能性和更加深刻、复杂的精神层面的表达。我对琴曲的理解与我在中央音乐学院学习作曲的最后一年选修了古琴有关，演奏体验仿佛让古琴与我的身体和灵魂融为一体，此时抽象思维通过笔下的音符转换成心中音乐的自然流露。

再听周文中的《渔歌》，又引发了我对创作的重新思考。此刻展现在我面前的已不再是对古琴的模仿，它的意义远远超越了改编的写作层级。作曲家尊重原作，展现在眼前的也许像一台放大的古琴。但如果我们稍微转移一下注意力，我们会发现一个有趣的现象。正是古琴的独特发音特点，激发了作曲家的灵感，他从新的角度认识和描述了这种音响风格在西方音乐文化中的陌生一面。单音先被分解，之后用若干不同特性的乐器重组出一个有新质量并带有立体效果的主线(仅以《渔歌》第 7,第 12 或第 16 小节为例)。

正是因为这首作品既不是基于西方的创作理念,也不是所谓的典型作曲技法,所以它特别打动我。音响中有一个重要组成部分,是总谱中并未记录、却在演奏中呈现出来的迷人"空间",在那十分简洁的总谱里可以听到另外一个奇幻的声音世界。就像我们在钢琴低音区弹奏一个单音,几秒钟后,我们才听到光与色的和谐体,它们比基音丰富多倍——以泛音列为基础的和谐的和音体,在色调和表现力上远远超过基音本身。所谓的"声部"的平行延伸具有多音共存的特性,它是通过谐波关系建构的频谱立体雕塑。假如我们借用光学的光谱概念,《渔歌》的出现明显早于法国频谱音乐。此外,这首曲子的创作目的不是为了发明作曲技术,它的文化根基是中国古代音乐思想、中国古典哲学和审美。

我相信,这些新的认识与发现,与我在欧洲多年的生活经历和我在创作中对声音内在属性的不断探索是不可分割的。在没有与周先生直接交流的情况下,我仍深深感到他的许多观点和审美与我的音乐志向有相似之处。是巧合? 是不谋而合? 还是心有灵犀?

当西方作曲家更多地关注音乐材料实体和形式上的逻辑关系时,我却对其他的事情产生了兴趣,比如观察物体如何振动、延续并消失在寂静中的过程——对我而言,真正的音乐始于此时此处。这种想法不同于欧洲普遍认知中对"音乐"概念的理解,也不单是配器法的范畴。这种所谓的技术,我更喜欢称之为"声音雕塑",它是灵敏的、能够直击感官的。当从听觉进入大脑后,引发了从表层直观体验到深层精神认知的建构过程,它起到刺激听觉感知的作用,显得活泼有魅力,但在抽象意识层面中又不失其清晰的音乐形象。

《渔歌》在当时属于绝对的非主流风格,或许它也从未进入或形成另一个主流。或许也正是这个缘故,这首诞生于 1965 年的作品更具有其存在的价值。它优雅、时尚、个性、奔放、独具气质且风度翩翩。或许这是一条尚未引起关注却有希望的道路? 它至少对于中国作曲家的未来而言,是值得前去一探究竟的路径,我对此充满希望。

或许作曲家在创作《渔歌》之时,曾尝试通过乐器最大限度的组合重现,提高古琴演奏的效果,但我还是想大胆地向前迈进一步。想象一下,如果单独把这些声音的某个微小局部放大十倍、二十倍……直到我们无法辨认声音来源原本的声像时,那一刻呈现在我们面前的振动体是否会如同一个五光十色的声音体,在一个巨大的玻璃器皿中凝聚、凝结。随后,它将带我们进入一个未知却美妙的音景。

琴曲,在中国传统文化中象征着修养和高雅,因为深受文人喜爱而具有得天独厚的文化土壤。它可以用文字谱和减字谱记录下来,这种方法使其得以准确记录并保存至今。它为我们提供了重现古代音乐文化原貌的重要依据。对作曲家而言,它的意义更加深远,它让我们有可能在声响中体验千年来的思想与文化历程。如果音乐始于语言尽头,那么音乐中所发出的声响就能够像活化石一般把我们带回彼时。或许它在给我们提供通向音乐艺术前路的启示,并为我们点亮了一盏脱离世俗、贴近高雅的启明之灯? 它也许能帮助我们开拓出一条西方世界从未有过、但本应属于未来中国音乐的道路?

开拓音色时,人们使用噪音、发明新演奏技法等扩展声音表现力的手段,这都是现代音乐创作中常见的做法。而当现有手段已无法满足情感表达时,我们可以再次审视已经存在千年的高级音乐艺术,而不只是将开拓新技术当作扩展手段。我们也许能发现曾经使用的、却被无意中被随手丢掉或遗忘的方法,并赋予它今日的时代意义。古琴曲,属于文人音乐,其受众面相对于民间、民俗音乐而言更为狭窄,当属典型的小众艺术门类。而值得庆幸的是,古琴这种相对隔绝的生存状态使其至今尚未演变成茶余饭后的供享用品,它保留了原有的优雅,是可陶冶情操的文化精粹。这不就是它的真正价值所在吗?

音乐怎样体现中国精神? 是否一定要体现? 仁者见仁智者见智。一种清新、儒雅、极简的艺术音乐或许可以帮助我们创造出一种不同于以往的音乐风格。它有别于那些滥用“新技术”而逐渐变得无味,甚至审美疲劳的音乐语言符号。此时,许多所谓“创新”,变得枯燥、寡淡。只有悟到其中的奥妙,才能离高雅的“抽象”更进一步。

四十多年前中国再次融入世界文化交融的大潮中来,人们的生活与时俱进,越来越多的青年作曲家开启了他们的国际化音乐生活。他们用音乐来表达个人情感、表达思想和理念，其中体现出他们对音乐的追求和理解更加多元化。而这种"多元化"，又带有一种共性特征，他们所使用的国际化音乐语汇都在文化认同上难以定义。这一现象，是值得我们深思的。当代人的文化认同是什么？文化认同的建构是否重要且必要？"文化标签"必须定义还是有待重新定义？

1990 年应周文中先生邀请，我作为旅德中国作曲家参加日本札幌的太平洋音乐节和亚洲作曲家论坛。活动中，有幸见到周先生并与先生探讨作曲。此后，我便将注意力和创作的重心更多放在了欧洲。因而，那次竟成了我与先生的第一次，也是唯一一次见面，我深以为憾。谨以此文向周文中先生表示敬意！

人类文明在无限的宇宙中并不是永恒的，但在这个必将终结的阈限中，优秀的音乐艺术品仍然有一种超越时空、地域的存在感，它一定可以伴随人类走到终极。

2022 年 3 月于德国汉堡家中

由古琴开启新的声响结构

——也谈周文中《渔歌》源自古琴声音特质的声响结构组织方式

卞婧婧

琴的音乐，所富含的文化底蕴深远，依照作曲者的视角如何发掘、提炼与运用？琴的声音，以其独特的演奏指法和音色特质，如何转换成当代音乐对新颖的音响追求？《渔歌》的创作，在仿声与扩大的技法层面背后，作曲家是否从中找寻到声响结构的新途径？笔者曾就第二个问题，发表文章《文化的"融入"与音响的"跳出"——从作曲技术角度阐释"单个音"在两首作品中的不同应用方式》[①]进行阐述，但由于论述角度的特点，也使得上述第一与第三个问题未被明确解释。

由此，笔者在前文的基础之上，重新就以上问题展开探讨。本文的研究思路立足于周文中于 1970 年发表的文章《单音作为音乐意义单元：以结构的观点看音的偏移属性》[②]，以作曲技术的角度，从古琴的声音特质与技术

---

① 卞婧婧：《文化的"融入"与音响的"跳出"——从作曲技术角度阐释"单个音"在两首作品中的不同应用方式》，载《中央音乐学院学报》2013 年第 4 期，第 64—74 页。
② 林则雄译：《单音作为音乐意义单元：以结构的观点看音的偏移属性》（*Single Tones as Musical Entities: An Approach to Structured Deviations in Tonal Characteristics*），载于梁雷主编、洛秦副主编：《汇流——周文中音乐文集》，上海音乐学院出版社，2013 年，第 17—27 页。并且，茅于润将其中的部分内容摘译于《周文中对单个音的论达》，载于《音乐艺术》1985 年第 1 期，第 84 页。

内涵、周文中《渔歌》中的声响结构组织方式、作品的创作价值三个方面来解析，预在技术分析之后，提炼其中具有代表性的技法手段，以揭示《渔歌》在周文中的创作历程中、思路与技术的创造价值中、多元文化背景中的独特意义。

一、用音响写意：古琴的声音特质与技术内涵

即便用现代视角来看，古代琴人对古琴音色的开发已然到达了登峰造极的境界。这种对一件乐器音色-音响多样性挖掘的思路和技术，远远超越了20世纪之后的现代音乐。

（一）音色、音响的多样性

古琴有三种基本音色，"散音""按音"和"泛音"，它的琴体结构精巧，琴弦能够响应不同的触弦带来极其微妙的差别，基于这三种基本音色之上，运用演奏技术来开拓发音与音色变化，是琴人表情达意的重要手段，亦成为激发周文中创作灵感、技法运用和音响表达的源泉。

谱例1是古琴曲中十分常见的两种减字谱。在第一个谱字中：1"艹"（草字头）表示音色"散音"；2"勹"表示右手指法"勾"，由右手中指向内弹入，弦放在指肉上，重下指而轻出弦，力度较大，第一个谱字演奏的音高为C音（古琴最低音），音色为重而浑厚的"肉声"（其右手指法本身就带有音色功能）。第二个谱字为"按音"（左右手配合演奏），上方1、2表示左手按弦的手指和徽位，下方3、4表示右手弹弦的指法和弦数，谱字中，1"夕"是"名"的减字体式，表示用左手无名指演奏，2表示徽位，即左手名指按九徽，3"乚"表示右手指法"挑"，由食指甲背着弦向外弹出，指尖从弦面轻轻拂过，4表示右手弹奏六弦，第二个谱字演奏的音高为G音，音色为轻而清晰的"指甲声"。

谱例 1　古琴减字谱"散音"与"按音"

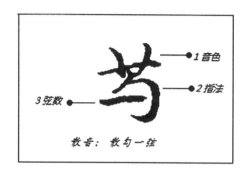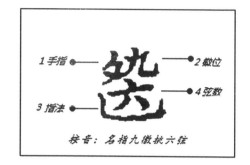

　　不同的指法谱字决定了曲调的音色构成,而相连单音的指法变化,会带出完整曲调音色音响的变化。谱例 2 选自琴曲《渔歌》第六段开始的旋律片段,通过减字谱以及笔者对指法与音色的标示可以看到,其每一个单音都拥有各自独立的演奏方法,带动了音色在"肉声"(较圆润)、"甲声"(较清脆)、"虚音"(较轻盈)、"实音"(较饱满)之间转换,构成一条色彩丰富、虚实相映的"音色旋律"。古琴音乐基于单音之上,音色-音响的多样性及其"音色旋律"的构成法,成为音乐创作当中可直接借鉴的技术手段。

谱例 2　琴曲《渔歌》第六段的五线谱、减字谱与音色对照①

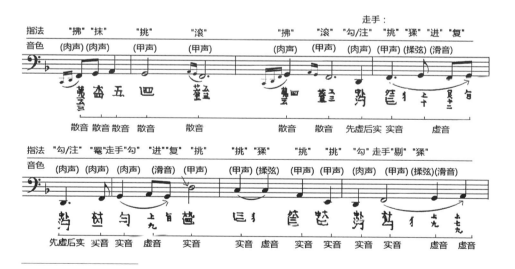

①　原谱来自五知斋琴谱,吴兆基演奏,许健打谱。

（二）"声""韵"结合的表现力

音色-音响多变之外,古琴音乐讲"声""韵"的结合。"声"为按音,以右手弹弦为发音源,表示声音起振的发音和音色,属实音;"韵"为按弹音演奏后,左手手指在弦上的走动,产生的滑音和变化音,表示声音起振后(未消失前)对余音修饰的声音成分,属虚音。通过演奏技术来控制单音从开始—保持—消失的过程,能够创造诸如音高、音色、节奏、力度渐变的足够丰富的声音成分,为琴乐音响拓展出空间中的动态韵律。

谱例3选自琴曲《渔歌》第一段中典型的"走手音",其第一个谱字表示实音("声")的指法,之后几种谱字表示虚音("韵")的指法,它们共同形成在一根琴弦上演奏一个"走手音"的声音过程,其音高、音色与力度的变化是在声音起振后的余音中获得。

指法的运用可以简单地描述如下:声音的开始由右手大指向内弹入,指头着弦,出力不重不轻,左手大指按住琴弦八徽半的位置,取得肉甲各半较为轻健的音色(对应指法一:"抹",音高 F 音);得"声"的同时,左手大指立刻在本位音上上下搓揉演奏颤音(对应指法二:"落指猱"),获得微弱的波动效果;在余音自然地延长中,左手迅速地向上方全音滑行两次,得两声虚音(对应指法二、三:"上""进",音高 G/A 音),再向下方全音滑行一次,得一声虚音(对应指法四:"复",音高 G音);后立刻以更快的速度向下方小三度滑行,再得一声虚音(对应指法四:"注下",音高 E 音),并将声音带入下一个音位,完成"走手音"由一声实音带出四声虚音的完型过程。其过程当中音高、音色与力度的变量见图1声谱图。

谱例 3　古琴曲《渔歌》第一段第 6 小节中的"走手音"①

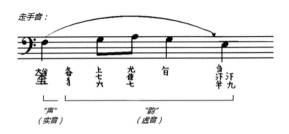

---

① 　原谱来自五知斋琴谱,吴兆基演奏,许健打谱。

　　下方声谱图中可见：（1）声音的能量从 32 秒开始呈连续的递减状态，说明该片段是包含开始—保持—消失的一个完整的声音过程；（2）图中显示出五处较为明显的具有完整泛音结构的音高特征（见底部箭头），说明声音从起振开始经历了四次明显的音高变化，这些音高分别对应为 F3（起振）/G3/A3/G3/E3 音；（3）五个音高的基频能量依次呈递减状态，说明声音从起振开始后力度渐弱，并由实音过渡至虚音，到 35 秒之后的音高能量十分微弱而难被人耳捕捉；（4）每一音高的纵轴上所显示的泛音振幅大小以及泛音分布的疏密程度不同而导致音色上的区分，底部曲线所对应的频谱体现出由"猱""注下"带来的音高、音色（包含由手指滑动琴弦带出的噪音）微弱的波动效果；（5）在横轴中音与音对应的时间差不同，说明声音过程中涉及时值、节奏的变化。

　　声谱图清楚地将"走手音"过程中音高、音色、力度甚至节奏的变量展现出来，而这些变量正是通过左手行韵的指法在声音的衰退过程中获得。可见，古琴音乐中音与音之间的延展，不仅是点对点似的不同音高的组合，更多则注重对声音开始之后的余音当中，带有间歇性的点线铺展，构成音响空间上粗细、浓淡的过程及其从中孕生的线性韵味，以此印证古琴"用音响写意"的本质。

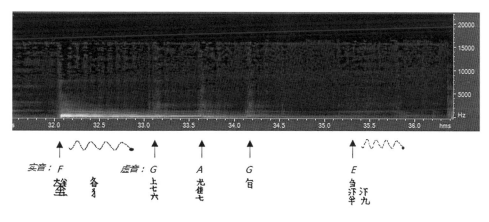

图1　古琴"走手音"声谱图①

---

①　所截取时段中的 32—36 秒对应谱例 3"走手音"，其声音来源为五知斋琴谱、吴兆基演奏的《渔歌》录音。

　　显然，古琴音乐中的单音观念与西方调性音乐截然不同，如将这种单音观念当作一种作曲的思维以及音乐的结构元素加以考虑，在声音延长过程中通过各种方式产生各声音成分的变化，点与线相结合制造出空间音响的立体效果，声音逐渐衰退过程由实而虚、由近及远的能量渐变，近乎于"无声"之时所产生"无声似有声"的空灵意境，以及接近人声声腔的行韵方式，契合着西方现代音乐对声音微观化的探索，亦可转化为控制多声织体的配器思维以及声响结构方式，对音乐创作具有极高的启发价值。

二、古琴的仿声：周文中《渔歌》中声响结构组织方式

　　《渔歌》①的创作思路，源于遵循古琴原曲《渔歌》减字谱的指法谱字及所有声音信息，想象每一件西方乐器的性能来拓展演奏法与音色，并通过乐器不同组合形式进行音响的立体化扩大，进而将原古琴曲在音高、音色、音强、演奏法上的细微变化，以及音响空间上的动态韵律，艺术化地呈现至西洋室内乐形式之中。

（一）乐器选择、音色分类与特殊演奏

　　在新曲（周文中创作《渔歌》）的编创阶段，所选择乐器的音色、音质、发音性能和演奏特点是理解作曲家仿声手法的第一步。新曲所选择乐器为钢琴、小提琴、中音长笛、英国管、低音单簧管、长号、低音长号和 20 件打击乐，笔者根据于京君先生在《配器新说》②中的乐器分类法，将这些乐器分为延音类乐器与非延音类乐器两种，再按乐器的声学振动体特性分为 6 种类别（见表 1）。

---

① 《渔歌》(Yü Ko)是周文中先生于 1965 年根据南宋琴家毛敏仲的同名古琴曲改编，为钢琴、小提琴、中音长笛、英国管、低音单簧管、长号、低音长号和 20 件打击乐器而作，在同年 4 月首演于美国纽约哥伦比亚大学。根据陈钢《早春二月柳色新——记周文中教授与美中文化交流》中介绍：20 世纪 60 年代时，周文中曾和一个表演团体一起开音乐会。这个乐队有一个传统，即开始时要演奏一首古老的乐曲。周先生认为真正古老的文化要到亚洲和中国去找，就应邀为这个乐队写了这首乐曲。摘自《早春二月柳色新——记周文中教授与美中文化交流》，载《人民音乐》1979年第 Z1 期，第 69 页。
② 于京君：《配器新说》，载《中央音乐学院学报》2009 年第 1 期，第 24 页。

表1　《渔歌》新曲乐器选择、音色分类与特殊演奏

分　类		乐　器	配置	特　殊　演　奏	仿　声　功　能
延音类	弦鸣类	小提琴	1	➢ ♪⌐ 用单指演奏滑音 ➢ ♪✔ 滑动到下一音 ➢ ♪✔ 在拨奏后的余音中向上滑动	对"韵"的音色音响模仿： 主要模仿古琴"走手音"左手在弦上滑奏效果与音尾装饰
	簧鸣类	中音长笛	1	➢ ⌒ 连音线内所有音尽可能滑奏 ➢ ✔ 慢速大幅度颤动 ➢ ⌐ 转动乐器(长笛)或嘴唇控制使音高降低半音 ➢ ⌐ 从较高音迅速滑回指定音高	对"韵"的音色音响模仿： 主要模仿古琴"走手音"左手在弦上滑奏效果与音尾"吟、猱"等韵的表现力
		英国管	1		
		低音单簧管	1		
	气鸣类	长　号	1	➢ ♪✔♪ 滑动到下一个音 ➢ ♫ 装饰音在节拍前尽可能无声地滑奏 ➢ ✔ 慢速大幅度颤动	对"韵"的音色音响模仿： 主要模仿古琴"走手音"左手在琴弦上滑奏效果、音头"绰"注与音尾"吟、猱"的装饰
		低音长号用杯型弱音器	1		
非延音类	键盘类	钢　琴	1	➢ ⊕ 手指在音桥处按弦制音 ➢ ○ 在琴弦中间轻轻制音 ➢ ⊗ 带顶针手指在音桥处击弦	对"声"的音色音响模仿： 主要模仿古琴右手"散、按、泛"音的音色及音头的发声效果
	木质体鸣类	木　鱼	5	古琴"正调"定弦音域 琴曲《渔歌》音域	音响染色与附加共鸣作用： 主要对"声"所对应音头的染色、扩大余响效果以及声响意境塑造
		盆　梆	2		
	金属体鸣类	乐　砧	3		
		吊　钹	2		
		锣	1		
		三角铁	1		
	膜鸣类	蒂姆巴尔鼓	2		
		通通鼓	1		
		邦戈鼓	2		
		大　鼓	1		

通过图表得知，由于新曲仿声的需要，作曲家根据相对音域、音色、表现形式、振动原理的特点来选择乐器：

从音域方面看，古琴属于低音类乐器，《渔歌》常用音区也集中于中低音区。新曲的延音类乐器中，作曲家选择中、低音乐器为主，特别体现在木管乐器上。

从音色方面看，古琴中低音区发音浑厚、饱满，显现其最为独特而富有表现力的音色。新曲以钢琴作为仿声的基础乐器，通过在琴弦和踏板上的特殊奏法，产生可金可石、可丝可竹的音色变化，将古琴演奏中"声"所对应的多种指法在钢琴键盘、踏板与琴弦上展开。延音类乐器作为旋律性、装饰性仿声功能，在中低音区的发声性能与音色表现力视为作曲家考虑的重点：其中，低音长号常加入杯型弱音器来演奏，减弱音量的同时，使音色圆润、柔和，略带有木管色彩；而其他乐器，比如中音长笛的中、低音区音色比原型乐器丰满，穿透力强；英国管中低音区发音深沉、浓郁比双簧管低音区粗糙的音色更为柔和、丰满，颇受作曲家青睐[①]。几种延音类乐器以柔质发音为主，模仿琴曲"韵"（余音）所对应发音与音色的同时，在纵向叠合中亦可获得较为逼真、融合的音响空间效果。

从表现形式看，钢琴作为与古琴音色最接近的西方乐器之一，在新曲中以不同"制音"方式改变常规音色，能生动地模仿古琴右手"散、按、泛"音起振的点状发音形态（"声"）；而小提琴与铜管适合演奏滑音，特别是带有杯式弱音器的铜管，借助伸缩管的滑动，可有效模拟古琴左手"走手音"的滑音音色与微分音音效；同时，木管乐器的手指按键与嘴唇控制带来颤音或短滑音，能轻松模仿出古琴左手对音尾"吟""猱"等音色修饰，两者相结合的过程中可将古琴"声""韵"结合的表现力惟妙惟肖地展现出来。

从振动原理看，就古琴右手的弹弦来说，如演奏"散音"，是依靠琴弦的震动通过岳山、龙龈传到面板引起腔体共振。它的有效弦长（约 110 cm），振幅广阔，余音（泛音）能在振动中充分释放，声音厚重而宽泛；新曲合理运用钢琴的延音踏板，适当加入打击乐，特别是高频泛音丰富的金属体鸣类打击乐，以及低频浑厚的膜鸣类打击乐，加强音头并对余音染色与放大；时而结合木质体鸣打击乐模

---

① 参考杨立青：《管弦乐配器教程》（中、下），上海音乐出版社，2012 年。

仿手指击打到琴板上产生木声,生动营造出空旷的空间环境并塑造音响意境。

可见,新曲《渔歌》所选乐器恰当有效。它以非延音类乐器中的钢琴仿声古琴按音,附加打击乐来加强音头并放大混响效果,以各延音类乐器模仿左手"走手音"细腻丰富的"韵"的表现。在具体操作中,乐器的选择和分组不断地发生变化,在配器观念上赋予创造性并获得意想不到的声音效果。

(二)仿声与扩大中的配器处理

如何用西方乐器组合来"还原"古琴的音色与韵味,是要在了解两类乐器发音性能和音响特质的基础上,综合乐器法和配器技术实现与创造仿声的可能。新曲《渔歌》所摘得 6 段琴谱中,据笔者统计,在"散音""按音""泛音"三种音色基础上包含约 14 种右手指法谱字,约 13 种左手指法谱字,以及多样的左右手组合形式。

前文①已经对部分音乐内容进行分析,在下文当中,笔者将按"散、按、泛"三种音色分类,通过解析减字谱及新旧曲对照方式分析不同音乐内容,来进一步探寻作曲家对琴曲《渔歌》仿声与扩大中的具体技术手段。

1. 古琴"散音":非延音类乐器音色、音响的表现力拓展

作曲家对"散音"仿声手法主要体现在,以钢琴的常规演奏与特殊演奏仿声其音头的发音及音色变化,通过钢琴踏板及打击乐器附加共鸣增强混响,结合力度、时值控制单音旋律线条,来创造琴曲轻、重、疾、徐的音响线条运动。

谱例 4a 为新曲第三段(琴曲第六段)开始"散音"位置的两谱对照。琴曲减字谱由 5 种指法的"散音"演奏,形成有呼应的分句,它们依次为"拂、抹、挑、勾、滚"。指法一:"弗"即是"拂"字的减字体式,谱字中表示由食指指肉着弦,向内自一弦连"抹"至三弦(类似刮奏的演奏形式),下指由浅而深、由缓而急,声音需连续,音色为清而浑浊的"肉声"。指法二:"木乚"即减字"木"和"乚"的合写,表示先"抹"后"挑"两种指法连做,"抹"的指法参见谱例 3,"挑"是食指向外弹出,指尖从弦面轻轻拂过,音色为轻而清晰的"指甲声",连做比单做在时值上有

---

① 卞婧婧:《文化的"融入"与音响的"跳出"——从作曲技术角度阐释"单个音"在两首作品中的不同应用方式》,载《中央音乐学院学报》2013 年第 4 期,第 64—74 页。

缓急之别,音色上亦体现"肉声"与"指甲声"浑厚与清脆的快速转换。指法三："**勹**"即"勾"字的减字体式,音色为"肉声"指法参见谱例1。指法四："**厷**"即是"滚"字的减字体式,谱字中表示由名指甲背着弦,向外自五弦连"摘"至三弦(是与"拂"相对的指法),下指与"拂"相反,声音需连续,音色为"甲声"。见下例：

谱例 4a   琴曲《渔歌》"散音"减字谱

在新曲中,作曲家主要通过增加混响的配器手法实现其仿声目的。谱例的钢琴声部以两种音色(常规与"制音")演奏,仿声各指法音头的发音与音色变化。进而将该音响片段以一弦"散音"(对应"拂",C 音)与四弦"散音"(对应"挑",G 音)为音源,建立起两种音质与音响组合的衔接(见谱面底端标注),也因两组音头的发音在肉声与甲声间的区分,使整体形成音色旋律的单音音响线条与浑厚、嘹亮的音质对比。

音响组合一：钢琴"制音"("+")、低音大鼓、低音长号、通通鼓、低音单簧管。由于琴曲演奏"拂"时三条琴弦在低音区的快速刮奏,既强调单个音高颗粒性的同时,又形成实音与余音交融的闷而浑厚的混响效果。作曲家仍以钢琴"制音"模仿"拂"的"肉声"音色提供发音源,在延音踏板的作用下余响不断。而低音长号与低音大鼓所奏音头的扩音,无疑增加了实音与余音的混响效果。延续着这一混响,低音单簧管、通通鼓、大鼓分别对之后"抹、挑、勾"音头进行音响"染色"处理。在此,作曲家并没有将琴曲中"肉声"与"指甲声"音色差异体现在钢琴声部,而是通过其他乐器的不同组合形式在配器和音响上予以区分。特别是低音单簧管的颤音装饰,将琴家演奏"抹"时习惯性地揉弦动作在音高表情上还原,体现作曲家对演奏细节的关注。

在整体音质方面,音响组合一的膜鸣类打击乐器,与钢琴"制音"、低音长号(加杯制弱音器)在低音区弱奏的音质相统一,它们不同程度抑制了高频谐音的释放而强调低频谐音的混响,在主观听觉上十分接近"拂"的演奏,带来闷而浑厚的音响感受。

音响组合二:钢琴(正常演奏)、锣、长号、通通鼓、低音单簧管。相对而言,钢琴(正常演奏)与锣、长号的音响组合以同样的配器形式却不同的乐器选择,仿声琴曲"挑"的甲声音响效果。由于钢琴常规音色与锣的金属音色对高频谐音的充分释放,在听感上建立起从闷到亮的音质对比,而琴曲从"勾"至"挑"的音色变化也从钢琴音头的演奏转换中体现出来(见谱例钢琴声部第2小节C音与G音的演奏方法)。然而,在琴曲"滚"音的仿声手法上,作曲家的处理方式十分巧妙。在此,他并没有沿用与其相似指法"拂"的音响组合方式,而是交由单簧管来演奏旋律,并以通通鼓加强音头,形成"音色旋律"的组织方式,以凸显整个音响线条的色彩变化。见下例:

谱例 4b　《渔歌》对琴曲"散音"——"拂""抹""挑""勾""滚"的仿声(第 57－60 小节)

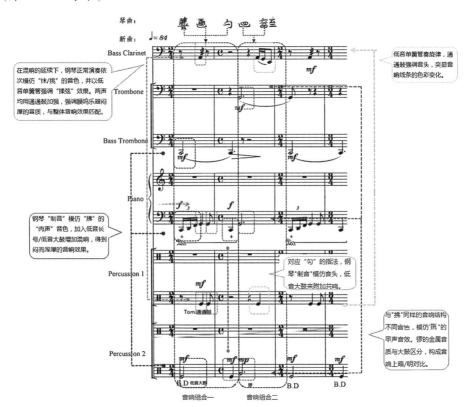

2. 古琴"走手音"：延音与非延音类乐器相结合的音响组织

作曲家对"走手音"的仿声手法主要体现在，延续着"散音"对音头与余音的结构方式，在余音持续下增加延音类乐器仿声左手各指法在琴弦上走动的滑音（微分音）音效、音高变化及音头与音尾的装饰，并通过音色转接的配器手法按各乐器音色与发音性能将"走手音"过程中的变量成分交由不同乐器演奏，构成点、线、面结合的色彩、立体的音响组织结构。

谱例 5a 为琴曲《渔歌》中的核心音调，该曲调由两个"走手音"与"撮"音衔接而成，形成带有吟唱性风格的旋律，位于琴曲第一段。谱例中，第一个"走手音"由左右手三种指法完成，得实音—虚音—虚音三声①。第二个"走手音"由左右手 6 种指法完成，得一声实音与四声虚音共五声，见谱例 3 中指法介绍。

谱例 5a 琴曲《渔歌》"走手音"核心音调

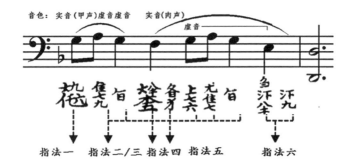

新曲中第一个"走手音"（第 1 小节）选择音质清晰、音色明亮并拥有金属性色彩的乐器来仿声或放大琴曲实音"托"的音效。其中，钢琴用带顶针手指在音桥处击弦作为音头，同时踩延音踏板将余音延长。而乐砧的首次出现以清亮的金属色彩为音头"染色"，它的发音短促、穿透力强，在强调音头的基础上，放大声音的亮度使音响十分突出。由于该"走手音"音头的余音不如"肉声"一般丰厚，故其虚音的成分也较不稳定。于是，作曲家相应选择了中音长笛在低音区弱

① 参见前文（卞婧婧：《文化的"融入"与音响的"跳出"——从作曲技术角度阐释"单个音"在两首作品中的不同应用方式》，载《中央音乐学院学报》2013 年第 4 期，第 67 页）中的分析，本文省略。

奏以柔和偏暗的音色仿声琴曲"进、复"的虚音音效,并在连线内尽量滑奏演奏模仿左手走指的滑音效果。在对声音细节的处理上,作曲家在"进"所对应的 A 音上叠加了小提琴同音拨奏,强调音头并给原本暗淡的音色增加质感;"复"所对应的 G 音采用下滑音("~")的演奏方式,模仿琴曲左手滑奏的微分音与揉弦的效果。

　　新曲中第二个"走手音"(第 2 小节)所选择乐器的音质要更加厚重一些,以仿声琴曲实音"抹"闷而厚重的"肉声"音色,蒂姆巴尔鼓的加入以强调音头,并放大了右指拨弦的瞬间坚实而明亮的声音效果,使之在听感上与前一个"走手音"形成鲜明的色彩对比。低音单簧管以深沉浓厚的音色仿声琴曲"走手音"中的虚音成分以及滑音音效(作曲家仍沿用慢速大幅度颤音的演奏方式仿声琴曲"落指猱"的音效),亦与中音长笛柔和偏暗的音色区分开来。较有特点的是,琴曲中的第二个"走手音"是由一个实音带出四个虚音,而在实际演奏中,上下三、四个音位后琴弦振动会变得微弱,使左指再走音已无音可得,聊作"无声胜有声"。此时,琴家会根据个人习惯在声音衰退近消失之时,右手轻点琴弦再次激发弦的振动,将无声的虚音释放出来,形成了虚假的"实音"现象[①]。新曲中,作曲家敏锐地关注到这一声音现象,并在该小节的最后半拍,以钢琴正常音色与木鱼结合将微观现象还原至乐谱中,仿声琴曲第二次"注下"虚假的"实音"音效。

　　此外,新曲中长号声部以极弱力度吹奏 G 音持续在两个"走手音"的过程中,是用来仿声前一个音位余音的延留音效。由于琴曲中两个"走手音"的前一音为"勾"一弦的实音,它的余音十分丰富,更因之后两个"走手音"并没有演奏一弦上的音而使其余音自然的延留,与"走手音"产生混响。由此,作曲家再一次将这种声音现象还原在乐谱之上,其效果甚为逼真。

---

① 比如,在吴兆基所演奏的《渔歌》录音中,可以清楚地听到他在第二次"住下"时右手给音,得到一声"实音"的效果。

谱例 5b　　新曲《渔歌》对琴曲"走手音"的仿声（第 10－12 小节）

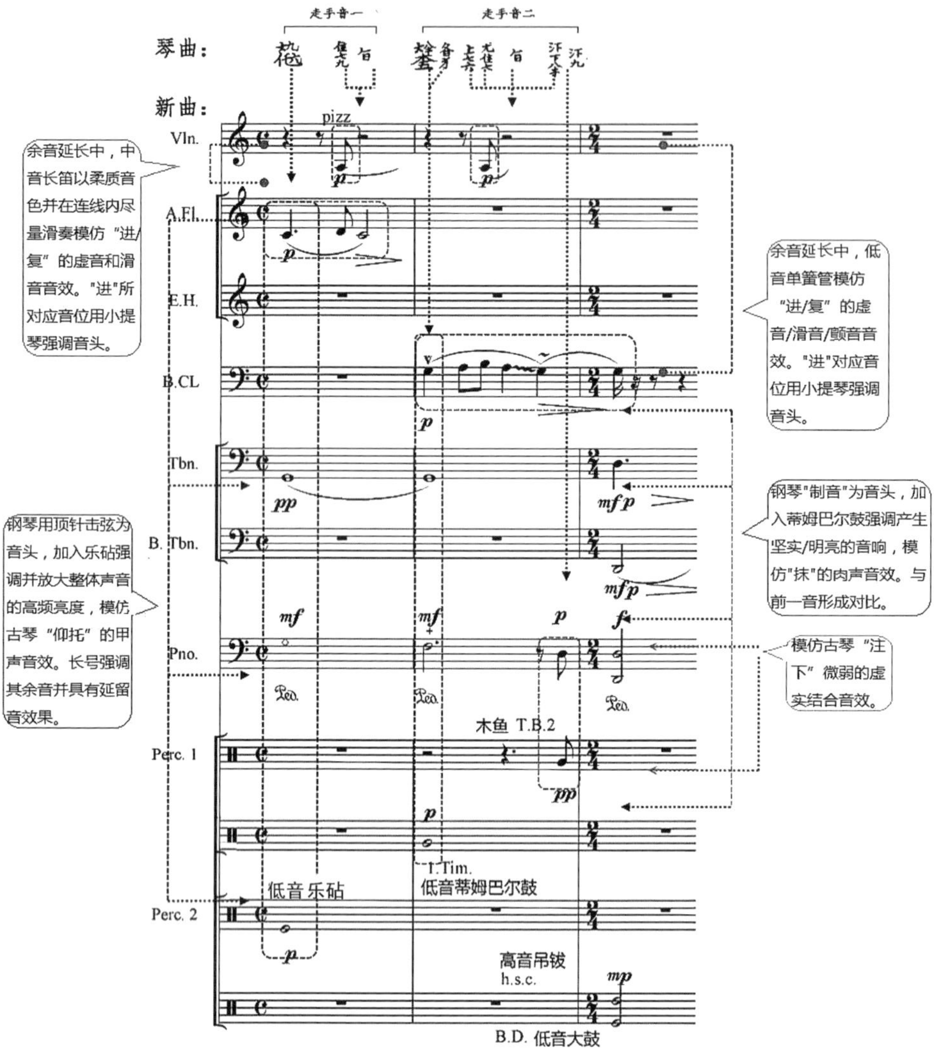

3. 古琴"泛音"：旋律混响的强调手法

作曲家对"泛音"仿声手法，是以钢琴常规演奏与泛音演奏仿声其音头的拨弦效果，小提琴泛音同音叠置对音响"染色"，金属体鸣类打击乐器强调其清亮透明的金属音色，并通过管乐的线性铺展来增加旋律音高的混响效果并渲染声响意境。

谱例6a为《渔歌》尾声的减字谱,其中的左手指法均表示大指在古琴的七徽处轻点琴弦,进而得到高八度的音高。谱例中,指法一、二:""""即"泛起"和"泛止"的减字体式,既表明用泛音演奏,又指出泛音演奏位置的始末。见下例:

谱例 6a   琴曲《渔歌》泛音尾声

新曲以金属类音色作为整体音响的核心,来突出琴曲"泛音"的声音效果。由钢琴所奏出的音头通过两种演奏方式带来音色上的细分,体现出作曲家对声音保持与衰减过程的巧妙设计。

谱例6b中,前三小节钢琴踩延音踏板的同时再踩下柔音踏板,是全曲唯一一次对钢琴踏板的改变:踩柔音踏板使琴槌由击中该音的三根琴弦减少为两根,进而将音量减弱音色变暗变柔;最后两小节柔音踏板抬起后在琴弦的1/2位置演奏"泛音",音色较之前更加明亮,颗粒性更强。作曲家在前三小节中,钢琴演奏的每一个音头都分别以延音类乐器(管乐)在不同八度间的极弱力度下延长,这些柔质音色乐器的声音融合度高,对钢琴音头的扩音产生的混响效果无疑增加了旋律的空间感与立体感,而乐砧与吊钹的加入将声音振动范围从相对局限到尽可能打开,增强音头的金属质感的同时带来空旷的声响意境。在各乐器余音的衰减当中,钢琴"泛音"演奏突出其自身音色的亮度,并仅剩中音长笛和乐砧强调第一个G音的音效,使声音的混响逐渐清澈,最后消散在人耳尽可能捕捉到的空间范围里。

此外,为了增强琴曲"泛音"的音色与线条,作曲家在配器上增加了小提琴泛音与钢琴同音演奏完整的旋律,小提琴泛音清晰透明的音色与古琴十分相似,而钢琴音头的演奏更将琴曲拨弦的颗粒性展现出来。虽然音乐已经结束,却有余音缭绕不绝于耳的效果。

谱例 6b　新曲《渔歌》尾声部分(第 140－144 小节)

(三) 点、线、面铺展的声响结构总特征

上文分析了新曲对琴曲仿声的具体手法,其分析结果也在形式多样中呈现出一定的共性与规律性,笔者现将最主要又表现突出的规律性声响结构方式总结如下,以更加明了地认知作曲家音乐创作中主要技法特点与思路并提供借鉴之用,见表 2。

　　表 2 分为三个阶段,分别列举琴曲"声"(按音)、"韵"(颤音、滑音),以及"声韵"结合("走手音")所对应不同指法在新曲中的仿声手法以其声响结构方式。

　　从"声"的阶段可以看到,作曲家主要以钢琴为音响基调,叠加非延音类乐器进行仿声,并按照右手拨弦的肉声与甲声进行音色—音响的区分:当音为肉声时(比如"勾""抹"),他选择钢琴制音为音头叠加膜鸣类打击乐器抑制高频泛音的释放而增加低频混响,使音响厚重发音沉闷;当音为甲声时(比如"剔""挑"),他选择钢琴顶针击弦为音头叠加金属体鸣类打击乐器扩大高频混响,使音响明亮发音坚实;而当遇到"撮"音等两弦双弹的强力度发音时,他依照其复合音色特点将肉与甲的仿声手法纵向叠合,以强调、放大原有的力度与音响。此外,左手取音两种指法"掩""掐",也因其自身力度较弱,有明显音头而发音不稳定的特点,选择以钢琴常规演奏加入木质体鸣类打击乐器来强调音头的颗粒性并进行染色。

　　从"韵"的阶段可以看到,作曲家主要以延音类乐器进行仿声,并依照各乐器的发音性能与演奏特点进行区分:当音为揉弦时(如"吟""猱"),他选择在颤音方面有较强表现力并且音质柔和的木管乐器对音尾进行颤音装饰;当音为滑音时(如"绰""注"),他选择在滑奏方面有较强表现力的铜管乐器对音头进行滑音装饰;当音为滑音旋律音时(如"上、下、进、复"),他仍选择铜管为主并以音色转接的方式结合木管乐器滑奏演奏,并在"上、进"的上行过程加入小提琴拨奏强调音头的稳定性。

　　值得关注的是,"声、韵"结合所构成点、线、面铺展的声响整合状态,是作曲家在作品中最具启发意义的声响结构组织与思维方式。

　　点,即音头的发音与混响叠加;线,即在其余响当中滑音旋律音与颤音的延展;面,是点、线音响结合中的声音场域。这种结构方式创造出丰富的声音资源,比如整体音响由点及线的能量转换、实虚结合中的方位感与立体感、音色转接的色彩性、线条中浓、淡、缓、疾的动态波折,以及主观听觉中对声响意境的体验,等等。作曲家以古琴"走手音"固有的表现特质为基础,在各微观细节的放大中建立起声响结构的实用手段,亦回应着西方音色音响音乐中声响结构的现代属性。见表 2:

表 2　新曲《渔歌》声响结构总特征

琴　曲			新　曲	
"声"	演奏手法	音色—音响	仿 声 手 法	声响结构
"勾"	右手中指向内	肉声—重而厚	钢琴"制音"+膜鸣类打击乐器	音头+混响
"抹"	右手食指向内	肉声—轻而浊	钢琴常规演奏+膜鸣类打击乐器	音头+混响
"剔"	右手中指向内	甲声—重而轻	钢琴顶针击弦+金属体鸣类打击乐器	音头+混响
"挑"	右手食指向外	甲声—清而轻	钢琴常规/顶针击弦+金属体鸣类打击乐器	音头+混响
"撮"	右手"勾/挑"同做	肉/甲声—复合音色—重而厚	钢琴常规八度演奏+膜鸣类/金属体鸣类打击乐	音头+混响
"掐"	左手大指打弦	肉/甲声—复合音色—轻而清	钢琴常规演奏+木质体鸣类打击乐器/小提琴拨奏	音头+混响/染色
"掩"	左手大指拨弦	肉/甲声—复合音色—轻而清	钢琴常规演奏+木质体鸣类打击乐器/小提琴拨奏	音头+混响/染色
"拂""滚"	右手食指向内与名指向外	肉声与甲声衔接—重与清	钢琴常规演奏+膜鸣类打击乐器—木管常规演奏+金属体鸣类打击乐器	音头+混响音色转接
"韵"	演奏手法	音色—音响	仿 声 手 法	声响结构
"吟"	左手揉弦	虚音—颤音	木管/长号颤音演奏	音尾+颤音装饰
"猱"	左手上下搓揉琴弦	虚音—大幅度颤音	木管/长号颤音演奏	音尾+颤音装饰
"绰"	左手上滑音	虚音—滑音	铜管上滑音演奏	滑音+音头
"注"	左手下滑音	虚音—滑音	铜管下滑音演奏	滑音+音头
"上下""进复"	左手走指	虚音—滑音—旋律音	木管/铜管/小提琴尽可能滑音演奏 "上/进"时而有小提琴拨弦强调音头	滑奏旋律音+音色转接+音头强调

续 表

琴 曲			新 曲	
"声韵"结合	音 色	音结构	仿声手法	声响结构
"绰/注"+"勾/抹"+"上/下/进/复"+"吟/猱"	虚音—实音—虚音 实音为肉声	藏头+音开始+音过程	铜管上/下滑音—钢琴"制音"/常规演奏+膜鸣类打击乐器—延音类乐器滑奏旋律音与颤音	点（音头+混响）—线（音尾+滑音旋律音+颤音）+音色转接
"绰/注"+"剔/挑"+"上/下/进/复"+"吟/猱"	虚音—实音—虚音 实音为甲声	藏头+音开始+音过程	铜管上/下滑音—钢琴顶针击弦/常规演奏+金属体鸣类打击乐器—延音类乐器滑奏旋律音与颤音	点（音头+混响）—线（音尾+滑音旋律音+颤音）+音色转接
"勾/抹/挑/剔"+"上/下/进/复"+"吟/猱"+"掩/掐"	实音—虚音—虚中有实	音开始+音过程	钢琴演奏音头+膜鸣类或金属体鸣类打击乐器—延音类乐器滑奏旋律音与颤音—钢琴常规演奏+木质体鸣类打击乐器	点（音头+混响）—线（音尾+滑音旋律音+颤音）+音色转接—虚点（音头+染色）
"撮"+"掐撮三声"	实音—虚音—虚音—实音—虚音—虚音—虚音—实音	音开始+音过程	钢琴八度常规演奏+膜鸣类+金属体鸣类打击乐器—铜管/木管演奏旋律+小提琴拨	点（音头+混响）—线（音尾+旋律音）—点—线—点

三、前瞻与回顾：周文中《渔歌》的创作价值

（一）承前启后中"不可复制"的典范

周文中创作的《渔歌》属于古琴曲《渔歌》原始声音结构之下的产物，他以减字谱中提供的声音信息结合本人的听感想象，来扩展乐器的特殊音色并创造新的声响结构，特别是点、线、面铺展的配器思路，建立起将线性旋律中的每一个单

音,按照彼此之间的衔接与平衡合理扩大,拓展至多维立体空间音场的有效途径,并以此生动回应了古琴音乐线条有如书法线条一般点线波折、粗细浓淡的微妙神韵。

诚然,周文中创作的《渔歌》并非一首原创性作品,也正因如此,能更加清楚地窥见作曲家构建自己音乐语言的声音意识与音响观念,既通过现代人的眼光解锁古琴、书法中的相通点,转换为对声响结构的一种实验性探索,以及音乐中自然流露出的抒情气质。这种探索,成就周文中乃至华人作曲家创作中"不可复制"的典范,极大程度地肯定、细化、明晰了作曲家融汇古琴、书画、诗歌艺术的创作观念并寻求到有力的技术表达,亦是理解其后音乐创作的钥匙。

在《渔歌》(1965)创作之前,周文中曾于 1957 年创作钢琴独奏《柳色新》,这是他第一次以钢琴模仿古琴曲调的作品,取自传统古琴曲《阳关三叠》。

谱例 7 为《柳色新》开始的片段,钢琴的旋律声部演奏古琴原曲曲调,音乐表情的细微差别具有重要意义。谱面展现出:多数音高被加以表情装饰(如倚音、琶音、后附点音型、重音演奏等);相邻两音的音符时值均不同;节拍、速度、音量的细致变化与曲调的缓急相辅相成;不协和音程三全音、小九度的纵向叠合与延伸,模仿古琴"走手音"发声特点并弥补中、西乐器律制的差异。显然,《柳色新》虽为钢琴独奏作品,但对"声"的模仿,"韵"的加工,"声、韵"结合中点、线、面铺展的配器思路已经有了雏形体现。

谱例 7　《柳色新》开始的主题

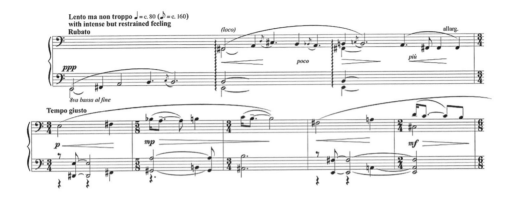

在《渔歌》创作之后，这种源自古琴原曲的作品再无尝试，而以点、线、面铺展的配器技术被保留，成为周文中创作中代表性的声响结构手段，应用在不同体裁的音乐作品中。

创作于 1996 年的第一弦乐四重奏《浮云》与 2003 年的第二弦乐四重奏《流泉》，是周文中在音高层面融合"可变调式"体系[①]、西方十二音序列体系、音级集合理论、巴赫对位技术的典型实践，也是他在音响层面将古琴的声音特质与书法的笔墨流动，借西方弦乐四重奏传达的媒介。下方两个谱例具有明显的相似性，它们均以和弦的强奏中开始，短旋律在不同弦乐间以音色转接的方式弱奏中结束，形成一个完整的句法，构成声音起振—延续—消失的完型过程。这种配器手法显然是通过点、线、面铺展的方式，来表达古琴与书法中的线性艺术。

谱例 8a　　第一弦乐四重奏《浮云》开始片段

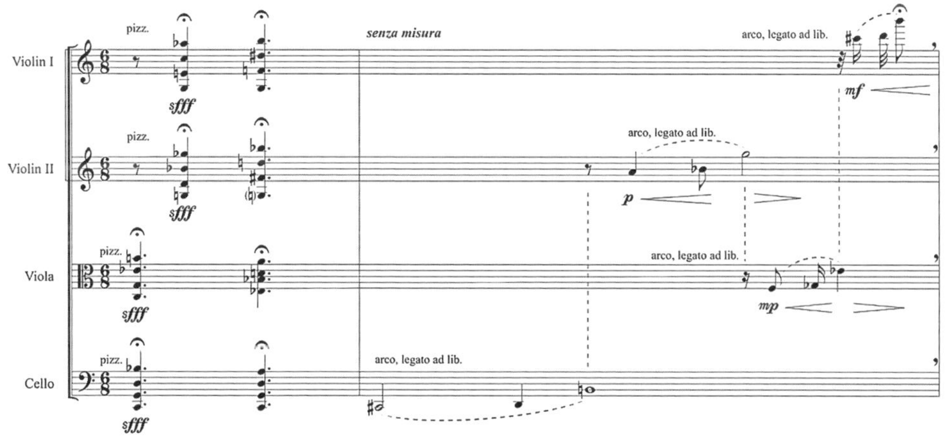

---

① "可变调式"体系，是作曲家周文中根据八卦中的阴、阳原理，结合八度均分的大三度音程关系为基础，自创的人工调式体系。具体可参见王自东：《周文中音乐作品"音高构造法"研究》，2013年上海音乐学院博士毕业论文。

谱例 8b　第二弦乐四重奏《流泉》开始总谱第二行片段

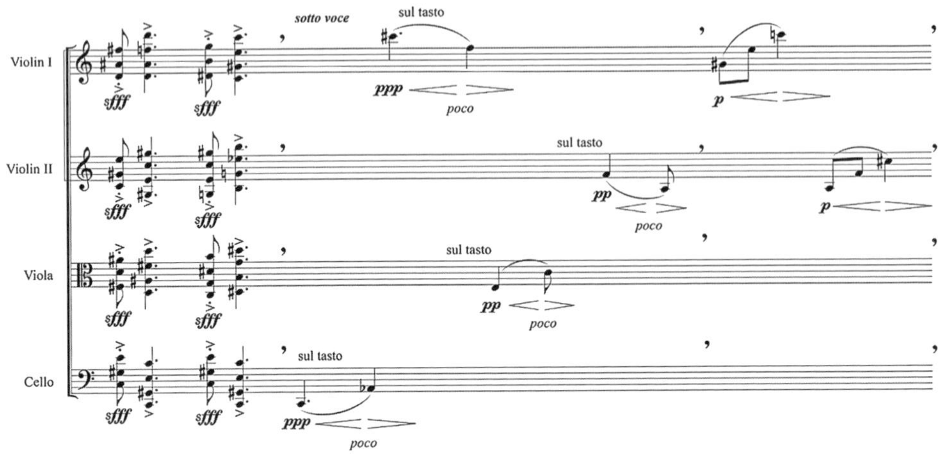

（二）独创价值大于改编价值

周文中创作《渔歌》的意义并非仅以西方乐器的音色、音响去仿声所谓的"大古琴"，抑或传统观念中的移植、改编，是作曲家在充分领悟古琴美学特质的基础之上，探索声响结构的新途径，并逐渐建立起行之有效的技术法则，应用于后续音乐创作中。从这个角度看，《渔歌》中的独创价值要大于改编价值。

同时，这种源自古琴的声响结构思维与手段，与西方 20 世纪下半叶"音色—音响"音乐关注振动音响的微观世界的思维与手段，在平行的历史时空里有着不谋而合的相似处。周文中率先发现其中的相似性，让中国古老的乐器与西方现代音乐在观念、技法、音响中平等对话，使得《渔歌》拥有超越时代局限的艺术感染力和前瞻的创造意识。

（三）多元文化汇流中的自我意识

20 世纪五六十年代，正值美国现代音乐发展的鼎盛阶段，无论是瓦雷兹的"解放音响"，或是约翰·凯奇的"偶然音乐"，还是巴比特的"整体序列"等等，无不对作曲家在领异标新的道路上提出挑战。这样的氛围下，周文中提出了音乐创作中多元文化"汇流"的观念①,即强调多元传统、文化、技术,以及艺术思想的互动关系,在此基础之上保持音乐创作独立性的艺术路线。

　　《渔歌》的产生,以返璞归真的姿态翻转了现代音乐发展至复杂与极致的态势。周文中始终秉承融合而不忘本色的创作观念,以西方乐器传递中国声音的方式创造音乐文化交流的媒介,支撑周文中音乐语言或风格形成也并非体现在技法方面,而是内在的人文品格和独创精神,亦是他融汇东西方文化之后的高明所在。

本文原载于《中国音乐》2020 年第 2 期

---

① 周文中演说《百川汇流的黎明时代,音乐的未来何在?》发表于 2001 年 4 月 21 日美国加州大学圣地亚哥校区作曲家讲座系列中。后发表在 New World Music Magazine,Vol.12,November 2002。译文载梁雷主编、洛秦副主编:《汇流——周文中音乐文集》,上海音乐学院出版社,2013 年,第 181 页。

回声是带着羽翼的声音

——沉思周文中《谷应》及其与瓦雷兹《电离》的深刻联结

[美] 史蒂芬·希克

　　回声是一种可以追随的共振。它来自明确的源头。也许是你自己创造了它：一声呼唤或击掌。我们听到一些东西，然后通过越来越微弱的原始副本来追踪它的衰退。其他的共振则感觉起来很模糊——想想大教堂里折射的嘈杂声，或者冬天冲浪远远传来的持续声——似乎远离其源头。但回声具有延续性：它是清晰画就的漫长线条，是一个链结——从定义明确的起点到可追溯的历史，至少在诗意的层面，它通往可能的未来。

　　回声颠覆了我们的空间感和位置感。它升起于此处，继而稍许微弱应自彼处，再从他处传来，几近无声。而且（除非你是鲸鱼……）这是一个注定要混淆定位的地理定位系统。它错过了我们个人 GPS 上的小蓝点。没有什么能保证我们位于中心。

　　回声是一种忧郁的东西，是匆匆消退的过往之象征，它挽起愈加微弱的能量走向未来。它是曾经但即刻便不再的存在。

　　回声被蚀刻成记忆。漂浮而过空间与时间，它是衰老和失落的图腾,寂静是它最终的命运。

回声是带着羽翼的声音。

清晰画就的漫长线条：延续性与书法

我最后一次与周文中面对面交谈,是在他位于纽约沙利文街家中的客厅里。周文中、其夫人易安和我本打算去他们的 SoHo 社区吃晚饭,但天公不作美。为了不被暴风雨困住,我们订了比萨。这是有趣的一幕:我正在和世界上最杰出的作曲家之一及其夫人(一位令人敬畏的钢琴家)交谈,在一座曾经属于美国实验主义教父瓦雷兹(Edgard Varèse)的房子里,这里仍然充满了瓦雷兹的纪念品——琼(Joan Miró)亲手制作并赠予的乐谱架,瓦雷兹的藏书,甚至还有他放在架上旧盒里的眼镜——我却同时不得不小心平衡放置在我腿上的意大利香肠比萨。

但周文中不会被这一切所阻碍。谈话很快便转向哲学。(这不是一直伴随他左右吗?)他对自己最喜欢的话题之一产生了兴趣:音乐创作与中国书法书写动作之间的关系。他说,就像音乐一样,书法意义体现于笔触的意图中,而非其完成中。一支饱含墨水的毛笔被提起。在单个笔画落于纸上之前,汉字已在脑海中完整呈现。而实际的书写,即在流畅优美的运动中快速落笔,是创作过程中的回响,某种程度上是胸中之成竹的回声。

我的思绪转向了他为四位打击乐演奏家创作的伟大作品《谷应》(1989)。自 20 世纪 90 年代初起,我经常演奏它。它总让我感到对立能量的有机融合。宏观上当然有连续性,但作品的局部是由 13 个简短清晰、辨识度高的特性小品组成,每一段都有非常引人注目的标题:"竹之雨""澄然秋潭""万谷争流"和"皎然月洁"等等。

另一处对立是,对乐器和鼓槌的说明占据整整两页纸,语言清晰、详尽、理性,但音乐本身给人的感觉却不那么规则化,而是更有诗意。我常常觉得这首曲子很忧郁。毕竟，回声不是总会消失吗？但演奏时会感到全然的喜悦——高潮段落绝对是生机盎然的！我喜欢演奏尾声的方式，所有乐器如缓慢加速的云团一般。这个片段开始于太极式的含蓄，以舞蹈家皮娜·鲍什（Pina Bausch）般随心所欲的自我表达结束！《谷应》宏大而精微；逻辑且诗意；向过去致敬并面向未来。所有一切同时并存。

我早期的表演目标是调和这些差异。也许这种诠释可归入一个保护伞下，遵循我认为这部作品最重要的隐喻：回声。就像书法一样，回声由统一的线条组成，清晰挥就，从过去到现在。我该如何在演奏中表现这种统一性呢？西方思维的局限——更可能是我生长的美国中西部思维的局限——让我很难想象音乐是一条不间断的线；我太执着于二分法了。从披头士歌曲和贝多芬交响曲形式的划分中，我学到了结构清晰的有益品质。对比产生了摩擦，摩擦反过来又产生了前进动力的燃料。童年在农场的经历使我知道土地二元能量的强度。我所了解的生活，无论有关音乐还是土地，都由两极之间贯通的张力所推动：不和谐与解决，播种与收获，展开与回归，洪水与干旱。

但我也从演奏莫顿·费尔德曼（Morton Feldman）和凯雅·萨利亚霍（Kaija Saariaho）的打击乐作品中了解到，统一而非对比也可以创造音乐的动力。也许前者《丹麦国王》的创作方式更像是装饰化而非展开性，后者的《六座日本花园》更像是过程化的完成而非和声的解决，这有助于我聆听《谷应》时，将之当成连续不断展开的书法笔意。

我也在想，《谷应》中所有看似的对立是否从根本上并不矛盾，而是对同一个书法笔迹的不同见解。从远处看，一个汉字似乎是饱含墨水的毛笔完整书写的产物，但近看却有丰富的个性特征。有些离散的线条是由偏离的笔毫所造成，线条有深有浅，其所附着的纸张或多或少浸透了墨水。每个汉字都是完美而统一的典范，同时也是充满不完美的极大多样性的对象。如今这些对我来说十分清晰，但25年前初次演奏这首曲子时，我发现《谷应》同时具有单一性和多重性。

当我发展出包含单一推动力和多重推动力的诠释范式时,我开始琢磨《谷应》中的结构张力是被我称为"反射"和"扰动"之间的相互作用。反射是统一的力量,是回声延续性的一面。它们是线性的、合乎逻辑而不易改变的。扰动是干扰,本质上是方案中易变无常的不对称。

记录乐谱中的反射是一个相当直截了当的过程。找到任何类似回声,任何合理且可预测的初始音响的延续,都是反射。在简洁但节奏复杂的七小节序奏"调意"(Exploring the Modes)中,可以找到它们的大部分来源(见谱例1)。周文中在这里引入了作品时间方案的基本元素,我称之为统一值。

这是非常基本的:节奏中的统一值是一个单音(无论其持续时值多长)以及一组扩展。演奏家Ⅲ的部分包含了每位乐手不同样式的三连音,分为八分音符、四分音符、四分附点音符和二分音符时值——换句话说,作为一个统一值,同时有双倍、三倍和四倍的变体。在速度方面,统一值及其基本排列从最慢的速度MM48开始,扩大一倍至MM96。另一组速度设置始于 MM72(MM48 的 3/2 倍),翻倍后达到 MM144。注意 MM96 的速度即是 MM48 的两倍,又是 MM72 的4/3 倍,因而在速度关联中产生了支持性的连接。最后一个变体是 MM48 的 3/2 倍的 3/2 倍,即 MM108。

谱例 1:《谷应》,第 1—7 小节

与节奏值一样，速度的关系也相当简明——1∶1，2∶1，3∶2 和 3∶2/3∶2。（请注意，在调性和声范畴中类似的关系会产生同度、八度、纯五度和纯四度，而 3∶2/3∶2 是一种副属和弦。）然而，结果一点却也不简单。通过系统化的装饰、模进排列和复调分层，周文中创造了一个速度、节拍和织体选择的繁复语汇来创作音乐，从几乎凝固的缓慢到近乎疯狂的极速段落。

我无意通过这些解释为整首作品中节奏和速度涉及的所有"反射"提供一个详尽的列表，而是尽力阐明它们与序奏"调意"中极具生命力的根源之间的关系。更重要的是，要相信一个深思熟虑的听众会在音乐时间的经纬线中感受到有机的韵律。也许他还能在这些精心雕琢中辨认出诗的意境，并将整部作品看作是开篇旷日持久的回声。

与这些深刻的逻辑系统相对应的是众多的"扰动"，本质上是折射而非反射。这些不规则的"非回声"段落被精心部署，破坏了结构的逻辑，并赋予其表现力。

在谱例 2 中，我们看到"竹之雨"（Raindrops on Bamboo Leaves）扩展的开头段落将结束时，清晰的回声性音型以一音、两音、三音或四音组，从一个演奏者传递到另一个。在第 31 小节中，打断的扰动突然转变为更快的速度（MM108），并产生更长、更多变的旋律。在这里，我们第一次看到了作曲家的平衡之举：虽然我们略微失去了理性设计的稳固性，但这种扰动给我们带来了新鲜的能量和新的方向感。

谱例 2：《谷应》，第 24—32 小节

事实上，在《谷应》或任何作品的任何非系统化瞬间，扰动的成功都依赖于平衡的问题。如果结构稳定性和过程推动力的损失在根茎般的潜能中得到充分补偿，则扰动的效力最佳。在《谷应》中，这阐明扰动应该强到足以引起弯曲，但又不能造成断裂。

在《谷应》中，根茎般的重新定位并不局限于速度或节奏。第 7 小节（参见谱例 1）中响木（clave，演奏家 Ⅲ）节拍自由的震音突然破坏了"调意"教导性的品质。我们听到的不是作曲家的刻意设计，而是由表演者主动触发。在音色范畴，第 47 小节指钹明亮、纯净的声音意外出现，打断了《竹之雨》中脆亮的音色景观（见谱例 3）。在织体方面，与作品主标题同名的"谷应"（Echoes from the Gorge）一段，结尾被节拍自由的卡农所打断，每个演奏者只演奏一件乐器，侵蚀了已建立起的多乐器复调结构（第 145 小节）。

谱例 3：《谷应》，第 40—45 小节

在每种情况下，音乐都很快恢复了方向感。第 47 小节之后，脆亮织体迅速返回，一切如旧。而当你意识到第 145 小节一音至四音组不同排列的进程与"调意"的开场素材几乎相同时，这种单音色卡农似乎不能算是一种打断了。

这令人好奇：如果这些扰动没有引发真正的变化，是不是它们太微弱了？也许它们仅仅是不规则的，并未真正起到催化作用？然而，很快就会看到，它们的力量随时间推移而增加，并逐渐转化作品的表现力轴心。每一次扰动——每一个独特色彩或意外变化的时刻——都对音乐生态的秩序产生了更大的影响。回到书法的隐喻，这些扰动使我们更近距离地观赏书写。我们开始看到的不仅是明确的笔触，还有它的不完美，离散的线条和不规则的色调。最终，这就是音乐惊喜的源泉，也是我们不把《谷应》视为妥善解决难题的炫酷产品，并为之喝彩的原因。不，我们对这种音乐着迷，并被它感动。惊喜在等待着你！在这里，甚至连回声的未来都是未知的。

谱例 **4**：《谷应》,第 139—145 小节

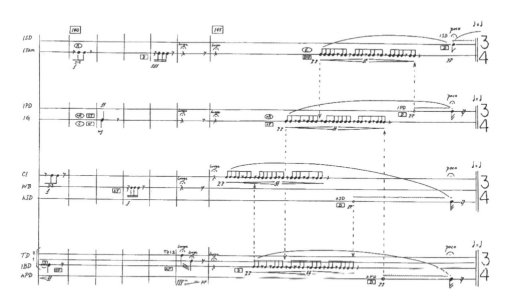

《谷应》与瓦雷兹标志性作品《电离》(*Ionisation*,1931 年,为 13 位打击乐手而作,1933 年首演于卡内基音乐厅)的比较,是不可避免的。这两首作品在室内乐的空间处理和音色转换方面有着相似的处理,以及对于本文作者来说,它们都释放内心深处的情感。

　　这种默契关系的存在是因为周教授曾经是瓦雷兹的学生,后来成为他的助理吗? 是因为生活在同一栋房子里,呼吸着几乎相同的空气,聆听过周边街道建筑、交通,以及人们传来几乎相同的声音吗? 还是这种默契更加隐秘? 我们听到的是友谊和感激之情、共享的音乐和社会目标在音乐中的显现吗? 抑或只是我本人对它们产生了类似的反应? 由于我在音乐生涯形成阶段学习了这两首作品,它们促使我从根本上对价值观和方法进行了重新想象。

　　我只知道不能对我所听到的充耳不闻。在这两首曲子中,我听到了传神动人的韵律,充满意味和想象,根深蒂固并步步逼近,这将构成我所能想象到的任何美国音乐精神的核心。

1989年,处于人生分水岭的周文中完成了《谷应》。这部作品开启了创作的爆发,包括一系列来自西方和亚洲不同文化器乐组合的作品。次年,他从哥伦比亚大学退休,开始致力于一系列重要的跨文化活动,包括在云南省开展的一个多年项目,以保护该地区少数民族的传统。[①]《谷应》既是他作曲生涯前一半的巅峰之作,亦为后一半的催化剂。

同样,《电离》也是瓦雷兹生命中的一个分水岭。1923年,他在苏利文街购置了一套房产,到1931年他已是不折不扣的纽约人了。[②] 也许反讽的是,他最具纽约气息的作品《电离》创作于返回法国的短暂时期。然而,与周文中《谷应》的转折点不同,瓦雷兹的《电离》是1931—1936年间最后三部曲——包括《赤道》(Ecuatorial)和《密度21.5》(Density 21.5)——的中心作品,紧接着是一段很长时间的沉寂。

从1936年到1954年近20年的时间里,不包括未完成的《空间练习曲》(Étude pour éspace)和为室内乐队而作的轻量级作品《布吉斯之舞》(Dance for Burgess),他几乎什么都没写。最终,他用感情强烈的电子音乐作品《沙漠》(Déserts)和《电子音诗》(Poème électronique)打破了沉寂。所以《谷应》开启了周文中的新阶段,《电离》则是瓦雷兹的阶段性结束。

尽管现代主义教义将《电离》划定为纯粹由噪音组成的作品,但对我来说,瓦雷兹的杰作是共性写作时期最后的伟大的"调性"作品之一。[③] 说到这里,我已听到周文中的反对声了！他不止一次告诉我,在《电离》中,钢琴、排钟和钟琴这些有音调的乐器直至结尾处才登场(我们对此看法不同)。所以,也许我应该

---

① 周教授对保护中国本土音乐的关心和责任得到了其学生的响应。奇纳里·翁(Chinary Ung)把他创作生涯中最多产的一段时间花在了柬埔寨音乐采风上,这些音乐受到波尔布特(Pol Pot)文化歧视的威胁。梁雷还致力于吸收、理解和保护中国传统音乐和诗歌。

② 我相信自己是友好的人,当然也是有礼貌的晚餐宾客,但在我一生中屈指可数的几次与人真正不愉快的交谈中,有一次是日内瓦的晚宴上,一位固执的瑞士同席坚持认为瓦雷兹不是真正的美国人,而是一个彻头彻尾的法国作曲家。我不确定他是否真的听过《电离》,但我很确定他在那天晚上的餐桌上听到了我的意见。

③ 大多数人将这一时期定义为古典主义的历史时期,在大约跨越三个世纪(从1650年到20世纪初)的时期中,在这段时期,调性是形式组织的主要系统。

说《电离》是一部带引号的"调性作品",下文将会进行适当的解释和免责声明。

　　显然,小军鼓、低音鼓和邦戈鼓不具备十二平均律音高,也不演奏传统意义上的音符。但想象一下,它们可在像《电离》这样的噪音环境中"充当音高"。例如,《电离》中由演奏者 4 和演奏者 9 演奏的一套三只小军鼓,发出几乎相同的"无音高"声响,只是其中一个非常高,另一个很低,第三个居中。它们演奏的力度、发出的噪声都差不多相同。考虑到除音域外,声音其他层面的变化很小,我们将不可避免地在其中听到音阶的成分。从这个意义上说,它们是旋律化的,因为当我们在一个很大程度上同质化的音色空间中,感知到音域的差异时,旋律就产生了。这个界定既包括了《电离》中三只小军鼓的音乐,也包括古典交响乐的主题。

　　在《电离》中,由鼓、乐砧和铙钹发出的旋律,尽管可能是非传统的,但却汇集成调性。瓦雷兹继而根据古典变形模式来塑造这些音调素材,在这个模式中,嵌入在初始对比素材中的张力几经转化,然后叶落归根般地回归——也就是一种既可识别又在某种程度上发生根本性改变的状态(瓦雷兹会说"电离化的")。简而言之,《电离》的音调就像《朱庇特交响曲》或《庄严弥撒》,在文学作品中,就像《神曲》或奥维德的《变形记》。

　　这很重要,因为在调性音乐中,不连续是固有的;延续性和演化是被构建的。相反,在《谷应》中——尽管可能受到瓦雷兹的影响——范式是相反的。延续性是内在固有的,通过精心布局的扰动,不连续是为了多样性而被构建起来。

　　很容易便能看出周文中如何受《电离》的影响。作为一位刚刚定居的移民,瓦雷兹庆祝新家园的喧嚣——显然只在附近散散步就能听到这些声音和文化。《谷应》沿着相同的脉冲线回荡。我们听见周文中,同样作为新移民,用打击乐庆祝新家园和新时代的到来。

　　从导师到学生的流动很清楚。但反过来呢? 周文中也影响了瓦雷兹吗?

　　就这一点,我记得加州大学圣地亚哥分校的同事罗杰·雷诺兹(Roger Reynolds)曾发表过一组有趣的评论,那是在 21 世纪初我们合作授课的瓦雷兹研讨班上。罗杰以他典型的博学,追溯了世纪之交法国音乐对瓦雷兹的影响。

他分析了德彪西的《牧神午后前奏曲》，注意到这首曲子开场存在四部分组成的原型：一个魔咒般的乐句，伴随短暂的织体扰动，（略执拗地）回到最初的魔咒，最后通过彻底改变的音乐走向名副其实的断裂。然后截取瓦雷兹从《新大陆》（*Amériques*）到《密度21.5》（*Density 21.5*）的早期作品，并展示他使用了相似的四部分原型来开始其作品。这真是迷人的阐释，说明瓦雷兹在多大程度上得益于他的直系法国作曲家血统，无论其音乐表层的音调和音色看起来有多么不同。

于是我想到了瓦雷兹的晚期作品，特别是《沙漠》和《电子音诗》，这是他1940年代的漫长沉默以及与周文中相遇之后创作的音乐。这些作品并没有以旋律魔咒—扰动—回归—破裂的结构原型开始。事实上，它们是从铃声般的颤动开始的。想想《沙漠》中钟琴和钢琴发出的异乎寻常的呼唤，或者《电子音诗》开头超凡脱俗的教堂钟声。这些色彩——瓦雷兹晚期音乐中的钟琴、铃和锣——显然是学生在老师身上留下的印记。甚至不曾有人期待在回声中听见：它们的未来。

关于位置和空间

1942年，在日军对中国进行大屠杀（1937）之后，周文中已离开南京，再次逃亡。他和其他一小群年轻人离开上海的新家，在中国各地长途跋涉了几个月，于非占领区寻找避难所。一天清晨，他被附近日本士兵传来的新的危险警报惊醒。一同逃亡的同伴催促他快点上路，但透过迷雾，他听到一座佛寺的锣声在山间回荡，便独自一人出发去寻找。

他曾几次旅访加州大学圣地亚哥分校。有一次，我们和几位同事坐在校园舒适安全的研讨室里，他谈起这个故事。我记得那天阳光明媚，窗外高挑的竹子在午后猛烈的信风中摇荡。他引导我们想象他的恐惧以及清冷早晨——想象他的错位感。在浓雾中，他既看不见寺庙，也看不见周围山丘和峡谷反射的表面。声音来自何方？他所追寻的，是锣还是它的回声？

在《谷应》的讨论中，空间和位置占据了两个截然不同但又彼此相关的地位。

空间描述了表演的物理场域,并提出了这样的问题:舞台上的乐器是如何排列的?声音如何从一位演奏家传递到另一位?这些运动——声音及其随之延伸出的舞蹈般的表演动作——构成了作品素材吗?抑或它们仅是无意识的副产品?如果它们是有意安排的,那么运动本质是如何与声音本质联系起来的呢?

另一方面,位置则具有文化和地理意蕴。由作曲家的故乡、委约艺术家或演出地点唤起的位置感如何影响作品的产生或听众的感知?这些位置的物理、历史、文化或经济力量在多大程度上构成了作品的材料?

这些问题非常基本。甚至也许未被表演者充分考虑过。但所有的基本问题都揭示了关于诠释实践的重要真理:细小决策是开启伟大想法的必经之门。正如温德尔·贝里(Wendell Berry)在《想得小》(Think Little)和其他文章中所暗示的那样,伟大想法的问题在于,即使它们很好,但它们仍然只是伟大。伟大,静态并反应迟缓。

那么让我们遵循最基本的问题——如何安排乐器?并看看它将引向何方。

谱例 2 中的第 25—30 小节,显示了一个扩展的开头段落的结尾,其中卡农式的进入开始于演奏者 I,并由演奏者 II 到 IV 依次接续。有时循环路线会逆行,从演奏者 IV 回转到 I。随着声音和音型在演奏者之间循环往复,创造出这些模式的装饰和变化,我们开始理解周文中在《谷应》中对物理空间控制的重视。

当然,这样的空间实践并非全新:加布里埃利及之前的作曲家开创了应答轮唱音乐,其中,演奏者物理层面的排列是音乐结构的核心。近代打击乐作品中空间层面引人注目的音乐,则有泽纳基斯(Iannis Xenakis)的《Persephassa》或格里塞(Gérard Grisey)的《黑暗之星》(Le Noire de lÉtoile)浮现在我的脑海中。但与那些作曲家不同的是,周文中并没有提供一个乐器排列图表,因此也没有精确地告诉我们他希望自己的声音如何在空间中流转。

那么,演奏者如何推断乐器的最佳排列,从而使听众与观众最大限度地理解空间方案?仔细检查谱例 3 中的复杂结构有助于我们做出决定。

加州大学圣地亚哥分校常驻"红鱼蓝鱼"打击乐团(red fish blue fish)最近演

出《谷应》的经验，使我们得出结论，似乎有两种基本排列是合理的。我们可以把自己排成一条直线，包括变化为开放的半圆形，或者排成一个圆圈，包括变化为菱形或椭圆。我们首先探索了线性排列。事实上，当一个音型依次从演奏者 I 传至 IV，正如你能想象到的，这个线条十分美妙。但对我们来说，这似乎是音乐版的墨卡托投影，其中空间对第三方的观察者来说最具可理解性，但投射的异常现象有时是极端的。当音乐从演奏者 IV 绕回 I 时——在乐谱上看起来流畅且不间断的姿态——声音却必然会从线性排列的一端跳跃到另一端。

音乐连续的乐句在空间上的中断似乎很不自然，所以我们试着围成一个圈，再演奏同一段。当下立判，圆形排列很好地解决了连续性问题。但也带来其他难题。除了至少有一位表演者不得不背对着观众演奏外，平衡问题也随之而来。

从观众的角度来看，舞台前方的表演者声音更响，视觉上也更突出。换句话说，听觉及视觉都失去了平衡。理想、但显然不切实际的设置似乎是俯视一个圆环——即谷歌地图视角——在这个圆环内，声音的连通性最为清晰且没有相关的平衡问题。

然而，尽管在实践层面上存在缺陷，这个圆环却有一种诗意的魅力。它创造了一个平滑的空间，其中视角是延展性的。这让表演者能互相看见对方，乐团内部交流也因此得到了改善。而且，在最激动的四人齐奏时刻，整个表演组合被激活，并唤起了圆环作为有机和完整之象征的古老概念。经由选择圆环式的乐器排列，就好像我们向宁静池塘的中央投入一颗石子，静观涟漪向远处布散，连接并澄清看似不相关的问题和含义。也许这是另一种回声。

在圆环中，我们很快发现了个人和集体演奏之间融洽关系的新活力。在谱例 5 中，小军鼓连接的精细线条流畅优美，也许还有些许脆弱。这就是表演时的感觉，因为我们试图在不打断线条或覆盖其他人声部的情况下传递声音。在第 171 和 172 小节中——这一瞬间将回响在作品的其他地方——个性天衣无缝地转化为共性。在圆环的排列中，前后和左右运动对观众来说都是同样清晰的，我们看到不对称的跳跃的音乐舞蹈线条变成了一个统一而稳定的声音形状。当眼睛验证耳朵的直觉时，联觉强化了这个瞬间。

谱例 5：《谷应》，第 162—176 小节

　　谱例 6 中的相关段落呈现了"老木寒泉"的结尾部分，显示了从鼓到金属乐器的反复交叉，创造了多变的声音频谱和相当生动的姿态。当打击乐手回身沿着每排乐器的侧面和后面，演奏更大型、共鸣丰富的金属乐器线条时，演奏者的姿态根植于身体的大肌肉群，变得更加饱满。而前倾到前排更小的脆亮乐器时，动作幅度细小且主要局限于手部。由此产生的多色彩和多舞蹈织体悸动着，在或大或小、可预见且亲密的姿态中扩展和收缩。

　　谱例 6：《谷应》，第 230—234 小节

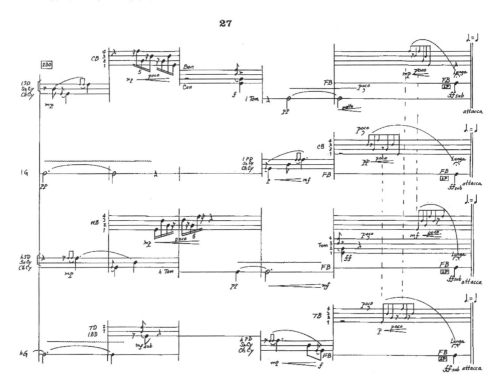

　　在最后的第 233 和 234 小节，我们到达了音色—舞蹈综合的巅峰。从后至前，表演者激发多重音色，继而在最后统一的律动中将之解决——每个音色都汇聚于悬挂的小指钹。当声音变得更集中时，圆环自然收紧。在圆环中，这看起来和听起来都像是一次呼气。这个空间拥有生命。似乎是为了强调周文中的音乐作为声音的书法，姿态变成了声音，变成了线条。

正如我们所知道的那样,最初关于位置的微小问题最终导致了一个丰满的思想世界,使我们远远超出了舞台的有限空间。

"位置"及其含义在《谷应》中生机勃勃。再次参见谱例1中的作品开头,除了节奏模式外,演奏者之间结构和文化的亲和力亦被引入。二元化的阵营是明确的:演奏者Ⅰ和Ⅱ在起源于亚洲的大型金属共鸣乐器上演奏二分性节奏。演奏者Ⅲ和Ⅳ采用三分性节奏,用西方乐器演奏略干燥的声音。

复调的交叉趋势很快模糊了这些清晰的线条,但最初以节奏和文化形式表达的协作关系,大致渗透在作品的前三分之一。再次参见谱例4,从第139—145小节,我们看到了一个重要的转折点,此处二元化协作突然变化、消解,每个人都演奏小军鼓,共享同样的音色。一开始似乎如此坚定的两极已变得一致。突然间,音乐的意图清晰起来:我们致力于一个共享的音乐环境,在这个环境中,所有演奏者都能接触到所有种类的音乐素材,触碰到跨越各种声音和文化的乐器。

最近,我和加州大学圣地亚哥分校的同事梁雷谈及这个想法,他与周文中关系密切,我和他亦有过许多卓有成效的合作。他告诉我,在周教授关于书法的笔记和草稿中,曾使用"一线贯通"这个中文短语。的确,正如我们的经验所证明的那样,从根本上来说《谷应》中的所有艺术表现都是对统一的探求。

再一次,可与瓦雷兹《电离》作恰当的比较和对比。

1975年,在一个水晶般的秋日,我初次造访纽约,走过整个曼哈顿,站在瓦雷兹位丁SoHo区的家门外。一路上,我听到了建筑金属碰撞的刺耳声,哀号的警笛,以及来自世界各城市欢快音乐混合的片段。那时我意识到,由这些声音组成的《电离》并不是沉闷无趣的现代主义,而是瓦雷兹写给第二故乡的情书。50年前我第一次演奏《电离》,像我们这一代的许多音乐家一样,得益于弗兰克·扎帕(Frank Zappa)对它的热情,我接触到了这首曲子。半个世纪后,它的声响仍然令人振奋,它的节奏仍然令人愉悦。我再次被这首献给当下的激昂颂歌所鼓舞。

如果说,从位置的角度来看,《电离》是一首时长6分钟、献给纽约喧嚣的情歌,那么《谷应》则是一首时长 20 分钟、单一鸣锣的回荡。在我的想象中,这来自 1942 年那个雾蒙蒙的清晨,周文中听见的锣声。

《谷应》由演奏者 II 的铜锣声开启。然后每个人都尽可能用其所能触碰到的乐器语言做出回应。最终,音响空间是饱满的:充满了不同的声音、节奏和节拍;充满演奏者如此或那般的移动;充满关于位置的意义。我们听到了铜锣声,也听到了一些拉丁牛铃、低音鼓、大鼓、小军鼓、铙钹和狮吼鼓——这是《电离》乐器列表中名副其实的回声。但在周文中的作品中,声音并没有被电离化。也就是说,它们之间的融洽关系并非建立在乐器间差异的和解。[①] 相反,周文中将锣定位为一个元环境,在其中,所有可能的乐器都如在故乡一般自在。这在声音中有着非常美妙的显现:锣和同类金属乐器,如大锣和钹,创造了足够丰富的频谱复杂性,每一种乐器都能以某种方式与其共振联系起来。

但在声音领域之外,锣提供了另一种故乡。几乎每一种音乐文化都产生了某种形式的锣。而且,无论好坏,鼓总是与基本的、行军的和军事的传统联系在一起,而锣则常常发出沉思与和平之声。从声音和实践上讲,它们是每个人都能感到宾至如归的位置。我们知道,锣的每一次鸣响终会落入沉寂。这是其本质。但是通过锣的回声,周文中创造了另一种空间,一种隐喻和文化的空间,声音的情感冲击实际上在不断增强,直到它包含了作品中每一个可能的声音,每一个可能的空间,和作品中的每一位置。

过去的象征(遗产的谜题)

当我告诉周文中我穿过曼哈顿站在瓦雷兹家门外的故事时,他说:"下次,按门铃!"我做到了。就这样,我们成了朋友。

我定期拜访周文中及其夫人张易安,后来则主要是通过电话与他交谈。我

---

① 音乐电离化的过程很难快速解释,但它涉及一系列乐器间初始音色的亲缘关系——例如邦戈鼓与低音鼓、或钹与锣一起演奏——继而是动力增强的音乐环境,它溶解了初始的亲缘关系,并允许新的和意料之外的声音出现,例如小军鼓与锣。

不希望把自己塑造成比实际上更亲密的朋友。但他对自己的时间和想法是如此慷慨，即使谈话有时天各一方，他也会让你感到亲近无间。2010 年夏天，我们在沙利文街的住宅第一次碰面。在那之前，我们总在巡演的某个地方见面。当时我在纽约指挥国际当代乐团（International Contemporary Ensemble），作为林肯中心"瓦雷兹 360 度"项目的一部分。我们演奏小型作品，纽约爱乐乐团演奏大型作品。我们和国际当代乐团的同事克莱尔·蔡斯（Claire Chase）、乔希·鲁本（Josh Ruben）坐在沙利文街的后院，与周文中和张易安一起喝着白葡萄酒，交流关于音乐的故事。我还记得，每当有什么有趣的想法出现时，周文中的表情就会变得多么活泼。

　　我们曾在爱丽丝·塔利音乐厅（Alice Tully Hall）的瓦雷兹音乐会后交谈，使友谊得以巩固。周文中毕生致力于为他的导师瓦雷兹寻找演出机会，常常以牺牲自己的机会为代价。他含着泪说："你知道吗，瓦雷兹从未听过用那样的方式演奏他的音乐。"他指的不仅仅是卓越的国际当代乐团令人惊叹的水准。他的意思是，他如此热爱，对细节如此执着，对其力量有着如此的信仰。自《新大陆》以来，人们对瓦雷兹有很多想法：我们已表达了我们的感受。

　　在那之后，我拜访过几次，并通过电话与他们保持联系。我们谈到书法和延续性，位置和空间，以及记忆。他的记忆有关中国和纽约；有关他的音乐和瓦雷兹的音乐。每次我们在纽约碰面，最终都会在他二楼的音乐室中交谈。在那里，周文中会坐着说话，而我则擦拭锣上的灰尘或修理靠墙的挂锣架。想象一下这些乐器：十几面锣悬挂在离墙几英寸的木架上，像垂直放置的棋盘一样排列着。擦拭灰尘需要一系列垂直和左右的动作，我想象这类似在太空练习太极拳。若干年后，我提议他为我写一首为多面锣而作的独奏曲，其中的锣垂直排列，重现除尘的动作。但那时他病得太重了，无法开启新的项目。

　　周文中于 2019 年 10 月 25 日去世，享年 96 岁，比他心爱的张易安晚几年离世。当时，音乐评论家兼作家沃尔海姆（Corinna Fonseca da Wollheim）为《纽约时报》写了一篇感人的讣告。在与她的交谈中，我们注意到，随着周文中的去世，我们失去了一个与重要历史时期以及急需的思维方式之间仅存的、活着的纽带。

图1　周文中先生收藏的部分打击乐器,陈列在他的书房中

我们想到了周文中对其前辈瓦雷兹的感激,及其毕生致力于跨越民族和文化界限将人们联结在一起的价值。那时,我们怎么能知道即将来临的灾难——流行病带来的长期孤独和对乔治·弗洛伊德(George Floyd)被谋杀的极度愤怒——会使这些价值观比以往任何时候都更重要呢?

　　2020年春天,我和梁雷开始与周文中和张易安的两个儿子周渌岩、周疏玟讨论周文中大量乐器收藏的愿景。中国乐器和他的钢琴将被送往广州星海音乐学院的"周文中音乐研究中心"。但我们强烈认为,这些打击乐器应该使用,而不仅仅是被收藏起来。周渌岩和周疏玟信任我们,在周氏家族的慷慨馈赠下,这些乐器来到了加州大学圣地亚哥分校,现在它们构成了"周文中打击乐器收藏"的核心,这是一个活着的乐器收藏,不仅被欣赏,而且将会被演奏。①

2020 年 12 月 9 日,三个巨大的板条箱抵达康拉德·普雷比斯音乐中心(Conrad Prebys Music Center)的门口,这里是加州大学圣地亚哥分校音乐系的所在地。在第一场冬雨到来之前,我和我的研究生洛伊德-琼斯(Rebecca Lloyd-Jones)和卡尔斯特罗姆(Mitchell Carlstrom)一起匆忙打开箱子,取出乐器,并进行记录。后来,麦克·琼斯(Michael Jones)帮助对这些乐器进行储存和编录。我们完成得很及时,在我的工作室里,我很快就发现自己周围有几十面锣和鼓,还有许多小型乐器,比如牛铃、钹和木鱼。屋外,空箱子和包装材料在倾盆大雨中湿透了。同样在外面的世界,疫情肆虐;一些朋友正经历死亡。正常的生活被悬置了。

而屋内,是魔法般的。

梁雷和我一同迎接这些乐器。我像在周文中的音乐室里那样,掸了掸它们身上的灰尘,尽我所能将之安置在架子上。梁雷和我一起举行了简短的私人仪式,这是自己发明的仪式,旨在迎接一份重要的馈赠。我们拿起一面大的"瓦雷兹铜锣"②——因其为瓦雷兹最后收藏的乐器之一而如此命名——并奏响超大的强音。周文中也曾这样做过,他的两个儿子举着铜锣,在张易安的追悼会上以此纪念她。

瓦雷兹铜锣的声音几乎和我所知道的其他铜锣都不一样。大多数铜锣有"花朵盛开般"饱满响亮的声音。也就是说,它们从一种被控制的噪音开始,其音域和复杂性逐渐生长,直到听起来像声波的涌动和碰撞。

但瓦雷兹的铜锣恰恰相反:它以一声巨大的噪音开始,随声音衰减,音调越来越集中在单一音上。由于声学上的原因,这意味着铜锣上的这个音在早期"噪声阶段"会迅速失去能量,随着它变得更加集中,音响能量的消散速度比传

---

① 作为"2022 年移植之根会议"的一部分,第一届"周文中作品委约"(The Inaugural Chou Commission)艾琳·格雷厄姆(Erin Graham)的《沉默的形状》(Shape of Silence),于 2022 年 5 月 18 日在加州大学圣地亚哥分校首演,这是一首为打击乐手创作的双协奏曲,首演乐器来自"周文中收藏中心"。

② 铜锣(tam-tam)这是一种表面平坦而没有凸起的锣。因此,它产生噪音,而非大多数中心凸起的锣所能发出的集中的音高。我们把凸起的中心称为锣的"老大"(boss)。

统声音"盛开"的乐器慢得多。最后，一段柔和的、音调化的嗡鸣声长时间持续。沉默，当它终于降临，感到不可改变，惆怅不已。

封城整整一年之后，我们开始排练新版《谷应》。这是我在疫情前演奏的最后一部重要作品，如今则是现场演出重启后将要上演的首批作品之一。我们四个打击乐手从"周文中收藏"中挑选乐器开始。我们没有从周先生那里获知某件乐器应和某个乐段匹配的具体注释或指示，所以想象了各种各样的可能性。最后，每人都从藏品中选择了四到五种乐器，补充音乐系更标准化的鼓和钹。

我是四重奏组中唯一一个以前演奏过这首曲子的人。但不曾有人使用过为之谱曲的乐器来演奏。我们突然面临着遗产问题。打击乐手，至少像我这样具有当代及实验音乐实践的乐手，不像其他音乐家那样使用乐器。大提琴家购买斯特拉迪瓦里名琴；而我则收集金属罐和废金属碎片。单簧管演奏家带着他们的乐器来到卡内基音乐厅；而我则打电话给乐器租赁公司。如果乐谱需要小提琴，小提琴手就会带着自己的乐器。但邦戈鼓是可替换的，通常任意一对质量好的就足够了。不只是邦戈鼓，我需要"邦戈鼓感"。但是对于周先生的收藏，我们握在手中的是独特而私人化的乐器，它们是不可替换的。这些乐器所包含的历史和个人的印记会令人无法抗拒吗？我们面临着遗产的难题，我们这些打击乐手既渴望与过去建立联系，又害怕随之而来的传统的重压。

我开始对乐团讲述相关的问题，提及开场的锣是来自周先生的收藏，以及这种乐器如何创造出与其他锣截然不同的声音和个人空间，当我意识到乐团演奏者Ⅱ——富有才华的中国打击乐手张永韵——实际上是在两面不同的锣上奏出开启整部作品的两个音符。我吓了一跳：这首曲子的第一个音符，她选择使用有凸起的中国锣。周文中曾告诉我，这是他最爱的一件个人藏品。而第二个音符，她将演奏一面厚重的平面锣，边沿很深。它是深黑色的，其上有调音师锤击的痕迹。那只锣属于瓦雷兹。我发誓我能从《沙漠》电子插入的原始材料中听到它。

在经历了两年疫情的沉寂之后，我们在《谷应》排练中听到的最初的两个声音，分别来自周文中和瓦雷兹的锣，它们肩并肩悬挂在一起。这似乎是对的：他们的两面锣开启了这部作品的漫长回声，并提醒着他们在声音和生命中的深刻联系。

铭刻成记忆

那个晚上,窗外的暴风雨正在酝酿,我们吃着披萨的谈话变得轻松起来。我们谈论家庭,讲述朋友的故事。突然,周文中转过身来问我:"你想不想听听我是怎么认识瓦雷兹的?"

确实,我很想。

他花一秒钟定了定神,就我现在所能记得的,他开始说:

当时我就坐在你正坐着的地方,瓦雷兹在这儿。那时墙边有架钢琴。我试着联系过他几次,但都没有成功。后来有一天他接了电话,我们约好了见面的时间。他对我的新乐谱看了很长时间——那是你即将指挥的管弦乐曲《山水》。突然,瓦雷兹抬起头说:"我收你做学生。"我欣喜若狂,但也很紧张。我告诉他我无法支付太多的学费。他用拳头猛击着钢琴键盘,喊道:"谁在这里谈钱?"

就在周文中斜着身子笑谈自己的故事,忽然,一道巨大的闪电和几乎同时响起的雷声,震动了整个房间。这似乎相当于气象学上瓦雷兹的爆发,我们默然了一秒钟。而后张易安说道(我记得是这样),"我相信他仍然在这里!"

我们的笑声夹杂着隆隆雷声,像所有声音一样,很快便消失了。但那个瞬间的回声仍在我脑海中,铭刻成记忆,在时空中飘荡。我知道它将永远伴随我。即使是最美丽的锣,也难逃寂静的最终命运,它的共鸣逐渐减弱,成为衰老和失去的图腾。但回声,至少诗意地说,拥有未来。

回声是带着羽翼的声音。

鲁瑶 译

本文原载于《武汉音乐学院学报》2023 年第 3 期

古·印

——周文中打击乐四重奏《谷应》文本与意义解析

鲁 瑶

1989 年,66 岁、抵美 43 年的周文中(1923—2019)完成了打击乐四重奏《谷应》(*Echoes From the Gorge*),该作代表着周文中职业生涯获得的所有东西方理念的总和①。其中调用 72 件打击乐器,在近 20 分钟里构筑起气韵生动的声音场域。

周文中以"谷应"命名作品颇有深意,亦得中国文化诗乐一体和一音多义之妙——其音、形、义全息反映出作品的方方面面,与音乐完全合一。故本文围绕谷、应及同/近发音之汉字从 6 个方面展开论述:谷——穿越 20 年;应——关照四方;古——融《溪山琴况》与《琴声十六法》;易——声音素材生化;映——投射山水空间;印——心音归本。

一、谷——穿越 20 年

谷为会意字(图 1),指代两山之间的底部有出水口使八方泉水通流入川,是

---

① 参见周文中音乐研究中心:《周文中〈谷应〉作品介绍》,邹彦译,(2022 - 11 - 27)https://mp.weixin.qq.com/s/VZAFAJ4aPEd265kxyDmUVw。

山水中生机勃勃的空间。周文中《谷应》为四位打击乐演奏家而作,全曲分为序奏性的"调意"和 12 个与山、水、秋、月、云等自然意象相关联的篇章,如"竹之雨""澄然秋潭""万壑争流"等,融汇为生机萌动的山水场域。

甲骨文	金　文	金文大篆	小　篆
谷	谷	谷	𧮫

图 1　谷之甲骨文、金文、篆体①

　　《谷应》的创作跨越周文中作曲生涯的上下半时:初稿始于 1970—1972 年——此时距他的第一部作品管弦乐《山水》(1949)已逾 20 载,其间探索还包括《花落知多少》(1954)、《柳色新》(1957)、《草书》(1963)、《渔歌》(1965)、《变》(1966)与《韵》(1969)。在这 20 多年间,他的自创性可变调式体系(variable modes)逐步建立,进入跟随瓦雷兹学习及继续研究《易经》的阶段②,不断寻求何为中国声音,音乐语言趋于成熟。

　　随后《谷应》的创作被搁置整整 16 年——1972 年后,已担任哥伦比亚大学作曲系主任的周文中投身于教学和中美文化交流事业,其间鲜有作品问世③,直至 1988 年 12 月才重启,于 1989 年 2 月完成,同年由新音乐团(New Music Consort)首演。

---

①　在甲骨文、金文与篆文中,谷分上下两部分。上方表示多重切割,下半部表示山口。上方折线也含有水的意象,下方"口"为泉眼,表示水从泉眼流出。《说文解字》中说"泉出通川为谷。从水半见,出于口。"参见〔汉〕许慎:《说文解字》第十一卷下"谷部"(2023 - 1 - 27),https://www.qqxiuzi.cn/hanyu/shuowenjiezi/? zi=47560。

②　参见梁晴:《周文中〈大提琴协奏曲〉:一幅声音山水长卷》,载《音乐艺术》2022 年第 4 期,第 163 页。

③　周文中于 1969 年起任教于哥伦比亚大学,1972—1989 年间唯一完成的作品是《雾中古都》,亦和中美文化交流有关。

《谷应》标志着周文中走入更深层次的探索，作为他唯一一部完全为打击乐而作的作品，体现出作曲家对东西方关系及其传统、作曲之独立性、声音本质，以及易学、琴学、山水、空间等重要创作问题的思考。

因此这部创作跨度近20年的作品具有重要结构性意义，它衔接起周文中创作生涯的前20与后20余年，其搁置与沉淀的静止期，如同步入且穿越看似安静的山谷，并由此开启创作生涯丰硕的下半时。随后的《山涛》(1990)、《大提琴协奏曲》(1992)、两部弦乐四重奏《浮云》(1996)与《流泉》(2003)和最后的苍松系列(2008—2013)，以愈加纯熟的理念与技法穿梭于东西古今，实现了他再融合与汇流的愿景。

二、应——关照四方

"应"有回声之意，周文中在英文标题 *Echoes from the Gorge* 中亦将之译为echoes(回声)。他以《谷应》为立点，呼应了许多问题，使作品如同向着山谷的呼唤，回声延绵，关照四方。

1. 致敬瓦雷兹

《谷应》是周文中对恩师瓦雷兹(Edgard Varèse，1883—1965)及其作品《电离》(*Ionization*，1931)的致敬。作为瓦雷兹的弟子及亲密友人，周文中于1965年恩师辞世后成为其遗作执行者，不遗余力推动其作品的研究、修订等事宜。他熟悉《电离》，1960—1970年已在哥伦比亚大学授课中分析该作并完成分析论文，盛赞这是"第一部未使用电子音乐并脱离传统音高组织，纯粹运用音响来实现作品结构意义的最完美典范"[①]。而《谷应》的初稿恰始于1970年，直接受到《电离》的启发。

两者展现了多层关联：《电离》是为13位打击乐演奏家而作，作品亦被13

---

① 周文中：《〈电离〉：音色在作品结构与时间组织中的功能》，王璐译，载梁雷主编、洛秦副主编：《汇流——周文中音乐文集》，上海音乐学院出版社，2013年，第68页。

个排练号所分割①,《谷应》则分为"调意"和 12 章,共 13 个部分。《电离》的音色可细分为七类(金属、膜鸣、簧鸣、木鸣、波浪式发声、气鸣、键盘-短槌)②;《谷应》则包含除键盘类乐器外的所有音色类别,且特别保留金属板和弦鼓作为对《电离》的致意,作品对鼓槌和敲击位置的安排也受惠于瓦雷兹③。此外两部作品中的同类音色均被有意识地划分为高低不同的音区,并通过音色的转接、投射而形成结构性组织。

另外,真正的致敬更体现于传承中生发的独特处理与拓展。两部作品音色配置虽类别相似,但周文中特别规避了警报器、刮响器等《电离》中极富标识性的锐利音色,使《谷应》更具柔性与空灵。在乐器与演奏家的关系及空间排布层面,《电离》整体上采用乐队思维下的块状音色分布④,而《谷应》则更着意于音色呼应及环绕式的空间关系。在美学上,两者皆受到不同音乐文化的滋养,但其根基分别立于西方与东方。

2. 超级四重奏

周文中认为弦乐四重奏是最能代表西方特性的曲种⑤,《谷应》对此关照,其构成如超级四重奏。4 位演奏家各有 18 件乐器,均包括木(竹)、金、革三大类,如同 4 个三层高的魔方:木(竹)类包括音色高亢的响板和梆子,竹风铃和木块、木鱼组合。金类乐器数量品种最多,其中钹或镲的比重最大,亦有清亮的铃类、低沉的锣类。革类包括高昂的邦戈鼓、中音鼓、浑厚的低音大鼓等各种鼓组合。

其次每层内部再根据相对音域的高低、音色细分,如此每人便拥有 5 到 6 个

---

① 《电离》13 个排练号加上首段,共 14 段。

② 根据周文中的分类,参见周文中:《〈电离〉:音色在作品结构与时间组织中的功能》,陈璐译,载梁雷主编、洛秦副主编:《汇流——周文中音乐文集》,上海音乐学院出版社,2013 年,第 68—102 页。

③ 周文中语,参见 Eric C. Lai, *The Music of Chou Wen-chung*, London and New York:Routledge Taylor & Francis Group(2009),p.138.

④ 可参考莫里斯·戈登伯格关于《电离》的乐器舞台分布图示,参见郭新:《噪音作品的构思和节奏、音色与织体的组织——瓦雷兹打击乐合奏〈电离〉的结构手段解析》,载《武汉音乐学院学报》2022 年第 2 期,第 124 页。

⑤ 周文中:《音乐创作与中华文化——我的学习、研究、创作的过程和原则》,载《中央音乐学院学报》2006 年第 1 期,第 9 页。

乐器组,形成既关联又不同的色彩调性(见图2),它们就像不同的"频道",伴随乐手的舞台方位触发空间中的呼应与对话。

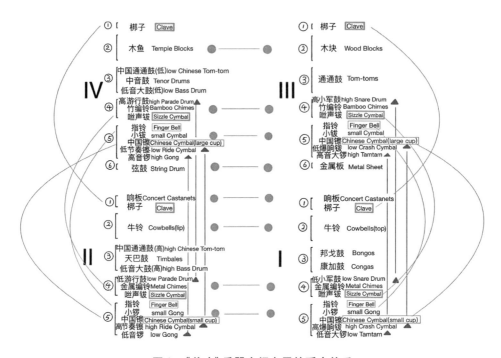

图2　《谷应》乐器空间布局的呼应关系

再次,单乐器间也展现出多种空间关系。有的垂直呼应(图2三角),如演奏者Ⅳ和Ⅱ的高、低音锣;有的水平呼应(图2圆点),如Ⅳ和Ⅲ的木鱼、木块;有的形成环状关系(图2方框),如梆子、哑声钹等。此外乐器的相对音高构筑起三维空间的不同面向,如梆子,四位演奏者从低到高排序为Ⅱ、Ⅳ、Ⅰ、Ⅲ[①],形成倒转的Z字形(图3a)。指铃则从低到高构成顺时针旋转(图3b)[②]。

最后,加之声音素材始终以呼应构成,所有因素叠加、排列、组合,从而激发出超级四重奏千变万化的可能性。

---

① 演奏者Ⅱ:中等,演奏者Ⅳ:中高,演奏者Ⅰ:高,演奏者Ⅲ:非常高/有穿透力。参见 Chou Wen-chung, *Echoes from the Gorge*, Preface: Notes on Instruments, NY: Peters, 1989。

② 四件指铃分别为演奏者Ⅲ:非常高,Ⅳ:高音,Ⅱ:中高,Ⅰ:中等。

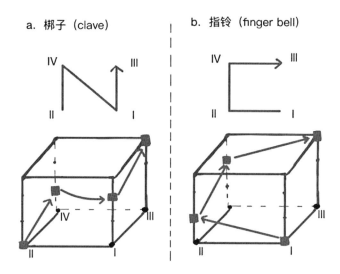

图 3　《谷应》梆子、指铃的二维与三维空间布局

三、古——融《溪山琴况》与《琴声十六法》

周文中认为"琴乐是中国音乐表达之精髓"①。《谷应》使用不同材质的鼓槌，如羊毛、各种硬度的毡毛、软毛线、橡皮、塑料及木头敲木头和手指敲鼓，并规定敲击乐器的不同位置——中心、边缘、离中心 1/3、离边缘 1/3 等共计 11 种。对音色细腻变幻的极致追求，不仅是周文中受古琴丰富指法启发而进行的音色研究，亦体现出作曲家及表演者与打击乐的亲密性，如同琴人与古琴知己般的关系。

他虽未曾提及《谷应》各标题的文本来源，但曾以"高山""流水"阐释乐曲上下两部分的结构，并用澹、清、古、脆等字与各章相对②，还曾在手稿中将之译为英文（图 4）。

---

① 周文中：《周文中近作三首》，王婷婷译，载梁雷主编、洛秦副主编：《汇流——周文中音乐文集》，上海音乐学院出版社，2013 年，第 294—296 页。
② 参见梁雷主编、洛秦副主编的《汇流——周文中音乐文集》照片页。

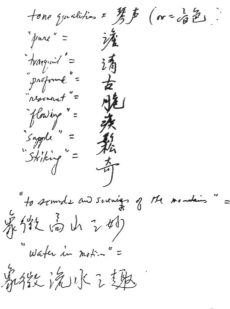

图 4　周文中编号 0799—0113 的手稿①

　　这些概念令人联想到中国古琴音乐的美学范畴，通过对照徐上瀛《溪山琴况》和冷谦《琴声十六法》，笔者发现《谷应》各小标题甚至谷应二字，竟均出自这些琴乐典籍（见表 1）。

　　《溪山琴况》共二十四况，《琴声十六法》共十六法，所涉美学准则和意象丰富，周文中在汲取时如何选择、组织与呼应？图 5 呈现了三者的结构关联。《溪山琴况》的排列章法是从宏观"和、静、清、远、古、澹"的美学准则，至"丽、亮、洁、润"等音色音质的追求，再到涉及力度、速度的"轻、重、迟、速"。周文中仅从中提取三况（清、古、澹）——皆属宏观美学层面，且在作品中赋予其重要结构作用。

---

① 周文中的手稿中有多张对古琴音色的探讨。编号 0799—0113 列出古琴七种琴声（音色）的词汇及英译。学者饶韵华指出："不同于手稿中其他挥笔疾书的字迹，这七个琴声字汇以端正秀丽中文书写，表达贴切，特别是'脆、疾、松、奇'四字，十分传神。就连相对的英文字迹，也秀丽适中，带有中文书写的神韵。"参见饶韵华：《手稿解读的思考：谈〈谷应〉手稿的墨迹及文脉》，载梁雷主编：《周文中作品〈谷应〉手稿》，上海音乐学院出版社，2023 年，第 81 页。

表 1　《谷应》各章标题与《溪山琴况》《琴声十六法》的文本关联①

章	标　题	结构	琴声	出　处	具　体　文　本
	调意 Prelude：Exploring the Modes				
1	竹之雨 Rain Drops on Bamboo Leaves	高山	澹 pure	《溪山琴况》 第六/《琴声 十六法》第 十二	夫琴之元音,本自澹也……吾爱此情,不求不竞;吾爱此味,如雪如冰;吾爱此响,松之风而<u>竹之雨</u>,<u>涧之滴而波之涛</u>也。
2	幽然谷应 Echoes from the Gorge		清 tranquil	《溪山琴况》 第三/《琴声 十六法》第 七	故清者,大雅之原本,而为声音之主宰……试一听之,则<u>澄然秋潭</u>,<u>皎然月洁</u>,渌然山涛,<u>幽然谷应</u>:始知弦上有此一种情况,真令人心骨俱冷,体气欲仙矣。
3	澄然秋潭 Autumn Pond				
4	皎然月洁 Clear Moon				
5	深山邃谷 Shadows in the Ravine		古 profound	《溪山琴况》 第五	其为音也,宽裕温庞,不事小巧,而古雅自见。一室之中,宛在<u>深山邃谷</u>,老木寒泉,风声簌簌,令人有遗世独立之思,此能进于古者矣。
6	老木寒泉 Old Tree by the Cold Spring			《琴声十六 法》第十一	故下指不落时调。便有义皇气象。宽大纯朴。落落弦中。不事小巧。宛然<u>深山邃谷</u>。<u>老木寒泉</u>。风声簌簌。顿令人起道心。绝非世所见闻者。是以名其音古。
7	响如金石 Sonorous Stones		脆 resonant	《琴声十六 法》第三	脆者健也……**响如金石**,动如风发。
8	涧之滴 Droplets Down the Rocks		澹	《溪山琴况》 第六	同 1。

---

① 表中原文本参见〔明〕徐上瀛、冷谦:《溪山琴况　琴声十六法》,陈忱、徐樑译注,中华书局,
2021 年。

续　表

章	标　题	结构	琴声	出　处	具　体　文　本
	调意 Prelude: Exploring the Modes				
9	行云流水 Drifting Clouds, Flowing Streams	流水	疾 flowing	《琴声十六法》第十五	而随有行云流水之趣。大速贵急。务使急而不乱。依然安闲之气象。而泻出崩崖飞瀑之声。是故疾以意用。更以意神。
10	珠之走盘 Rolling Pearls		松 supple	《琴声十六法》第二	故琴之妙在取音，取音宛转则情联，松活则意畅，其趣如水之兴澜，其体如珠之走盘，其声如哦咏之有韵，可以名其松。
11	万壑争流 Peaks and Cascades		奇 striking	《琴声十六法》第十	音有奇特处，乃在吟逗间。指下取之。当如千岩竞秀，万壑争流，令人流连不尽，应接不暇。
12	崩崖飞瀑 Falling Rocks and Flying Spray		疾	《琴声十六法》第十五	同9。

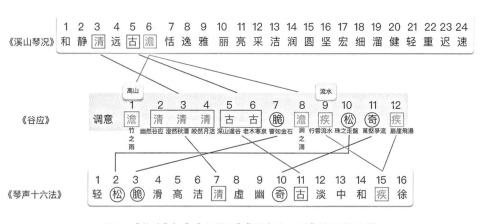

图5　《谷应》与《溪山琴况》《琴声十六法》的结构关联

第六况"澹"中"吾爱此响,松之风而竹之雨,涧之滴而波之涛也"分别对应乐曲第 1 章"竹之雨"和第 8 章"涧之滴",这两章恰好是全曲上片①"高山"的开端与收尾。

第三况"清",周文中将原文次序进行了调整,将"幽然谷应"提前,"澄然秋潭""皎然月洁"分至其后,分别对应第 2、3、4 章标题,其中"谷应"二字更成为统摄全曲的标题。

第五况"古"的"深山邃谷,老木寒泉"接连对应第 5、6 章,同时成为上片及全曲的中心。

由此"清""古"二况便占据《谷应》上片大部分篇幅,它们同时也是《琴声十六法》中的第七、十一法,故《溪山琴况》和《琴声十六法》的关联便在《谷应》的新语境中被构建起来。

乐曲下片"流水"之标题皆取自《琴声十六法》,其中"疾"之"……随有行云流水之趣……泻出崩崖飞瀑之声",各取四字分别对应乐曲第 9 和 12 章,构筑起"疾—松—奇—疾"的对称关系,与上片首尾对称的"澹"况异曲同工。

这些意象的组合及其结构显然经过了深思熟虑的考量,它们不仅借助自然的多个侧面和动态视角构筑起山水场域的灵动想象,且将琴学典籍文本附带的原初语境与"高山""流水"产生妥帖的应和,并对最终的声音实现及感知发挥重要作用。

如上片"高山"中,"澹"与至音、真趣②有关,其所对应的"竹之雨",探索了"雨滴落在不同材质上的声音"③,令人产生灵动的雨或远或近、忽明忽暗的听、视觉感受,其声音进程"也许可标题化叙述为:毛毛雨—淅淅沥沥—倾盆大雨—零星小雨—湿漉漉"④的场景变化。"清"之至要为一度一候:"……贞静宏远为

---

① 此处借用诗词中的结构术语上片、下片,分别对应《谷应》的上半部分和下半部分。

② 参见〔明〕徐上瀛、冷谦(同上):《溪山琴况 琴声十六法》,中华书局,2021 年,第 70 页。

③ Chou Wen-chung, *Echoes from the Gorge*, Preface: Notes for Rehearsals, NY: Peters, 1989.

④ Eric C. Lai, *The Music of Chou Wen-chung*, London and New York: Routledge Taylor & Francis Group (2009), p.128.

度,然后按以气候,从容婉转"①,既追求中正、和静的大音之声,又强调气息之迟速、缓急之雅趣。有趣的是,其对应的音乐皆呈现出两种音乐姿态之间的互动及其气息流变。"幽然谷应"营造山谷之幽远、深邃(大锣漫长混响)及其不同空间的回声(梆子、木鱼寥寥几音);"澄然秋潭"将视角拉近,底色如湖水(小军鼓以相同力度滚奏),平静中隐现相对音域及色彩的微变,而零星点缀的木鱼、牛铃如耳语般的"昆虫鸣叫"②,响板则"模仿秋蝉"③;"皎然月洁"则意指天上明月(清亮的指铃)及身旁被朦胧月光笼罩之处(使用微弱、持续的金属乐器,钹类居多)。

再如下片"流水"中,"行云流水""崩崖飞瀑"分别对应"疾"之小速与大速,前者应"……微快……不伤雅度"④——这是全曲唯一仅用鼓的音色的章节,其相对音域在仅8小节中有不易察觉的抬升,为后续做准备;后者则"……急而不乱。依然安闲之气象……"——其乐历经12次小节缩紧及4次加速,与整个下片的滚奏、震音等手法一以贯通,令人联想起琴曲《流水》中模仿水之声势的"滚拂",气象万千。

更值得注意的是,在《谷应》整体结构的构建中,"古"被置于全曲中心,显示出周文中对它的强调,紧随《谷应》后完成的《大提琴协奏曲》中亦可见类似处理。⑤这是为何? 从结构上看,"清""澹"皆入于此⑥。从精神上解,"古"非"间声"(间杂繁促),非"时音"(声争媚耳),非"粗率疏慵"。它包含三个层次:第一,中正、古雅;第二,澹、高远、不媚、向内、会心;第三,超然、古朴、独立、宽厚、深邃。⑦ 在

---

① 〔明〕徐上瀛、冷谦:《溪山琴况 琴声十六法》,中华书局,2021 年,第 56 页。
② Eric C. Lai, *The Music of Chou Wen-chung*, London and New York:Routledge Taylor & Francis Group (2009), p.142.
③ Eric C. Lai, *The Music of Chou Wen-chung*, London and New York:Routledge Taylor & Francis Group (2009), p.142.
④ 〔明〕徐上瀛、冷谦:《溪山琴况 琴声十六法》,中华书局,2021 年,第 179 页。
⑤ 参见梁晴:《周文中〈大提琴协奏曲〉:一幅声音山水长卷》,载《音乐艺术》2022 年第 4 期,第 175 页。
⑥ "古"之音澹而会心。且俗响不入,渊乎大雅——这与大雅之根本的"清"相合。参见明·徐上瀛、冷谦:《溪山琴况 琴声十六法》,中华书局 2021 年,第 62—66 页。
⑦ 对"古"之三个层次,参考了梁晴的解读:(1) 中正、古雅、无杂染、温和;(2) 澹、安静、高远、不媚、向内;(3) 超然、独立、宽广、崇高、自然、深邃,笔录于 2023 年 11 月 27 日。具体文本参见明·徐上瀛、冷谦:《溪山琴况 琴声十六法》,中华书局,2021 年,第 64—67 页。

周文中的创想中,无论是对应单个篇章的"古",还是作为整体的《谷应》,皆显示出他用《溪山琴况》和《琴声十六法》之典,贯通风景、山水及其背后精神旨趣的诉求,以及对声、音、乐之古雅气韵的追索和审慎思考。

四、易——声音素材生化

《易经》作为东方智慧的代表,以简洁方式取象自然,从而理解宇宙发展、变化的规律。在《谷应》中,周文中意欲以声音呼应其中的智慧。

1. 阴阳为统

《易经》将宇宙运动的本质归纳为阴与阳的变化组合。在《谷应》中,周文中用不同节奏比例及模式表示《易经》之阴爻、阳爻,并由不同组合而形成变化、关联的卦象。"升序"(ascending order)之阳爻为5—1或4—2的比例排列,阴爻为3- 2 1或3—1—2,"降序"(descending order)则将以上排列逆行。① 以此为基础(如例1),三爻构成一个八卦(共 8 种:乾天、坤地、坎水、离火、震雷、巽风、艮山、兑泽,《谷应》中全部出现),将之两两叠合则构成一个重卦(共 64 种,《谷应》中出现 13 种)。

例1.《谷应》节奏素材之阳爻、阴爻、八卦、重卦关系,第5—6小节

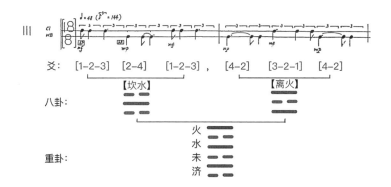

———————

① 周文中曾在 1999 年写给塔科·库伊斯特拉(Taco Kooistra)的信中如此解释,参见 Eric C. Lai, *The Music of Chou Wen-chung*, London and New York: Routledge Taylor & Francis Group(2009), p.88。有关这些比例与节奏的生成关系,亦可参见此文。

表 2 《谷应》节奏素材对应八卦

1.竹之雨

章	调意	1.竹之雨						
重卦	X	卦一	卦二	卦三	卦四	卦五	卦六	卦七
小节	1	8	21	31	43	55	69	85
八卦	【离火】	【坎水】	【震雷】	【坤土】	【艮山】	【乾天】	【兑泽】	阳-阴*
	【坎水】	【离火】	【坎水】	【兑泽】	【离火】	【艮山】	【巽风】	阴-阳*
	【坎水】	【离火】	【离火】	【艮山】	【坎水】	【兑泽】	【震雷】	阴-阳*
	【离火】	【坎水】	【巽风】	【乾天】	【兑泽】*	【坤土】	【艮山】	阴-阳*

章	2.幽然谷应	3.澄然秋潭	4.皎然月洁	5.深山蓬谷		6.老木寒泉	7.响如金石	
重卦	卦八	卦九	卦十	卦十一		卦十二	卦十三	卦十四
小节	113	146	172	198		215	235	241
八卦	【坎水】	【艮山】	【巽风】	【坎水】 *	【艮山】*	【坎水】 *	【艮山】 *	【坤土】 *
	【离火】	【坎水】	【震雷】	【离火】 *	【坎水】*	【震雷】 *	【兑泽】 *	【兑泽】 *
	【离火】	【兑泽】	【巽风】	【坎水】 *	【离火】*	【艮山】 *	【乾天】 *	【乾天】 *
	【坎水】	【震雷】	【兑泽】	【艮山】 *	【离火】*	【震雷】 *	【坤土】 *	【艮山】 *

章	8.洞之滴	9.行云流水	10.珠之走盘	11.万壑争流		12.崩崖飞瀑		（尾声）
重卦	卦十五	卦十六	卦十七	卦十八	卦十九	卦二十	卦二十一	卦Y
小节	244	263	272	292	312	321	331	333
八卦	【艮山】	【兑泽】	【巽风】	【震雷】	【艮山】	【坎水】	【离火】	【坎水】 *
	【震雷】	【巽风】	【离火】	【坎水】	【震雷】	【离火】	【坎水】	【离火】 *
	【巽风】	【震雷】	【坎水】	【离火】	【巽风】	【离火】	【离火】	【离火】 *
	【兑泽】	【艮山】	【震雷】	【巽风】	【兑泽】	【离火】	【坎水】	【坎水】 *

这是周文中作曲技法的核心,也是学者研究的重点①,其中关振明曾列出全曲对应的八卦,对本分析颇具启发,但存在三处不同:第一,在确定《谷应》全曲阴爻、阳爻及八卦时,约有 23% 不同(见表 2 带星号项)。第二,判断重卦时,本文按《易经》惯例即六爻排序从下至上,与关先生的某些判断不同②。第三,关先生对重卦尚未多言,仅以"调意"Ⅱ、Ⅳ 声部为例说明其构成方式。而重卦对于《谷应》的叙事具有重要意义,且助益于回答以下问题:为什么周文中选择这一个,而非另一个卦象;用数控的声音/节奏组合代表卦象,只是一种形式,还是它及其所承载的象征能够真正触及《易经》对于世界的认知?

表 2 显示出全曲节奏皆源自卦象,构成 192 个八卦,其中包含 21 个重卦。由于所有卦象皆基于阴爻、阳爻不同组合,故阴阳成为统摄《谷应》的基石。

2. 太极·两仪·四象·八卦·万物

纵观全曲,阴以 1—2—3 或 2—1—3(及其逆行)代表,阳以 2—4 或 1—5(及其逆行)代表,两者结合而成的节奏素材看似已是作品最核心的基础。然而阴阳来自何处? 又为何各有两种排列? 究其根源则须继续向前追溯,全曲时间/节奏之源是第一个音,随后的生成模式则应和《易经》对宇宙发展的描述:太极生两仪,两仪生四象,四象生八卦,八卦生万物。

谱例 1 为乐曲开端"调意"(prelude:exploring the modes),1—6 小节为主体,随后匀速加快导向下一章"竹之雨"。演奏家 Ⅱ、Ⅳ、Ⅰ、Ⅲ 依次出现,演奏金、革、木三大类乐器。

---

① 参见 Eric C. Lai: *The Music of Chou Wen-chung*, London and New York, Routledge Taylor & Francis Group(2009), p.89;关振明:《谷应》,载梁雷主编:《周文中作品〈谷应〉手稿》,上海音乐学院出版社,2023 年,第 87—107 页。

② 参见关振明:《谷应》,载梁雷主编:《周文中作品〈谷应〉手稿》,上海音乐学院出版社,2023 年,第 95 页。

谱例 1　《谷应》"调意"，第 1—7 小节①

太极为天地未开、混沌未分阴阳之前的状态——以全曲首音附点二分音符为象征，由低音锣奏出（演奏者 II），左上圆圈 C 表示奏乐器中央，左下方框 B 指示用常规鼓槌（见图 6 中心圆）。乐器音色、击打位置及鼓槌材质决定了第一个音泛音多、持续时间长，后续声音出现时，余音还继续在时空中弥漫。

太极生两仪。两仪指阴阳——表现为第 1 小节的后两音，分别是二分、四分音符，即第一音 3 拍变为 2+1（图 6 半圆）。依然由低音锣演奏，但前者改为用软度适中的毛线槌（medium soft yarn，msY）、敲击乐器边缘近后缘（near back edge

---

①　谱例来源参见 Chou Wen-chung, *Echoes from the Gorge*, NY：Peters, 1989。除此之外，本文中其他图、例皆由笔者绘制。

of rim，R-b）；后者沿用同样的毛线槌，但敲击近边缘（near rim，nR），由于太极生两仪，故后两音无论时值、音色都和第一音既相关，又有微妙不同。

两仪生四象。四象为阴阳的继续细分，即少阳、太阳、太阴、少阴，出现在乐曲第 2、3 小节（见图 6 方框）。其中 a 为少阳，阳中之阴，变动幅度较大，由 2、4 两个偶数构成，差值为 2；b 为太阳，阳中之阳，动幅最大，由 1、5 两个奇数构成，差值为 4；c 为太阴，阴中之阴，最平缓，由 1、2、3 构成，相邻差值为 1；d 为少阴，阴中之阳，略有波动，由 2、1、3 构成，相邻差值为 1 或 2。

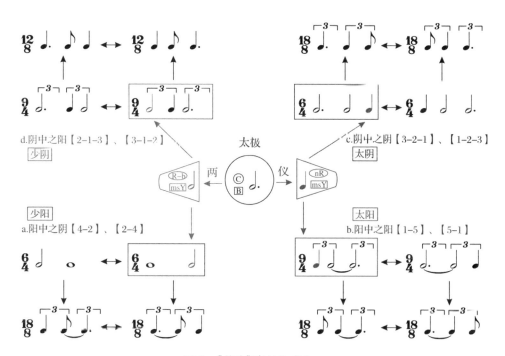

图 6 《谷应》素材生成之一

四象生八卦。通过逆行、缩减，上述四象在"调意"中生出变体共 16 种，3 个一组构成 8 个八卦。

八卦生万物。全曲所有节奏素材皆源于此，但变化多端，有各种变体及音色配置。故从首音至全曲，《谷应》构筑了由太极、两仪、四象、八卦至万物的声音生化过程。

3. 既济未济左右旋

"调意"中由【坎水】①、【离火】两两组合构成的重卦及出现的次序，分别为演奏者Ⅱ「火水未济」、Ⅳ「水火既济」、Ⅰ「水火既济」与Ⅲ「火水未济」。

周文中为什么在全曲开始选择这两个重卦，又为何如此排序？这其中存在着象征意义。此二卦为《易经》六十四卦的最后两卦，地位极为特殊，仅次于乾、坤两卦②。「水火既济」为第六十三卦，象征事已成，水火相交互补平衡，但盛极而有衰退之隐。「火水未济」（后文简称「既济」、「未济」）为第六十四卦，象征事未成，火上水下无法互补，但充满发展的可能性。

周文中的卦象排列及声音结构，凸显出两者之间的张力。第一组「未济」—

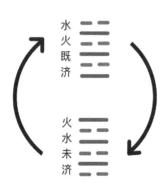

图7 《谷应》"调意"之卦象旋动

「既济」（演奏者Ⅱ、Ⅳ），分别由锣镲、鼓类乐器演奏，金、水③相生，从未成至圆满。第二组「既济」—「未济」（Ⅰ、Ⅲ），由大锣和小锣、梆子和木鱼演奏，金、木相克，由圆满逆转至未完成。且每组「既济—未济」都包含四象（四种节奏模式）的生化过程；而两个既济卦和两个未济卦的内部，每一爻皆互为逆行。因而"调意"的「未济」—「既济」与「既济」—「未济」呈现出左升右降（见图7），并以此旋动之象开启全曲。

4. 全息生成

作为首个完整的表意单元，"调意"在乐曲开端便确立了作品的基本原则，包括：（1）对称，如演奏者Ⅰ、Ⅱ与Ⅲ、Ⅳ上下镜像对称。（2）循环，如阴—阳—阴爻结构在第1小节由演奏者Ⅱ，第5小节由演奏者Ⅰ、Ⅲ、Ⅳ各循环一次。（3）相错，即阴阳互换。「既济」与「未济」两卦在《易经》中也被称为"错卦"。

---

① 为方便区分，以【 】表示八卦，以「 」表示重卦。
② 参见高永平：《图解易经》，江西科学技术出版社，2021年，第490页。
③ 在"八音八风图"中革音（鼓）位于正北坎位，坎为水。参见〔宋〕杨甲撰、〔清〕王皞校录：《春秋笔削发微图》，清刻本。

（4）不同比例并置，各声部占据时长比例依次为 6∶4∶3∶2，逐渐缩减而赋予音乐自然的推动力。（5）终止式结构，见第 7 小节梆子的加速。

这些储存在"调意"中的信息与原则，将全息[1]投射并生成整部作品。自随后的"竹之雨"起，《谷应》的 12 章包含二十一卦，并附带与"调意"呼应的开放式尾声（见表 3），其生成具体表现如下。

（1）由宏观至微观四层对称及其相错。 宏观对称关照全曲，以卦十一、十二为中心，对应《溪山琴况》《琴声十六法》之"古"——各由三个八卦构成，是全曲仅有的开放性卦象；对称两端为乐曲首尾互为错卦的「既济」与「未济」卦；此外，卦十与十五、九与十六、八与十七于中心两侧分别对称。

中观对称将全曲三等分。首先是"竹之雨"，对称中心Ⅰ为卦四的插入段，首尾两端相错或倒影对称；卦八至十四的对称中心Ⅱ为卦十一与十二，两侧的卦九与十四自由对称；卦十五至二十一的对称中心Ⅲ为卦十七后的插入段，两侧的卦十七、十八倒影对称，十六与十九倒影对称，十五与十九原样对称。

次中观对称出现在相邻卦象之间：卦 X 与一、卦二与四、九与十、十三与十四、十五与十六，卦二十、二十一与 Y。

微观对称存在于几乎每一卦的四声部之内，「既济」与「未济」、「泽雷随」与「山风蛊」、「天地否」与「地天泰」、「雷泽归妹」与「风山渐」、「山泽损」与「泽山咸」、「雷风恒」与「风雷益」皆为阴阳相错的错卦。

以上四层既有对称特性，又非一板一眼，如卦五与十三（表 3 灰色标识）就打破了微观对称中的错卦规约成为例外，宏观与中观对称两侧的设计也具有弹性及偏移。此为周先生钟爱的"水中月"[2]对称，展现出规则与丰富可变性之间的张力。

---

① 全息之要旨为任一部分都包含着整体的全部信息。

② 水中月对称"基于'水之倒影'，物体保持不变；然而光的折射使倒影变形，这与许多中国艺术形式中明显的平衡动态力量相一致，包括书法、山水画、琴乐和诗歌。"参见 Janet Jie-ru Chen and Shyhji Pan-Chew，"An Introduction to Chou Wen-chung's Concept of Water-image Symmetry"，*Mitteilungen der Paul Sacher Stiftung*，No. 19，April 2006，p.40。

表 3 《谷应》之卦象对称与循环

（2）双循环与比例并置。循环 A 指"调意""响如金石"之卦十三，"崩崖飞瀑"之卦二十与二十一内循环出现了不同节拍比例的并置。前两处为纵向叠置，均为 6∶4∶3∶2。后一处为横向并置，以小节为单位变换节拍（谱例 2a），三小节（一个八卦）为一组，形成每小节 12 个四分音符至 1 个四分音符的等比例缩减（谱例 2b），加之四声部同步奏每一爻、卦，因此在全曲临近结束时形成一股推动力。循环 B 指"竹之雨"卦一至四和"涧之滴"卦十五之间相似的声音素材、音色配置及逐渐加速的音乐姿态。

谱例 **2a.**《谷应》"崩崖飞瀑"，第 321—323 小节

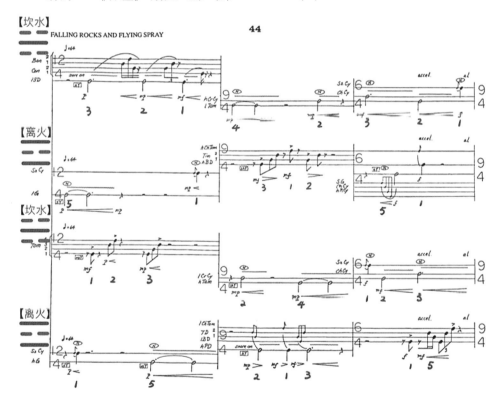

谱例 **2b.**《谷应》"崩崖飞瀑"的节拍变化

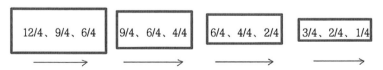

（3）终止式结构。"调意"末尾的终止式结构出现在全曲每一章的结束，并出现了滚奏、自由华彩等变体，具有连接、导入等功能。最后的尾声采用和"调意"类似的卦象，同时指示加速、渐强、用任意顺序和敲击任意次数，以即兴和开放达至混沌及余音消散后的虚空。

透过阴阳为统、太极—两仪—四象—八卦、「既济」—「未济」及其它相错之卦的运用，以及由"调意"至全曲的全息生成，使一音、一爻、一卦皆处于完满之中，除当下之外，并没有必须要抵达的、明确的方向，期间呈现千变万化的只是相。这是《谷应》触碰东方智慧的体现，也是《谷应》与《电离》最本质的美学区别，后者着意于展现一次或几次趋向高潮的过程，具有明确的方向性。

素材与变化的极简原则使《谷应》处于包罗万象的关系网中，其紧密的关联使声音本质上全都彼此相应。这种处于似与不似之间的循环往复，不是动机的概念，它们造成时空之绵延，其生成包含无限的意味，由此回应了《易经》对宇宙运动的认识——生生不息，循环往复。

五、映——投射山水空间

《谷应》循环往复的声音与变化微妙的音色被编织进立体的空间感知，并触及三个维度：第一，打击乐器声音高低而导致的纵向空间变化；第二，由重音、休止、力度和泛音不同而造成的近与远的深度变化；第三，因声音方位和布局而造成的环绕式变化。

这投射出中国山水画中三远的空间概念，宋代郭熙曾指出："山有三远：自山下而仰山颠，谓之高远；自山前窥山后，谓之深远；自近山而望远山，谓之平远"①，且分别论述了它们的色彩、态势及意境："高远之色清明，深远之色重晦，平远之色有明有晦。高远之势突兀，深远之意重叠，平远之意冲融而缥

---

① 〔宋〕郭熙：《林泉高致》，中华书局，2010 年，第 69 页。

缈。"①中国古代画家通过构图、比例、笔墨等维度，将他们对山水自然的理解外化于纸张，赋予平面的山水画作以整全、灵动的自然与精神空间，令心神驰骋其间。

周文中曾多次表示他对《谷应》空间感知的重视。他针对声音高度曾提到："演奏同一家族乐器必须表现出显著均匀的音高幅度，在不牺牲音质和均匀的前提下，尽可能广泛地覆盖音域……四声部每组可调音的鼓都要有足够差异和一致的间距"②。如第二章"幽然谷应"演奏者Ⅱ以低音锣演奏的 7 个♩。周文中指出："7 个♩是自由的，给定节拍标记仅作为向导——其功能是延迟随后的♩，并给前一♩足够的发音时间，以便在发声点之间对听者产生共鸣和影响（即回声效果）"③。通过休止符及最长至 5 小节的留白，锣丰富的延留音和泛音得到充分混响和放大，营造出空间的深度变化。

《谷应》中三远的空间感知或组合或单独出现，贯穿全曲，其中"竹之雨"最具综合性，也最典型，下文将以此为例分别论之。

1. 高远

"竹之雨"共 104 小节，约占全曲 1/3，是最长大的一章。七卦具对称性，速度加减、音高升降和音色变化使中心卦四被赋予最高的紧张度。图 8 展示了听觉感知中主导时值的速度变化过程：从八分音符 144 至 215，提升至八分音符三连音 324，到达至高点后（十六分音符五连音 540）再逐渐回落。卦一、二、三以 1.5 倍稳步提速，三至四卦升至 1.67 倍，故前三卦虽已在加速过程中，但卦四依然有质的跃升，带来突然的变化。

这种感知亦和发音点频率及音色有关。仅以节奏 5—1 作为观察点：卦一为均速、连续的八分音符，休止间隔多达 2.5 拍，空间密度相对松散。从卦三起出现不同时值交替，休止愈短，至卦四发音点进一步密集，加之不同声部间的错落，更赋予音乐陡然跃升、富紧张感的意境。

---

① 〔宋〕郭思 编：《林泉高致》，中华书局，2010 年，第 69 页。

② 参见 Chou Wen-chung, *Echoes from the Gorge*, Preface：Notes on Instruments, Peters, 1989。

③ 参见 Chou Wen-chung, *Echoes from the Gorge*, Preface：Notes on Instruments, Peters, 1989。

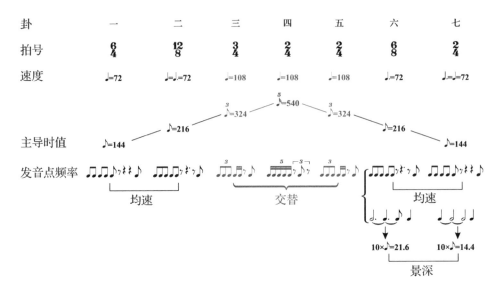

图 8　《谷应》"竹之雨"参数变化

　　音色变化体现在表 4 中，乐器按相对音域由低至高排列。从中音区革类乐器起，先逐渐升高，卦四陡然从音色干、脆的梆子升至音域最高、清透、穿透力强的指铃，辅之以加速和发音点频率的加快，共同将音乐推向陡然向上的态势。

表 4　《谷应》"竹之雨"音色演变

《谷应》"竹之雨"演奏者 II 音色演变															
卦	卦一		卦二		卦三		卦四	对称中心		卦五				卦六		卦七		小结尾
小节	8	16	22	27	33	35	43	49	50	55	57	59	62	69	77	85	97	106
指铃																		
牛铃4																		
牛铃3																		
牛铃2																		
牛铃1																		
响板																		
梆子																		
中国通通鼓（高）																		
天巴鼓2																		
天巴鼓1																		
低音大鼓（高）																		
低游行鼓																		
金属编铃																		
哑声钹																		
高节奏镲																		
小锣																		
中国镲																		
低音锣																		

"高远之势突兀"。所谓突兀其实是山中观游者的心理体验,正如画中以"云霞锁其腰"展现山之高远,亦是激发观者的心理感受。行者攀山登岭常常不见顶峰,却意在顶峰。[①] 而突然对比的陡峭,就像声音之势的突然跃升——仿佛陡然抬头一望,意识到天地之间的高远。"高远之色清明"。山之高远的最终本质,乃在于天之高远[②]。周文中并未用厚重色彩、强大力度渲染中心乐段,而是四两拨千斤地交给几件金属乐器,其轻灵、透亮的光彩映射出清明之色,从而建构起"竹之雨"的高远空间。

2. 深远

"竹之雨"后半程,即卦四至七呼应空间的深远。首先是发音点间隔被逐渐拉宽,主导时值逐渐回落(见图8):从540至144。后两卦除对称再现外还叠入新的节奏因素:如卦六5—1,除再现5个匀速八分音符外,还叠入翻倍为10的持续性长音,使主导时值频率由216锐减为21.6。卦七如法炮制,主导时值频率降至极缓的14.4,极慢的发声频率使时间感知向空间转化,将音乐推入被放大的空间中,抵达目之所及难企边界之处。

在音色和音高层面,后半程沿用金类音色,但与卦四清亮的牛铃、指铃形成对比,转为大型金属乐器,从小锣到钹,至卦七音域最低、最大的大锣、锣及爆响钹、节奏镲,此处听觉感知至少能捕捉到4个层次。

(1)重叠。四件锣(表5)音色相近,但由于声音高低、发音位置和鼓槌材质不同,故当其纵向同步或交错时,音色层层叠叠使空间富有深度。

(2)晦暗混响。大锣的音色晦暗、非谐波泛音丰富,如在中心稍靠下位置敲击即会引发回声,甚至能感知到声波在空气中的振动,且回声持续时间长,敲击一到两秒钟后,若不止音可能会持续长达一分钟。它营造出晦暗、模糊的混响,使空间深邃茫远。

---

① 参见渠敬东:《山水天地间 郭熙〈早春图〉中的世界观》,生活·读书·新知三联书店,2022 年,第 76—78 页。

② 参见渠敬东:《山水天地间 郭熙〈早春图〉中的世界观》,生活·读书·新知三联书店,2022 年,第 76—78 页。

表5 《谷应》"竹之雨"（卦六、七）锣之布局与演奏法

演奏者	乐　器	发　音　位　置	发　音　槌
I	大锣（低） Low Tamtam	nR 近边缘	mY 中等硬度毛线槌
II	锣（低） Low Gong	R-b 边缘近后缘	msY 中等偏软毛线槌
III	大锣（高） High Tamtam	1/3R 离中心 1/3，离边 缘 2/3	hY 硬毛线槌
IV	锣（高） High Gong	nR 近边缘	msY 中等偏软毛线槌

（3）交叉呼应。当锣的重叠混响尚在扩张弥漫时，卦七引入较清澈的钹/镲类乐器，两者横向交叉形成深深浅浅的呼应。

（4）共振。铜锣的鸣响会激发与其他乐器明显的共振——即使这些乐器并未发声。这些共振难以预测也无法记谱，但却能在音乐厅场域被明显感知。这进一步造成声音在空间的弥散，正如自然界回声也总鸣响在空旷、深远的空间之中。

郭熙说"深远之色重晦，深远之意重叠"。必须要在重叠中，烘托出晦暗不明、模糊不清的气色。重叠之势，最讲究的是深浅浓淡相间，轻重缓急相依，一层一层辗转推进，推向最深、最远的地方，重重晦晦的至深至远处，也必是天地交接的地方。① 从"竹之雨"中心至结束，伴随着愈加缓慢、重叠、茫远的空间感知，音乐构筑起深远之境。

3. 平远

"竹之雨"中的平远暗含于更细微之处。谱例 3 呈现了卦一中的第 1、2 爻，

---

① 参见渠敬东：《山水天地间 郭熙〈早春图〉中的世界观》，生活·读书·新知三联书店，2022 年，第 78—79 页。

四位演奏者两两相对,节奏素材互为逆行。如第 1 爻中演奏者 Ⅱ、Ⅳ 节奏模式为 5—1 和 1—5(见谱例 3 大括号),演奏者 Ⅰ、Ⅲ 奏 3—2—1 和 1—2—3,形成节奏应和(见谱例 3 方括号)。

谱例 3.《谷应》"竹之雨",第 8—12 小节

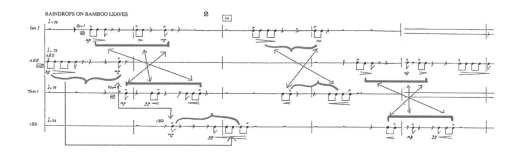

由于四只鼓的音高空间和分布位置不同,将两个纬度整合为谱例 4a:阿拉伯数字 1、2、3、4 表示音域从高到低;底部罗马数字代表分布位置。数字关系展现出五小节内《谷应》涉及了音高空间和位置分布的所有可能性(Ⅰ—Ⅱ,Ⅰ—Ⅲ,Ⅰ—Ⅳ,Ⅱ—Ⅲ,Ⅱ—Ⅳ,Ⅲ—Ⅳ),共六种。谱例 4b 将两个维度放置在立体空间中:方块同时代表示四只鼓的音高和位置,其呼应构成略向后方倾斜的形状,其中最低音位于离听众较远的演奏者 Ⅳ,最高音位于近处的演奏者 Ⅰ。

此外周文中还运用许多重音(谱例 4a 圆圈)和渐强、渐弱符号。重音位置不同,带给互为逆行、看似规律的节奏以不可预测性;此外重音亦是对音高、音色分布空间和运动轨迹的强化,音组的每次空间移位都附带重音,加之前后的渐强、减弱,更导致同一音组内消涨、浓淡、前进与后退的回声效果,营造出环绕式的空间呼应。

谱例 4a.《谷应》音高空间和位置分布,第 8—12 小节

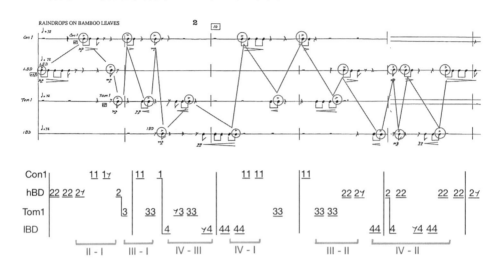

谱例 4b.《谷应》"竹之雨"卦一音高空间和位置分布三维图示,第 8—12 小节

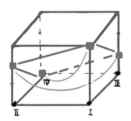

这种空间变化逐步发展。卦三增长为两种形态,第一、三、五爻(谱例 4c 左)与二、四、六爻(谱例 4c 右)交替。至卦四对称中心则最为活跃和复杂,每位演奏者的音色/音高增加,导致横向、斜向四种不同的空间应和。

谱例 4c.《谷应》"竹之雨"卦三音高空间和位置分布三维图示,第 31—42 小节

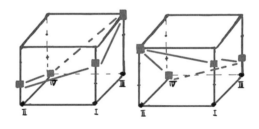

郭熙说"平远之色有明有晦"。这指出平远具有灵动的气息,凭借明与暗、浓与淡、轻与重、深与浅、枯与润等一系列微妙变化和平衡来获得,是虚与实的多重关系,而"平远之意冲融而缥缥缈缈",所谓冲融,就是充溢、弥漫、溶漾着的意象。① 其实以三维正方体呈现声音的空间运行轨迹略显僵硬,这仅是为了论述其变化的不得已而为之。在实际演奏中,它呈现为态势的即时流转和声音的不断反射与回响。这种环绕、弥漫的状态呼应着平远的空间意识。

高远、深远、平远构成类似三维坐标系的空间系统,它们都落在"远"上,代表着任何一维可无限展开的广延②。《谷应》中节奏素材生生不息、循环往复的相应,体现出时间的绵延,而它在高低、远近、环绕不同维度的变化,又带来空间的广袤与辽远。

六、印——心音归本

《谷应》是一个气韵生动的生命体,它激活了许多感知、探索与记忆,形成三重相印。

第一重是周文中与历史的相印。战争年代的经历对其创作产生重要影响,这其中痛楚与救赎并存。③ 他曾谈及与《谷应》有关的记忆:在战时日军危险警报中逃亡的路上,他听到佛寺的锣声在山间回荡,便独自出发去寻找,恐惧、清冷的早晨与错位感留存在他的记忆中④。就像独自寻找令人"忘却战争"⑤之锣声

---

① 参见渠敬东:《山水天地间 郭熙〈早春图〉中的世界观》,生活·读书·新知三联书店,2022年,第80—83页。
② 参见渠敬东:《山水天地间 郭熙〈早春图〉中的世界观》,生活·读书·新知三联书店,2022年,第58—59页。
③ 参见梁雷:《周文中的启示:庆祝周文中教授九十华诞》,载梁雷主编、洛秦副主编:《汇流——周文中音乐文集》,上海音乐学院出版社,2013年,第1页。以及江青:《神交——师友周先生文中》,《文汇报》(2019年12月01日),http://www.chinawriter.com.cn/n1/2019/1201/c404019-31483380.html。
④ 史蒂芬·希克:《回声是带着羽翼的声音——沉思周文中〈谷应〉及其与瓦雷兹〈电离〉的深刻联结》,鲁瑶译,载《武汉音乐学院学报》2023年第3期,第109页。
⑤ "我听到从遥远的云雾中传来寺庙的钟声……仅仅一个不稳定的声音就足以能够使我忘却战争,忘却那个不止一次几乎要了我的命的战争。"参见周文中:《景与声:一个回忆》,蔡良玉译,载梁雷主编、洛秦副主编:《汇流——周文中音乐文集》,上海音乐学院出版社,2013年,第138页。

的周文中一样，《谷应》也是一次对深刻经历与文化记忆的追寻。痛楚与历史相印，但《谷应》中却没有大悲大喜，它化为承担、追求与使命感——周文中所说的"我的责任是回顾中国传统并真正的提出问题"。①

第二重相印存在于《谷应》和演奏家之间。《谷应》激发了他们对表演空间及感知的探索。打击乐演奏家史蒂芬·希克尝试过两种表演方式。一种是半弧形排列，优点是观众从视觉上容易理解舞台全局，但声部进行可能时而美妙，时而因两端距离略远而造成跳跃或中断的不连续感。② 这种排列与周文中的建议类似，但更紧凑。相比之下，周文中更强调声音之间你来我往的呼应，他希望演奏者站在舞台四个角落，以达到最好的四维效果，后面两位演奏者相距更近以获得更好的感觉和视线③。希克的另一种尝试是排列成圆形，协作更流畅，但其中一位乐手背对听众，会带来舞台前方声音更响的问题。不过希克特别提到圆环排列所唤起的象征性："……就好像我们向宁静池塘的中央投入一颗石子，静观涟漪向远处布散，联接并澄清看似不相关的问题和含义"。④

基于这些实践，笔者提出一种大胆的设想——借助可调度、移动的舞台使四位乐手和听众的空间位置随音乐变化而移步换景。上述排列各有千秋，半弧形排列应山谷之象，以开放性和听众建立关联，演奏家彼此之间不均等的距离，反而造成空间呼应的多样性，别有趣味。当音乐特别触及"高远"和"深远"空间时，如将音域最高或混响最强的乐器放置在半弧中心，应能凸显空间之高度与深度。而当音乐倾向于表达"平远"时则移动为圆环排列，甚至将观众置于中间，增强环绕、弥漫的效果，但应控制听众人数，否则会削弱乐器间的应和及共振。因此最佳（也最奢侈）的情况，也许是只有一人独自面对声音，就像山水画家独

① 参见纪录片《音乐的汇流》（2023－01－07），https://www.bilibili.com/video/BV1Zb411t7y1/? vd_source=44659df48f1db98f4b36fb0c20c2f16e。
② 史蒂芬·希克：《回声是带着羽翼的声音——沉思周文中〈谷应〉及其与瓦雷兹〈电离〉的深刻联结》，鲁瑶译，载《武汉音乐学院学报》2023 年第 3 期，第 109—111 页。
③ Chou Wen-chung, *Echoes from the Gorge*, Preface：Notes for Rehearsals, Peters, 1989.
④ 史蒂芬·希克：《回声是带着羽翼的声音——沉思周文中〈谷应〉及其与瓦雷兹〈电离〉的深刻联结》，鲁瑶译，载《武汉音乐学院学报》2023 年第 3 期，第 110 页。

自一人步入山水。

第三重相印源于《谷应》的现场演出带给我的一次难忘亲历,这使我认识到表演空间中参数的细微变化对感知产生的巨大影响。在 2020 年加州大学圣地亚哥分校实验剧场①的《谷应》排练现场,希克曾打开扩音系统(Meyer Sound)以略微增强回声效果。四位演奏家成半弧状,听众仅我一人,站在离他们很近的地方。回声效果的增强使本就充满声音呼应的作品更加充盈、润泽。在进行到"皎然月洁"时,声场中突然浮现出一支极其美妙的旋律,而它并不存在于乐谱之上。

此章仅 25 小节,是全曲音色最为简洁的一章,均采用金类乐器。主导音色为啞声钹,附带震动时发出沙沙声的金属链条。此外还有爆响钹、节奏镲和少量点睛之笔的低音(锣)及高音乐器(指铃)。

当然,当音色同类且接近时,听觉会自然聚焦于由乐器的大小不同而带来的音高变化。但彼时现场浮现的旋律,远比记谱丰富太多。当本能寻找于乐谱却未果时,我意识到它的浮现取决于场地的声学环境、当下演奏家的声音控制和默契协调、与其他发声或未发声乐器之间的共振、观众的数量,甚至听者心境是否安静到足以感知。后来我曾试图从录音中辨认,但并未成功;演出现场又再度寻觅,有一瞬间似乎若隐若现,但并不清晰。

这是可遇而不可求的,这种感应在东方文化中占据了特别的地位。而周文中的创作为这样的可能性打开了一个空间,允许它的发生——当天时、地利、人和因缘和合,当作曲家、声音、乐器、演奏者、听者以及当下时空彼此相应,便有可能与之相印。这种同频共振,超越时空,将听者带入定境,心音归本。

结　　语

"华人作曲家何去何从?"②,周文中曾如此问道。宏观上看,这个问题是开

---

① 实验剧场(Conrad Prebys Music Center Experimental Theater),拥有优秀的声学设计及适合演出电子音乐的音响设备,能容纳 150 人左右。
② 参见周文中:《华人作曲家何去何从?》,载梁雷主编、洛秦副主编:《汇流——周文中音乐文集》,上海音乐学院出版社,2013 年,第 238—248 页。

放的，而周先生提出并身体力行了一个方向。在《谷应》这一个案中，从标题到音乐，从宇宙到个人，与四面八方相应。

如八卦图般，都在卦里了。看似复杂，但又简洁；说来简单，却又深不可测。就像《谷应》二字，英译为 *Echoes from the Gorge*（来自山谷的回声）。但"谷"在中国文化中不仅是具象山谷，它还代表生生不息、孕育万物的虚空。"应"也并非仅是回声——不仅有山崩钟应之典故，指铜山崩裂，千里之外的铜钟竟自鸣三天三夜不止①，其感应可以跨时空到如此地步，更有伯牙、子期的同声相应、同气相求和天人感应。

因此，《谷应》的立意、实现乃至周文中所提出的汇流，皆非简单拼接，而是指向一种全息性。瓦雷兹是谷，四重奏、山水、琴学、易学是谷，周先生去应它们。《谷应》是谷，周先生也是谷，东西方文化是谷，我们应什么？如何去应？应到了哪些层面？这是要面对的课题。已经正在，并期待着未来，中国当代音乐能与"谷"声声相应，回荡不已。

本文原载于《中央音乐学院学报》2024 年第 4 期

---

① 〔南朝宋〕刘敬叔《异苑》卷二指出"魏时殿前大钟无故大鸣，人皆异之，以问张华。华曰：'此蜀郡铜山崩，故钟鸣应之耳。'寻蜀郡上其事，果如华言。"后以"山崩钟应"比喻事物相感应。古人认为，钟由铜铸成，而铜出于山，为山之子，故山崩钟应。〔清〕纪昀《阅微草堂笔记》卷十三指出："此义易明，铜山西崩，洛钟东应，不以远而阻也。"

周文中《大提琴协奏曲》：
一幅声音山水长卷

梁　晴

　　1970 年，周文中(Chou Wen-chung，1923—2019)受纽约州艺委会(New York State Art Council)邀约，为当时一位年轻大提琴家(Paul Tibias)写一部大提琴作品。当时，周文中已经完成《渔歌》(1965)、《变》(1966)、《韵》(1969)及自创性可变调式体系(variable modes)的建立，进入跟随瓦雷兹学习及继续研究《易经》的阶段，正在寻求新的突破。由于多种原因，作品直至 1992 年才完成，在此期间作曲家还完成了《雾中古都》(1986)、《谷应》(1989)、《山涛》(1990)等。1993 年 1 月 10 日，由著名匈牙利裔美国大提琴演奏家业诺什·史塔克(Janos Starker，1924—2013)在美国卡内基音乐厅首演。作品共三个乐章，大约 32 分钟，那一年周文中 70 岁。

　　与周文中其他作品不同，《大提琴协奏曲》(1993)是其唯一一部协奏曲、是他最大型的一部管弦乐、是他少见的无标题作品、是他创作历时最长及作曲家自己谈及较少的一部作品。国内外对这部作品缺乏研究，它默默地处于那些有标题有标签的耀眼作品背后，却十分沉着淡然。现有相关文献有张明坚(Peter M.

Chang)《周文中：一位现代华裔美国作曲家的生活与创作》①一书中对该作品的介绍、Mary I. Arlin 的论文《文化种子：周文中〈大提琴协奏曲〉中大提琴部分的创作过程》②，在中文研究中，有几篇涉及周文中音乐书法的论文，如潘世姬的《周文中，音乐书法家——从"苍松"系列作品试论他的对位观点》③、弥生·宇野·埃夫莱特的《书法与周文中近期作品的音乐表情》④等。本文从周文中作品中的中国山水画构思、布局、言志的角度切入，分以下九个方面叙述：一、起势——引子与核心音组设计引入；二、起笔——大提琴亮相及其动机音型；三、全景长卷——三乐章连续演进变奏结构；四、山水中人——乐队与大提琴的协奏关系；五、三选构图——乐章间的景物对位；六、笔墨音响；七、作为留白的华彩；八、乐谱上的题款与印章；九、孤峰止笔。

一、起势——引子与核心音组

开头，第一乐章第 1—4 小节，乐队全奏。

它是引子，锣、定音鼓等的击打声，带出由低到高、从弱（*ppp*）到强（*sffff*）的震撼全奏，似层峦叠嶂，漫涨烟云急剧涌动，山势险绝。

它是一对核心音组。两个乐句由两个音组构成，音组 A：C—♭E/E—♭G/♭A—B，音组 B：♯C—D/F—G/A—♭B，两个六音小组，共 12 音，音高成双关联，其中乐句 A 由小三度构成（m3/—3/m3），而减三度等于大二度（M2），如果熟悉周文中可变调式系统，其中充满丰富多变可能，并非绝对的公式；乐句 B：由大/小二度

---

① Peter M. Chang， *Chou Wen-Chung: The Life and Work of a Contemporary Chinese-Born American Composer*，Scarecrow Press；Illustrated edición (9 Febrero 2006)，pp.141 – 151.

② Mary I. Arlin， "Cultivating the Seed：The Compositional History of the Solo' Cello Part in Chou Wen-chung's Concerto for Violoncello and Orchestra"，Indiana Theory Review， Vol. 33， No. 1 – 2 (Summer 2017)， pp.77 – 132P，Indiana University Press on behalf of the Department of Music Theory，Jacobs School of Music， Indiana University.

③ 潘世姬：《周文中，音乐书法家——从"苍松"系列作品试论他的对位观点》，载《音乐艺术》2019 年第 1 期。

④ 弥生·宇野·埃夫莱特：《书法与周文中近期作品的音乐表情》，载爱德华·格林主编，梁雷副主编：《中国与西方：一种新音乐的诞生》，上海音乐学院出版社，2009 年。

构成（m2/M2/m2），这个设计根据变体Ⅱ（TypeⅡ）[①]得出。这个核心音组的内部，其实是两个相距半音的全音六音阶：C—D—E—♭G—（♯F）—♭A—♭B/♯C—B—A—G—F—♭E，如此思路，从周文中对瓦雷兹作品《沙漠》中核心音组分析可见："依我看来这是中国人应该一目了然的！因为音乐的宫调是完全根据类似的两个相距半音的全音六音律（F—G—A—B—♯C—♯D/♭G—♭A—♭B—C—D—E）分为阴阳互相交替所产生的五声和七声音阶。从我的眼光或听觉来说，这比勋伯格的十二音体系和后来的序列主义更科学化，更有音乐感"[②]。如此对核心音组的缜密构思，接近韦伯恩（Anton Webern）的音列设计，暗藏玄机，层层包裹。

它乘气动静生出一阴一阳。三度为阳，二度为阴。C—E—♯G/♯C—A—♭F。有一定的合成性。在六音音阶和相应的节奏模式构成其早期作品的基础后，周文中又通过将任意两个调式组合成一个十二音集合，发展出调式复合体。后来又发展出复杂的手法来运用变调式和处理结构：在《卜喻》中为五音和六音调式，到《飞草》（1963）和《变》（1966）时为七音和九音调式，再到《山涛》和《大提琴协奏曲》（1992）中则为合成性（combinatorial）的六音组[③]。

表1　周文中《大提琴协奏曲》第一乐章，1—4小节，核心音组 A 与 B

核心音组Ⅰ	A	B
音　　高	C—♭E—E—♭G—♭A—B	♯C—D—F—G—A—♭B
音　　程	m3/—3 或 M2/m3	m2/M2/m2
八卦关联	乾（☰）（111） 离（☲）（101）	坤（☷）（000） 坎（☵）（010）
全音六音律	C—D—E—♭G—（♯F）—♭A—B	♯C—B—A—G—F—♭E
	上行	下行
小　　节	1—2	3—4

①　梁晴：《周文中可变调式之八卦》，载《音乐艺术》2019年第1期。
②　梁雷王编、洛秦副主编：《汇流——周文中音乐文集》，上海音乐学院出版社，2013年，第223页。
③　弥生·宇野·埃夫莱特：《书法与周文中近期作品的音乐表情》，王婷婷译，载梁雷主编、洛秦副主编：《汇流——周文中音乐文集》，上海音乐学院出版社，2013年，第277页。

它是一粒种子。该核心音组是即将展开全曲核心音组系列之原型，因此，这里聚合了一股不可小视的力量。

谱例 1 周文中《大提琴协奏曲》第一乐章，1—4 小节，木管部分①

CONCERTO FOR VIOLONCELLO AND ORCHESTRA

---

① 周文中：《大提琴协奏曲》总谱，Concerto for Violoncello and Orchestra（Edition Peters 67508R）。

它是一幅画之气势。高阔雄浑，直面而来，先声夺人，如观者先看气象，听者先听气势。

二、起笔——大提琴亮相及其动机音型

引子之后，乐队全部休止，在第一乐章第 5—9 小节，大提琴首次出现，基于两个动机：

之一，四音动机。大提琴独奏第 7 小节，带半音双倚音的平行五度双音，取样是 ♭D—C/♭A—G 或 ♭D—♭A/C—G，即小二度+纯五度。这个四音动机，有一种很强的动势，动机贯穿全曲，与乐队形成对比。它不断形成各种变体：如第 8 小节，是四音动机基础上的再叠置；第 24 小节，A—♯A/♯G—♯C；第 24—25 小节，♯G—♯F/A—E；等。这样的四音动机在《尼姑的独白》（1958）中已经出现，其特征：a）纯五度，它大量出现在周文中的作品中，和谐、空灵，具有东方气质；b）有一种中正感，纯五度有居中、守中、中正之暗示，如《浮ㄥ》（1996）中五度通常用于中段，或中声部，对五度的强调运用，总是处于醒目地位；c）小二度倚音，与梅西安（Olivier Messiaen）的附加时值的意图相似，是在强化其"附着物"纯五度的力量及活力，其小二度其纵向也是一个纯五度，双重强化。

之二，M2/m3 动机。大提琴独奏中第 9 小节（见表 2），一串连续长句，两音成对，四音成组，元素为大二度与小三度，形成 M2/m3、m3/M2、m3/m3 等各种合成。大二度+小三度，有很强的动机性，这里进行了转位，还原至 M2/m3 交替，有时是 m3/M2，也可以在这个核心音组上扩展、延伸。M2/m3 动机在力度、节奏型及音程转位关系上进行丰富的变形。

表 2　周文中《大提琴协奏曲》第一乐章，第 9 小节，大提琴声部

音　高	C—D/E—G/♭A—♭B/C—♭E ∣F—D/♯C—B/A—♯F ∣♯C—♯A/A—G/F—♭E ∣ A—♯F/F—D/♯C—B∣		
音　程	M2/m3/M2/m3 m3/M3/M2∣	∣m3/M2/m3	∣m3/M2/M2　　　　∣
可变调式	C -坎（010） A -兑（110）	∣F -离（101）	∣♯C -震（100）　　∣

之后大提琴几次出现在乐队之后。第 17 小节，是一个更长而丰富的乐句，与第 9 小节参比，音乐起伏加大，发音上出现 D 泛音，双音及支声扩展，积极攀升，演奏技术加强。仔细看，这一句音高与第 9 小节相关，如后面的三组音：A—G—F—$^\flat$E—$^\flat$D—$^\flat$B | F—D—$^\sharp$C—B—A—$^\sharp$F | $^\sharp$C—$^\sharp$A—A—G—F—$^\flat$E | E，是 A 艮(001) | F—离(101) | $^\sharp$C—震(100) |，其中 F—离、$^\sharp$C—震相同。

第 22 小节，与之前比较，是一个拓展更长的乐句，频繁地换弦琶音，其中主干音是 C—G—D，五度叠置，高音形成旋律线 A、B、$^\flat$D、$^\flat$E 等，纯五度和二度可以视为四音动机的分解片段，而这两个音型动机又是可变调式的片段。此处，竖琴以核心音组ⅣA：C—$^\flat$D—$^\flat$E $^\sharp$F—G—A—B / ⅣB：C—D/E—G/ $^\sharp$F—A—B 衬托着大提琴。

紧接着的第 23—25 小节，比较自由，有两个动机的交织，如第 23 小节的 C—D—$^\flat$E—F—E—G 有 M2/m3 动机；如第 24 小节 A—$^\sharp$A—$^\sharp$G—$^\sharp$C 及第 24—25 小节的 $^\sharp$G—$^\sharp$F—A—E 都是四音动机。每个音力度出现细微强弱渐变，产生多样化的音色效果，丰富音乐。

表面上看，大提琴没有用什么新技术，大多以独白呈现，自由地基于音型动机，主要以可变调式片段组合成，却富有独特的表述力，带着乐思不断深化。

谱例 2　周文中《大提琴协奏曲》第一乐章，第 5—25 小节，大提琴

　　1977 年，周文中只完成了大提琴独奏部分以及一些零星材料，这份草稿上标记着"in progress"（过程中）的字样，又被称为"77 年版"。1990 年前后，他重拾起，至 1992 年跨越 15 年后完成。加入了乐队，演出后还进行了修改，之后根据 1993 年最终稿出版。前后比较两个版本差距较大，有些人认为只有一些相似，记录着 20 多年来作曲家写作、修改、调整的痕迹。如重要的第一乐章引子，1993 年版将其扩大。1977 年版的大提琴开始，表情是"活泼的"（Con brio，♩ = c. 80），位于第 2—4 小节（谱例 3），在音高、低音区布局、自由的节奏、渐变的力度都与 1993 年版（谱例 2）基本相同，后者进行了扩展，速度拉宽放慢，声音力度幅度也有扩大，更为细腻。

谱例3 1977版，大提琴主题，第2—4小节

三、全景长卷——三个乐章形成
"变的演进"贯穿结构

三个乐章近似古典三乐章协奏套曲结构，而内在整体贯穿一气呵成。"变的演进"(Process of change)①是周文中60年代按照《易经》思想形成一个独创性概念，运用在调式、结构、结构当中。瓦雷兹强调音乐是"一个生动的、不断演进的物质存在"、一个"聚合生命"②体，周文中受到老师很多启发。此处特征如下：

1. 核心音组贯穿始终，形成连续演进变奏。整部作品，基于核心音组，连续又出现13次变奏，以下按照Ⅰ—ⅩⅣ的14组标注。这一思路类似"巴洛克协奏曲利都奈罗(ritornello)的特征，尽管不是一个东西"③。在总谱两架竖琴声部，标出心音组转换出现的位置。三个乐章均可大致分为三段(见表3)，共九段：A—B—A1—C—D—C—E—F—A2，14个核心音组像一条线索串连始终，逻辑严密，环环相扣，这一思路与中国传统音乐如古琴曲中单一主题连续变形原则如出一辙，作曲家在《第一弦乐四重奏〈浮云〉》等作品中有相同运用。

---

① 周文中：《音乐创作与中华文化》，载梁雷主编、洛秦副主编：《汇流——周文中音乐文集》，上海音乐学院出版社，2013年，第226页。

② 周文中：《〈沙漠〉的奥秘》，载梁雷主编、洛秦副主编：《汇流——周文中音乐文集》，上海音乐学院出版社，2013年，第249页。

③ Peter M. Chang, *Chou Wen-Chung: The Life and Work of a Contemporary Chinese-Born American Composer*, Scarecrow Press, Illustrated edición (9 Febrero 2006), p.146.

表 3　周文中《大提琴协奏曲》14 对核心音组布局

乐章	第一乐章			第二乐章			第三乐章		
段落	A	B	A1	C	D	C	E	F	A2
小节	1—35	36—152	153—192	1—31	32—73	74—93	1—20	21—148	149—206
音组	Ⅰ—Ⅴ	Ⅵ—Ⅹ，华彩	Ⅺ	Ⅻ	Ⅻ，华彩	ⅩⅢ	ⅩⅣ	动机、ⅩⅣ等，华彩段	混合再现
五行	金	水		土			木		火
调性	C	G		D			A	E	C

2. 核心音组与两个动机交替互生。起初,由乐队奏出核心音组与由独奏大提琴奏出两个动机形成材料、音色与角色各自独立;随着音乐进行,核心音组不断演变,如第一乐章的第 63—69 小节,大提琴与乐队分享着核心音组Ⅵ—Ⅷ,四音动机与之混合,进行展开;第二乐章以核心音组为主,只有Ⅻ和ⅩⅢ,也弱化了两个动机;第三乐章 F 部分集中使用动机,形成各种变化,成对叠合：m3—m3—m3—m3,之后出现动机与核心音组的复杂混合,主要材料的对峙;第三乐章 A2 是核心音组Ⅰ—Ⅵ及Ⅻ与两个动机的混合再现。

3. 东西方多层结构关系模糊合成。三乐章九段,按东方思维又分金、水、土、木、火五大部分,乐谱中用双纵线分隔。内部还有奏鸣曲式结构框架,以第一乐章为例(见表5),是有倒装性再现的奏鸣曲式特征,再现部分先出现主题 2,再出现主题 1,并且整个乐章节拍形成向心或镜像对称：6/4,5/4,4/4,2/4,4/4,5/4,6/4。另外,还有好几层的结构划分可能(见图 3),大关系清晰,理念东西合璧,整体模糊合成。

4. 在《易经》思想下形成"变的演进"结构。基于道家"一生二,二生三,三生万物"的生化理论思想,也是可变调式结构的进一步深化,以可变调式作为结构性贯彻运用,曾出现在《变》(1966)当中,三部分,六个核心音组：A,Ⅰ—Ⅱ—Ⅱ—Ⅰ;B,Ⅲ—Ⅳ—Ⅳ—Ⅲ;C,Ⅴ—Ⅵ—Ⅵ—Ⅴ。"以动态平衡方式出现的互动存在于恒定与可变之间,以及古老的观念与新思想之间,当然也存在于东方与西方之间"①。《大提琴协奏曲》更复杂,有些数字的运用深邃而神秘:核心音组共14组,14是7的倍数;一对核心音组 A 和 B,代表阴阳;核心音组Ⅲ:C－♯D－E－G－♭A－♭B(m2－m3－M2)出现多次重复,三是一个向"生万物"方向发展的数字;第二乐章核心音组ⅩⅡ不断反复,很平静,七是一个循环的停顿;再现第一乐章 A,结尾处再次核心音组Ⅰ,回归原点。

　　5. 1977年版与1993年版对比。1977年版的独奏大提琴大部分都保留为1993年版,尤其第一乐章基本相同。1977年版的三个乐章速度为快—快—慢,分别用了术语"有活力的"(Con brio)、"类似谐谑曲"(Quasi scherzo)和"广板"(Largo),而1993年版,三个乐章的速度回到传统快—慢—快的框架,可见两个版本后两乐章差别较大(见谱例1)。1993年版第二乐章为慢板,是将1977年版的三乐章"广板"前移,其中 B 段进行较大展开改变,速度更快,表情记号不同,节拍改变了。三个部分的大比例近似,新版扩大些:1977年版第三乐章为2∶3∶1;1993年版第二乐章比例为3∶4∶2。1993年版第三乐章,继续1977年版二乐章谐谑曲的情绪特征,但是材料基本更新。中间部分将1977年版的慢乐章部分材料重新编织,构成新的内容。而在速度及结尾处理上,新版形成比1977年版更具有向心对称关系,更完整。排练时,大提琴家史塔克给了一些建议,又进行了适当删减。

表4　1977年版第三乐章与1993年版第二乐章基本结构

1977年版,第三乐章,2∶3∶1		1993年版,第二乐章,3∶4∶2	
A	1—24,5/4 广板(Largo ♪=c.86)	C	1—31,6/4 广板(Largo ♪=c.96)
B	25—69,4/2 活泼的(Con moto ♩=c.69)	D	32—73,2/4 更快些(Più mosso ♩=c. 72—84)
A	70—86,5/4 广板(Largo ♪=c.86)	C	74—93,6/4 还原(A tempo primo ♪=c.96)

---

① 　黎昭纲:《周文中的音乐——实现"再融合"》,载梁雷主编、洛秦副主编:《汇流——周文中音乐文集》,2013年,第270页。

　　6. 类似国画长卷散点透视。三个乐章是横看成岭侧成峰，视点多变，全景式展开，移步换景，或近，或远，或隐，或显，山水云石，立体交错，一气贯通。

　　7. 全曲调性以五度相生布局（见表3和图3）。从C宫调开始，五个主要段落以五度相生的循环：C→G→D→A→E（宫—徵—商—羽—角）组成，从调性上看，A2/角调是充满生气的，最后完满回到C宫。

四、山水中人——乐队与大提琴的协奏关系

　　国画通常分人物画、山水画和花鸟画三种，显然周文中擅长山水"画"。从体裁特征上看，协奏曲较接近人物画，因为有突出的个体、以"我"（独奏）为中心、强调"我"与他者的对峙（concerto）关系、注重"我"的炫技，一旦处理不当，容易与"文人山水"格格不入。如何处理"我"，是这部协奏曲的重要问题。

　　1）"山中徘徊"。就此作曲家说："这部作品的性质也是对欧洲古典音乐中独特的协奏曲形式的致敬。此外，此曲的创作也出于我对大提琴这件乐器的热爱以及对其精湛的演奏技艺及文献的尊重。在这种情况下，原本的协奏曲曲式融合了东亚音乐的创作理念。它的美学源于中国艺术的精神，而其他理念则各自有不同的出处。……大提琴独奏与管弦乐队之间的互动是协奏曲这一形式最初吸引我的原因，这可以被解释为古典中国对于艺术是什么的反映：一个人在自然和环境互动时的感受。在这部作品中，大提琴代表'人类的声音'、个人、艺术家；而乐团则代表'自然的声音'、环境、宇宙。因此，协奏曲是一次对话、一场交流，就像中国山水画一样。形象地说，就好像有人在山中徘徊"①。大提琴第一次出现如深山远景中的一个小点，声音低而轻微，慢慢放大，之后独奏大提琴与乐队的相互交替，如表5第一乐章，乐队或全奏或室内组，视点不断来回移动。

---

　　①　周文中《大提琴协奏曲》的说明，中文翻译邹彦。

表 5　周文中《大提琴协奏曲》第一乐章,结构、材料、音色交替

第 一 乐 章				
A 部分(核心音组 Ⅰ—Ⅳ)				
引子	乐队	1—4	核心音组 Ⅰ A：C—♭E—E—♭G—♭A—B/ Ⅰ B：♯C—D—F—G—A—♭B。	Introduction： moderato brilliante(引子：辉煌的中板),6/4
1 主题之一	大提琴	5—9	主题呈示。主要基于纯五度。上倚音及第 6—7 小节双音,预示着之后的四音动机	senza misura(自由节拍)
	乐队	10—16	15 小节： Ⅱ A：C—D—E—G—♭A—B/ Ⅱ B：♯C—♯D—F—♭G—A—♭B。	alla misura(按节拍)
	大提琴	17	主题。M2/m3 成对交替	
	乐队	18—21	18 小节：Ⅲ　A：C—♯D—E—G—♭A—♭B/Ⅲ B：与Ⅲ A 相同。	Accel.poco a poco alla misura(一点点回到节拍)
	大提琴与室内组	22—27	音型分解、过渡、再呈现。 Ⅳ A：C—♭D—♭E—♯F—G—♭A—♭B/ Ⅳ B：C—D—E—♯F—G—A—B； 大提琴与弦乐交替。	senza misura(自由节拍)
	室内组/大提琴	28—35	四音动机：♭E—D/E—F 为主。弦乐组；引出 B 部分。	alla misura(按节拍)
B 部分(四音动机和音组 Ⅴ—Ⅺ,独奏大提琴更多的)				
2 主题之二	室内组/大提琴	36—58	第 36—44 小节： Ⅴ A：C—♯D—E—G—♭A—♭B/ Ⅴ B：♯C—D—♯E—♯F—A—B。 后面接着 M2/m3 动机。	Largamente，l'istesso tempo (Rocks， Clouds and Wind)(宽广的,速度同前：岩石、云和风)
	乐队与大提琴	59—66	乐队与独奏大提琴分享着核心音组,第 63—69 小节： Ⅵ A：C—D—♭E—♭G—♭A—♭B/ Ⅵ B：♯C—E—F—G—A—B；	Cantando， tempo primo (如歌的,回原速),5/4

续　表

2 主题之二	大提琴	78—79	过渡	senza misura，accel.poco a poco（自由节拍，一点点渐快）
3 展开	大提琴华彩/管乐	80—97	第71—83小节： Ⅶ A：♭C—D—E—♯F—G—♯A/ Ⅶ B：♯C—♭E F—♯G—Λ—C； 第84—89小节： Ⅷ A：C—♯D—E—G—♭A—♭B/ Ⅷ B：♯C—D—F—♭G—A—B， 每一个进行中旋律由两竖琴之一奏出。	Piu mosso, leggieramente（快一倍，轻巧的），4/4
4 展开	大提琴与乐队	98—147	在120小节出现四音动机：D—C—♭E—E。形成丰富展开。	Poco allegro, vigoroso（渐快，有力的），2/4
	大提琴	148	过渡	senza misura（自由节拍）
5 连接	大提琴/乐队	148—172	第158小节起： Ⅸ A：C—D—E—♯F—G—♯A—B/ Ⅸ B：♯C—♯D—F—♯G—A—B； 第160—164小节：重复出现Ⅲ； 第165小节起： Ⅹ A：♭C—D—♭E—♯F—G—A—B/ Ⅹ B：C—♭D—E—F—♭A—♭B； 第171小节起： Ⅺ A：C—D—E—G—♭A—B/ Ⅺ B：♯C—♯D—F—♭G—A—♭B。	alla misura（按节拍）； Piu mosso, leggieramente（快一倍，轻巧的），4/4 Largamente, ma poco allegretto（宽广的，稍快的小快板）……
6 再现 主题 之2	大提琴与弦乐、竖琴	153—158	第158小节起：Ⅸ A；	Cantando, tempo primo（如歌的，回原速），5/4
	乐队	159—162	Ⅲ A，再现A的18—21小节；	Accel.poco a poco（一点点渐快），6/4 Largamente, l'istesso tempo（宽广的，速度同前）
	大提琴	163—165	Ⅹ A；再现A的第56—58小节；	alla misura（按节拍）

续　表

A2 部分（再现之前 A 部分的材料）				
7 再现 主题 之2 主题 之1 引子	乐队	166—172	再现 A 的第 1—4、10—16 小节； XI A；	A tempo primo（回原速）
	大提琴	173—181	再现 A 的第 36—41、18—21、12、22—31 小节；	Largamente, l'istesso tempo（宽广的,速度同前）
	大提琴/管乐	182—	再现 A 的第 28 小节	alla misura（按节拍）
	大提琴	185—186	再现 A 的第 17 小节；	senza misura（自由节拍）
	乐队	187—192	再现 A 的第 32—35、1—4 小节。	a tempo（回原速）

2）"山中沉思"，这取自此曲第二乐章小标题。周文中曾明确说过："往往人们认为工笔画派比较技术，而水墨画都是简单的、抒情的，好的山水画境中的空间与代表山石和树枝的笔法间的布局和结构，其实是有极深入复杂的思考和处理的。也是作曲家们所应再三省思的"①。音乐与绘画一样，如宋代韩拙说："夫画者笔也，斯乃心运也"，对周文中而言，山水画不是技法，不是诗意优美，一笔一音言之有物，是思考，是坦诚，是负责任。

3）望月之人。周文中曾分析过马远《月夜赏梅图》："画中的人物是一个老年文人和一个琴童。一方面表现了文人和自然间的共鸣，一方面是这两个人物又和月亮成了不等的对比"②（见图1），一幅画除了大布局，细节非常重要，周文中指出人物存在对风景的提点意义。《大提琴协奏曲》有隐于山中之"人"，同样居中（二乐章），却没有鹤立突出或咄咄逼人之感，不是太工，大提琴没有浮于表

---

① 周文中：《音乐创作与中华文化》，载梁雷主编、洛秦副主编：《汇流——周文中音乐文集》，上海音乐学院出版社，2013 年，第 230 页。

② 同《音乐创作与中华文化》，载梁雷主编、洛秦副主编：《汇流——周文中音乐文集》，上海音乐学院出版社，2013 年，第 230—231 页。

面炫技,符合"丈山尺树,寸草分人"之度,既然有"人"则不可无势,明确立于担当之位,指向清晰,远望明月。

图 1　周文中曾分析马远《月夜赏梅图》,见《汇流》,第 230 页

五、三迭构图——乐章间景物空间对位

三个乐章有三种不同音高走势。第一乐章,直线向上,陡峭险峻,一层高过一层,不断加长上升,视点为仰视;第二乐章,短线错落,气息短促,碎片状,分叉交错;第三乐章,流线起伏,起落荡漾,有时若隐若现。下面以大提琴声部为例:

表 6　三个乐章主要音高走势,以大提琴声部为例

一、
第 58
小节

　　它们各自独立，直接而单一。初听时，生起很多疑问，为什么是这样？它们之间什么关系？要表现什么？直到一次阅读到周文中解说国画，恍然明白其中意图。他曾这样分析米元章的画（书中用的是米芾儿子米友仁的《云山图》）："讲到结构、纹质和用笔用墨的关系，我们可以在米芾这幅画中明显地看出（见图2）。按几何学来分析，它也可以居中地用直线切成两半。左面是以流水为中心，右面是以山峰为极点。但是更有意思的是此画只用了三种笔法来画：山峰、树和隐隐约约的流水。如果从横的角度来看，又会注意到三条综合性的线条。一是山峰所接二连三的逐渐由左到右造成的趋向一个高潮的综合线。二是一棵棵树所影射的断断续续、远远近近的一条曲线。三是隐隐约约、曲曲折折的由远而近的向右的流水。这种布局、手法和情绪大有瓦雷兹所称为 Soundmass（音

群)的味道。……米元章的画反而表现了富有现代西方音乐趣味的三声部对位处理"①。

图2　米友仁《云山图》,(周文中的三线分析②)

这里,周文中创造性在横向时间进行中巧妙并入纵向空间关系,形成不同景物立体对位。音乐创造性突破时间轴线,横空地凭想象力将其并置同构,国画所谓三叠构图跃然眼前(具体见表7),抽象而简洁,一旦领会,妙不可言。

表7　周文中《大提琴协奏曲》三个乐章基本特征与关系

乐　章	第一乐章	第二乐章	第三乐章
时　长	14分钟	6分钟	11分钟
速　度	快	缓慢	慢—快
声　音	浓重	安静	动势
走　势	直线向上	短线错落	流线起伏
三　景	云、风、山	草木、人、月	瀑布、漩涡、急流

① 周文中:《音乐创作与中华文化》,载梁雷主编、洛秦副主编:《汇流——周文中音乐文集》,上海音乐学院出版社,2013年,第230页。
② 同上,第231页。

续　表

三　远	高远	深远	平远
方　位	天	人	地
三　迭	上	中	下
三句禅	涵盖乾坤	截断众流	随波逐浪

音乐有一种特殊的禅意，寻求"云门三句禅"的境界：涵盖乾坤，截断众流，随波逐流。第一乐章，高远，高山巍峨雄浑，气象万千，仰视之；第二乐章，深远，回到自我，沉思，内观之；第三乐章，平远，景物近在左右，看明白了，任意激浪嬉戏之。

六、笔墨音响灵感

周文中强调"音乐之外"的美学、哲学、艺术的知识能"刺激我们对自己文化的继承和发展上的全面思考与灵感"①，《大提琴协奏曲》折射出他所推崇国画思路，还包括，对古琴演奏法及心法的新声音神韵转化：

1）取法若真（1613—1691）的飞动笔势。周文中说"清初文人画家法若真的名气不大。其实他的画是非常惊人的"②，该乐曲声音配制浓淡变化非常复杂，开头及第一乐章显然是浓墨，定音鼓有五个一直在变换的音高，开头是 F、$^\sharp$C、C、B、D，像墨色之骨，在它之上声音层层堆砌，音高攀升，如奇峰耸立，充满生机，展现三管制乐队声音最大幅度。

2）取倪瓒（1301—1374）之笔墨布局。周文中注意到倪瓒一幅画可以只有两种很简单的用墨，并以此布局，却效果饱满，他认为"这是一位作曲家所必须拥有的熟练手法"③。《大提琴协奏曲》的声音布局十分简明。

---

① 周文中：《音乐创作与中华文化》，载梁雷主编、洛秦副主编：《汇流——周文中音乐文集》，上海音乐学院出版社，2013 年，第 229 页。
② 同上，第 232 页。
③ 同上，第 232 页。

3）从冷谦《琴声十六法》①中提炼出一个飘逸结构。对《大提琴协奏曲》，周文中给出以下图示，他用冷谦十六法创造性地组合布局（见图3）：高-脆-澹‖滑-松-清‖轻-古-和‖徐-虚-幽‖中-疾-洁，取15法，三字一组，共五组；还有另外几层关系，其中五行布局为：金、水、土、木、火，一字包括三组声音编制：1 = 独奏与伴奏，2 = 全奏与华彩，3 = 大提琴与室内组，其中的水、土和金都是3－2－3循环排列，金与火形成头尾向心顺逆排列。再次强调，三个乐章的整体性，多层关联交互构成，从"高"至"洁"只是一"奇"笔，统筹着各段落、表情、节奏、编制、力度、速度等细节。

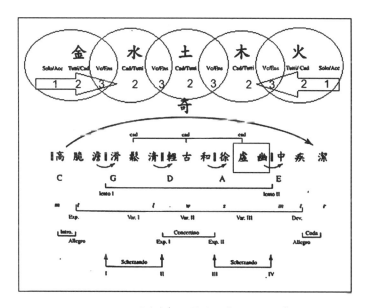

图3　周文中《大提琴协奏曲》结构设计②

4）取吴道子（约680—759）相互牵连的线条之美。与大多数他人的协奏曲不同，周文中协奏曲中的独奏正是一支绝好的勾线"笔"，基于四音动机构成的大提琴线与传统曲调不同，早期《山水》（1949）有明确旋律，这里则如"吴道子的

---

① 冷谦，明代道士，他的《琴声十六法》为一部重要琴论专著。
② 冷谦，明代道士，他的《琴声十六法》为一部重要琴论专著。来自插图，其中圆圈、数字和方框为本文作者所加。

观音像石拓中全是弯弯曲曲、粗粗细细、深深淡淡的水墨线条"①，以笔取形，以线造型，近看不知何物，缥缈变幻，没有一条线是一样的，远观清晰，山水树石惟妙惟肖，不可思议。

5）取古琴声音之自然性。在乐曲说明中这样写道："大提琴的自然性很突出，另有哲学关联。最重要的是与音乐文献中古琴相关，道家思想中有三种宇宙声音：地籁、天籁、人籁。在这部协奏曲中一样，空弦散音是地籁，是一切声音实现的基础；泛音为天籁，是所有声音中最纯净的。按音则是人籁，代表人性，唯有弦乐可以表达纯然人性化的声音。"②从古琴到大提琴的转换，很自然，如第一乐章第25小节，大提琴从低至高直至e2泛音时，弦乐组以泛音分声部韵化；如第二乐章最后第90—93小节的大提琴高音泛音，示意人沉思后的升华；如第三乐章第70—77小节的弦乐组泛音对整个气氛的烘托。

6）取马远（1140—1225）的虚实空间相对法。如引子声音"重若崩云"，第4小节弦乐组轻轻拖延的长音，如丝如筋"轻如蝉翼"③，转换连入下一段。这些做法如"曲曲折折的树枝又侵入到空间中，而同时凹凹凸凸的山石又容纳入侵的空间"④

7）取米芾的墨点堆叠手法。尤其在第三乐章中反复出现的四音动机，以各种形态绵绵密密点出，很像米家山水的墨点，与西方点描手法异曲同工，与各种音色穿插，飞溅水竖琴、锣鼓点似石子、管乐组不断聚集的漩涡水流等，大小错落音色细腻。

七、作为留白的华彩段

留白，是中国画中一个重要的表现手法。常说一纸笔落，留白三分，周文中在此曲中设计有三处华彩，图3中明确标出（cad⑤），即"松""古""虚、幽"，也是B、D和F转A2之间。很多时候，留白是天马行空的游弋，几乎大提琴出现都用

---

① 梁雷主编、洛秦副主编：《汇流——周文中音乐文集》，上海音乐学院出版社，2013年，第229页。
② 见周文中《大提琴协奏曲》的说明，邹彦翻译。
③ 孙过庭论画。
④ 周文中解读马远的画，见《汇流》，第230页。
⑤ Cadenza的缩写。

senza misura(自由节拍)，所以，它带入华彩很自然。

第三次是正式的华彩段，位于第三乐章 F 段落结束处，即再现之前，有一段 31 小节的大提琴独奏华彩。中国画最注重留白，白并非真空，乃灵气往来生命流动处，所以留白又称"余玉"。第三段华彩是该作品的点睛之笔，不论演奏或省略，都是"虚、幽"，在冷谦十六法当中，有些字是指演奏技术，而有些字是针对特定境界，此处正是。早在 1940 年代，周文中写作《山水》时提及对点、线、精致的阴影、留白和动感的考虑，如果说早期的留白更多是强调"无"，是休止、任意延长记号、清淡寂静，那《大提琴协奏曲》中的留白是强调"有"。在 14 个核心音组完整出现后，独奏大提琴以"动"阐释止息之"静"，留白常常是水、是云雾，是虚灵。基于四音动机展开，叙述完整，从地籁、人籁至天籁，在第 27、29 和 31 小节(见谱例 4)，增加泛音运用，完成一次精神蜕变。

谱例 4　第三乐章，大提琴华彩的第 26—31 小节

若选择不进入华彩段，有一个短暂的过渡处理(第 143—147 小节)，这样，又可以出现另一种留白。

八、乐谱上的题款与印章

中国画，是文人"高雅之情之所寄"[1]，往往画不离文，集诗、书、画、印为一体。一个值得注意的细节，周文中大多作品都有标题，如《柳色新》《飞草》《渔歌》《浮云》《霞光》《苍松》等，无标题器乐作品很少，除《组曲》(1951)外，如果给《大提琴协奏曲》加上一个诗意的标题本非难事，但是，给出了留白。

---

① 〔宋〕邓椿：《画继》，中国南宋绘画史著作。

在第一和第三乐章的中部（即 B 和 F 部分），分别写有"Rocks，Clouds and Wind"（岩石、云和风）和"Cascades，Whirlpools and Rapids"（瀑布、漩涡和急流）的文字，第二乐章有一个小标题："Musings on the Mountain"（山中沉思）。它们是"93 年版"新加入的。作曲家在乐曲说明中称：这三个乐章都有题款，这是中国山水画的传统。国画中，题款放置的位置、与构图是什么关系、题写什么都很讲究。向心对称，三个小标题对应"滑""轻""徐"，乐谱上用双纵线分割开，由此可见。

大多周文中正式出版的乐谱上，都有他自己的书法题字和印章，如《谷应》《流泉》等，通常，印章在题字的左下方。在《大提琴协奏曲》总谱扉页，没有书法，注意，在右下方有四行字两句英文：From the face a mountain rises，By the horse's mane a cloud appears，出自李白唐诗《送友人入蜀》中的两句："山从人面起，云傍马头生"。在左下方是醒目的印章"山从人面起"，结合了古老图腾、传统篆刻与现代构成。周文中对这个非同寻常奇峰耸立险路回转的"场景"情有独钟，曾出现在另一处，《亚洲美学与世界音乐》一文："另一个音的特性是为达到秋日池塘的纯净或一轮皓月的光辉。或者，它还可以暗示出非同寻常的画面对比，如峰峦在人的身后升起，云彩在他驾驭的马前漂移。"[①]两行诗歌、一枚印章和三处小标题，足以点题。

图 4　周文中作品封面及扉页（左《谷应》；中《流泉》；右《大提琴协奏曲》）

至于作品不用标题，是回归西方古典纯器乐的魅力，是明确现代无标题艺术的抽象性，还是有意走出大多中式作品惯用的标题标签？这些问题还有待深入，

---

① 周文中：《亚洲美学与世界音乐》（班丽霞译），载梁雷主编、洛秦副主编：《汇流——周文中音乐文集》，上海音乐学院出版社，2013 年，第 110 页。

不过可以确定的是,此处,"无"胜"有",周文中曾说:"作品的奥秘就在于作曲家将不可预知的音乐发展潜力的广度,与深层次乐思之间的关系相结合所做的探索。"①用董其昌(1555—1636)的话:"绝去甜俗蹊径,乃为士气。"

九、孤峰止笔

中国书法讲求起笔或止笔要有力,止笔处不能轻佻,力轻则浮,力重则钝。第三乐章经过流水飞瀑浩渺倾泻而下,F 段出现核心音组ⅩⅣ、ⅩⅡ A 与ⅩⅢ A、ⅩⅣ A 与 Ⅹ B,与四音动机的结合展开。进入 A2,该布局与国画长卷常见处理相似,如黄公望《富春山居图》②(蒋勋③说它是一部交响曲)和王希孟《千里江山图》④,在漫漫风景尾部,一段山峦再次平地而起,先后再现第一乐章 A 和 B 段局部内容,片段节选,快速闪现,包括核心音组 Ⅰ—Ⅵ。至第 198 小节大提琴最后一次独奏,末尾再现第一乐章开头引了,似孤峰凸显,采用紧缩手法,之前 6/4 拍变成 3/4 拍,原来两句缩短成一句。全曲从第一音"高"调开启,历经周折入深邃"古",至此,整个乐队一片寂静,大提琴两声拨弦⑤,一尘不染至"洁"而出。

表8　第三乐章,A2 部分,再现第一乐章内容

华彩段(可选择)			
A2 部分(再现返还到第一乐章,Ⅰ—Ⅵ)			
大提琴	148	第一乐章第 9、17 小节	senza misura(自由节拍)
乐队	149—152	第一乐章第 1—4 小节	Moderato(中板),6/4

---

① 周文中:《〈沙漠〉的奥秘》(王璐译),载梁雷主编、洛秦副主编:《汇流——周文中音乐文集》,上海音乐学院出版社,2013 年,第 255 页。
② 黄公望《富春山居图》(1350)是元代纸本长卷,中国十大传世名画之一,宽 33 厘米,长 636.9 厘米。
③ 蒋勋,中国台湾画家、诗人与作家。
④ 王希孟《千里江山图》是宋代绢本青绿重设色长卷,中国十大传世名画之一,宽 51.5 厘米,长 1 191.5 厘米。
⑤ 录音中,此处两个拨弦之前加入了一个长音,与乐谱有出入。

续　表

大提琴	153—156	第一乐章第 5—8 小节,有变化。	
乐队/大提琴	157—159	第一乐章第 63—66 小节;Ⅵ;	Cantando, l'istesso tempo（如歌的,速度同前）,5/4
乐队/大提琴	160—162	第一乐章第 67—68 小节。	
大提琴/室内组	163	第一乐章第 98—140 小节的影子	Poco allegro, vigoroso（渐快,有力的）,2/4
大提琴/竖琴	182—187	第一乐章第 153 小节起	Cantando（柔和的）,5/4
乐队	188—189	第一乐章的第 52 小节起、第 163 小节起、第 187 小节:ⅫA/ⅫB;	Largamente, ma poco allegretto（宽广的,稍快的小快板）,6/4
乐队/大提琴	190	第一乐章的第 36 小节起、第 173 小节起	Accel.poco a poco（一点点渐快）
大提琴	198—198	第一乐章第 17 小节	senza misura（自由节拍）
乐队/大提琴	199—202		alla misura（按节拍）
乐队/大提琴	203—206	第一乐章引子第 1—4 小节,紧缩。	3/4

结　语

《大提琴协奏曲》创作历时 23 年,沉淀了周文中大量思考,总结以下三点:

一、探讨独奏与乐队间的关系。学者关振明曾总结:"这作品是周文中的第一首协奏曲,他曾指出他写这乐曲的目的有两个,首先是要做到能突出大提琴的特性,更要把那些特性发挥在乐队的部分。这可以解释一些在乐队部分找到的音乐手段:C—G—D—A 这系列的纯五度所占的重要位置;伸延广阔音域的乐句;和带极重'华彩乐段'味道的段落。此外,周氏要在尊重协奏曲传统的大前提之下发挥自己的语言,所以乐队的编制是传统的'快—慢—快'的三乐章也是传统的模式，他更花了不少心思来探讨独奏和乐队间的关系。"①周文中认识到20 世纪现代协奏曲中独奏与乐队关系的深化，独奏大提琴词汇语言得到了及时更新，并有效地赋予了独奏与乐队以人与大自然的特殊意义，这些方面非常关键，于是获得西方学界很高认可："周文中《大提琴协奏曲》是 20 世纪大提琴文献中重要及有持久影响力的一部作品。"②

　　二、一切源于中国艺术精神。该作品集中体现出周文中 1990 年代创作的主要特点：可变调式的综合运用、高度凝练概括、变化渐进式展开、对称结构应用、纵横关系对位、把同一个理念在不同结构层面发挥到极致。③ 作曲家坦言："我在创作这部作品时，受到许多音乐文化的影响，这些文化都是我所继承的音乐遗产的一部分。如果没有 20 世纪 50、60 年代美国现代音乐的发展，我不可能写出这部作品。另一方面，这部作品的性质也是对欧洲古典音乐中独特的协奏曲形式的致敬。此外，此曲的创作也出于我对大提琴这件乐器的热爱以及对其精湛的演奏技艺及其曲目的尊重。在这种情况下，原本的三乐章协奏曲曲式融合了东亚音乐的创作理念，即对一个核心主题的不断演变，并持续融合新的乐思，调性结构及配器也同样受到了亚洲各种音乐体裁的影响。它的美学源于中国艺术的精神，而其他理念则各自有不同的出处。"④首演非常成功，亚历克斯·罗斯（Alex Ross）在《纽约时报》发表了评论："三乐章协奏曲很明显有着与瓦雷兹革新性的超然、不和谐声音及动势的关联，尽管适中的织体被精确地、绘画般地柔化了。开头的主题很吸引人，三个乐章偏安静，乐器处理始终较为传统。史塔克的演奏充满能量和精细，演绎紧凑，很有启发。"⑤周文中不断进入再融合纵深，杂糅多种手法及风格，同时，也是更重要的，不断确定中国艺术精神的自我立场，创新性重构当代中国艺术精神品格。对此，现任周文中音乐研究中心学术委

---

① 关振明：《谈周文中近作》，载《中央音乐学院学报》1999 年第 1 期。
② Mary I. Arlin："The Compositional History of the Solo 'Cello Part in Chou Wen-chung's Concerto for Violoncello and Orchestra"，Indiana Theory Review，Vol. 33，No. 1 - 2（Summer 2017），pp.77 - 132.
③ 这几个特点参见关振明：《谈周文中近作》，载《中央音乐学院学报》1999 年第 1 期。
④ 见周文中《大提琴协奏曲》说明，中文翻译邹彦。
⑤ Peter M. Chang，*Chou Wen-chung: The Life and Work of a Contemporary ChineseBorn American Composer*. Lanham，MD：The Scarecrow Press，Inc.，2006.

员会主任梁雷称"《大提琴协奏曲》是周先生一部深刻的经典作品,可以称之为周文中的一幅'文人的音乐自画像'",是的,这是一幅以"活着的传统化身"[1]姿态眺望山水明月的声音长卷。

三、如同山与风的对话。作曲家给这部作品留下充分的留白,里面是无尽的隔空对话。少有人知,周文中曾为自己取过一个笔名叫"听风山人",他曾说:"我与自然、与美之间对话,如同山与风的对话一样"[2]。当声音化入高山流水间,谁人神会?

本文原载于《音乐艺术》2021 年第 4 期

---

[1] 这是周文中评价瓦雷兹的一句话,见周文中:《声与景:一个回忆》(蔡良玉译),载梁雷主编、洛秦副主编:《汇流——周文中音乐文集》,上海音乐学院出版社,2013 年,第 141 页。
[2] 周文中:《声与景:一个回忆》(蔡良玉译),载梁雷主编、洛秦副主编:《汇流——周文中音乐文集》,上海音乐学院出版社,2013 年,第 139 页。

探寻作曲家手稿出版的价值

——从周文中《谷应》《霞光》手稿珍藏版的问世谈起

张　姣

手稿（Manuscript）作为艺术家创作的原始构思，或以图形、文字为载体，或采用线条、符号等进行表述，其形态可谓千变万化、千姿百态。研究艺术家的手稿，对还原其创作历程、探寻其创作风格，挖掘其创作特点等均具有重要价值。对手稿进行研究，便于在理解艺术家原始构思的同时体味其创作脉络，把握其风格流变，进而洞察由艺术家个体映射出的群体性创作特点。相较美术作品手稿、诗文手稿、文献翻译手稿等，作曲家的音乐手稿（Music Manuscript）可谓承载了其乐思的千丝万缕，具有重要的艺术价值与学术价值。

20 世纪以来，西方音乐界对于不同时期作曲家手稿的研究，俨然已成为显学。如在理查德·塔拉斯金（Richard Taruskin）、弗里德曼·萨里斯（Friedemann Sallis）等人的著述中，我们可以看到大量对作曲家手稿中细枝末节的剖析与局部及整体艺术构思间的诸多阐述。与此同时，国内也出版了部分中国作曲家手稿，如《黄自声乐作品手稿集（影印版）》[①]《萧友梅音乐作品手稿集（影印版）》[②]

---

① 《黄自声乐作品手稿集（影印版）》，上海音乐学院出版社，2023 年。
② 《萧友梅音乐作品手稿集（影印版）》，上海音乐学院出版社，2023 年。

及《世界华人音乐家经典作品手稿丛刊》①等，均为致力于近现代中国作曲家手稿研究的学者提供了空间。

2023 年 11 月，上海音乐学院出版社出版了美籍华裔作曲家周文中先生的作品《谷应》与《霞光》手稿——《周文中作品〈谷应〉手稿（珍藏版）》②和《周文中作品〈霞光〉手稿（珍藏版）》③（以下简称《手稿》）。作为全球首次出版的周先生作品手稿集，一经问世便引起了海内外学界的广泛关注，还被评为上海音乐学院出版社年度"十大好书"。《手稿》向国内读者展示了周先生融汇古琴、书法、山水画、诗词文化、《易经》等浩如烟海的中华文化因素于一体的创作。《手稿》作为星海音乐学院"周文中音乐研究中心"系列丛书，由星海音乐学院院长蔡乔中任总主编，美国加州大学圣地亚哥分校音乐系教授、周文中音乐研究中心学术委员会主席、作曲家梁雷任主编，上海音乐学院洛秦教授任副主编。《手稿》中不仅出版了两部作品的定稿，另涵盖部分未公开发表的草稿、创作蓝图、艺术构思与书法笔迹等珍贵资料，对于研究周文中的音乐、理解周文中的创作观念，具有多重价值。

一、《谷应》与《霞光》

此次出版手稿的《谷应》与《霞光》在周先生一生公开发表的 25 部作品中，分属中期与晚期的创作杰作。

（一）《谷应》创作始末

《谷应》（*Echoes from the Gorge*）为打击乐四重奏而作，创作于 1988—1989 年，由美国纽约新音乐团（New York New Music Consort）的四位打击乐演奏家（William Trigg，Paul Guerguerian，Frank Cassara，Michael Lipsey）于 1989 年 4 月在纽约首演。《谷应》之中，周文中以充满智性的音乐组织手法营造了诗意的音

---

① 《世界华人音乐家经典作品手稿丛刊》，上海科学技术文献出版社，2015—2017 年。
② 梁雷主编：《周文中作品〈谷应〉手稿（珍藏版）》，上海音乐学院出版社，2023 年。
③ 梁雷主编：《周文中作品〈霞光〉手稿（珍藏版）》，上海音乐学院出版社，2023 年。

乐语言。他通过对中国传统文化的采撷、对古琴音乐音响特征的提炼,辅之以书法艺术笔墨韵律的织体组织,综合呈现其具有文人风格的创作特点。作为周文中的代表作,《谷应》标志着周文中整个职业生涯中获得的东西方创作理念总和,因其在作品中"调配了大量音色资源,彻底地根据音色、鼓槌的发音与乐器接触的位置来运用某些西方打击乐器实践的做法,是史无前例的。"①

　　《谷应》的创作时期十分特殊。1965 年,周文中的恩师、20 世纪音乐大师埃德加·瓦雷兹(Edgard Varèse)去世,周文中在此后的 18 年间(1968—1986)没有发表任何新作品,而是不断完善瓦雷兹生前未完成的手稿——《夜曲》(Nocturnal),将瓦雷兹的音乐遗产妥善移交瑞士巴塞尔保罗·萨赫音乐基金会(Paul Sacher Foundation)。此时期,周文中除在哥伦比亚大学任教之外,另一项重要的事业则是不断在国际领域发表文章如《走向音乐的再融合》②(1967)、《亚洲观念与 20 世纪西方作曲家》③(1971)、《亚洲美学与世界音乐》④(1981)等,阐述个人具有前瞻性的艺术观点。在这些发人深省的文章中,囊括了周文中从艺术学、文化学、美学、哲学、历史学等强大人文背景与历史场域之下对自身创作道路的审视与对以作曲家群体为代表的东西方艺术家的反思。直至 20 世纪90 年代,被搁置许久的作品《谷应》《山涛》(Windswept Peaks)、《大提琴协奏曲》(Cello Concerto)等才相继完成。相较之前的创作空白期而言,此后的作品也受到空前高涨的文化观念影响,显现出与早期风格的鲜明对比。

　　《手稿》中记录《谷应》的创作主要分为两个阶段。在 1970—1971 年间,周文中作为 Koussevitzky 驻地作曲家开始了《谷应》与《大提琴协奏曲》的创作,但

---

①　梁雷:《关于〈谷应〉》,载梁雷主编:《周文中作品〈谷应〉手稿(珍藏版)》,上海音乐学院出版社,2023年,第4—5 页。

②　英文原文为周文中 1965 年受美国纽约 WBAI 电台的采访,后发表于 Contemporary Composers on Contemporary Music, Holt, Rinehart and Winston, 1967,邹彦翻译,载梁雷主编、洛秦副主编:《汇流——周文中音乐文集》,上海音乐学院出版社,2013 年,第3—11 页。

③　英文原文 1971 年发表于 The Musical Quarterly,后由班丽霞翻译,载梁雷主编、洛秦副主编:《汇流—　周文中音乐文集》,上海音乐学院出版社,2013 年,第28—46 页。

④　英文原文为 1981 年 3 月 6 日周文中在香港亚洲作曲家会议暨音乐节上的演讲,后由班丽霞翻译,载梁雷主编、洛秦副主编:《汇流——周文中音乐文集》,上海音乐学院出版社,2013 年,第103—114 页。

均仅动笔,使两部作品成了未完成之作。时隔十余年后的1988年坦格伍德音乐节(Tanglewood Music Festival),周文中在充分完成了对《谷应》艺术构思的基础上再度提笔,仅用一个月的时间便创作出由十三个乐章组成的、演奏时间长达二十余分钟、使用打击乐器三十余种、乐谱长度达五十余页的巨幅创作——《谷应》。这部作品也是周文中在构思多年后,以音符绘制的巨幅山水蓝图,是将其脑海中生成的对于《谷应》全体艺术构思的记录与还原。

在笔者于瑞士巴塞尔保罗·萨赫基金会从事周文中手稿研究的过程中发现,《谷应》仅在音高构思、节奏构思、调式组织、乐器安排与演奏注释等角度的草稿,与不同版本的完稿、修正稿、誊清稿等资料,至少七八百余页。这也侧面体现了周先生对其创作的精益求精。而此次出版的《谷应》手稿之中,被尘封于萨赫研究中心的部分草稿(图1、2),终得以揭开其神秘面纱与读者见面,生动再现了周先生艺术构思的全过程。

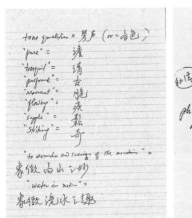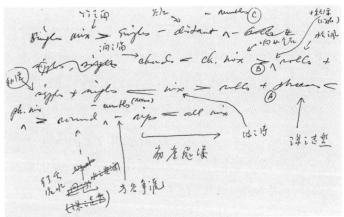

图1、2　《谷应》草图①

此外,《谷应》手稿中同时展示了大量周文中未公开发表的书法笔迹,使读者得以通过《谷应》各乐章的中文标题书法,在充满中国古典美学意境的标题之中,深刻领会周先生的创作与中国文化、中国古典美学之间的内在关联。

---

① 图片出自梁雷主编:《周文中作品〈谷应〉手稿(珍藏版)》,第81、83页。

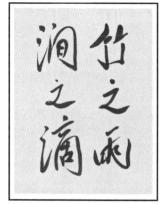

图 3、4、5　《谷应》第一、五、六、八乐章中文标题书法

2.《霞光》创作始末

此次出版的另一部作品手稿《霞光》(*Twilight Colors*) 创作于 2007 年, 为木管与弦乐器而作。这既是一部六重奏也是一部二重三重奏。《霞光》代表着周先生晚期创作的巅峰, 亦是其仁音色—音响美学观念探索的集大成之作。全曲由四个乐章与一个尾声组成, 每个乐章都带有一个小标题及简要介绍①。作为周文中将书法笔法发展为山水画笔触并融入音乐创作的杰作,《霞光》中展现了其多年间对于音色—音响观念的持续探索。这种尝试, 从早期的管弦乐队作品《花月正春风》(*All in the Spring Wind*, 1952) 中实践的"音调笔触"(Tonal brushwork)②, 至 1957 年的钢琴独奏作品《柳色新》(*The Willows are New*) 中实践"笔姿"(brush stoke) 形态, 最终在《霞光》中衍变为"从书法中汲取基本技巧, 在细腻的笔法和精巧的组织基础上开创一种山水画技法"并融入全曲的音色—音响结构。

《霞光》由美国库塞维兹基音乐基金会(Koussevitzky Foundation) 委约创作, 其手稿现藏于美国国会图书馆, 此次由基金会授权出版(图 6、7)。《手稿》中刊印的 35 页创作草图, 通过不同颜色笔触勾勒的调式组织、音高与节奏间严谨的数理逻辑等, 都为我们重新认识"文人"音乐家周文中与审视其提出的"中西融合"创作理念提供了新的可能。

---

① Chou Wen-chung, *Twilight Colors*. C.F. Peters. 2007. p.1
② 音调笔触, 又称音调笔法, 由周文中首次提出于管弦乐作品《花月正春风》。

图 6、7　《霞光》草图①

①　图片出自梁雷主编：《周文中作品〈霞光〉手稿(珍藏版)》，上海音乐学院出版社，2023 年，第 29、32 页。

两部手稿的出版打开了国内外周学研究的新空间,对于学界具有较大研究价值。但若我们仅将手稿视为对周先生的作品进行分析的工业化制谱产物,则大谬不然。在《手稿》的序言中,该书的主编、同为作曲家的梁雷在其文章《周文中先生会怎么做?》中阐述了诸多不为人知的手稿出版过程。而在手稿中不同版本间的出入以及同一版本中的不同字迹等,均为研究周文中的音乐、理解周文中的创作观念提供了重要线索。

二、手稿出版的价值

此次《谷应》与《霞光》两部手稿的问世,与其他作曲家已出版的手稿不同之处在于,其中另包含数篇分析文论,通过东西方不同领域、不同学科权威学者的分析,从音乐理论、音乐美学、器乐表演艺术等角度展开。这些文章对周文中的创作特征、技法特点等进行观照,均为近年最新研究成果,也为读者了解周文中的创作观念、理解其艺术思想与文化性格提供了参照。

1.《谷应》的研究

在《谷应》的研究中,由美国罗格斯大学音乐理论系主任饶韵华教授撰写的《手稿解读的思考:谈〈谷应〉手稿墨迹及文脉》,将关注点投射于周先生手稿墨迹所承载的"文脉"。饶教授采用比较音乐学的研究方式将周先生的手稿置于历史场域,与其他19、20世纪西方作曲家,如勋伯格(Arnold Schoenberg)、贝尔格(Alban Berg)、斯特拉文斯基(Igor Stravinsky)、卡特(Elliott Carter)等人的手稿与完稿的研究过程、研究方法与研究结论等横向比照,从音乐理论与音乐文化遗产学的双重视角剖析手稿研究的学术价值,并提出了周先生的"手稿并非单纯的创作依据而是承载创作者文脉"的观点。她指出:"《谷应》的每个乐章的标题都是通过中文草拟的而非英文,而乐章的英文标题也是在出版时翻译的,仅能传达基本的物质性与形貌,难以传达其神韵。"①的确,《谷应》中除作品的引子"调

---

① 饶韵华:《手稿解读的思考:谈〈谷应〉手稿墨迹及文脉》,载梁雷主编:《周文中作品〈谷应〉手稿(珍藏版)》,上海音乐学院出版社,2023年,第68—86页。

意"（*Prelude: Exploring the modes*）之外的十二个乐章标题是何其传神！在"竹之雨"（*Raindrops on Bamboo leaves*）、"谷应"（*Echoes From the Gorge*）、"秋潭"（*Autumn Pond*）、"月洁"（*Clear Moon*）、"深山邃谷"（*Shadows in the Ravine*）、"老树寒泉"（*Old Tree by the Cold Spring*）、"响如金石"（*Sonorous Stones*）、"涧之滴"（*Droplets Down the Rocks*）、"行云流水"（*Drifting Clouds*）、"珠之走盘"（*Rolling Pearls*）、"万谷争流"（*Peaks and Cascades*）、"崩崖飞瀑"（*Falling Rocks and Flying Spray*）中，无处不流露着高洁、凝练的东方美学意蕴，刻画了山水美学的精神内核。与此同时，若我们再反观周先生构思《谷应》时的创作草图（图 1、2）与书法笔迹（图 3、4、5），虽然无从考证这些构思是否于 1970—1971 年间写下的抑或是 1989 年再度沉淀后完成的，但均展现了"文脉"在周文中创作中的重要依据与乐谱"现象"背后支撑作曲家创作的强大精神谱系。

与饶教授研究方向不同的文章《谷应》由美国纽约州立大学博士、星海音乐学院客座教授关振明撰写。关教授从音乐理论视角透过五个方面聚焦于《谷应》的创作特点，既从宏观角度阐述了"周文中音乐风格"的成因，也从微观视角着墨于周文中自创"变调式"理论与中国传统文化因素——《易经》之间的渊源，并试图扩展《谷应》中"变调式"的多样化应用形态，通过单一作品以小见大地映射周先生的整体创作风格。

众所周知，《谷应》作为周文中"变调式"理论发展过程的重要产物，可谓代表其"变调式"系统的巅峰之作。全曲体现了"变调式"由音高至"节奏调式"控制的变化过程。因此，在关教授文章的第四部分，"《谷应》中节奏调式的运用与形成"①中同样对这一学术观点进行梳理，便于学界更为充分地理解以《谷应》为代表的周文中中期作品的主要创作特点。

《周文中作品〈谷应〉手稿》中收录的最后一篇文章《回声是带着羽翼的声音——沉思周文中〈谷应〉及其与瓦雷兹〈电离〉的深刻联结》由美国加州大学圣地亚哥分校打击乐教授史蒂芬·希克（Steven Schick）撰写。文章十分特殊，作

---

① 关振明：《谷应》，载梁雷主编：《周文中作品〈谷应〉手稿（珍藏版）》，第 87—107 页。

为曾在不同时期多次演奏过《谷应》的音乐家,希克从演奏家角度提出了基于舞台实践过程中演奏者对于作曲家创作的"再诠释"与"再解读"。在此次出版的该书中,希克教授带领加州大学圣地亚哥分校"红鱼蓝鱼"打击乐团(red fish blue fish)完成了《谷应》的作品录音与在周文中纪念音乐会上的演奏。演奏过程中所使用的全部打击乐器均来源于周文中生前的个人收藏,在其去世后由家人捐献给加州大学建立的"周文中打击乐器收藏"。

希克的观点并非全盘来源于《谷应》的乐谱,而是更多关注演奏过程中产生的"瞬间音响",即听觉特点,他称之为"回声"。在文章中希克梳理了他与学生团队在演奏过程中探寻由"直线——开放半圆——菱形——椭圆——圆弧形①"等演奏位置变化进而获得对《谷应》"回声"之最优演奏位置的全过程。也阐述了《谷应》的听觉特征与不同演奏位置变化的关联。这种"瞬间音响"不免令人联想起在《谷应》乐曲介绍中周文中写下的"以《谷应》回应瓦雷兹《电离》"的创作思想,因瓦雷兹最重要的声音观念之 即强调"有组织的声音"(organized sound)。

在《谷应》这样一部打击乐作品中,饶教授透过历史场域聚焦于手稿中文本与音符承载的"文脉",关教授通过音乐理论分析关注于《谷应》的音乐本体,而希克教授则沉醉于乐谱衍生出的音响特点,这是多么令人为之着迷的创作? 竟获得了如此丰富的听觉体验,且带给研究者诸多启示。

2.《霞光》的研究

《周文中作品〈霞光〉手稿》中收录的研究文章包含两篇。其一为美国贝勒大学音乐理论系教授黎昭纲撰写的《音高控制游戏:周文中晚期音乐中的可变调》。黎教授作为对周先生研究多年的资深学者,曾于2009年出版专著《周文中的音乐》(*The Music of Chou Wen-chung*)②是对周先生跟踪研究20多年的学术成果。此次在《手稿》中发表的最新学术成果,将关注点聚焦于周先生"变调式"技术在晚期作品中的应用,试图厘清周文中晚期音高组织方式的演进过程。通

---

① 史蒂芬·希克:《回声是带着羽翼的声音——沉思周文中〈谷应〉及其与瓦雷兹〈电离〉的深刻联结》(鲁瑶译),载梁雷主编:《周文中作品〈谷应〉手稿(珍藏版)》,第117—118页。

② Eric C. Lai. *The music of Chou Wen-chung*. USA. Ashgate Publishing Company, 2009.

过对比《霞光》中不同版本的草稿与出版稿之间的异同，解读了手稿中不同版本间采用罗马数字编码、阿拉伯数字编码、铅笔编码、彩色画笔编码等标记方式在"音高""节奏""声部布局"等方面的体现。黎教授同时提示研究者应关注周文中"对填白技术的集中运用"，虽然这在潘世姬教授的文章《周文中音乐书法家——从"苍松"系列作品试论他的对位观点》[1]与埃夫莱特（Yayoi Uno Everett）的《书法与周文中近期作品的音乐表情》[2]中也曾被提及，但黎教授将"填白技术"视为对于周文中晚期音高控制及演变的重要依据，不失为一种新的视角。

另一篇由上海音乐学院王中余教授撰写的文章《周文中〈霞光〉中的音响聚集及其结构功能》，透过音乐分析者的独立视角，以独立于作曲家创作言说的立场考察《霞光》中大量引人入胜的音响特征——"音响聚集"。并通过对于不同类型"音响聚集"的研究，归纳出《霞光》与同时期作品的共通性特点，进而获得周文中在音色—音响观念运用角度存在的贯穿性与衍变性特征。如上两篇文章均从宏观与微观角度探究着《霞光》。黎教授基于手稿，王教授基于完稿，但二者对于《霞光》与同时期作品《浮云》《流泉》等在"音高"与"音响"角度获得的共性及演变性结论，均为周文中晚期作品的研究打下了重要基础。

三、待开启的手稿研究

此次出版的两部手稿，打开了国内学界对于周文中先生其人其乐研究的新视角，也开启了对周先生音乐文化遗产探究的新空间。2019年周中先在美国纽约逝世，他的毕生藏书与其收藏的乐器已陆续于2017—2021年返回国内，现藏于广州星海音乐学院"周文中音乐研究中心"。他的大部分作品手稿，已于2003年连同瓦雷兹的音乐遗产交由瑞士巴塞尔保罗·萨赫音乐基金会管理。萨赫基

---

① 潘世姬：《周文中 音乐书法家——从"苍松"系列作品试论他的对位观点》，载《音乐艺术》2019年版第1期，第23—30页。

② 弥生·宇野·埃夫莱特：《书法与周文中近期作品的音乐表情》，载梁雷主编、洛秦副主编：《汇流——周文中音乐文集》，上海音乐学院出版社，2013年，第271—290页。

金会对于国内学界而言并不陌生,最初是为了保存已故音乐家、指挥家保罗·萨赫(Paul Sacher)的音乐遗产而建立的音乐图书馆,现今是致力于 20 世纪与 21 世纪当代音乐理论的研究机构。这个世界著名的研究中心,收藏着赫赫有名的包括斯特拉文斯基、贝拉·巴托克(Béla Bartók)、安东·韦伯恩(Anton Webern)、艾略特·卡特(Elliott Carter)、卢西亚诺·贝里奥(Luciano Berio)、捷尔吉·利盖蒂(György Ligeti)、索菲亚·古拜杜丽娜(Sofia Gubaidulina)、热拉尔·格里塞(Gérard Grisey)、凯雅·萨利亚霍(Kaija Saariaho)等全球一百余位 20 世纪与 21 世纪东西方作曲家与演奏家的音乐遗产,而华人音乐家中仅周文中先生一位。

萨赫基金会保存的《谷应》资料主要包括[①]:

表 1

类　别	内　　　容	数　量
草图	乐器规划	59 页
	图像与动作注释	79 页
	节奏注释	64 页
	打击乐器与鼓槌的最终使用注释	30 页
	节奏构思	70 页
	草图和草稿	154 页
总谱	誉清稿	49 页
	中国书法书写的各乐章标题	12 页
	誉清稿:第一份影印本(带有手写更正)	49 页
	誉清稿:第二份影印本(带有周文中手写注释与指挥 Bard Lubman 的指挥标记)	48 页
	誉清稿:第三份影印本(带有手写更正与演奏标记与注释)	53 页

---

① Heidy Zimmermann., "The Chou Wen-chung. Collection in the Paul Sacher Foundation," *Polycultural synthesis in the music of Chou Wen-Chung*(New York, London:Routledge, 2018), p.274, 281-282.

续　表

类　别	内　　容	数　量
总谱	誊清稿：第四份影印本（带有手写更正与注释）	49 页
	誊清稿：第五份影印本（带有手写更正与注释）	53 页
	誊清稿：首演影印本（带有手写演奏注释）	58 页

《霞光》的资料主要包括：

表 2

草图和 草稿	草图和草稿	14 页
	第一乐章草图和草稿	29 页
	第二乐章草图和草稿	25 页
	第三乐章草图和草稿（部分影印本带有手写注释）	22 页
	第四乐章草图和草稿（部分影印本带有手写注释）	60 页
	尾声的草图和草稿	8 页
总谱	誊清稿：第一份带有手写更正与注释的影印本	29 页
	誊清稿：第二份带有手写更正与注释的影印本	29 页
	第一版确认稿：周文中与未知作者的批注与修改（不完整版）	10 页
	第二版确认稿：第一版确认稿的复印件，由周文中手写批注	16 页
	第三版确认稿：由周文中手写更正与批注	16 页
	第三版确认稿：由潘世姬手写批注；复印件由周文中手写批注	不完整版

　　萨赫几乎保存了周先生全部的手稿资源。在本人于 2020 年 1 月浏览的以德语编制而成的作品目录中，基金会通过"已出版的作品""立足于变调式的研究""立足于美学观念的研究""波士顿与纽约时期的学生作品"等分类方式对周先生的手稿资源进行整理。如在表 1 中提及的"影印本"（photocopy）是对手稿

原稿拍照后进行数字化处理以供研究人员浏览的胶片副本。"影印本"适用于周文中资料的任何类型,包括周先生作品的创作蓝图、乐谱草稿、不同版本的定稿、誊清稿、演出与录音信息、演奏注释及部分私人信件等。而对于相同作品不同版本之间的差异,萨赫也通过在完整标题下按字母顺序排列,展示不同原始标题的所有版本便于进行对比研究。除已出版的作品之外,萨赫基金会还藏有周先生大量未完成的戏剧创作项目和未出版的电影配乐手稿片段等。

结　　语

　　两部《手稿》的问世使读者得以透过周先生的手稿,跟从其隽永的文字,深刻领会其创作历程、体会其学术思想,进而拥有以不同视角审视由"作曲家"跨越至学者、教授、思想家、文化交流使者甚至是"数学家"的周文中之多重身份。而在文集之中,音乐理论家、音乐史学家、器乐演奏家等不同学者的研究,也使手稿在应用性与实践性等多角度有了新的进展,为推动周文中音乐研究打开了新局面。

　　待《霞光》万丈,听山鸣《谷应》。周先生的每一部创作,均使我们如同置身一条浩瀚的河流。他不断以新颖的方式、崭新的视角探寻着中国悠久的文化传统与西方近百年迅速转变潮流之融合。作为一位作曲家,"周先生会选择不将作品商品化";作为一位音乐文化交流使者,他对早期中国音乐海外传播具有切实意义;而作为一位学者,他以个人创作不懈阐释着中国古代文明与东西方现代文明之间的深刻联结,并在这些承载着智慧的创作中,绽放着熠熠璀璨的光芒。

本文原载于《音乐探索》2024 年第 2 期

借笔墨之声 书文化汇流

——从"汇流"解读周文中弦乐四重奏《浮云》

张　姣

在我国当代音乐创作领域,受中国传统文化启发的作品异彩纷呈,来源于哲学思想、文学文化的作品亦绮丽多姿。作曲家们从非音乐范畴吸收灵感与养分,将这些宝贵的文化因素转化为音响形态,形成有组织的音高、有逻辑的音调、有内涵的音色,并逐步建立起他们富于中国文化观的创作风格与艺术手法。

美籍华裔作曲家周文中先生以博学雅识的品格、淹通中西的识见,谓之20世纪华人音乐家之表率。他被中西方学界定义为"文人音乐家",相关研究也采用"士""文人"等标题进行阐述,如《念天地之悠悠 独怆然而涕下——"士人"周文中音乐思想中的文化本位意识》(伍维曦,2015)、《论文人作曲家周文中——以"音乐文本田野工作"的思考方式》(洛秦,2019)等;或以琴、诗、书、画相结合的视角探究其创作技法,《周文中 音乐书法家——从"苍松"系列作品试论他的对位观点》(潘世姬,2019)、《周文中大提琴协奏曲:一副声音山水长卷》(梁晴,2021)等。而在2001年出版的《新格罗夫音乐和音乐家大辞典》中,对周文中进行解读的条目也强调了其作品"天人合一"①的美学特点。这些成果,挖掘了周文中的创作与中国传统文化因素之间的关联,但并未穷尽其最具代表性的"汇流"观念及在作品中的具体体现。源于此,对周文中第一弦乐四重奏《浮云》进行研究、对作品中文化因素与作曲技法结合角度的探究、对"汇流"观念在当代音乐领域产生的影响进行研究,均具有实际价值。

1923 年,周文中出生于山东青岛颇具文人传统的家庭,他的祖父周维翰是最早了解西方医学科学的学者,父亲周森曾任政府要职并且精通《易经》知识,是当时社会有名的占星师与面相师。得天独厚的文化背景使周文中在幼年时期便接触了常人鲜少触及的《易经》著作,为日后创作中中国传统文化因素的运用埋下了伏笔。20 世纪 40 年代周文中赴美求学,在哥伦比亚大学艺术学院毕业后留校任教。受到他的恩师、20 世纪先锋音乐大师埃德加·瓦雷兹(Edgard Varèse)对个人文化根源持续探索并运用于创作中的影响,周文中开启了在东、西方不同文化来源中吸吮养分并滋养自我创作的历程。他曾多次这样形容,"我相信,书法是所有中国艺术表达的基础,而古琴音乐则是中国音乐表达之精髓。这两者对我都有深刻影响。"②他的大部分作品也在结合西方具体作曲技术技法与中国传统文化、亚洲民族民间音乐等角度具有首开先河的意义与价值。在周文中一生公开发表的 25 部不同体裁、编制、风格的作品之中,仅"苍松"系列③中的五部作品采用了中国民族乐器中笛、管、筝、琵琶、笙等,以及韩国民族乐器伽倻琴、筚篥、大笒、长鼓等进行创作,其余均为西洋管弦乐器。但这并不妨碍周文中运用他独特的音乐语言与艺术手法将东方音乐的意韵、风骨表达得淋漓尽致,勾勒得浑然天成。

---

① Joanna C. Lee, Chou Wen-chung. *The New Grove Dictionary of Music and Musicians*, 2nd ed., New York: Macmillan Publishers, 2001: pp.789–790.

② 《周文中近作三首介绍》,载梁雷主编、洛秦副主编:《汇流——周文中音乐文集》,上海音乐学院出版社,2013 年,第 294 页。

③ 《苍松》系列作品包括:《苍松》(2008)《苍松 II》(2008)《诵松》(2009)《苍松 III》(或译《丝竹苍松》)2011—2012),《苍松 IV》。详见梁雷主编:《周文中作品〈霞光〉手稿(珍藏版)》,上海音乐学院出版社,2023 年,第 71 页。

一、《浮云》作品概述

第一弦乐四重奏作品《浮云》创作于 1996 年，由美国杨百翰大学巴洛音乐基金会（Barlow Endowment for music Composition at Brigham Young University）与布伦塔诺弦乐四重奏（Brentano Quartet）共同委约。作品首演于美国纽约林肯中心爱丽丝塔利音乐厅（Lincoln Center Alice Tully Hall）。

《浮云》是周文中毕生仅有的两套弦乐四重奏之一，相较七年之后完成的第二弦乐四重奏作品《流泉》（Streams，2003），《浮云》更处于周文中"中西融合"创作路径的探索时期，在其创作生涯中占有承上启下的重要位置。1996 年（《浮云》创作同年），周文中与美中艺术交流中心在云南丽江、红河州、高黎贡山区等地开展了历时多年的文化遗产保护工作，在云南的经历、海上丝绸之路的见闻、少数民族聚居地的文化与生活体验等，均对《浮云》的创作产生了深远影响。周文中也曾多次谈及"在云南进行文化工作的时候，研究扮演举足轻重的角色，如果没有云南这些研究经历，我则无法创作出个人满意的作品……"[1]

《浮云》的标题意指"云层与书法共有的持续不断变化的过程"[2]，这种"持续不断地变化"既是《浮云》的创作核心也是周文中中、后期作品的共性之一。

《浮云》全曲由五个乐章组成，延续了西方古典主义时期已明确建立的多乐章结构布局（见表 1）。第一乐章是篇幅最长、音乐结构最为完整、织体形态最具综合性的乐章，其长度（236 小节）甚至超越了第二、三、四乐章的总和。此乐章中周文中运用个人化的对位手法，以连绵不绝的音响形态实现云层"聚合与消散"的衍变过程。第二乐章为再现单三部曲式，共 80 小节。此乐章中通过弦乐四重奏对"月琴-三弦-琵琶-玄琴"[3]等多种亚洲弹拨乐器进行模拟，试图还原亚

---

① 李雅贞译《文人与文化》，载梁雷主编、洛秦副主编：《汇流——周文中音乐文集》，上海音乐学院出版社，2013 年，第 178 页。

② Chou Wen-chung String Quartet（No.1）"Clouds". C.F. Peters. 1996.

③ 《周文中近作三首介绍》，载梁雷主编、洛秦副主编：《汇流——周文中音乐文集》，上海音乐学院出版社，2013 年，第 295 页。

洲乐器的音色与韵味。第三乐章为慢板乐章,共 50 小节,基于书法艺术与诗词音韵对周文中创作的长期影响,此乐章中多样化的线性音响形态多是对中国宋代女词人李清照诗词格律特征的模仿。而作为全曲高潮的第四乐章,也是篇幅最小、结构最短、速度最快的急板乐章,长度仅 36 小节、演奏时长仅 32 秒,这种意料之外的结构与速度布局与此乐章借鉴书法艺术书写方式的构思相关。本乐章中,周文中以草书书写过程的迅疾笔法入乐,带来了与前几乐章对比较大的织体形态。而第五乐章是对第一乐章核心段落(第 41—215 小节)的再现,形成了整曲首尾呼应的音乐结构特点。

表 1 《浮云》结构图表

第一乐章			第二乐章	第三乐章	第四乐章	第五乐章
"散"			"中"	"慢"	"快"	"散"
结构	引子	核心部分		再现单三部曲式	多段落结构	一部曲式结构	第一乐章部分再现
长度	1—17 小节	18—136 小节	137—236 小节	80 小节	50 小节	36 小节	154 小节
速度布局	Andante	Cantando	Largo-Lento-Allegro	Leggierezza	Larghetto	Presto	Andante
织体形态	柱式与线性对位形态结合	具有流动性的线性形态	线性形态与柱式、点状形态结合	点状形态	线性起伏	面状形态	柱式与线性对位形态结合

此外,这种在末乐章对第一乐章的再现也体现在周文中第二弦乐四重奏《流泉》之中,形成了两部四重奏作品音乐结构的总体共性。而《浮云》第二、三乐章中相对短小的乐曲结构布局,则在室内乐作品《霞光》(Twilight Colors,2007)中被再度运用。

从《浮云》的速度布局我们可以窥见,全曲五乐章的结构与中国传统曲式

"散-慢-中-快-散"的音乐特点相吻合,但受《易经》中"变"思想的影响,周文中将原"慢"与"中"的速度布局进行调整,使之呈现"散-中-慢-快-散"的速度变化,进而打破了西方古典主义时期确立的多乐章结构与速度变化,不失为对于西方传统曲式的一种突破。而在音乐材料中蕴含的"持续不断变化",使《浮云》全曲呈现出速度布局逐渐加快、音乐材料与结构愈发精炼,最后首尾呼应的"橄榄型"曲式特点。

二、《易经》的影响

受中国古代《易经》(*I Ching*)哲学思想启发,周文中提出了建立于八卦基础上的"变调式"(variable modes)理论。《易经》是中国周代的一部卜筮之书,通过一系列精密的八卦符号阐述事物阴、阳变化,包罗深厚的文化内涵与自然法则。《易经》的神秘主义色彩早已成为东、西方诸多作曲家的创作源头,如美国作曲家约翰·凯奇(John Cage)曾运用八卦卜筮后生成的音乐材料创作了《变化的音乐》(*Music of Changes*)。诚然,周文中关注《易经》并作为个人创作理念的缘由与他者不同。作为十一世纪理学家周敦颐①的后人,他的祖先曾提出"无极、太极、阴阳、动静、诚"等命题,并曾撰写《太极图说》《通书》等多部对《周易》深入解读的论著。在这种文化根源的影响下,周文中将《易经》作为其"变调式"理念进行创作,并致力于发扬的缘由则不言而喻。

"变调式"是一种可被改变与组合的"音高构成"(pitch constructs),由《易经》中"乾、坤、艮、兑、坎、离、巽、震"八种卦象②组成。作为周文中作曲系统中最

---

① 周敦颐,中国宋代理学家,"程朱理学"的鼻祖。
② 八种卦象均具有含义,分别为:乾-天、坤-地、艮-山、兑-泽、坎-水、离-火、巽-风、震-雷。周文中"变调式"的命名方式目前主要存在两种。其一是依据周先生手稿采用卦爻的含义进行命名,如乾卦构成"天调式",周先生书写为"heaven",简称"h";其二为在部分研究学者中,采用以卦爻名称对调式命名,即"乾调式"。

重要的理论之一,"变调式"自建立至发展经历了多个阶段①。最早称之为"变调"(Pien-modes),意指"八个变化不定的调式"。此理论萌生于1952年的作品《唐诗七首》(*Seven Poems of Tang Dynasty*),在此后的室内乐作品《隐喻》(*Metaphors*,1960)中基本确立由八卦控制八种调式,发展至1963年的长笛与钢琴二重奏作品《飞草》(*Cursive*,1963),形成了以上、下行结构为主的调式特点,直至1989年的打击乐杰作《谷应》(*Echoes from the Gorge*),"变调式"的运用由音高结构控制拓展至"节奏调式"的全面控制。

周文中虽建立了严密的"变调式"系统,但基于个人对"变"理念的执念,他并没有如勋伯格(Arnold Schoenberg)等其他西方作曲家一般将个人的作曲理论著书立说。但与此同时,他也曾在个人公开发表的文章及作品的乐曲介绍中简要阐述"变调式"的构成方式。

> 他们建立在八度分开的三个截段之上,这些截段既可以是连续的小三度,也可以是断开的(两个大二度加一个小三度)。这些截段根据上行、下行相互变化;每一个上行的截段都在下行的变化中得到反映——音程之间相互补足、音高各有不同……②

如下谱例1《浮云》第一乐章第18—22小节采用的山雷调式(mt')所示,调式上行由艮卦、下行由震卦构成。"艮卦"(☶)对应的调式为"山调式",卦爻为:阴爻+阴爻+阴爻+阴爻+阳爻,音列为:大二度+大二度+大二度+大二度+小三度;"震卦"(☳)对应的调式为"雷调式",卦爻为:阳爻+阴爻+阴爻+阴爻+阴爻,音列为:小三度+小二度+大二度+大二度+大二度+大二度。若以谱例1中第一小提琴第18小节首音D为基音,则上行艮卦、下

---

① 按黎昭纲教授的梳理,周先生的"变调式"理论主要存在三个阶段,即:原型(Prototypes, 1958—1959)、类型Ⅰ(Type I, 1960—1969)、类型Ⅱ(Type II, 1963—)。详见黎昭纲(Eric C. Lai), *The music of Chou Wen-chung*, Farnham: Ashgate, 2009, pp.43–47。

② 周文中:《走向音乐的再融合》(邹彦译),载梁雷主编、洛秦副主编:《汇流——周文中音乐文集》,上海音乐学院出版社,2013年,第7页。

行震卦的山雷调式音高结构为：D—E—#F—#G—#A—#C（上行）#D—C—B—A—G—F（下行）。至此，即构成了第一小提琴（第18—22小节）的变调式结构。而在"变调式"标记角度，上行采用"0|1|2|3|4|5"下行以"0̲|1̲|2̲|3̲|4̲|5̲"进行区分，体现了"每个上行截段在下行中均得到反映"的调式构成原则。

谱例1　《浮云》第一乐章

第一乐章第18-22小节

若以中西方音乐理论对周文中提出的"变调式"同时观照，无不叹服其根植于中国传统文化又熟稔西方音乐理论的创作立场。首先以中国音乐理论进行观察，在"变调式"中我们不难发现，每组卦爻的三线性原则与中国五声音阶中"宫-角"的大三度关系相对应，且在一个八度内会形成三组宫系统。如谱例2所示，"天调式"对应"乾卦"，卦爻为：阳爻+阳爻+阳爻。因此，在C音天调式中构成了♭E宫（C羽—♭E宫）、G宫（E羽—G宫）、B宫（#G羽—B宫）三组宫系统；下行调式为：#C—#A—A—#F—F—D，则形成#C宫（#C宫—#A羽）、A宫（A宫—#F羽）、F宫（F宫-D羽）三组宫系统。连续小三度的"宫-羽"关系不断被小二度结构打破，此时的听觉特征会呈现出宫音不断游移的不稳定、片段性五声特点。而周文中将这种本不应存在于中国传统五声音阶中的小二度关系巧妙运用，使之产生了"新颖"的听觉体验。

　　与此同时,若以西方序列思维再度观察,变调式的上、下行音列为镜像对称结构,后六音为前六音的上二度逆行形态,而音列整体已构成了十二音全集。若以下谱例2"天调式"为例,将第一个三音组 C—ᵇE—E 视为原型(P),则调式中第4—6音 G—♯G—B 构成了逆行倒影(RI‐10);7—9音 ♯C—♯A—A 为倒影(I‐1);10—12音 ♯F—F—D 为逆行(R‐2),形成了四组相互关联的序列组合。可见周文中的"变调式"结构兼具五声性特征与序列音乐特点,可谓其创作理念中"中西融合"立场的深层体现。

谱例 2　C 音"天调式"(hh')音高结构

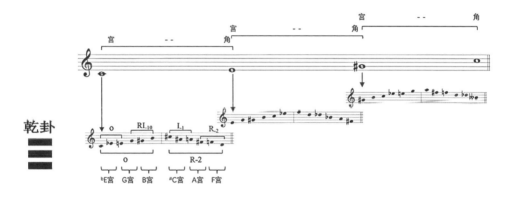

　　在《浮云》中,音高结构与"变调式"的深层控制同样息息相关。如前文谱例1所示,第一小提琴演奏 D 音山雷调式 mt'/D,音序为 05133｜154251｜241533｜0;中提琴在四小节后进入演奏ᵇG 音雷山调式 tm'/ᵇG,音序与第一小提琴一致。第一小提琴的第二个调式为ᵇB 音雷山调式 tm'/ᵇB。在第一乐章 1—44 小节中,主要采用了 mt' 与 tm' 两种调式在不同基音上的变化,构成乐曲陈述。而第45小节起,周文中引入离卦与坎卦生成的火水调式,并依据八卦中两卦叠合生成同卦①的原则构成了火水调式的四种调式变体:ss'｜rr'｜s's｜r'r(谱例3b)。而这四种调式变体也贯穿发展于《浮云》第一至四乐章之中。在全曲的高潮,调式组织方式最为复杂的第四乐章(后谱例5),作曲家最后引入巽、兑两卦,生成

---

① "同卦"为《易经》八卦术语,指三线爻通过两两相叠生成六线爻的形式。

上巽、下兑的泽风调式 lw' 与上兑、下巽的风泽调式 wl'。此时，四声部弦乐的变调式极为复杂（谱例 3c）。其中，第一小提琴演奏泽风调式 lw'/E；第二小提琴演奏贯穿全曲五乐章的火调式 ss'/A；中提琴为风泽调式 wl'/D；大提琴与第一小提琴一致为泽风调式 lw'/G。四声部以节奏形态一致、旋律走向相近，声部平行运动却不完全交叠的旋律线条构成多调式并行的调式复体（modal complexes）①结构。这种形式也佐证了《浮云》处于周文中"变调式"理论的第二阶段（Type II），趋向于多调式综合运用的整体特点。

谱例 3　《浮云》第一、第四乐章"变调式"结构

乐　章		变调式音列	
第一乐章	3a.	mt'/D 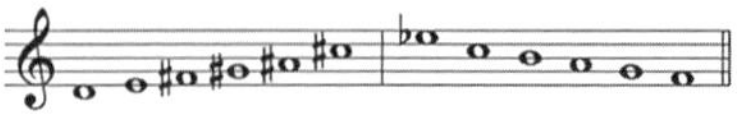	tm'/♭G 
	3b.	ss'/♭E 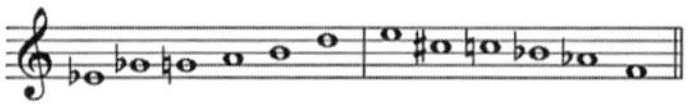	rr'/G 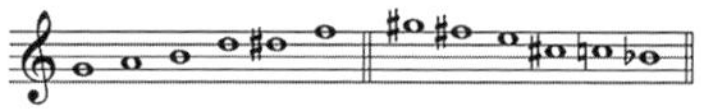
		s's/♯A 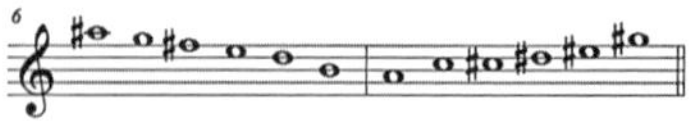	r'r/D 
第四乐章	3c.	lw'/E 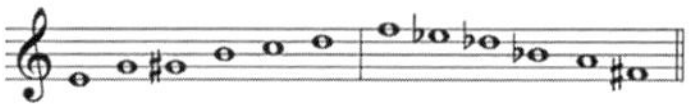	wl'/D 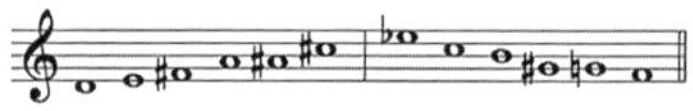
		ss'/A 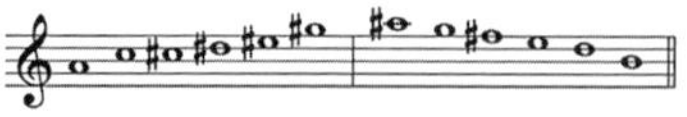	lw'/G 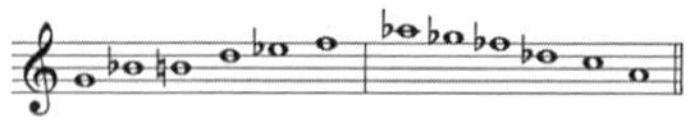

---

① "调式复体"又称"复合调式"（modal complex, MC）由关振明在博士论文《周文中近期音乐创作设计》中提出（纽约州立大学水牛城分校博士论文，1996 年，第 23 页）。"调式复体"的首次翻译见黎昭纲《周文中的音乐——实现"再融合"》（周文正译），载梁雷主编、洛秦副主编：《汇流——周文中音乐文集》，上海音乐学院出版社，2013 年，第 270 页。

通过对《浮云》中"变调式"运用方式的分析可见,全曲中除"乾、坤"两卦控制的"天、地"调式没有被采用之外,其余"震-艮-离-坎-巽-兑"六卦均有序生成"雷-山-火-水-风-泽"六种调式。这种调式布局体现了周文中将《易经》中"六卦变化、乾坤不变"的理念融入作品音高组织逻辑的创作缘由。周文中曾谈及"八卦是八变,我却强调六变,'天地''父母'是乾坤,父母调永在,'乾坤'这对阴阳,是万物之基础,万变之根本,是宇宙人心稳定和谐的基因,而真正变化的主体是后面的六卦。①"而在周文中亲手绘制的变调式"六经卦"图中②,同样强调了六卦在其"变调式"系统中的密切关联。因此,其以六卦构成的六组调式系统铺展乐思,既源于乾坤哲学也蕴含着嬗变理念。而这些由《易经》八卦控制的调式,以卦爻构成调式、调式构成乐曲,使音高结构兼具西方序列主义的秩序化特征与中国传统音乐的五声性特点,体现了周文中将中国古典哲学思想以西方音乐秩序化的创作方式融于音高组织层面的深层策略,而这些智性的构思与灵感来源,则深深根植于其"汇流"音乐文化观念的土壤。

三、"诗、书、乐"文化因素一体

1. 诗词文化

周文中的创作主张复兴文人传统,他的作品除受到中国古典哲学思想的启发之外,对诗词所承载的文学文化一直倍加青睐。在早期管弦乐作品《山水》(*Landscapes*, 1949)中,就曾选用三位不同朝代诗人〔清〕郑板桥、〔明〕丁澎、〔明〕刘基的诗词进行创作,音乐风格也流露出与诗歌意境一致的中国古典美学特点。而在中、后期作品创作中则显现出对诗词音调、格律、音素等内在音韵特征的关注。

《浮云》受到南宋女词人李清照创作特征的启发,将李清照具有代表性的

---

① 梁晴:《周文中与瓦雷兹:瞬间感知,瞬间结晶》,载《音乐爱好者》,2012 年第 2 期,第 32 页。

② 周文中先生亲自绘制的六经卦图见梁雷主编、洛秦副主编:《汇流——周文中音乐文集》彩色插图,上海音乐学院出版社,2013 年,第 10 页。

"头韵"修辞手法融入音响组织形态中。在乐曲介绍中周文中曾提到"《浮云》的第三乐章是对往事的回忆，尽管无意而为之，却回想起李清照的诗作。作为中国伟大的词人之一，李清照是头韵、拟声法以及其他听觉效果的大师。"[①]

头韵（Alliteration）也称首韵（head rhyme），是一种英语语音学修辞方式，指在一组词或一行诗中将单词首字母发音相同的词语连续使用，会形成文字形式对称、节奏和谐、循循渐强的悦耳音调特点。具有韵律美、整齐美。这种特征在《浮云》中被以"同音"的"不同重复"方式进行模拟。众所周知，周文中的创作对单音音乐的体验是极为丰富的，他曾提出个人化的音乐观念——单音的"偏移"（Deviation）[②]，即强调"一个音发出后未消失前的音高与音色变化"，及重视音高与音色的变化中"启奏""保持""消散"等诸多过程，将其视为音乐整体结构的一部分。而在第三乐章，融合了"头韵"与单音音乐音响观念，周文中以"同音"的不同组合方式形成了丰富的音响形态。

如下例《浮云》第三乐章第 1—4 小节（谱例 4a），中提琴声部在 F—♭G/♭G—F、♯A—B/B—♯A 等音级间与大提琴声部（谱例 4b）♭B—A/A—♭B、G—♭A/♭A—G、♭G—F/F—♭G 等音级间构成大量上、下行小二度滑奏的形态。他们从同音出发，伴随着不同幅度与情态的揉弦变化，由紧凑揉弦（senza vibrato）——宽幅度揉弦（wide vibrato）——常规揉弦（normal vibrato）组成，以不同幅度的滑奏呈现对人声吟咏语调的模拟。而纵向形态中则包含更为丰富的"偏移"方式。如谱例 4c 中，第一小提琴保持横向小二度滑奏，以 A—♭B/♭B—A、G—♭A/♭A—G 等音级，突出横向形态中的"偏移"特点。其他中提琴、大提琴声部以近指板（poch.）颤音的形式分别对第一小提琴♭B 音（第 1 小节）与 D 音（第 2 小节）等几个主要音进行"偏移"，而第二小提琴分别于每小节第三、第四拍以音区升高、力度减弱、节奏"偏移"的方式如影随形地跟随第一小提

① 《周文中近作三首介绍》，载梁雷主编、洛秦副主编：《汇流——周文中音乐文集》，上海音乐学院出版社，2013 年，第 295 页。
② 周文中：《单音作为音乐意义单元：以结构观点看音的偏移属性》，载梁雷主编、洛秦副主编：《汇流——周文中音乐文集》，上海音乐学院出版社，2013 年，第 17 页。

琴的旋律线条。这些纵、横结合的多种偏移模式呈现出由实音、泛音、滑音等营造的朦胧的音乐意境,并以音韵的内在变化推动曲调发展。而对于"偏移"理念的运用,《浮云》也体现出不同于早期创作中对古琴音色的采撷与演奏法的拓展,转向从诗歌音调的"平上去入"角度,不断探索音色"偏移"的更多可能。

此外,在本乐章中大量充满弹性的时值变化,呈现出"递增"与"递减"的节奏型与节拍变化模式,这来源于书法艺术书写过程中"加快""渐慢"等速度变化对周文中的创作启发。

谱例 4 《浮云》第三乐章谱例

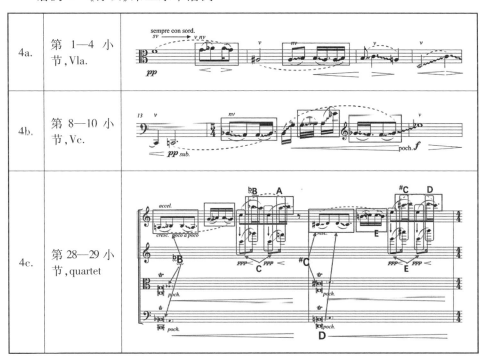

2. 书法艺术

早在 1954 年,周文中即被音乐史学家施图肯施密特(Stuckenschmidt)冠以"音乐书法家"[1]之名。在他的创作观念中,书法是中国艺术表达的基础,更是其

---

[1] "音乐书法家"由德国音乐学家施图肯施密特提出,见尼古拉·斯洛尼姆斯基的文章《周文中——其人其乐》(朱建译),载《艺苑》1996 年第 2 期,第 55 页。

创作的美学动因。自首部以书体命名的作品《飞草》（*Cursive*，1963）至"将书法技术融入山水画技法"的室内乐作品《霞光》（*Twilight Colors*，2007），周文中在1963 至 2012 年间的 15 部不同体裁、编制、风格的作品中不断探索着书法与音乐结合的无限可能。

而《浮云》同样是一部深受书法艺术影响的作品，这既体现于作品的整体构思也渗透在作品的内部组织中。在《浮云》中周文中实践了弦乐四重奏"音响流动性从听觉上与古琴、书法的笔墨流动接近"[1]的音响构思，并将弦乐四重奏的织体组织成"墨色不同、深浅不一、宽窄不一的线条"[2]，勾勒一种"云层"持续不断转化、聚合、消散的演变过程，表达对"白云无尽时"的创作意涵。这种创作理念构成了《浮云》二、三、四乐章间"点、线、面"逐步延伸的织体布局。

谱例 5　《浮云》第四乐章第 1—6 小节

在书法艺术中，以草书对周文中的影响最为深远，"草书中的音乐特性是无可否认的，尤其是节奏的超越感、行云流水的运动、迟速交替，以及墨和空间的持续扩张与收缩等"[3]均为周文中的创作带来了灵感。

---

[1]　Chou Wen-chung String Quartet(No.1) "*Clouds*". C.F. Peters. 1996. p1.

[2]　Eric C. Lai. The music of Chou Wen-chung. USA：Ashgate Publishing Company，2009. p.102.

[3]　周文中《摘录给弥生·宇野·埃夫莱特关于书法的信》（*Excerpts from a letter to Yayoi Uno Everett regarding Chinese calligraphy*），2006 年。

如《浮云》第四乐章(谱例 5),受到草书的影响,周文中将草书书体特有的"扩张与收缩"感与"一笔书"笔法相结合,形成密不透风、连绵不绝的织体形态。"一笔书"原指行笔过程中连绵相续、隔行不断的笔法特点,这种"连绵不绝"在本乐章中呈现出 3/8—4/8—5/8—6/8—7/8—8/8 的递增节拍特性。这种递增节拍通过六次循环构成了全曲 36 小节的整体长度。除每个循环周期中加入全音符、二分音符的长音形成短暂停顿之外(如上例第 6 小节),其余均由八分音符构成,中间没有停顿,亦没有节奏变化。这种节奏韵律一致、音高结构相近、声部运动同步、力度变化一致的四声部保持了与笔墨特征一致的平稳与连绵不绝感,并由第三乐章模拟李清照诗词特征的"单一线性形态",发展至本乐章密不透风的"面状形态"。

3. 亚洲弹拨乐器的影响

此外,在《浮云》音色-音响布局角度同样体现周文中对"汇流"观念的不懈探索。他主张的"汇流"是多种宝贵文化传统间的"融合"与"再融合",而为了实现这种"融合",他一直以自身结合东、西方多种文化来源的创作,将书法的笔墨韵律、古琴音乐的人文精神、《易经》思想启发的"变调式"及多种亚洲音乐元素相结合。

在《浮云》第二乐章中,音色-音响布局的"融合"即体现为通过多种点状音色构成的点描法对月琴、三弦、日本琵琶、玄琴等亚洲乐器风格与韵味的模仿。周文中之所以采用这种演奏法,与其幼年时期的生活经历息息相关。作为《浮云》首演者的布伦塔诺弦乐四重奏是最有发言权的。"《浮云》的诙谐曲乐章(第一乐章),有很多地方需要用到拨弦技巧。他(指周文中)一再提醒我们,他要的是一种很硬的声音。我想这和他耳朵所熟悉的一些中国传统乐器有关。"①

在此乐章中,一种"前短后长""前轻后重"的节奏型引起了笔者的关注(谱例 6),他们始终保持这种节奏特点,并大量存在于弦乐独奏声部,贯穿整个乐章。而这种强调后拍的节奏特点与朝鲜、韩国的传统乐器玄琴的演奏特性相关。玄琴(Geomungo),又名玄鹤琴,其音色粗糙饱满、揉弦短促有力。玄琴为六弦

① [美]马克·斯坦伯格:《周文中的弦乐四重奏》,载《文人精神的复兴:周文中百年诞辰纪念文集》,上海音乐学院出版社,2025 年,第 371 页。

琴,第一、五、六弦居于雁足之上,第二、三、四弦居于品上,若在演奏时采用手指按压琴弦可展示"弄弦"的演奏法。通常以前短后长、前轻后重的节奏型通过快速拨奏音区相隔较远的两弦进行"弄弦"。

因此,《浮云》的第二乐章,周文中提炼了这种"弄弦"演奏法并运用于各弦乐声部,试图以西洋弦乐器呈现东方音乐的音韵特点。如谱例 6a 所示,第二小提琴在第 1 小节率先进入,演奏音区相隔较远的两音。他采用第一音 G 音在 G 弦(空弦)上演奏,拨弦而不揉弦;第二个 G 音在 D 弦上以重音演奏,拨奏并揉弦,且时值较第一音更长,呈现"前轻后重""前短后长"的"弄弦"效果。延续这种思维,本乐章中的其他独奏声部(谱例 6b/6c/6d),均采用音区相隔较远且需换弦的"弄弦"形式演奏,保持第一音不揉弦、第二音以重音演奏并揉弦的方式,展现对单音音乐中"启奏-保持-消散"过程的关注。其来源于亚洲弹拨乐器的细腻音色构思既展现了东方音乐的独特神韵,同时较好地扩展了弦乐器的共鸣。

谱例 6　《浮云》第二乐章谱例片段

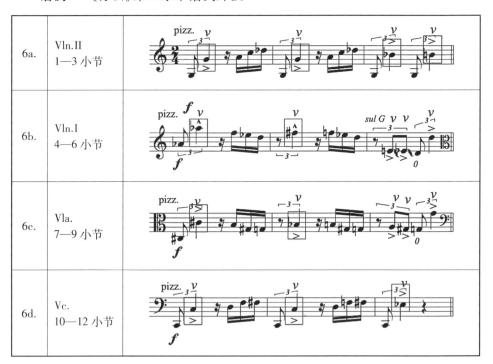

结　语

　　早在当今文化融合、文明互鉴被大力倡导之前,周文中便于《百川汇流的黎明时代,音乐的未来何在》(2001)中提出了他主张多种文化融合的"汇流"理念,即努力创造一种"既非西方也不是传统东方,而是涵盖两种文化主要优点的新的音乐"①。这既是他的创作观念,也是其毕生为之探索的创作路径。在此后的几十余年间,周文中一直在不同文化特征、文化样态中探索着这种"融合"之于音乐本体中的无限可能,而这种周氏音乐的"汇流"特点,使其同样启发了诸多华人作曲家的创作之路与艺术道路。作曲家陈晓勇先生曾在个人文章《音乐随想——再听周文中〈渔歌〉》中谈及周文中《渔歌》对其创作观念的影响,"他(周文中)从新的角度认识和描述了这种音乐风格在西方音乐文化中的陌生一面",此后的陈晓勇也不断以自身的创作提出对"文化认同"与"新的国际化语言"等诸多思考。而周文中在音乐与书法结合领域的实践不失为开启了音乐与其他艺术门类间的融汇,这种探索促使他的学生周龙、陈怡、梁雷等沿着这个方向持续探索中国传统文化因素的多样化运用。

　　在第一弦乐四重奏《浮云》之中,周文中以多维度、立体化、"中西融合"等创作方式向我们展现了"汇流"音乐文化观之于音乐本体中的多种体现。《浮云》全曲集中国古典哲学理念,诗、书、乐等多种文化因素于一体,深刻反映了作曲家对中国传统文化的谙熟于心与对西方当代作曲技术的独到组织。这些"融合",支撑着周文中一直践行的"汇流"观念与"不中不西""不古不今"的创作立场。作为一位作曲家成熟时期的创作,《浮云》虽完成于20世纪90年代,但体现了周文中对早期"五声性"风格的突破与颠覆及对中后期"抽象化""十二音风格"的

---

　　① 原文为周文中 2001 年发表于加州大学圣地亚哥分校作曲家系列讲座的演讲,后发表于 *New World Music Magazine*,Vol.12,November 2002。周文中:《百川汇流的黎明时代,音乐的未来何在》(李雅贞译),载梁雷主编、洛秦副主编:《汇流——周文中音乐文集》,上海音乐学院出版社,2013 年,第 181—195 页。

开启。就创作技法而言,《浮云》的音高组织模式不再拘泥于《山水》《花落知多少》时期鲜明的五声音调特点,发展为以"变调式"音高结构为主,且在序列主义思维的整体基调下呈现了局部化、碎片化的五声性音调特点。从"汇流"观念的组织与运用角度而言,周文中强调"吸收外来音乐文化",并以自身结合东、西方多种文化来源的创作,将西方曲式特点与中国传统音乐呼吸频率相结合、将西方器乐体裁弦乐四重奏与中国传统室内乐形式相结合、将书法笔墨韵律与亚洲音乐弹拨乐器的音色-音响等相融合等,并以简练、明晰的音乐语言,使多元素材在单一作品中水乳交融。

　　作为作曲家、音乐教育家、学者、音乐文化交流使者,周文中的存在改变了西方世界对东方音乐的认知,而他通过中国传统文化遗产与西方现代主义思维相结合的创作技法,也为我们指明了一条创作道路、提出了一种建立中国特色作曲理论模式的可能。他既向世界介绍了当代音乐,更在这些具有创新理念的作品之中时刻饱含着中国文化的深厚历史与悠久传统。

本文节选于《人民音乐》2024 年第 8 期

周文中《霞光》的织体分析实践

——对其音乐研究的一些思考①

张　巍

　　当我们观察与认知一部音乐作品时,我们总是希望这项工作足够"学术",习惯将分析的对象纳入某种特定的工具系统或理论体系中,并对其进行合乎逻辑或规则的解读。这似乎是当今音乐分析的一种常态。然而事情的结果并非总是令人满意。很多时候,我们会碰上所使用的分析理论与分析工具是否适用于分析对象的诸多问题。例如,过往的分析理论是否适用于解读新的音乐语言?基于传统分析观念的分析方法是否适应那些风格更加复杂、技术更为激进的音乐作品?反之,新的分析理论能够反向用来解读传统风格的音乐作品吗?尤其是对于那些本已经形成自己的创作方法和理论的作曲家来说,他人的分析方法是否比作曲家自己的理论或方法更加适切有效?凡此种种问题在目前的音乐分析实践中并非少见,也常常使我们对于分析对象产生误读,导致了分析结果并非客观深入,最终使得分析本身流于形式而无法形成对于分析理论有价值的补充。

---

①　本文根据 2023 年星海音乐学院周文中音乐研究中心"汇流——周文中先生百年诞辰国际研讨会"的发言整理而成,系国家哲学社科基金重大项目《音乐创作"中国性"研究》(项目批准号 22&ZD037)阶段性研究成果。

本文聚焦于周文中作品《霞光》①第二乐章的织体分析实践，就是在对上述问题思考的基础上所进行的一种尝试和挑战。这里值得强调的一点在于，与其他伟大的作曲家们一样，周文中的音乐创作也形成了自己独特的音高与节奏的技术理论系统，这使得大多数对于他的音乐作品的分析与研究——尤其是对作品中音高、节奏组织的研究都是按图索骥。由于他创作之前的精心"算计"和反复揣摩，留给研究者观察的余地似乎并不是太多，使得近年来对其音乐创作技术的研究，有相当一部分都呈现出对作曲家业已精心设计的方案的重新"复读"，或者说，诸多分析的结果是对本已存在于音乐文本中的技术内容的文字版本的还原。由此，笔者选择"织体"这一音乐要素作为分析这部作品的观测点，不只是因为大多数的研究者并没有将分析的眼光放在这个看似不重要的语言要素上，同时也是因为织体这个要素在音乐运动过程与趋势中的内在特质所决定——它具有对其他音乐要素进行整合、并有机地将其他的音乐要素组织在一起，反映出这些要素在音乐中的协同作用。当然，对周文中音乐作品的分析实践也证明，通过用织体作为分析观测点所获得的一些结论，也在一定程度上暗合了他音乐创作中文化与观念的内在特质与风格特征。

一、织体研究的基本方法

关于音乐的织体，已有的诸多理论几乎没有给出一个相对深入的认识，也未能产生完全一致的看法。就笔者所见，最为一般性的理解，是将织体看成音乐不同声部组织时所形成的纵横关系。这一看法与将"织体"这个词汇视为"编织物"的理解是一致的。换言之，一块织物其表象特征的呈现，是由纵横向的线条彼此之间的结合方式（即"交叉""绕结"与"连接"的编织方法）所决定的。音乐中，我们对于单声（主调）织体与多声（复调）织体的划分则可以被视为对这种织

---

① 《霞光》是周文中先生于 2007 年为木管三重奏和弦乐三重奏而作的双重三重奏作品。其中木管三重奏自身也是一个双重三重奏，即演奏长笛、双簧管及单簧管的三位乐手在其中的一些乐章中还需演奏中音长笛、英国管及低音单簧管。

体概念的最直观、最简洁的表述。但在分析实践中,这种表述所存在的一个具体问题,在于我们将织体的内容简单化和表象化了,认为织体只是一种结合方式问题,而忽略了不同的结合方式最终会产生不同的结构关系。实际上,1954 年的《格罗夫音乐与音乐家大辞典》并没有收录"texture"这个词条——这在一定程度上也说明"织体"于音乐形态学的研究而言也是一个新的更为近代的概念。即便是在 1980 年版的《新格罗夫音乐与音乐家辞典》新增了"织体"(texture)的词条,其中也涉及了 19 世纪音乐中和弦的空间、(声部的数量所导致的)音响的厚度、表演的力度以及乐队作品中声部线条的布局等方面的内容①,但在织体作为概念的主要含义上,这些内容并未受到真正的重视。因此,无论理论或是实践而言,织体研究有很大空间。

　　一些理论家对于织体作为与"织物"类似的方面,从音乐上对这个概念进行了一定程度的延伸。陈铭志认为,"所谓织体,是指音乐中各种音响成分的组织方式,或者说,它是音乐艺术的各种技法交织而成的形体"②;姚恒璐则突出强调了织体的纵向要素,认为"织体是多声部音乐纵横关系构成的空间组织形态和运动方式"③;而华莱士·贝里④则认为,音乐的织体是"由音响中的各组成部分而构成,并且受同时出现的数量的影响,其性质由线条中的成分或其他声音要素之间的相互作用、相互关系以及主要内容所决定"。⑤

　　如果说陈铭志的概念是从"编织物"的特征出发,强调了通过组织方式,尤其是技术处理来认识织体,姚恒璐的概念更多侧重在织体的空间组织形态与运动方式方面,华莱士·贝里对于织体的理解则将注意力放在了在分析中如何去测量织体并观察其结构关系这一更具操作性的方面。并且,他明确地将织体作为一个单独的与其他要素形成有机联系的方面,而非一个语焉不详的整体。也

---

① 见斯坦利·萨迪主编:《新格罗夫音乐与音乐家大辞典》(第二版),第 25 卷,第 323 页"texture"词条,湖南文艺出版社,2012 年 8 月。
② 陈铭志:《新时期音乐创作中的复调新织体》,载《音乐艺术》1998 年第 3 期,第 47—48 页。
③ 姚恒璐:《音乐技法综合分析教程》,高等教育出版社,2009 年 3 月,第 103—104 页。
④ 华莱士·贝里(Wallace Berry),音乐理论家,英属哥伦比亚大学教授。
⑤ Wallace·Berry, "Structural Functions In Music", Dover Publications, Inc, New York, p.184.

就是说,研究织体,不仅需要关注声部的数量、声部的性质(质量),同时还要观察其他要素之于织体要素的作用。因此,在分析实践中对织体的形态进行观察时,应该主要观察以下三个方面。第一,织体的定量分析,即单纯对织体中所包含的显性/隐性的声部数量的描述,这一描述可以概念化为织体的"数量-密度"。从一般意义上看,当一种音响形态中的线条数量不断增加时,织体的密度不断加大,音响的张力也同时呈增长状态,反之亦然;第二,织体的定性(质量)分析,即对不同层次的声部之间的差异性分析。这种差异性可能表现在音乐要素各个方面如节奏、力度、和声的协和度、音色等等。当不同声部之间的差异性越大,各个声部自身的独立性就越强,它们所构成的整个织体形态的质量就越大,其张力就越大;第三,织体的空间距离/压缩度分析。这个分析涉及对不同声部结合时彼此之间的空间距离的观察。当众多的声部被挤压在一个相对较小的空间中时,其音响所产生的张力显然大于它们处于更大的空间中。

从下面的音乐片段中我们就可以发现,在前 5 小节,织体形态的数量呈现出一种递增的三个阶段。前 3 小节是低音单簧管声部单一线条的进行;到了第 4 小节,随着中音长笛和大提琴声部的进入,这里所呈现出的整体的织体形态在数量上体现为三个独立运动的声部;而进入第 5 小节,声部的数量增加至四个独立的声部。也就是说,织体形态的数量体现出"1-3-4"的增长趋势。

谱例 1 周文中《霞光》第二乐章,第 1—5 小节

我们可以将这个谱例第 4 与第 5 小节中的织体形态用以下图表表达为：

小节	m1	m4	m5			
质量变化			1			1
		1	1		1	1
		1	1	1		1
	1	1	1	1	1	1
真实声部	1	3	4	2	3	4
线条数量	1	3	4	2	3	4

图 1　周文中《霞光》第二乐章第 1—5 小节的织体形态图

这里，我们之所以采用独立声部的说法，在于当音乐进行到第 3 小节和第 4 小节时，第 4 小节的三个声部彼此之间以及第 5 小节的四个声部彼此之间，在音高和节奏的组织上是明显不同的——尤其是在节奏的形态方面①。

对比下面例子，声部独立性的程度差异我们可以从中明显地加以辨别。

从这首作品的整体来看，这个小节中整个声部数量多达 15 个，织体的形态是全曲中最大的，但是，由于声部彼此之间呈现出一种在节奏上的相互重复状态——即上方的 3 个声部是一致的，下方的 12 个声部是一致的，因此，虽然在总量上是 15 个，但其真实的声部数量却只有 2 个。尤其是在这个小节的最后一拍上，尽管声部总量仍然是 15 个，但由于这 15 个声部呈现出同一种织体（四分音符的）形态，所以其真实的声部数量实际只有 1 个（谱例下方的数字就很清晰地表达了这种现象）。可见，虽然声部数量都是 15，但由于前 4 拍的真实声部数量是 2，最后 1 拍的真实声部数量是 1，故前 4 拍织体的张力显然是大于最后这 1 拍的。

① 根据华莱士·贝里的结构功能理论，虽然许多因素都能帮助形成声部的独立性，但不同声部之间节奏的差异性是决定声部之间独立性的关键因素。

谱例2 周文中《霞光》第二乐章，第13小节

小节	m13	
质量变化	3	
	12	15
真实声部	2	1
线条数量	15	15

图2 周文中《霞光》第二乐章第13小节的织体形态图

这时,如果我们进一步将谱例2与谱例1中的第4和第5小节进行比较,我们便会得出这样的结论,即当织体形态彼此之间基本一致时,声部数量多的织体具有更大的质量与张力;当织体彼此之间的独立性/差异性更多时,即便是声部数量少,但其质量与张力却更大。因此谱例1中的第4和第5小节虽然在声部的总量上远不及第13小节,却比它具有更大的织体质量或音响张力。

或许我们会关注到,第13小节中的其他因素如演奏方式、力度的强处理等可能使得这个小节相比于第4、5小节在听觉上产生更大的响度、形成了一个音响的高潮,于是便认为这里所产生的张力更大。但事实上,张力与响度是两个完全不同的概念。虽然响度常常会形成音乐听觉上的高潮,但是使音乐产生不断导向高潮的动力却来源于音响张力的累积。

当然,如果我们进一步考虑各个声部在结合时彼此之间的空间距离时,我们对一个织体形态的张力特征会有更加进一步的认识。

下例是作品第11—13小节的音乐片段。当我们将这个音乐片段中第一拍位置的声部数量和最大空间距离(即最低音到最高音之间的距离)按照半音计算之后,我们便抽离出了谱例下方的和弦形态。第11小节和弦下方的数字9代表此处的声部数量有9个声部,49这个数字表示从该和弦最下方的C音到最上方的 ♯C 音之间的音程距离为49个半音。因此,二者(声部数量与空间距离)之间的比例为9∶49;第12小节为12∶45;第13小节第一拍与最后一拍的比例分别为15∶46和15∶53。仅从数字本身所反映出来的结果而论,第11小节无论是在声部数量与空间距离上都是最小的,而最大空间距离与最大声部数量都出现在第13小节。然而,第11小节织体形态中声部的分化(即独立性)程度最高,发音声部数量和真实声部数量均为6;第12小节虽然发音声部数量也是6,但真实声部数量却为2;第13小节——正如前面所讨论的那样,其发音声部数量虽然为15,但其真实声部数量却是从2减到1。由此可见,在第13小节这个部位,即便是从空间距离这个参数方面来考察,其结果都与另外两个方面的考察结果是一致的。也就是说,虽然这里的响度最大,但其整体张力或织体的整体质量程度均处于一个较低水平。

谱例3 周文中《霞光》第二乐章,第11—13小节

谱例4 周文中《霞光》第二乐章,第11—13小节的和弦形态

小节	m11	m12			m13						
	2	1	2								
质量变化	1	1	1								
	1	1	1			3	2	1			
	1	1	1	1	2	3	2	2	2	3	3
	1	1	1	5	4	3	1	1	1	3	12	15
真实声部	5	5	5	2	2	2	3	3	3	2	2	1
线条数量	6	5	6	6	6	6	6	5	4	6	15	15

图3 周文中《霞光》第二乐章第11—13小节的织体形态图

二、织体的结构作用

从以上分析中所发现的第13小节处的现象——声部最多(真实声部最

少）、音响最大、距离最宽——到底说明了什么问题呢？如果从整个乐章的层面来观察这个现象，我们便会发现，这里是非常重要的一个结构部位。这个乐章从一开始就在整体上呈现出一种不断向上攀爬的趋势，到了第 13 小节这个部位，音乐几乎可以看成是进行到了整个乐章一个"真正的高点"①。此后，音乐就一路下行。此处的整个织体形态特征，在有些理论家的眼中被视为是一种"音响聚集"②的现象，由于这种聚集现象中的不同类型的差异，音乐便具有了一种诸如呈示、展开、对比、连接，甚至是尾声的功能。对这些功能进行类别区分的结果，便可以将音乐划分成为传统曲式中的某一种曲式结构——诸如二段体或是三段体等等。因此，按照"音响聚集"的不同形状进行划分，整个第二乐章便被视为包含有两种形态的音响聚集类型，这两种类型因而就形成了一个与 A 和 B 相对应的二段体结构：第 1—10 小节为线性模仿，相当于是曲式结构的 A 段；第 11—14 小节为块状型的音响聚集，被视为曲式结构的 B 段；第 15—17 小节回到线性模仿形态，相当于是一个尾声——在一定程度上它类似于第一段同一类型音响聚集的再现，见下图。③

表 1　周文中《霞光》第二乐章的曲式结构图

结　构	二　段　式		
段　落	A	B	A（尾声）
小　节	1—10	11—14	15—17
句　法	3+3+4	3+1	3
聚集类型	线性模仿	块　状	线性模仿

　　初看上去这种分析结果或许具有一定的道理，毕竟谱面直观的形态看上去使这个分析具有了基本的依据。但是，如果我们仔细聆听音乐的音响，我们发现，将 14 小节中迅速下行的对比的音响与之前的几个小节，尤其是与第 13 小节视为一个整体，

---

① 虽然在第 7 小节、10 小节和 11 小节在音高位置上有更高的音出现，但它们是被嵌入到一个整体的趋势之中，而这个趋势的最终结束位置就在第 13 小节处的最后一拍上。
② 王中余：《周文中〈霞光〉中的音响聚集及其结构功能》，载梁雷主编：《周文中作品〈霞光〉手稿（珍藏版）》，上海音乐学院出版社，2023 年 10 月，第 84—103 页。
③ 同上，参见第 99 页。

则无论在听觉上、还是在运动的形态上都有些勉强。第 13 小节作为一种音响的最高点，它并不是到达第 14 小节这个结构划分处的一个过程，而是前面的音响不断运动与增长的结果，也是前面第 11 小节处在张力达到一个结构的最大强度之后，通过第 12 小节的过渡、并在第 13 小节得到最终释放的结果。因此，它特定的织体构成与响度造成听觉上获得一种"音响终止"的感受也是确定无疑的。而第 14 小节则完全可以被视为另一个音响结构的开端，并由它开始最终将音乐引向了乐章的结束。

这里，织体分析理论也为我们将第 13 小节的音响视之为产生了一种终止功能的说法提供了支持。华莱士·贝里就在他的《音乐的结构功能》一书中讨论织体问题时曾提到，织体事件在描述结构的过程中具有不可估量的意义。其中，"织体的静止、进行、衰退与变奏，既可以形成结构，也是反映结构事件功能（高潮、终止、引子、呈示）的基本内容"。[1] 而第 13 小节中的织体内容，因其拥有最多的线条数量（同时也是最少的真实声部数量）、最小的织体质量、最大的声音响度等特征，既形成了音响的高潮，也产生了音响的终止这样的结构功能价值。这种结构功能的价值，与调性时期音乐作品最大的不同，在于它淡化了和声的功能进行不断导向主功能、不断强化主功能的作用，并使得人们对于音乐的期待从一种"音高-和声"关系的逻辑（不协和向协和的运动）转向了音响的"张力-释放"的逻辑。

当然，这里的讨论并不是说织体的各种组织内容只产生终止的结构作用，或者说这种织体的终止作用都如上述那样单一。正如前面对于华莱士·贝里理论的描述中所提到的那样，在音乐的运动中，织体通过其不同的形态、内容、来形成其不同的结构功能作用的。例如，那些无论在数量或是质量方面相对单一的织体，总是与静态、呈示、终止这样结构功能联系在一起；那些声部数量众多、但真实声部数量相对更少且彼此独立性较小的织体，则总是出现在那些具有高潮特征的结构部位；那些彼此之间独立性较强的声部的结合，总是与音响的高紧张度或张力的加强不无关系——尤其是当织体组织中独立声部的数量很多或是越来越多的时候[2]。我们

---

① Wallace·Berry，"Structural Functions In Music"，Dover Publications，Inc，New York，p.241.

② 这里的描述是指一般性现象。在某些特定的音乐分析中，音乐各种要素都是应该综合进入到这种考虑之中的。

或许会因上述对织体与结构功能二者之间这种关联性的看法提出疑问,即这种关联性与传统曲式理论中旋律-和声之于音乐结构之间的联系不都是如此吗? 但深入理解这二者之间的差异性在于,以往我们很少在音乐中去关注织体所具有的这种特性,我们通常会认为,这种音乐要素与结构功能之间的联系大多都会存在于音高组织的相关方面,但现在我们会发现,织体形态中的这些内容在体现结构功能方面同样存在着这种深层次的联系。尤其是在许多新音乐的创作中,音高组织在音乐结构中所具有的多种功能被一定程度地弱化、其他要素的作用随之增长的时候,通过对织体的观察,我们可以获得一种更加客观地解释音乐运动的途径。因此,我们以这样的方式来观察《霞光》第二乐章的前 3 小节和最后 3 小节之间的织体关系(见图 4 中的比较),我们会发现,观察音高的作用这里并没有实际的意义。虽然最后 3 小节由于声部交接的原因,使得它在声部重叠时织体的复杂程度大于开始的 3 小节,但它最终也是趋向于单线条的方式,并最终在这种单线条的状态结束这个乐章,作为一种相对静态的织体形态,二者在首尾结构功能上的呼应是显而易见的①。

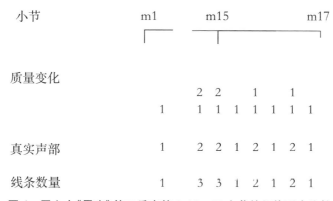

图 4　周文中《霞光》第二乐章第 1,15—17 小节的织体形态比较

三、分析的图表——织体描述音乐的趋势

至此,我们必须提出一个重要的观点,即"曲式就是趋势"。也就是说,不将

---

① 需要进一步说明的是,在织体理论中,单声部的织体运动尽管具有趋向于"衰退-结束"的作用,但强化这种作用还往往通过其他的各种因素。如在这个例子中,速度的大幅度渐慢、力度的减弱,以及节奏的延长等因素,都共同形成了这一作用。

曲式的划分视为对作品音乐结构的一种规定性样式的判断,而将之视为对音乐运动的趋势的描述。这种趋势的描述——正如我们前面所做过的诸多分析那样,是通过对织体内容的分析来获得的。这一观点,并非说对音乐作品进行曲式的分析不重要,而是说,曲式分析的方法,对于许多并非基于调性和声原则来创作的音乐,或者说对于那些创作观念并非在西方科学与古典艺术传统下孵育出来的音乐家及其作品——尤其是亚洲地区或中国当代作曲家们的作品而言,规定性的、预设的音乐分析描述,常常会使这些音乐不得不削足适履,以适应这种规定性结构范式的需要,最终消解了这些音乐在艺术形式上生动而多样的特征。从另一个方面而言,如果一首音乐作品并非按照传统曲式结构的平衡与对称、对立与统一等原则来构建的,并采用了与之相适应的旋律-和声的相关组织方式,那么对于曲式分析本身来说也是不恰当的,它使曲式作为一种抽象性的结构所具有的规定性特征,当解释在其他文化背景下创作的作品的结构时,其原有的优势则无法完全体现出来。

因此,与其说《霞光》在结构的划分上体现出一种传统的曲式规范,还不如说它展现出了一种无法用这种规范去"规约"的独特的结构组织特征,我们将这种特征具体描述为趋势化的结构,即视音乐的整个运动为一种绵延不断的过程,尽管过程中会体现出一种呼吸或断句这样类曲式划分的特征,但这种特征更多是为表达一种整体的趋势而服务的;而且,这种趋势是多样化的,难以被某些预设的曲式范式去规约,也难以最终沉淀成为一种结构处理的规则;我们可以通过音乐的趋势去理解音乐运动不同阶段的目的,而不是通过音乐的曲式结构的划分,去观察那些并不一定存在的主题、调性与和声之间的往复关系。

下面我们呈现了《霞光》第二乐章的完整谱例。选择这个乐章作为我们的分析对象,并非说其他的乐章,甚至是周文中其他的作品不具备本文所描述的这些特征,而是囿于篇幅(既是谱面也是文字篇幅)的原因,也是处于比较的需要。通过将谱例与其后的分析图表进行对照,我们可以发现,以织体要素作为观测点,这部作品发展过程的趋势化特征跃然纸上。

谱例 5 《霞光》第二乐章

II.Colors of Dawn
(Contrapunctus Variabilis VI)

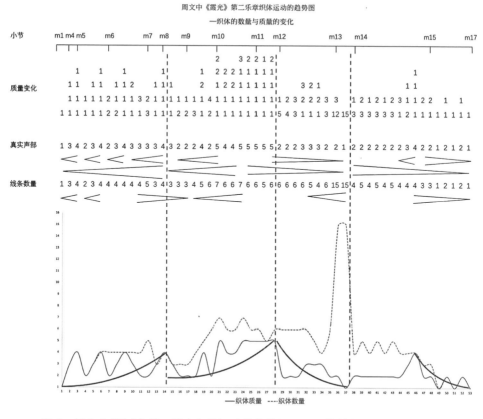

图 5　周文中《霞光》第二乐章织体运动的趋势图——织体的数量与质量的变化

在上方这个图表中,中间由上至下的三行指标,分别用来描述织体的质量方面、真实声部数,以及声部数量(线条);最下面的图形(其中坐标的纵轴表示真实声部与线条数量,横轴表示织体变化的频次),是根据上面的这些指标所勾勒出来的整个乐章的织体的变化形态(用细的"实线"与"虚线"来表示),以及音响结构的运动趋势(用向上以及向下的粗"实线"来表示),它们二者是交织在一起的;数字下方的渐强"————————"和减弱"————————"记号是对细的实线与虚线变化趋势的描述;在第 8 小节、11 小节和第 13 小节处出现的从底部到顶部的纵向虚线,是对整个乐章的音乐运动的几个阶段的一个划分。这个划分并非一种曲式意义上的划分,而是对音乐运动趋势的关键节点的标注。当我们将不断波动的细的实线与虚线、上升或下降的粗实线三者结合在一起、并对照其中的数字变化进行观察时，我们可以较为直观地发现，虽然从第 1 至第 8 小节的织体运动具有一定的波动性，但在第 8 小节，运动的张力达到了一个阶段性的最大程度，并迅速地回到一个较低的位置；同样的现象也发生在第 8 小节至第 11 小节这个阶段。相比而言，第 8—11 小节这个阶段的张力程度较前一个阶段的程度更大，尤其是在第 10、11 小节处，无论是在声部的总量、真实声部的数量，还是在整个纵向空间紧密度（见谱例 3 的讨论）方面都是如此——事实上，以上两个阶段的差异我们在聆听音响时也可以完全感受出来。之后，从第 12 小节起，其织体质量（张力）迅速下落至第 13 小节，形成一个全曲的音响高潮，并且，这个织体张力呈下降趋势的过程同样也出现在第 14 至 17 小节这个阶段，不同的只是中间的细节的差异：尽管在第 15—16 小节中线条的数量与真实声部都体现出"$2(\frac{1}{1})$"的变化，但主要是一种声部的交接特征，其本质上是进行到 1 的。

通过以上的织体分析，我们可以得出以下的结论：（1）这个乐章音响紧张度的高点（第 11 小节）和音响响度的最高点处（第 13 小节）虽然处于两个不同的位置，但这二者是直接相关的，即前者张力的积累为后者最大音响（即张力的释放）提供了最大的能量；（2）最大张力的形成经过了两个阶段的发展，而张力的释放与衰退也经过了两个阶段；（3）音乐的张力高点与音响的高点是我们理解"音乐高潮"的两个不同侧面。大多数情况下，听众理解的高潮总是出现在那些音响最大的区域，而结构理论中所描述的高潮却往往存在于其张力最大的地方。也就是说，张力和高潮是相似且相关、但却是完全不同的两个概念[1]。（4）虽然张力的积累和衰退是阶段性的，但整体上音响的运动趋势是先向上后向下的。音乐的结构特征——无论是局部的或是整体的——可以从这种动态的趋势中展现出来。

---

[1]　对于"高潮"的理解，音乐理论家和听众总是存在着分歧。前者总是将这个概念与数列中的"黄金分割点"联系在一起，后者则多将之理解为一种"宏大音响"。虽然这两种情况有时也会重合在同一个结构部位，但大多数情况下，音响听觉上的高潮却常常与结构上的 0.618 这个位置不一致。

四、结　语

　　至此，我们已经从织体的角度对周文中先生的《霞光》进行了深度的分析。正如我们所希望的那样，音乐的分析——尤其是音乐创作的要素与组织技术分析，是一项从分析对象（音乐作品）中寻找意义的创造性的工作，换言之，一首音乐作品能够产生何种意义，并非来自我们的主观臆想，而是在作品分析的过程中逐渐形成。它一方面要求分析者的观念与作曲家的观念同频共振，另一方面也要求分析者以一种创新的态度，独辟蹊径，尝试新的分析思路和方法。因此，上述的分析结果或许存在不足，但这项工作无疑是一种新角度和新方法的尝试。需要进一步强调的是，这种尝试并非由于研究者头脑发热后的随性而为，而是基于周文中先生音乐创作的基本观念、风格与技术路径为前提所作出的思考。正如他在对《霞光》的乐曲简介①中所谈到的那样，虽然这首作品采用了西方的表演形式，且创作的灵感来源于纽约哈德逊河谷上空不断变幻的美妙色彩，但中国 17 世纪画家的山水画以及书法笔触的技巧，以及这些作品对于主题及其简洁和抽象的描述，极大地影响了他对于这部作品的构思②。可见，《霞光》中充分体现了他将中西方不同的审美取向"汇流"的音乐观念。在他的这种观念的技术实现中，虽然我们仍然可以看到西方一些结构预设思维的残影，也可以隐约感受到序列主义对于他的音高与节奏组织的影响，但他所构建的以中国山水画与书法精神为内核的所谓"水影对称"的结构组织方式③与音高/节奏的"可变调"组织系统④，不仅消

---

① 见梁雷主编、洛秦副主编：《周文中作品〈霞光〉手稿（珍藏版）》前言，上海音乐学院出版社，2023 年。

② 梁雷在与笔者讨论本文所提出的一些观点时，就专门提到，中国山水画中的"皴法"，在英文中就被翻译为"texture"，由此我们可以联想，从织体的角度来研究周文中的作品，尤其是以此为线索来观察其作品的结构特征，一定程度上也是符合周文中音乐的特有气质的。

③ "水影对称"（Water-image symmetry）是潘世姬在她的《对称性在周文中音乐思想的文化关键地位》一文中提出的说法，在黎昭纲的《音高控制游戏：周文中晚期音乐中的可变调》一文（第 80 页）中专门提到这点，详见梁雷主编的《周文中作品〈霞光〉手稿（珍藏版）》。

④ 见黎昭纲《音高控制游戏：周文中晚期音乐中的可变调》一文的讨论。该文也被收录在梁雷主编的《周文中作品〈霞光〉手稿（珍藏版）》中，第 70—83 页。

融了其中的碰撞与隔阂,使两种音乐文化传统中的精髓巧妙地融合在一起,同时也使得他的音乐在结构的整体布局上体现了高度的统一性、在音高与节奏语言结合上的严密的逻辑性,以及在音响听觉上的风格一致性,进而使得在音乐整体运动的形态上呈现出绵延不绝、行云流水般的持续不断地变化,以及整体的音响在运动空间中不断地扩张与收缩的起伏多样的特征。这种独特的音乐风格特征,不仅在他的《霞光》中如此,而且作为一种典型的风格标志也遍及他中后期的音乐创作之中。这似乎回答了笔者为什么要通过织体而非音高与节奏等要素来观察《霞光》这部作品,并且从趋势而非曲式上去把握这部作品结构的真正原因。

本文原载于《星海音乐学院学报》2024 年第 1 期

周文中的弦乐四重奏

[美] 马克·斯坦伯格

可以说，我们和周先生认识的经历十分特殊。当时他正接受委约创作第一首弦乐四重奏《浮云》(*Clouds*)，那是他期待许久的作品，也是他最感兴趣的创作形式之一。

那次合作，他通过一位学生找到我们。当时那个学生正在帮他寻找一个可以胜任的团体来演奏这首曲子，因此来了我们的音乐会。而在那之后，他和我便有了接触。他给了我许多关于周文中的音乐资料和录音。在读完听完之后，当然，我几乎着迷了。周文中的音乐不但色彩丰富而且很吸引人。我把它介绍给我的四重奏团员们，每个人几乎都有相似的反应。所以我们都一致认为，是的，能演奏他的第一首弦乐四重奏是我们所有人的荣幸。

但是，他还没有听过我们的演奏，所以我寄了演奏录音给他。之后我们在电话里聊过大概四五十分钟，那也是我们的第一次谈话。我们聊了许多关于他的音乐观点，他希望表现什么，他有多看重弦乐四重奏的创作形式等。那次谈话很令人兴奋。

后来，他来听我们的音乐会，对弦乐四重奏的曲目了如指掌，也很了解四重奏的精神。当我们得知可以作为他理想的弦乐四重奏时感到十分欣喜。我们觉得受到重视，慢慢地更加熟悉。一天他邀请我们一起吃午饭，我们兴奋地度过了一段很美好的时光。

我对这首弦乐四重奏的认识是随着他创作的过程一点一点累积起来的，所以我是看着它长大的。我记得去找他时，他家里还有小提琴、中提琴、大提琴等在屋子里陪着他，当时很感动。那种感觉很好。

《浮云》这首四重奏一创作完成，我们就开始练习了，而且比以前更加投入。他对他想要的声音要求很细致，但我们并不是每一次都可以很清楚地表现出来。

譬如说，在《浮云》诙谐曲这个乐章（第二乐章），有很多地方需要用到拨弦技巧。他一再提醒我们，他要的是一种很硬的声音。我想这和他耳朵所熟悉的一些中国传统乐器有关，可是我们并不熟悉。我们试了好多种拨弦技巧想要让他满意，但似乎都没什么用。后来我们想到：如果我们用吉他的拨片代替手指拨弦会怎样呢？我们试了，他好像很满意，原来那才是他要的声音。后来他把这个演奏法放到乐曲里，对于这件事我们都觉得很兴奋，因为和他一起工作，我们可以进入他的脑海中去了解怎样才能做到他想要的。

关于《浮云》的最后一个乐章，我们后来还有过一次谈话。他刚开始写曲子的时候我们都会试奏几次，他也总会询问我们的意见，看我们对曲子有什么感觉或建议。我总是觉得这个做法有点可笑，因为我们面对的是一位伟大的作曲家，哪有资格说这曲子需要修改些什么？

可是当我们每次演奏它，拉到最后一个乐章的某个段落时，我总觉得这里应该要和我们听到的有一点点不一样才对（我也跟四重奏组的其他人提起，他们也表示赞同）。那感觉就好像，这里应该一气呵成。我一直犹豫要不要打电话给他。因为我老觉得那很可能是我自己的问题，所以虽然在这几个月期间我们已经有很多次演出了，但我还是没有勇气打电话和他说。后来我终于告诉他，他回复我说：嗯，关于这点你应该比我还了解这首曲子，我会好好想想，再考虑考虑。

再后来他作了些修改，我们都觉得这些改动使得这曲子更加有力，我想他也是这么认为。我很欣赏这样处理事情的方式。就好像，你有个孩子，最后你把他送到外面的世界，他有他自己的路要走。虽然这个人是你创造出来的，你们之间有着血浓于水的联系，可是在外面他们都是独立的个体。这有点像周文中和他的作品。他的作品从他孕育而生，虽然他还是那个足以决定作品最终样貌的人，但在这过程中，其他人都可以共同参与并提供建议。虽然一开始我们就已经爱上这首曲子了，但这样的方式让我们觉得更有亲切感。这个经验对我们来说真的很特别。

甚至最近，在我们和周文中一起研究他的第二弦乐四重奏《流泉》(*Streams*)时，也有类似的经验。这首曲子被修改了很多地方，不一定按照原谱，有很多东西我们已经看不出它最初是什么样了。直接和他讨论让我们体会到很多乐曲的本质，但有些东西写在乐谱上多少会有点含糊不清，这都需要修改与理清。

第二弦乐四重奏的第一乐章我们演奏过很多次，当拿到乐谱时，我们注意到谱面上有许多修改（它本来是一个独立的乐章，后米修改为这个四重奏的第一乐章）。像速度的改变、不一样的力度变化、不一样的表情记号，我们都认为这些修改很明显的是周文中对我们当初对他记谱所作的一种回应。所以，这首曲子便在作曲家和演奏家的互动中逐渐发展成形了。

能投入那么深的感觉真的很美好，就好像那首曲子是为你量身定制的一样，或者说是你自己将它裁剪出来的。这真是很棒的经验。认识周文中也是一种很不寻常的感觉，我认为他是我所认识的最特别的人之一，也是最亲切、最了不起的其中一个，能和他一起工作总是令人欣喜。能由他创作四重奏对这种演奏形式而言，真的帮助很大，我很高兴他终于投入四重奏的创作。

追求很多自由，这点他在谱上解释得很清楚。但是我们所接受的训练是要我们对乐谱上的种种标记很清楚，而且正确地表现出来（像节奏和一些表情记号），所以对于他要我们自由地表现，用我们自己的方式去了解这首曲子的要求后，很慢很慢地才开始领悟的。

最近我们谈到第一弦乐四重奏，因为我问他和新的四重奏慢板乐章有关的速度问题，我们一开始时对它的速度就有点不确定。基本上他是这样解释的：

"我在想一件事，可是我不想告诉你是什么，因为你应该找出什么是你觉得对的。比如，当你演奏第一弦乐四重奏时，慢板乐章比我想的还要慢很多，可是我觉得那样也不错，那是你发现的，我希望这首曲子也一样。"

他也曾提到极端的情绪反应，恐惧、令人害怕的事，还有让人突然尖叫的事，但其实在他谱上的力度表现是相当柔和的。从来没有到真的强的地步，当然也不会到极强，或看到什么重音、突强之类的。我所看到的很多都是从中强到弱，很难把这些力度表现和他的情绪联系在一起。直到他来和我们一起工作时，和我们谈到文化差异、压抑，以及所有这些爆发性情绪是如何在被压抑的状况下依旧存在的，我才开始抓到一些端倪。

当然，那就是西方音乐中某些我们所了解的东西，无论是哪种你所知道的，像贝多芬的极弱……但你必须要从很不一样的脉络来看。从他一开始和我们聊到这些想法之后，谱上的力度变化就变得和单纯的情绪表现不一样了，我想这首曲子对我们来说已经截然不同了。

关于第二弦乐四重奏：

在演奏过第一弦乐四重奏多次之后，我们注意到，这两首四重奏表面上有许多类似之处：像慢板乐章的声音、很短很活泼的诙谐曲，还有首、末两乐章间的对比。虽然第二弦乐四重奏比较不明显，但还是可以察觉到这两个四重奏的结束和开始是一样的，它所要表现的意图和目的也都在那里。

那正是第一弦乐四重奏的一个部分：回到原点。在某种意义上他们有类似的感觉，但是第二弦乐四重奏里整个对位及赋格的概念使它更富异趣，多了一种很不一样的感觉，就好像音乐在各个不同的距离一点一滴地回射着，那是第一弦乐四重奏所没有的。第一弦乐四重奏里有很多类似的写法，但不尽然相同。周文中常常跟我们说到书法的笔法，这点几乎是一样的，在这首四重奏里也有些，不过大部分还是从对位的技巧衍生而来的，所以整体来说有很不一样的味道。

我也认为这部作品比第一弦乐四重奏还要严谨。它比较短，而且比较精炼。这样说并不是要评价它的好坏，只是说第一弦乐四重奏好像一个宏伟浩大的风景呈现在你眼前，而这首四重奏让人感觉比较集中。它有比较独特的路径，不会像第一弦乐四重奏一样常常在转换方向。

很明显地，这里有很多东西是从第一乐章来的，那是对巴赫的一种回应。从某种程度上说，这首弦乐四重奏从头到尾都是我们可以期待的（我们曾经有个计划就是邀请作曲家们对巴赫做出一些回应），因为这不只是对巴赫表示尊崇，也是透过另一种风格对巴赫完整地吸收，或是一个有学养的音乐家对巴赫的彻底认识。透过周文中的观点，他的耳朵，从另一个角度来看待事情，真的是相当非凡。

潘世姬 译

张姣、梁雷 修订

与周文中的合作经验

[美] 唐纳德·帕尔玛

说来奇怪,我第一次听到周文中的音乐是在夏威夷一个大学的艺术节里,由"音乐之镜"(Speculum Musicae)演出的曲子叫《韵》(Yün)。这部作品的整体感和思想上的清晰度给我留下很深的印象。这是在我的年轻岁月,1970年代期间,正当我对当代音乐越来越投入的时候。

一年一年地过去,身为哥伦比亚大学的重要人物,周文中在纽约变得越来越有名气,他也因为帮助过一些杰出的中国人才来到纽约,而渐渐广为人知。

我们之间的个人接触是从1980年代晚期开始的。记得当时我正在指挥一些曲子。《渔歌》(Yü Ko)是其中一首,还有《雾中的北京》(Beijing in the Mist),以及一部比较新颖的作品叫作《谷应》(Echoes from the Gorge),那是我之前在纽约听过的一首很棒的打击乐四重奏。我对那首曲子的印象很深,当我担任旧金山当代室内乐团音乐总监时还曾经把它带过去演奏。还记得有一次我到周文中家和他一起讨论曲子的每个细节,听他真诚又充满诗意地描述每个乐章。这些灵感大多是来自大自然本身,和文中自己对大自然的感受,还有他离开中国前从大自然得到的生命体验。

那是我对他了解最深入的一次,虽然我原本对他就有无限的敬意。我认为(在此我无意轻蔑其他众多人才的贡献):周文中融合东方美学与西方技法的能力,在中国作曲家之中可以说是最成功的,无疑也是最彻底的一个。

作为瓦雷兹音乐的管理者,和一位修订过瓦雷兹许许多多乐谱的人,文中在我们演奏家之中是很有名的。甚至很可能在我听到他的音乐之前,就已经因为他为瓦雷兹的作品进行修订和校稿工作,而早就知道他的名字了。若对某件事有任何疑问,很可能他就是那个知道答案的人。所以,就另一个意义而言,周文中在西方音乐领域里有着相当惊人且丰富的资源,他曾致力于瓦雷兹音乐全集的录音。我相信他是整个制作过程中不可或缺的人。

去年在新英格兰音乐学院我们有一个音乐节,据我了解他曾在那里读书,师从于斯洛尼姆斯基(Slonimsky),叫作"查理·帕克和他梦想中的老师们:Edgard Varèse and Stefan Wolpe"。我们将焦点放在 1950 年代的纽约。查理·帕克(Charlie Parker)是一个伟大的爵士音乐家,他曾经找到瓦雷兹提出想跟随他学习作曲。他还到瓦雷兹在沙利文街的家去演奏给他听。事实上,瓦雷兹真的写过一首图解代替音符的曲子给帕克和他的音乐家们弹奏。

根据周文中的说法,在当时瓦雷兹的音乐馆里某个角落甚至还存有一卷演奏录音带。当然,如果我们能听到这份录音该是多么美好的一件事。

文中对我们的帮助非常大。我们曾邀他来演讲,可惜的是那时他很忙。我想当时他正好在台湾,虽然无法赴会,但我们还是花了很多时间在电话上聊。他给我很多意见,告诉我许多故事,和很多在他脑海里而你无法在史书上读到的许多事情。

除了许多精彩的作品和作为一个与中国音乐文化交流的重要角色之外,他还是一个介于刚到纽约时的当代文化和现今文化间的重要桥梁。像他认识会在这里教书的马尔蒂努(Martinů),认识亨利·考威尔(Henry Cowell),卡尔·拉格尔斯(Carl Ruggles),还有生于纽约音乐文化丰饶年代的约翰·凯奇(John Cage)一样。我相信他对这个时期一定有很多记忆,希望有一天他能统统把它们记录下来,因为那是一段辉煌而灿烂的历史。那时,他还是个年轻人,身处于 1950 年代早期丰富的文化环境,一定有许多的探索和体验。

我和周文中也有蛮近的关系,因为有好几年的时间我就住在他位于苏利文街的家的附近。我会跟学生说这就是瓦雷兹的家,在这间房子里,前后住了两位伟大的作曲家。十余年的时间我几乎每天经过他家,我很高兴越来越了解文中。

《浮云》(Clouds) 是一首很棒的弦乐四重奏,无疑是他众多著名作品中的一首。

弦乐四重奏不是一个容易创作的体裁,特别是对于像周文中这样创作起来充满感性与诗意的人来说。但他仍投入于这种“传统”的表现手法,并成功地将它转化为自己特有的声音。

还有一些委约创作我们正热切地期待着,真希望很快能看到这些成果。

我和许多亚洲作曲家都有过合作经验,我想他真的将这个领域拓展开来了。

现在,如果你对美国各地的音乐会或交响乐演出做个调查,你会发现节目单上的那些名字,许多都是他当初带进来的。我不知道是不是所有人都很有名,但我猜大部分人都是。我要再次强调的是,我认为这件事反映了他为人的正直和他作为一个负责的艺术家拥有的全然无私地为我们的音乐环境成就许多美好的事情。我认识很多作曲家,可并不是所有人都像他这样无私与慷慨。

有时你可能会觉得他的名气反而被这些年轻的、较有企图心的人所遮掩而显得黯然失色。但从我个人经验来看,其实人们都知道他才是那位大师。这是我认为大家都应该知道的事。

每次在纽约,当有一群人写一堆音符时(也有很多很棒的作曲家写很多不错的作品),像文中这样的人,总是坚持自我不断地寻找自己的声音,用一种脚踏实地的方式去成就他的理想。

这是件很难的事。在某些时期,人们会想要一下子成功,所以没什么耐心去琢磨音乐创作或再创作的过程,这样的音乐如果不仔细去探究它的内在意涵,有可能听起来很肤浅。音乐表面上听总是完美的,但是如果你再深入一点(单就和他聊天的经验,当我听到他谈论着自己的曲子,谈着“这个音”“那种声音”,或“某件事”),你会发现,每首曲子里都隐藏着一系列真实的想法,那是在乐谱上无法被体现的。

很难啦！你不可能为每个音符都写上注解，解释你想要曲子如何被弹奏，或在弹奏时应该如何去思考。这也是为什么音乐很难表现的原因之一。他的作品就好像韦伯恩（Webern）的一样，结构清晰、层次透明，但如果不处理乐句，不管音乐的方向或者不用一点感觉、缺乏一种敏感度的话，听起来会十分空洞、贫乏。我想这是为什么尽管他的音乐极具挑战，但还是有越来越多的音乐家们认同它。

我希望周文中能写更多作品，因为成熟的技法才能创作出非凡的杰作。他的脑子里还有很多丰富的乐思。想到我们那天的访谈，我很想听到他跟随瓦雷兹学习的那几年间的创作，想体会一下他的创作过程，他是如何创作出像《浮云》和《谷应》那样的名曲的？是怎么做到的。是因为从中国到美国的生活历程？还是……

当然，几个世纪以来，已有大量中国人来到这里，这早已不是新的现象了。然而不凡的是，一个才华横溢的作曲家在这里真真实实地开创了第一次成功的文化融合。就好像作曲家武满彻（Takemitsu），虽然没在美国居住过，却将西方音乐成功地融入根深蒂固的日本音乐传统中。我认为周文中的经验可能更为丰富，因为他曾住在这里，从纽约，从瓦雷兹，也从那个年代的人们身上汲取了非常扎实的文化。

我是个指挥家，也是低音提琴演奏家。虽然作为一个低音提琴家，我从未演奏过他的音乐，希望有一天（这里可是有一点暗示之意的）他会为低音提琴写一首独奏曲。那一定会很了不起。

除了听他的音乐之外，我还有些其他的早期经验：

我曾经在格林威治剧院指挥演出《雾中的古都》（我很喜欢这首作品，它有点大乐团的味道，比如萨克斯等，几乎什么乐器都有，很有感觉）。另外，还有一首作品感觉很陌生却充满诗意的《渔歌》。文中曾出席我们的排练，对敏感又生疏的我们而言，是整个过程中是一个非常重要的部分。当然，在任何一个合作经验里，如果作曲家还活着并可以在排练过程中给予演奏者一些指引的话，结果会很不一样。因为，正如我说过的，乐谱上有很多东西可以用语言解释但无法被准确标记出来。我认为那是我第一次体会到演奏他作品的困难，因为曲子的实际内涵比原来记写在乐谱上的要多很多。

其实，所有好的作品也都是如此。无论是贝多芬还是库塔格（Kurtag），并不很重要。更简单地说，在回顾古典音乐的主流作品时期，我们有既定的传统，所以总是可以从那个传统中得到满足。而在面对一些具有突破性的曲子时，也并非从零开始。因为这些作品基本上都是从那个传统中孕育而生的，只是目前还没有很多标准可以参考。我觉得，想要把文中的音乐诠释好，你必须将自己沉浸于中国的传统音乐、诗词、建筑和所有中国文化之中。我记得他曾告诉我，他学习过建筑学。我想，瓦雷兹夫妇让他出现在家中之后，也许文中还重新设计了房子里的装潢。

就像你在练习一首曲子一样，像库塔格，你得先了解这个作曲家想要表达什么，怎样才能知道这些想法是从哪里来的？特别是他的一些以匈牙利民谣合奏为主的作品，都是采用很细致的手法处理的。可是作为一个演奏者，我们并不是每次都可以做好这些准备，因为我们没有充分的时间，或者途径。我认为我们有足够的精力，就是没有时间，我们得一直往前走。所以说当文中在那儿，可以帮我们做完很多功课，真是获益匪浅。

在我们排练《谷应》时，我曾去过他在苏利文街的家。本来以为讨论这首曲子只需一个小时左右，结果我整个上午都待在那里，还吃了一顿中国菜。（顺便跟那些和文中见面的人建议一下，如果他邀请你去吃饭，就去，真的很棒。）我印象很深的是，虽然我花了很多时间研究和准备演出文中的作品，学习音符和节奏方面的细节，以及怎么将他们联结起来，但在文中诗意地描述了整个曲子的创作背景之后，呈现的反而是一个崭新的局面。他告诉了我关于竹、雨、风吹过山谷的声音，还有很多类似的东西。因此，当我去和旧金山和演奏家们碰面时，就和他们谈到这些东西（像"这个应该那样表现"）。你尽量用符号来表现这些东西，它绝对不会听起来一模一样，而你也不要让他听起来一模一样，不然你去弄一个原声带来就好了。为了要抓住这种感觉，我们拼命地练。我想如果我们不曾见过文中，那些感觉都会是我们自己摸索来的，可是有了他在视觉和听觉上的解说之后,更激发了我和演奏家的想象力。这真的远远超过谱上单纯的符号所能提供的。

这就是难处所在。从某种程度上来说,我希望他的每首作品都能有某个方法,某首诗,或某些文字叙述以供作为诠释的参考,这样才能帮助那些没有他在一旁提示或没法接近他的演奏者(尽管他是很容易接近的)在演出时对曲子有更多本质上的了解。我现在是为未来的演奏者说话,因为文中的音乐一定会保存下去。他的音乐是很重要的。

有时他会对作品的标题进行简短地叙述,对事情要怎么做也十分严谨,但有时我觉得,特别是在这里,音乐学院里,只要一两个字,正确的一个或两个字就好,就可能把事物的本质完全改变。如果那是比较单纯的音乐,或是没那么精致的,我们不一定需要那些东西。音符型的作家在音符和节奏里可以创造一种精力,和那些创作另一种诗意风格的作曲家比起来,会容易了解得多。

我想,如果每首他的作品都能有　个引言,绝对可以帮助演奏者,特别是未来的演奏者们,更加了解他的想法。因为就像我说过的,去了解作曲家在创作时所考虑的事情是很重要的,有时也对我们有很多帮助。我认识很多作曲家,不过在演出许多他们的作品之后,我想我才真的认识他们。就像现在我对文中也比较了解一样。还有很多文中的音乐我没有演奏过,不过我还有很多时间,而他也还有很多作品。

潘世姬译

张姣、梁雷修订

周文中作为瓦雷兹音乐资产
管理者的意义

潘世姬

　　1965 年 8 月 7 日,当周文中的恩师瓦雷兹(Edgard Varèse)问周文中是否愿意担任他的音乐资产管理者时,周文中没有任何犹豫即回答:是,我愿意。三个月后,11 月 6 日瓦雷兹病逝于美国纽约市。短短的三个月时间,这对师生已对音乐资产的管理工作有了基本的沟通与共识,瓦雷兹期待周能够修订及校订他的乐谱,当然也包括与出版社争取知识产权。此时,周文中已在西方当代乐坛取得了许多重要的成就,而且正在美国多所大学展开教学生涯。

　　从 1949 年的创作《山水》到 1965 年的作品《渔歌》,这段长达十六年的时间,横跨两种创作的思想,从"音乐的书法"到早期的"可变调式"。管弦乐作品《山水》作为周文中的第一首作品,获得了指挥奇才利奥波德·斯托科夫斯基(1882—1977)的赏识,于 1953 年率领旧金山交响乐团(San Francisco Symphony)举行世界首演。演出后毫无疑问地取得了当时乐坛的高度评价,奠定了周文中在现代乐坛的地位。其中,以知名乐评家阿尔弗雷德·弗兰克斯坦(1906—1981)的评价最令人激赏。他说:"《山水》熟练而富有想象力地运用了古老的中国曲调,充满了色彩、怀旧、典故,并且非常简洁。它们在东方和西方之间极其成功地架起了一座桥梁，成功地弥合了两者之间的差距。"

而周文中在 1954 年完成的管弦乐曲《花落知多少》也以同样的姿态席卷了欧洲及北美洲。1960 年柏林爱乐乐团（Berlin Philharmonic Orchestra）的欧洲首演成功地打响了周文中在欧洲的声誉。柏林知名乐评家汉斯·海因茨·斯图肯施密特（1901—1988）在欧洲首演后为《美国音乐》（Musical America）所写的乐评中首次给周文中冠以"音乐书法家"（musical calligrapher）的美誉。他说："《花落知多少》这首曲名取自唐诗，唤起一个新奇、瞬息万变的声响世界。身为一位音乐书法家，他用音乐之笔再现了画家最微妙的效果，他用五声音阶、四度和精致的不和谐音来发展最清晰的形式。他是一位诗人。"《纽约时报》音乐专栏作家哈乐德·肖恩伯格（1915—2003）在 1959 年由 Robert Whitney（1904—1986）率领路易维尔管弦乐团（Louisville Orchestra）举行世界首演后，他说："最不寻常的作品之一，同时也是最有趣的，是周文中的《花落知多少》。这是一个简短的、点描式的音响色彩，具有东方的特色，但规避了一般的五声音阶式的虚伪东方风格。周文中的作品是一部富有敏感性的作品，值得再次聆听。"

这些来自欧美各地的赞誉，加上哥伦比亚大学音乐研究所繁重的教学工作，如日中天的周文中，为何需要承担瓦雷兹音乐资产管理者的工作？要了解这个责任，我们需要从周文中身处的大环境，他的家庭环境，以及他个人的学习环境等三方面切入讨论。

首先是周文中所处的大环境，他早年生长于近代中国最为动荡的时代，军阀割据与日本侵华战争时期。年幼时，随着父亲来回中国各地，培养出敏锐的观察力与同理心。1946 年，周文中获耶鲁大学建筑研究所全额奖学金来到美国，见证了来自欧洲的新移民潮，一个百川汇流的大熔炉时代。战后这段欧洲新移民潮正是促成美国现代音乐发展的狂飙时代的背后主因。

接着是关于他家庭环境的影响。周文中成长于文人传统深厚的家庭，他的祖父周维翰及父亲周淼（1891—1987）都是知识分子。在上海时期，家中的书房拥有全套的《四部丛刊》《三才图会》《二十四史》等书籍，年少时即开启了周文中对于探索人文、历史与艺术的高度兴趣，也埋下了对于文人作为社会良知，也即

Man of the Arts 的种子。最后，关于他个人的学习环境。周文中早年学习和声、对位及乐器法等课程。内战时期，周文中在重庆国立大学读大学期间，在图书馆自学现代音乐。后来他在波士顿跟随俄裔美籍作曲家尼古拉斯·斯洛尼姆斯基（Nicolas Slonimsky）学习，后到纽约跟随马尔蒂努（Bohuslav Martinů，捷克裔美籍）、鲁宁（Otto Leuning，德裔美籍）及瓦雷兹（Varèse，法裔美籍）学习。自 1952 年起，即参与瓦雷兹作品的抄谱及校稿工作。在与瓦雷兹学习的过程中，深切领悟到艺术家必须从自身文化过去的根来思考未来。这与周自己继承的文人传统及瓦雷兹所拥有的传统是一致的，都要求自己作为一位艺术家必须严格认真地保持独立。独立是创作的必要，是艺术创造不可或缺的部分，这正是文人传统所需要的。

图 1　周文中于 1950 年代在瓦雷兹的工作室里修订瓦雷兹的作品《沙漠》

在这三种条件下被重塑的周文中诚如"波士顿音乐万岁"（Musica Viva Boston）的艺术总监理查德·皮特曼（1935—）所言："他的社会责任感付诸行动——具体行动——到自我牺牲的地步……周文中把为别人和为我们的文化及文明的利益所做的一切当作自己的责任——而不只是为音乐而已。"

理查·皮特曼说接手处理瓦雷兹的遗产是一件烫手山芋。是这样吗？这可以从工作室的环境与知识产权两方面来探讨。首先，我们来看看瓦雷兹工作室的环境。从下面的两张照片,我们看到工作室的工作桌上布满数堆的散页手稿、草稿、打字纸等资料。墙壁上也可以看到多种挂钩与夹着长短、大小不一记录不同资料的纸条串。根据周文中的说法,这些资料多数是没有日期的。这在资料整理时,光是前期的分类工作就已耗尽无数时光。另一个困难则来自瓦雷兹的工作惯性,他喜欢在草稿纸上针对核心乐思(musical idea)写下及实验各种不同的变化可能性。不像我们这个年代,纸张在那个年代是个极其贵重的物品。那个时代的作曲家会在一张纸上头写满各种想法,想法之间有可能又不相干。

图 2　1950 年代瓦雷兹在他的工作室

因此,当周文中在瓦雷兹过世后首先开始着手处理的就是有关总谱出版合约知识产权的部分。譬如完成于 1921 年的作品《新大陆》(*Amériques*),在 1925 年由英国音乐出版社 Curwen & Sons 出版。在 1927 年应指挥家斯托科夫斯基的邀请,瓦雷兹又对这首作品进行简化乐器的版本,如打击乐器由 13 位演奏者减少为 9 位演奏者,形成今日的最终版。周文中是根据 1927 年的版本进行修订。根据周文中的说法,Curwen & Sons 出版的《新大陆》总谱中错误百出,是一个几乎无法使用的版本。在 1929 年巴黎出版社 Max Eschig 出版的版本是根据 1927

图3　1953年瓦雷兹在他的工作室

年的定稿版本来修订的,表面上看来是有个样子,但还是有相当多当时抄谱的笔误或漏掉音符、乐器、力度、表情记号等。因此比较 Curwen & Sons 出版社与 Max Eschig 出版社两版之间有着相当多的不同之处。于是,周文中在 1972 年根据 1927 年定稿版的手稿进行修订。这份根据 1927 年定稿版的修订在 1973 年出版,也是现今被广泛使用的演奏版本。在 1996 年又应指挥家里卡尔多·夏伊(Riccardo Chailly)及 Decca 唱片制作人安德鲁·科尔纳尔(Andrew Cornall)之邀,对 1921 年原始版进行修订。原始版与 1972 年修订的版本差异在于忠于原始手稿的理念,进行修改瓦雷兹在手稿上的种种笔误及誊写的音符、力度、表情记号等工作。而《新大陆》总谱路易丝·瓦雷兹在 1973 年将出版合约签给纽约市的 Colfranc 音乐出版社。事实上,除了《新大陆》之外,瓦雷兹已在多年前跟 Colfranc 音乐出版社签订几乎所有作品的出版合约。

所以周文中不仅要在版本之间确认种种笔误及漏誊写的工作,同时还要比对不同版本的差异,进而从事校稿及修订的工作,同时更需要处理不同合约签订的法律问题。然而,最终周文中的理想是期望找到一个机构来收藏瓦雷兹的手稿及相关资料。这些十分耗时及繁琐的工作,长达 20 年的时光,让周文中处于一个没有创作的年代。

当然,他身兼数职,如下,这也是其中一个原因。

1. 整理瓦雷兹音乐作品及相关资料,并校订 8 首作品(1966—1989);

2. 在纽约法兰科·科伦博出版社(后来更名为 Colfranc Music Publisher),针对瓦雷兹作品知识产权进行法律诉讼(1966—2009);

3. 哥伦比亚大学艺术学院音乐系主任（1969—1989）；

4. 哥伦比亚大学艺术学院音乐系副院长（1976—1987）；

5. 作曲家录音公司（Composer Recordings, Incorporated, CRI），执行长（1970—1975）；

6. 创立哥大美中艺术交流基金会（1978—）；

7. 启动寻找瓦雷兹档案的机构地点（1980—2003）；

8. 与米兰 Casa Ricordi 谈判瓦雷兹知识产权的转移（1988—2003）；

9. 创立弗里茨·赖纳当代音乐中心（Fritz Reiner Center for Contemporary Music），担任第一任艺术总监（1984—1991）。

接着，笔者拟针对以上第二点与第八点作出说明。首先，我们需要了解谁是法兰科·科伦博（Franco Colombo, 1911—1997）。当然我们知道他是 Colfranc 音乐出版社的老板，同时也是一位律师。法兰科·科伦博是二战后欧美乐谱及唱片出版事业的巨人。他曾在1954年上导纽约 G. Ricordi & Co. 与 EMI 子公司美国 Angel Records 签署一个有关智财权的协议。该协议对这两家公司在世界各地的所有关系企业均具有法律约束力，无论它们位于哪个国家。

该协议是全球首次允许在任何国家不受限制地录制出版商的版权作品，租赁管弦乐谱，出口和进口母带，销售压制唱片和重印歌剧剧本的权利。Ricordi-EMI 合同所确立的模式扩大乐谱出版商与唱片公司之间版权关系的领域，这与六个月前完成的哥伦比亚唱片与 BIEM 签署的合同相似。后者的协议解决了由于美国和国外版权法的差异而导致的僵局，允许哥伦比亚唱片公司（Columbia Records）录制由 BIEM 控制的作品，BIEM 是许多欧洲出版商版税的收取代理机构。

周文中在与纽约法兰科·科伦博出版社协商瓦雷兹作品知识产权的法律诉讼长达十余年。在瓦雷兹过世后，Colfranc 音乐出版社的老板法兰科·科伦博认为其出版社依旧拥有出版瓦雷兹作品的知识产权。也就是说科伦博主张 Colfranc 音乐出版社拥有出版瓦雷兹作品的自主权。但是周文中主张的是 Colfranc 音乐出版社在出版瓦雷兹作品的过程中的草率所造成的诸多错误都在显示对作曲家

图 4　法兰科·科伦博

以及校稿者(即周文中)的不尊重。谈判过程中峰回路转无数次,在此不便详述。可想而知,周文中对瓦雷兹作品知识产权的法律诉讼所投入的时间与精力是如此之多,好在结局是圆满落幕。

现在,周文中挂念许久的瓦雷兹档案(Varese Archives)已在 2003 年由瑞士的保罗·萨赫(Paul Sacher)基金会永久收藏。

最后在周文中十多年来毫无怠慢地坚持及努力工作下,瓦雷兹作品的版权纠纷也落下帷幕,回到起点——意大利米兰的 Ricordi 出版社。意大利的都灵(Turin)是瓦雷兹的故乡,米兰就在都灵的东北方,两地相距 139 公里。身为 20 世纪一位孤寂的音乐先知,瓦雷兹在横跨北大西洋抵达新大陆后再度回到他的原乡。我们深切地希望这一次瓦雷兹的乡愁之旅,可以开启世人认识瓦雷兹的音乐世界——一个传承自德彪西、理查·施特劳斯的欧洲传统。一如周文中在《The One All Alone》一文中表示"瓦雷兹在 20 世纪是一位孤独的先知,而且他依然独自一人。但就像《夜曲》中的女高音的歌唱:'我升起,我总是升起。'希望

图 5　保罗·萨赫基金会瓦雷兹档案移交仪式，2003 年

今天我们能理解瓦雷兹，并分享他的愿望，希望他的思想能再次升华。"

最后，笔者认为周文中参与瓦雷兹音乐遗产的管理工作是一位独立艺术工作者的文人使命使然。周文中与瓦雷兹这两位具有深度人文关怀的作曲家及两者间亦师亦友的师生情谊，在 20 世纪的交会是一个不可避免的必然与偶然。两者都视传统为传承的必要，也视创作是艺术创造的不可或缺的部分。瓦雷兹的传承根植于 19 世纪末西方浪漫主义时期，而瓦雷兹身为 20 世纪现代音乐的先驱之一，倡议音乐为有组织的声音（organized sound）及声音为有生命的本质（sound as living matter）。这些概念是许多亚洲音乐文化的基本原则。

瓦雷兹的汇流之路由西向东，瓦雷兹期待周文中能传承这个传统。相反地，周文中的传承则是根植于中国文人的传统，他提倡的"再融合"音乐观念，巧妙地将东方美学与西方现代音乐融为一体，以音乐书法家及单音的思维确立了他在当代音乐中的地位。周的汇流之路由东向西，如同梁雷教授所言："周先生是一位用融合现代西方音乐语汇再创东方美学的文人。"两者都用独到的创造力为当代音乐指出一个汇流的方向,一个历史发展过程中不可或缺的力量。

理解这次在纽约市下城的格林威治村的会面不仅仅是一个偶然的相遇,而是一次重大的历史交汇。我们不禁想起,历史上伟大变革往往发生在文化和思想的十字路口。瓦雷兹和周文中的旅程体现创造性应对时代挑战的力量,为当代音乐"re-merger"的融合观铺陈一条可能的道路。在"东与西、古与今"的融合中,他们留下了一系列美丽的音乐作品,在音乐领域体现英国历史学者汤恩比的文化理论,其"挑战和回应"继续成为人类音乐文化遗产不断发展的叙事主轴与进步的力量。

读《亚洲美学与世界音乐》之思考

祁斌斌

　　《亚洲美学与世界音乐》是周文中先生1981年撰写的一篇会议发言稿,40年后再读文章依然能发现其中的奥妙。笔者认为,文章从历史、社会、艺术、音乐本体、思想意境五大维度,总结了亚洲音乐美学的十个特征,构成了一条由表及里、由现象及本质的逻辑链条,也成为周先生最具代表性的"艺术宣言"。文章运用"比较音乐学"视角审视中西方音乐文化,从而也成为20世纪80年代人们自我认识与认识世界的一把钥匙。该文至今仍应成为亚洲作曲家学习的经典文献。

　　《亚洲美学与世界音乐》写于1981年,是周文中先生为"亚洲作曲家联盟会议暨音乐节"(Asian Composers League Conference and Festival)而写的发言稿,1983年由香港作曲家协会正式出版。现在,这篇文章的中文版收录于《汇流——周文中音乐文集》中。文章写就时,周先生已在哥伦比亚大学创建了"美中文化艺术交流中心",此后一年又被选为美国文学艺术院终身院士。可以说,这是周先生极具代表性的一篇文章,梁雷教授认为它是"周先生的艺术宣言"①。

这篇文章近万字，内含十个小标题，总结了亚洲美学的十个特征，在文中周先生称之为"设想"。作者秉持着"发现原则"，以西方化的论证思维进行阐述，并以中、日、韩三种代表性的亚洲音乐文化为例反复举证加以说明。这里的"亚洲美学"可理解为"亚洲音乐美学"，即以亚洲音乐美学为代表，最终的指向仍为亚洲美学。在阐述"设想"前，文章开篇以1966年作者在亚洲音乐家首届国际研讨会上的发言为切入点，来说明这15年来亚洲作曲家在世界乐坛中的快速成长，并试图用很大的篇幅表达一个观点，即：亚洲的历史源远流长，亚洲音乐的历史并非"一潭静水"，而是"一条流动的溪水"，即"它是一个活的传统"。这一观点也是亚洲美学十大特征形成的历史前提。虽然全文标题为"亚洲美学与世界音乐"，但是文章的重心明显倾向于前者，后者是作为一个对比性的参照物，作为一个更广泛的视阈而存在。文章并未探讨二者的关系问题，而是直接强调前者是后者不可分割、不可缺少的重要部分。

作者提出的亚洲美学十大特征的角度十分广阔，其中有历史维度——"吸收外来音乐文化"，有社会维度——"大众音乐与精英音乐的互融"，有艺术维度——"音色与音高的互补""语言作为美学的先导""诗、画、乐三位一体"，有音乐本体维度——"表达中的隐喻""结构的简练"，还有思想意境的维度——"与宇宙和谐""超越对自然的模仿""重视精神修养"。这些维度整体上构成了一条由表及里、由现象及本质的逻辑链条，即由历史、社会、艺术、音乐本体等诸多表象最终上升到思想意境这一本质层面。由此我们亦能看到作者对这一问题的深刻感悟与客观的认知，这当然基于他深厚的母体文化与前沿的世界眼光的双重视角，以及多年历练的专业修养。

然而，虽然全文将十大特征一一进行独立论证，并未显示出太多的关联性，但它们却并非独立之身，在内容中彼此有着千丝万缕的联系。例如，在"语言作为美学的先导"部分中作者指出，中国的书法与音高、音色和音强的变化有相像

---

① 梁雷主编、洛秦副主编：《汇流——周文中音乐文集》编者序，上海音乐学院出版社，2013年，第6页。

之处；"表达中的隐喻"部分中又以《荀子》"声乐之象"中的一段话，来说明中国古代的八音是"一个基于音色价值的音乐宇宙"。再如"与宇宙和谐"与"超越对自然的模仿"两个部分，也先后谈到人与自然、艺术与自然的关系。因此，这十大特征实际上是一个美学整体，一个文化整体，一个思想整体。

通过文中的多重举例，我们可以领略到周先生是一位精通多门艺术、熟悉多种文化的艺术家。他将中国的音乐、诗歌、书法融为一体，挖掘其中的共性，既打通了艺术之间的关联，又提炼出统一的精神本质。事实上，不仅是在这一篇文章中，作者的很多作品和文章都体现了这一特质。他写于 1967 年的《走向音乐的再融合》就已充分展现了其在音乐创作中将三者结为一体的奇妙构思，文中对他的第一部管弦乐作品《山水》(1949)、《花落知多少》(1954)、《隐喻》(1960) 等多部作品的创作理念都有着详细的介绍。此外，《东与西，古与今》(1968)、《亚洲观念与 20 世纪西方作曲家》(1971) 这些文章等也都表达了类似的观点，它们与本文均可视为"周先生的艺术宣言"。

事实上，作者之所以撰写这一系列具有"比较音乐学"视角的文章，恐与其多年在西方作曲界的创作经历有直接的关系。周先生 1946 年到美国求学，是较早受到西方作曲界认可的中国作曲家。他在哥伦比亚大学读书时阅读了大量的中文古籍，由此对中国文化有了深刻的了解，甚至他认为，他对中国文化的认知是在美国打下的。同时，他的老师——著名法国现代派作曲家瓦雷兹也鼓励他创作具有本人色彩的、本国色彩的、本民族色彩的作品，做自己，而不是一味地模仿老师的风格。这一思想不但成为了周先生的创作理念，也几乎成为他日后教学的指导思想。在未来几十年的创作生涯中，周先生对西方文化的熟知程度毋庸置疑，但是他始终坚持着东方色彩的道路，成为知名的亚裔作曲家的代表，像一颗闪亮的恒星闪烁于朗朗星空。

此文发表时正值 20 世纪 80 年代初，此时，不论是刚刚改革开放重开国门的中国，还是日本、韩国，都依然面临着西方现代音乐的强势入侵而发生着巨大变革。作曲界依然一味地以西方技法为潮流，以西方审美为时尚，欧洲中心论的影响在亚洲依然较深。虽然亚洲作曲家已经在国际乐坛冉冉崛起，但是，如何确立自己的特色以长盛不衰,显然,"亚洲美学与世界音乐"才是人们自我认识与认识世界的一把钥匙。我们也看到,80 年代后,周先生将多位作曲家引入美国专业音乐院校学习,使他们逐渐成为一批在国际上具有影响力的华裔作曲家,并树立自己的风格。这些都源于周先生对中国传统文化的深刻了解,并由此产生的文化自信。

周先生在作曲界取得的成就与其说是其个人的成就,不如说是几代中国人走向世界乐坛的成就,是历经了一个世纪的反思与革新、审视与重构的成就。42 年后,当我们重读这篇文章时,我们依然看到周先生对亚洲美学的认知全面而深刻,我们晚辈的自我认知仍需补足,这篇文章的价值依然厚重而深远。

本文收录于《音乐学百年文选导读(上)》,刘再生、司冰琳主编,

上海音乐学院出版社,2019 年 9 月出版

念天地之悠悠 独怆然而涕下

——"士人"周文中音乐思想中的文化本位意识

伍维曦

　　周文中(1923—2019)是旅居美国的当代著名作曲家与音乐活动家。他的艺术成就尽管已经为世人所公认,但对其作品和思想的研究与认识的深度还远远未达到这位音乐家所应该获得的程度,无论是在他的祖国——中国还是客居地美国。[①] 然而,对周文中的阅读和理解的程度,却在一定程度上可能决定着未

---

① 就笔者所掌握的资料状况来看:在西文语境中,相对于一些艺术成就相类的同代作曲家(如皮埃尔·布列兹和武满彻等人),有关周文中的音乐学研究成果数量很少。根据《新格罗夫音乐和音乐家词典》2001 版"Chou Wen-chung"条目以及周文中本人的官方网站中周氏研究文献网页(http://www.chouwenchung.org/works/about_cwc_bibliography.php)。直至 1990 年代,才出现四部研究周氏音乐创作技法和文化内涵的博士论文,而直至 2006 年才出现第一部较为全面地反映周氏生平与创作的学术性评传(Peter M. Chang, *The Life and Work of a Contemporary Chinese-Born American Composer*)。其实,周氏的音乐独创性以及他对于西方现代音乐的意义早在 1960 年代初期就得到了他的老师、著名作曲家和音乐批评家斯洛尼姆斯基的重视(N. Slonimsky, "Chou Wen-chung." *American Composers Alliance Bulletin*. 9/4, 1961, 2-9;中译文见:尼古拉·斯洛尼姆斯基:《周文中:其人其乐》,朱建译,载《艺苑》(音乐版)1996 年第 2 期,54—59 页;而美国学者费利希阿诺在 1983 年出版的专著《当代亚洲四大作曲家》(F. Feliciano *Four Asian Contemporary Composers*, New Day Publisher, 1983)中,认为:"周文中的音乐在美国与欧洲为人所接受已是不争的事实,音乐评论界一致的高度赞誉证明了这一点"(中译文见:F.费利希阿诺:《周文中的早期创作》,毕明辉译,载《中央音乐学院学报》,1998 年第 3 期,第 74—79 页)。尽管周氏的作品已经得到评论界的肯定,但专门研究他的西方音乐学家却十分稀少,这种情况,与其恩师瓦雷兹(转下页)

来中国学院派音乐前进的方向，尤其是在怎样看待中国传统与西学的关系上，周文中无疑为所有的中国作曲家树立了一条可资借鉴的道路。当然，从中国传统文化在 20 世纪饱受西学冲击并经历了复杂的现实境遇而艰难延续的过程来看，周文中的意义甚至要远远超出音乐领域：他的艺术创作与文化活动以及思想观念，其实是具有古代士人理想的中国知识分子在各种困境包围下意欲突围并获得重生的处境的真实写照。

1. 周文中的音乐经历与其独特思想体系的形成

对一位重要音乐家的作品与思想的观察，离不开对其生活道路的审视。对于周文中来说，他在 20 世纪上半叶的中国出生并获得了基本的学术训练与音乐经验。从家庭背景来看，他出生于一个深受西学影响但对中国固有文化与价值观极力坚持的读书人家；成年后，他又完全接受了民国时期典型的中西合璧式的精英化学校教育，此后再去西方系统学习作曲技术和音乐理论的。[①] 虽然，这一

（接上页）在世时的遭遇如出一辙。显然，周文中在西方音乐史上应有的影响力还没有得到正确的认识。而在中文语境中，有关周文中的研究文献数量也不多，真正涉及其创作风格与思想的尚不足 20 篇；此外，还有一些有关周文中的西文论文也被翻译成了中文。从 1980 年代开始，周文中的文论也陆续刊载在国内的音乐学术期刊中，目前中文语境中有关周文中文论最为完整的汇集，当属由梁雷主编、洛秦副主编的《汇流——周文中音乐文集》（上海音乐学院出版社，2013年），其中收录了周文中各个时期发表的重要文论 18 篇（有相当一部分此前也发表在国内的音乐期刊上）以及三篇国外学者的评论文章，这无疑是我国的周文中研究的一个全新重要起点【按：本文写成于 2015 年，在此之后，我国有关周文中先生的作品与思想的优秀研究文献大量涌现，及至今日，中文语境已经成为国际周文中研究的主要来源。尽管如此，笔者仍然坚持"对其作品和思想的研究与认识的深度还远远未达到这位音乐家所应该获得的程度"的判断，对这位伟大艺术家的学习与凝视可能永远在路上，永远不会有终点】。本文注释和参考文献中，凡见于该文集的文献，其出处均简称《文集》。个别收入该文集的周氏英文论文，此前曾由不同译者翻译发表，本文引用时均以《文集》为准。

① 周文中祖籍江苏常州，1923 年出生于山东烟台，幼年在青岛生活后毕业于重庆国立大学。抗战胜利后赴美留学，最初学习建筑，后改学作曲。1946 年入新英格兰音乐学院，师从斯洛尼姆斯基（Nicolas Slonimsky, 1894—1995）；1949 年去纽约，先后师从马尔蒂努（Bohuslav Martinů, 1890—1959）和瓦雷兹（Edgard Varèse, 1883—1965），1954 年在哥伦比亚大学获得艺术硕士学位（MA）。此后作为独立音乐家、活动家、组织者和撰稿人达十年之久。1964 年起在哥伦比亚大学教作曲。关于周氏学术创作经历与生平信息，可参见：Joanna C. Lee："Chou Wen-chung", *New Grove II*, 2001 和周氏本人的自传文字《景与声：一个回忆》（蔡良玉译，《文集》，第 135—150 页）。

经历对于其大多数同龄的中国知识分子都具有普遍性(尤其是成年后前往西方留学定居的文化精英),但周氏是为数不多的意识到这种经历的重要性、并不断透过创作与学术活动来回顾、体认和思考这种经历的艺术家。在他后来的回忆文字中,他提到了童年记忆中的一些具有完全不同文化背景和来源,但又融合于他的生活中的音乐碎片以及知识系统,并认为"这种文化多样性的情况在 20 世纪二三十年代那些既非全盘西化又非全盘传统主义的中国知识分子中并不少见。"①从周氏后来独立特行的艺术观念的形成来看,其中最重要的三种成分——中国士人文化传统、中国(乃至亚洲)的民间音乐以及西方艺术音乐——在其前往美国之前就已经以"习得"的方式融入其内心体验之中了。当然,在三者之中最根本的还是中国的文化传统,周氏自己也认为这一传统构成了他最初的声音体验的"上下文",尽管他还不可能去思考"该用中国方式还是用西方现代方式进行创作"这样的问题;而对西方音乐的学习则被他视作一个"探查和发现另一个世界又最终反照我们自己世界的过程。"②

在美国期间,周文中迅速意识到了文化本位意识对于一个生活在西方的中国作曲家的重要性,并坚持一生,始终不渝地实践这种信念。在斯洛尼姆斯基的帮助下,他开始系统地"研究中国音乐及其相关领域。这种学习延续了几十年并且扩展到学习一些亚洲的其他音乐文化。"③通过这种学习,周文中最终选择了中国士人音乐的象征——古琴的美学和技术作为其"音乐观念的中心"。④ 对于身处强大的西方大潮冲击下的作曲家而言,这种基于个体生命和音乐家社会属性的"身份认同",无疑有效地平衡了异文化的影响,使其在摆脱"欧洲中心论"局限的同时,也保有一种"全球性"的视野。周文中的独特之处在于,一方面,在一定程度上保持了中国历史与文化的"文脉",并将其在新的文化环境中加以发扬创造。

---

① 周文中:《景与声:一个回忆》,《文集》,第 137 页。
② 周文中:《景与声:一个回忆》,《文集》,第 136—137 页。
③ 周文中:《景与声:一个回忆》,《文集》,第 139 页。
④ 周文中:《景与声:一个回忆》,《文集》,第 138 页。

　　另一方面在于：周文中在美国期间——尤其是作为一个作曲家的观念与技术发展成熟时期——所受到的最重大的影响，却是来自一位欧洲正统音乐之外的"他者"——法国先锋派作曲家埃德加·瓦雷兹。很难想象，如果周氏初到美国之际遇到的是一位杜南艺（Ernö Dohnányi，1877—1960）式的较为"传统"的欧洲作曲家或是像勋伯格这样的"正统现代派"，他其后的音乐生涯还是否会呈现出后来的状况。① 与瓦雷兹的长期密切交往，使周文中意识到了这位一度被忽视的伟大音乐家的价值。② 周文中对其创作和思想的不断挖掘与继承也具有强烈的中国意味，他将这一西方现代音乐中的"例外"与"他者"化用到了中国文化的普遍性中：

　　　　与梅西昂不同的是，瓦雷兹从未直接受过东方的影响，但他的关于音乐是"有组织的声音"和音乐是"有生命的物体"的观念却令人惊讶地回应了所有的东方音乐背后的精神。③

　　尽管在美国不存在对于学术研究和艺术创造的制度性（institutional）强制，但无形的偏见与中国文化的弱势地位却是周文中通过回归传统走出一条属于自己的创作之路的最大障碍。幸运的是，周文中没有成为在 20 世纪占据主导霸权的西方文化以及貌似空前强大的学院派作曲传统的忠实俘虏与可怜的追随者——在中国大陆，1950 年代对于苏联音乐教育体制的盲目引进，却一度在学

---

① 周文中对于瓦雷兹的感激之情十分强烈，从 1949 年起，他在生活与创作方面都受到过瓦雷兹的帮助，二人建立起了义则师徒、恩犹父子的亲密关系。应该说，周氏是以中国士人所固有的事师之道来对待这位夫子的。在瓦氏去世之后，周文中事实上成为了他的音乐遗产的重要继承者，他对老师的作品和观念的推广与研究起到了无可替代的作用。参见：梁晴：《周文中与瓦雷兹：瞬间感知，瞬间结晶》，《音乐爱好者》2012 年第 2 期，第 30—33 页。

② 周文中撰写和翻译过一些有关瓦雷兹的论文，对于了解这位作曲家的创作技术与观念具有重要的学术价值，如：《音响的解放》（埃德加·瓦雷兹讲稿，周文中译），《音乐学习与研究》1996 年第 1 期，第 17—25 页；"瓦雷兹，他是谁"，《人民音乐》，张丽达译，2007 年第 4 期，第 50—52 页；"瓦雷兹的超大型乐队作品——《阿美利加》"，张丽达译，《中央音乐学院学报》，2007 年第 2 期，第 131—132 页；《电离》：音色在作品结构与时间组织中的功能""《沙漠》的奥秘"，王璐译，《文集》，第 68—102 页；249—255 页。

③ 周文中：《东与西，古与今》，蔡良玉译，《文集》，第 13 页。

院中造成了大量这样的作曲家与音乐学家,而是在瓦雷兹这样一位在当时并不受到重视、但具有高度原创性的天才的指引下"找到了自我,而且从此在创造力和美学上开始独立了。"①这种可贵的文化本位性上的觉醒——无论是作为一个身处西方的中国人,还是作为一个在各种现代作曲思潮中意欲保持独立个性的音乐家——促使他以一种"局外人"的眼光去更为深入地研究西方音乐文化的历程,最终在西方学院派音乐的体制之内获得了属于自己的"非西方"的音乐语言,而这种个性化的语汇由于其深厚的中国传统文化背景支撑,成为 20 世纪后半叶因为各种内外原因日渐贫血的西方学院派音乐语言的重要补充。

　　在有关周文中的音乐与思想的研究中,出现频率最高的当数"文人"一词,②他本人及其评论者均以"文人"来指称周氏音乐创作的特质,并以此作为其中国文化核心价值观念与文化本位意识的象征。③ 但这种"文人"意识其实是中国传统"士人"文化的一个组成部分,④或者说只是"士人"在从事文学艺术活动时所

---

① 周文中:《景与声:一个回忆》,《文集》,第 141 页。

② 《新格罗夫音乐和音乐家词典》(2001 年版)的"周文中"条目称:"周氏自 1960 年代后的作品多受到天人合一的文人美学的影响(Chou's works from the 1960s onwards are inspired by the *wenren* aesthetic of a harmonious communion of humanity and nature)",(Joanna C. Lee:"Chou Wen-chung", *New Grove II*, 2001)。而周文中自己也在文论中再三宣示其"文人"身份的自我认定以及对于中国固有之文人精神的发扬提倡(详见:周文中:《文人与文化》,李雅贞译,《文集》,第 165—180 页)。

③ 如周氏本人说:"文人精神既是中国的也是普世的——之所以属于中国的,是因为它承载着中国两千年来文化与社会的特有生活方式;之所以是普世的,是因为它代表着善良、真诚、独立、正直和勇气等人格特质。"(《文人与文化》,《文集》,第 178 页);"我相信自己继承了文人的传统;相信自己继承了瓦雷兹所拥有的传统。两者都要求我从过去的根,来思考未来。两者都要求我作为一个艺术家严格认真地保持独立。"(《景与声》,《文集》,第 150 页)。周氏在这里所言的,其实是与西方"知识分子"相对应的中国"士人"精神。

④ 在古代汉语语境中,"文人"之义有二。一出自先秦文献,如《尚书·文侯之命》:"汝肇刑文武,用会绍乃辟,追孝于前文人";《诗·大雅·江汉》:"厘尔圭瓒,秬鬯一卣,告于文人。……明明天子,令闻不已,矢其文德,洽此四国",指有圣德之先人(即"文王""文祖""文母"之"文",与谥法中之"文"相近),但这一词义远在士人阶层产生之前,且与士人并无直接关系,也与文学艺术活动无关。二出自秦以后文献,如汉傅毅《舞赋》:"文人不能怀其藻兮,武毅不能隐其刚";魏文帝曹丕《典论·论文》:"文人相轻,自古而然",乃特指士大夫中有文学才华者(后亦指拥有其他艺术门类之修养者)。此为"文人"之通义,历代正史"文苑传"所收者皆仕途不畅或道德有瑕但文名卓著者(即只"立言"而不得立"功"与"德")。《颜氏家训·文章篇》云:"夫文章者,原出五经……然而自古文人,多陷轻薄……每尝思之,原其所积,文章之体,标举兴会,发引性灵,使人矜伐,故忽于持操,果于进取。今世文士,此患弥切,一事惬当,一句清巧,神厉九霄,志凌千载,自吟自赏,不觉更有傍人。加以砂砾所伤,惨于矛戟,讽刺之祸,速乎风尘。"此"文人"亦等 (转下页)

表现出的特有观念与形态。① 作为作曲家的周文中，当然可以为强调其中国文化属性而称之为文人作曲家；但作为一位卓越的音乐思想家与实践家的周文中，其精神境界与生命情怀却应以中国"士人"的身份来予以概括。② 而只有从这一根本性的内在属性来看待周文中的音乐创作、学术思想及其社会活动，才能跳出西方现代意义上的"知识分子"以及生活在美国的"亚洲音乐家"的表层属性，站在儒家文化的本位立场，对周氏的"立言、立功、立德"之成有一全面认识，从而感受他对于在 20 世纪纷繁动荡的进程中备尝痛苦艰辛的中国文化传统的特殊贡献。

2. 作曲家周文中——立言

极端的文本化作为 20 世纪西方音乐创作的主要趋势，对于从中世纪至 19 世纪逐渐形成的西方音乐传统具有正反两方面的效应：一方面，将西方文化中

（接上页）同于"文士"。故而，文人是士人之一种，但士人不一定是文人。而是否善于文辞或拥有文艺才华，并非衡量士人高下的唯一（甚至主要）标准。周氏自己对"文人"本义的理解也是与此相符的，从他将这一概念英译为"men of the arts"并指出其与西文语境中的"intellectuals"（"知识分子"）有根本不同可以看出（《景与声》，《文集》，第 141 页）；但其作为杰出的音乐思想家与活动家的地位以及对于音乐学术的深厚造诣，显然不是区区"文人"所能涵盖的。现代汉语语境中，有将"文人"这一概念的用法理想化或扩大化的趋势，大约是受到欧洲 19 世纪以来将艺术家"圣化"、将艺术造诣等同于精神境界或道德高度的风气的影响。

① 从技术性角度看，"文人"这一概念包含着这样的指涉：即中国古代士人在从事各种文艺活动时，是以文学或文本写作为中心；中国古代早熟的、过于强大的文学与文本传统，深刻地制约和影响着士大夫阶层的美术与音乐活动（尤其是书法、文人画、篆刻与古琴等传统）。以周文中的话说："中华文化几乎是全面性的以其文字为基础的。譬如书法的美学和技术也就是中国水墨画的渊源。语言、诗词也就左右了中国音乐的理论和实践。这是值得中国作曲家们庆幸的。"（"音乐创作与中华文化——我的学习、研究、创作的过程与原则"（2006），《文集》第 228 页。）而正是在这一点上，中国古代文人音乐（也包括受中国文化影响的整个东亚地区）体现出与西方及其他音乐文化的巨大差异。周文中作为生活在美国的现代作曲家，这种技术性特质使其音乐音响与内涵既呈现出强烈的个性，又对 20 世纪高度文本化（也可以说是高度"文人化"和"知识分子化"）的西方学院派音乐提供了重要的新鲜血液；但"文人"特质与"士人"的终极理想并不是一回事，而作为一个具有强烈本位意识的中国学人，周氏对于未来音乐融汇东西、求同存异、美美与共的终极愿景，其实是一种"士人"心理的集中反映。

② 与周文中同龄并且有着相近生活与学术经历的著名旅美历史学家余英时（1930—）对于中国古代"士"阶层的产生、发展、作用及其与作为西方文化中坚力量的"知识分子阶层"的异同有着深刻的研究与洞见（如其代表作《士与中国文化》，上海人民出版社，1997 年）。通过阅读余英时的著作，我们可以更真切地认识到周文中的立身行事与中国"士"传统的无法割裂的关系。

所特有的"作曲""作品"和"作曲家"的概念最大化并推向了极致——一切学院派音乐实践活动(所谓"艺术音乐")均以"乐谱-文本"这一固化的符号表记系统为中心,以由作曲家创作的"作品"的名义控制了表演、聆听、分析与批评的全过程;但另一方面,这种状况显然有悖于人类音乐以"即兴"技术为内核和以特定社会功能所造成的"体裁"为基础的存在样态,终于成为无法满足大众音乐生活需求的无根之木。可以说,文本化音乐艺术取得全面胜利的时代,也是西方学院派音乐(包括受其影响的西方之外的学院派音乐)面临空前危机的时代。

当然,如果承认这种文本中心主义的音乐艺术存在的合理性(毕竟在工业时代,其曾经拥有的社会娱乐功能与文化传播功能在很大程度上已被各种流行音乐和多媒体音乐所取代),那么只能将这种艺术视作具有学术意味的由特定的知识分子群体所制作的精神性产物。而就20世纪西方学院派音乐自身积累的技术与观念来看,要真正达到这样的目的却是十分勉强的——长期以来,以音高中心主义为核心的西方音乐逐渐丧失了对音高要素之外的其他音乐参数的敏感与系统化预设;而在19世纪后期形成的对于学院派音乐家具有强大影响力的音乐自律论哲学,又过于强调音乐语言自身的自为性与特殊性,排斥音乐与其他艺术之间可能存在的形式关联性与审美联觉性。显然,仅靠西方文化内部的素材,要使这种学院派音乐获得更为广阔的技术发展空间,并获得更为普遍性的文化附加值是极其困难的。尽管从德彪西(Debussy)到约翰·凯奇(John Cage)的好几代20世纪作曲家,都力图将视野伸展到非西方的文化与音乐实践中,但并未从本质上改变这种音乐艺术越来越狭窄的发展空间;而从二战后一批具有亚洲文化背景的杰出作曲家(以周文中和武满彻、尹伊桑为代表)开始出现在西方学院派音乐舞台中并取得成功的事实,说明东亚音乐及文化所固有的元素(并且是西方所缺少的),正可以有效地缓解这种音乐语言和观念上的危机。而周文中更是将中国诗学、书法和古琴等具有厚重历史传统和发达理论系统但却为西方音乐家所陌生的资源引入到他的音乐创作中,从而为西方学院派音乐开辟了一片新天地。从某种意义上讲,周氏凭借其固有的文化与学术背景以及在美国接受的西式学术训练,将"序列"与"机遇"这战后西方学院派音乐的两个极端融合在了一起。当然，对于我们来说，周文中的创作绝不仅仅是西方学院派音乐努力突围的成功例子。应该说，对于因外部侵蚀和内部破坏而面临断裂的中国音乐传统而言，周文中更是一位睿智而勇敢的创造者，借助西方业已形成的文本化技术，周文中有力地推动了中国音乐语言表记系统的完善，并力图将由这种语言所构成的音响转化为"作品"——这里的作品概念其实并非借自西方文化，而是对中国士人艺术中文学、书法、绘画等固有作品形态与观念的拓展。若以周氏的自我期许和内心情结而论，他的作品其实是包裹着西方现代派外衣的中国"士人"音乐。①

　　就具体创作技术而言，构成周文中高度个性化音乐语言的原创点主要体现在"可变调式"（variable modes）和"单音"修辞技法两方面。前者得自周氏对于《易经》的钻研与理解，在其 1960 年代的一系列取材于中国古代文学的作品中已有体现（如《卜喻》《飞草》《御风》《渔歌》等），并最终形成了具有强烈的中国士文化特征和鲜明的周氏个性色彩的音高组织体系。②"可变调式"的提出与实践具有一种明显的"西学中源"的倾向。序列化本来是 20 世纪中叶以后，西方学院派音乐在音高语汇的探索方面出现的主流，如对中国传统文化以及周氏的本位意识并无太多措意的分析家，会将这一体系简单地视同于无数个受到勋伯格和梅西安启发而出现的人工调式之一；但如果深入体察周氏的音乐语言和艺术观念的形成过程，便可以发现：在他看来，这种序列思维早在中国远古的占卜文献中就已经隐然存在，而西方现代的发明并不能称为是前无古人的"原创"。周氏不过是在序列主义盛行的时代，借这一阵"东风"发表出《易经》的卦辞、卦象与这种预构性作曲之间深刻的内在联系，并以之来创造具有典型中国文人风味的音乐形象。如果不理解这些作品所依据的深厚文化与学术背景，单就形式本身加以解析是无法玩味出其中的奥妙与美感的。和约翰·凯奇等借用东方文

---

① 周文中音乐作品的详细信息，可参见周文中个人网站及《文集》中出版"周文中发表作品目录"（第 291—293 页）。

② 参见王自东：《周文中音乐作品"音高构造法"研究》，上海音乐学院博士论文，2013 年，第 43—74 页。

化元素来充实贫血的西方学院派音乐题材不同,周文中对于《易经》的理解完全是出于中国士人的文化立场(犹如布列兹对于整体序列主义的态度所秉持的西方立场一样),透过他自己的话可以深切地感受到这一点:

> 这种推演的过程既非因果,也不仅仅是某种随机性的东西,因为在诠释卦辞这一至关重要的步骤中,诠释者的文化背景、生活经历、个人学识以及情感积淀无一不与"卦"的形态和"卦辞"的字面意义发生着相互依存相互转化的关系。因此,尽管"卦"的诠释很明显是一种人类的意识活动,但其所涵括的深意则又超越了意识……①

如果说"可变调式"的发明与运用解决了周文中基于中国传统文化在于西方传统音高思维之外寻找一个音乐语言逻辑起点的问题,那么与此同时,他创造性地在文本化的西方音乐最主要的构成要素——音高之外去寻找新的创造空间,同样借着对中国古典文学艺术的深刻理解,他提出了对"单音"之于音乐创作的结构性意义和修辞技巧的卓越见解。② 在他于 1963 年完成的长笛与钢琴作品《飞草》和 1965 年完成的为小提琴、木管乐器、钢琴和打击乐而作的《渔歌》中,从书法和古琴艺术的形式特征出发,将中国古典文艺特有的气韵和曲折以及由此所暗含的微妙心绪的变化独创性地移植到了西洋室内乐的外形之中,完美地表达出文人美学的性格。③ 书法这一中国特有的视觉文本艺术形式,对于周文中的音乐语汇和风格形成的文化意义应被充分重视。正如他喜欢对学生提出

---

① 周文中:《亚洲音乐与西方作品》,转引自:F.费利希阿诺:"周文中的早期创作",毕明辉译,《中央音乐学院学报》1998 年第 3 期,第 77 页。

② 周氏于 1970 年写成的"单音作为音乐意义单元:以结构的观点看音的偏移属性"一文(林则雄译,"文集",第 17—27 页)从音乐理论的角度系统地总结了他的"单音"理念,不仅对 20 世纪西方学院派音乐的观念与技法的拓展具有重要意义,在中国传统音乐元素如何在学院派作曲实践中实现现代转型的历史进程中也是一篇极为重要的文献。

③ 参见侯太勇:《西器中韵和而不同——周文中〈渔歌〉的音色移植与延音功放配器法分析》,《乐府新声》2012 年第 1 期,第 84—89 页;王自东:《周文中音乐作品"音高构造法"研究》,上海音乐学院博士论文,2013 年,第 54—70 页;卞婧婧:《文化的"融入"与音响的"跳出"——从作曲技术角度阐释〈单个音〉在两首作品中的不同应用方式》,《中央音乐学院学报》2014 年第 4 期,第 64—74 页。

的问题："什么时候一条线不是一条线？"而只有使用过毛笔的人才明白："书法的线条有粗细、干湿、浓淡，犹如音阶、音程、节奏、音色等的持续不断地变化。"①应该说，如果《易经》等原始儒学经典给予周文中的影响主要在于从理性上创造一种全新的文字体系和结构观念，那么对书法与古琴的沉醉就使他的音乐具有了感性上的中国文人之美，在这些以西方音乐的外壳呈现的中国士人艺术中，其形式与内涵在本质上却是非西方的；聆听和阅读周文中的作品，其中的虚实与微妙竟有使人生出耳闻目睹宋元名家逸品的隔世之感。1967 年完成的《走向音乐的再融合》一文（《文集》，第 1—11 页）可以算作周氏对自己中期以前创作的一个总结，也是对以"单音"为核心的周氏修辞技法与美学观念的诗意概括。在1970 年代的间隙之后，周文中在"汇流"与"融合"的宏大抱负之下，从 1980 年代中期开始创作的一系列试图将中西音乐及艺术的精粹融汇的作品（如《谷应》《浮云》《流泉》《霞光》等），则展示出以中国文人艺术的内涵去驾驭和内化西方音乐核心技术并试图将后者移植到中国古典文学艺术的语境中的士人理想，对这些作品的理解与接受，必将在 21 世纪的音乐学术史中持续相当长的一段时间。②

作为一位对中国文艺的实践与美学有着深刻理解的艺术家，周文中敏锐地发现了西方社会与文明在 20 世纪所面临的现代性危机——即"物化"（马克思所谓的"异化"），而对于音乐艺术来说，机械复制时代的来临在表面上带来巨大的发展及契机，但实际上却威胁着这种脆弱的艺术的生命力。他借用庄子的观点，强调"物物而不物于物"，以此作为自己音乐创作的出发点，这是他一方面极大地推动了西方音乐的文本化-观念化发展进程，另一方面却避免了这种

---

① 周文中：《音乐创作与中华文化——我的学习、研究、创作的过程与原则》，《文集》，第 229 页。参见：弥生·宇野·埃夫莱特：《书法与周文中近期作品的音乐表情》，王婷婷译，《文集》，第271—290 页。

② 参见周文中：《音乐创作与中华文化——我的学习、研究、创作的过程与原则》，《文集》，第 233—237 页；《周文中近作三首简介》，王婷婷译，《文集》，第 294—298 页；关振明：《谈周文中近作》，《中央音乐学院学报》1999 年第 1 期，第 15—20 页；唐永葆：《周文中走向"再融合"的创作理论与实践》，《音乐艺术》2003 年第 3 期，第 16—23 页；黎昭纲：《周文中的音乐——实现"再融合"》，周文正译，《文集》，第 265—270 页。

趋势带给许多西方作曲家的问题：即高度预构性的音乐文本越来越远离"音/声"，并且事实上失去了对于聆听-感受的依赖。在谈及中国古琴音乐的谱式特征时，他指出：

> （琴谱上的文字）甚至能够激发起演奏者对于阐述每个细节时应有的某种心智状态。这种记谱体系自然地会提供大量的音乐资源，这一点与前电子时期的西方音乐截然不同。[①]

因而，周文中实际上在危机丛生的西方现代音乐发生机制中找到了一条延续中国（此为文化意义上的"中国"）固有士人音乐的路径，并以他独特的"合流点"视角将丰富的中国古典艺术遗产与西方音乐的形式表达有机结合：

> 西方音乐的最主要特性是它的对位理念。其实我和大多数人的意见不同之处，就是我认为对位观正是中国文化的重点。水墨的线条、阴阳的对位、易经的八卦、书法中用笔的起伏、布局的空间、水墨画中的景物间的差距都是基于对位观的，所以我的变调概念的作品都是看重一种超越西方的对位。[②]

文本主义的本质乃是艺术作品的结构主义（无论对于西方传统音乐还是中国古代诗歌、书法与绘画都是如此），就西方音乐在 20 世纪之前的一贯传统来看，这种结构主义只可能出现在音高组织层面；而对于作曲家来说，要真正创造具有巨大生命力的新型文本化作品，就必须拓展结构的维度与空间。可以说，从 15 世纪直至 20 世纪初期，西方音乐的文本化过程是以音高组织的不断强化和对其他音乐构成要素的控制力加强为基础的；而 20 世纪西方作曲技术创新的突破口很大程度上正是围绕"去音高中心主义"的命题展开的。

[①]　周文中：《走向音乐的再融合》，邹彦译，《文集》，第 8 页。
[②]　周文中：《音乐创作与中华文化——我的学习、研究、创作的过程与原则》，《文集》，第 233 页。

也许有人会说，当前音乐的创作程序已经够复杂了，为什么我们还要在这些琐碎的问题上花费脑筋？若过度地在创作里强调这些微不足道的小细节，以至于分散作曲者或听者的注意力，这样，作品的主要题旨不会反而模糊吗？我认为，如果说这些细节未形成结构主体的一部分，这样的说法便没错；但如果这些细节是整体音乐创作观念的一部分，那我的回答则是否定的。所以，如果我们可以试着将这些细节进一步化为结构的一部分，这些元素便不会再是仅仅为了达成填充性质的目的而存在。①

这种认识落实到具体作曲技法上，也许有多种可能甚至争议②，但作为一种宏观的思想和学术观点，其对于现代作曲的重大意义是无以复加的（不下于20世纪初期的"语言学转向"思想对于人文学术的影响）。而对于有着强烈的文化本位意识但又受过系统的西方技术训练的非西方音乐家而言，这种观念无疑带来了从语汇到形式的解放。在此，瓦雷兹与儒家的音乐观念在周文中身上发生了奇妙的综合：

从"机械的束缚"中"解放声音"，以"旋律的整体"取代"旋律间的交互作用"，正是在这样的愿景中，瓦雷兹触及儒家意义上的声音观念——须将对此观念的调查作为通往音乐的第一步——这是一种基本属于非西方的音乐认知，但从瓦雷兹开始，已逐渐被承认是20世纪音乐的特性。尽管瓦雷兹更关注复杂的声音聚合而非单个音，更关注核心乐思在音程构成上的增长潜能，而不是连续的旋律运动，但他的音乐暗示出与亚洲音乐的强烈相似性。③

---

① 周文中：《单音作为音乐意义单元：以结构的观点看音的偏移属性》，《文集》，第26页。
② 在周文中看来，表情问题是一种结构因素，在作品的各个层面发挥作用。（《亚洲观念与20世纪西方作曲家》，《文集》，第40页）。而对于单音的产生过程及其持续的控制，在周氏的作曲技法中具有重要的结构意义。
③ 周文中：《亚洲观念与20世纪西方作曲家》，班丽霞译，《文集》，第33—34页。

而他言及西方作曲技术和文本系统对于非西方素材的粗暴利用,则触及了文明之间的冲突在音乐实践上的反映:

用西方记谱法与配器法改写的印度、印尼、日本的旋律或节奏,从真正的意义上说,与 19 世纪强行将东方旋律纳入调性和声的实践并无两样,因为这样的处理忽视了那些赋予原初音乐类型以生命力的因素,如在音高、节奏、音色上接连不断的微妙修饰,对音的产生与控制的强调,以及置于单个音的表情性与结构功能之上的意义。[①]

通过他对于何塞·马赛达(José Maceda)和武满彻等亚洲作曲家的赞赏以及他本人的作品,我们不难发现:不同于许多具有异国情调的西方作曲家以及完全受制于西方技术系统的非西方作曲家(这在 20 世纪的中国大陆其实具有主流地位),周文中并不是要写作以非西方内容为题材、但使用西方音乐语言的作品,而是(至少在他的一部分作品中)致力于创造运用非西方音乐语言表现非西方题材的音乐,只是从文本形式上与西方音乐共用一个相似的表记系统而已。二者之分野,好比含有大量外来词汇、描写异国之事的西文文学和采用拉丁字母拼写的非西方文学。尽管这一过程面临巨大的困境和挑战,但周文中的一系列作品和他的大量理论与分析论文,已经成功地向我们揭示了这种可能性。这不能不说是周文中对于 20 世纪非西方音乐的巨大贡献,而作为一位中国的"士人音乐家",他的一些作品无疑是以西方符号系统表达的中国固有音乐技法与思想的结晶。

3. 音乐学者与活动家周文中——立功

周文中在将家庭与父辈给予的中国士人观念和瓦雷兹所传授的西方音乐技法相融汇的基础上,以极其广阔的学术视野对这两大传统之外的音乐实践进行

---

① 周文中:《亚洲观念与 20 世纪西方作曲家》,《文集》,第 38 页。

了深入地研习；同时，他又以学者的视角向西方音乐学术界宣传中国传统音乐文化的博大精深，这成为其音乐生涯的又一重要贡献。在这一过程中，二战后在美国迅速发展的民族音乐学思潮也对周文中思想的形成发挥了重要作用（尤其是用以抵御狭隘的西方精英文化的负面作用）①；但周氏对于这种思潮的追随依然是有选择的，他并未成为一个反经典文化者和价值虚无论者，而是始终保持着对自身文化传统的认同和对这一文化传统中的经典成分的自觉追寻。周文中对于从中国古代文献直至当代中国音乐学者（查阜西、杨荫浏、吴南薰等）的关注（尤其是对古琴音乐的重视），使他始终未远离中国古代音乐史这一学术系统，后者事实上成为其思想体系的理论基础。而周氏无论作为作曲家还是学者，都尤其偏重这一系统中的经典性成分，这体现出强烈的士人倾向。在写于 1970 年代的《中国史料学与中国音乐研究：我的一些看法》一文中，周文中批评了部分西方学者对于中国古代音乐的肤浅臆测与幼稚错误，明确指出了研究这一学科在西方语境中需要具备的汉学、历史学和音乐学的综合能力。在这篇对于西方的中国古代音乐史研究具有指导意义的重要论文中，我们可以发现作者对于从上古先秦直至明清的中国古典文献的精深把握、对于西方学术界所喜好的"中乐西源"说的严肃批评以及对作为中国音乐文化核心的雅乐和琴乐的高度重视。在谈到外来音乐对中国宫调理论的影响时，他依据中国学者吴南薰的研究成果指出：

> 虽然，学者们多以为苏祇婆所用的调式源自印度或者波斯音乐，我们对此看法目前仍需存疑，因为现在尚缺乏确切的资料可用来说明这些调式如何经由中亚传到中国来。事实上，并未有任何史料可以证明所谓的转调技巧在此时期之前已出现在印度与波斯的音乐，反倒是早在汉朝，中国的音乐理论家们已开始探讨如何实际地运用这项技术。②

---

① 参见周文中：《亚洲观念与 20 世纪西方作曲家》，《文集》，第 28—46 页；《亚洲美学与世界音乐》，班丽霞译，《文集》，第 103—114 页；《关键词是独立》，蔡良玉译，《文集》，第 151—154 页；《什么是"当今的亚洲音乐"》，王樱芬译，《文集》，第 155—164 页。

② 周文中：《中国史料学与中国音乐研究：我的一些看法》，林则雄译，《文集》，第 61 页。

　　而这种基于现代学术方法、在更为广阔的比较视野中对于自身传统的审视，饱含着强烈的感情，这在当代作曲家乃至音乐学家中并不多见。这其实也表明：作曲并非周氏的唯一志业与成就，而是同其音乐学者与文化活动家的身份水乳交融的。而这些事业的叠合，构成了一个与在科层式社会结构的制约下高度专门化和单一化的音乐家身份并不调和的特殊身份。周文中对于文化组织工作的热心和付出尤其令人震惊，这与他的作曲家身份几乎构成了一对难以解决的矛盾。① 从 1970 年代初到 1980 年代中叶，这位在技巧与美学上已经完全成熟并臻于佳境的作曲家竟因为各种行政与组织工作放弃创作达十余年之久。如何理解这位"非典型"的学院派作曲家呢？ 周氏自己在回忆文字中对此有一真诚的告白：

　　　　许多同事和朋友责备我没有用足够的时间创作自己的音乐，他们说我的问题可能是不会说："不"。真的，即便是日常生活中，我刘多数荒谬的请求也难以拒绝，遇到与我的信念相同的事情时，就更不可能拒绝了。**这并不奇怪，因为一个人不可能对抗自己的传统**（着重符号为引者所加）。下面的趣事说明我可能是受了具有同样弱点的长辈的影响。我父亲晚年时，反复告诉我说，他一生总有那么多事情使他分心以至未能专心做一件事。我估计其中一件分散了他的精力的事情，是他十几岁时作为青年人参加了 1911 年的革命。……我祖父是当地的绅士，每天早上都喝着早茶接待客人和仲裁。村民宁愿相信他的公平而不找地方长官，因为腐化实在太普遍，不公平成了准则。可见，他没有

---

① 周氏作为艺术与学术活动组织者的事业包括担任美国"作曲家唱片公司"的主席达五年之久、发起和创立"亚洲作曲家联盟"、促成哥伦比亚大学"美中艺术交流中心"的成立与运作和在中国云南省进行的传统音乐保护与挖掘活动，同时他也帮助许多自 1980 年代后从中国来的青年作曲家在美国学习与创作。这些活动对于在美国和西方宣传中国古典音乐文化起到巨大贡献。一个最为世人所知的事例，便是在他的提议下，1977 年美国宇航局将管平湖演奏的琴曲《流水》的录音与其他欧洲古典作曲家的音乐一道录制进了在太空播放的金质唱片中（参见周文中：《音乐创作与中华文化——我的学习、研究、创作的过程与原则》，《文集》，第 228—229 页）。

官职，却做着他觉得应该做的事情。①

　　周氏出身于一个奉儒守官、诗礼传家的乡绅阶层。这一阶层在长达数千年的历史进程中，既是中国农业社会的基本结构要素（即所谓"地主"），也是中国学术文化的主要传承者（即所谓"士"）和中央及地方政权的主要支柱（士经过科举可以成为国家官吏，在野则为社会贤达或意见领袖）。这一阶层致力于实践儒家的核心价值观，有着强烈的社会参与意识与公共责任感（所谓"天下兴亡，匹夫有责"）。而在中国 20 世纪剧烈的社会变革中，在脱离了乡土、宗族和官僚身份后，这一本来可以转化为现代知识分子的主体的阶层却由于种种原因被完全消灭了。在中国大陆，"士风"及其"文脉"已几乎完全中断。而就作为古代士阶层后代远赴他乡的周文中而言，尽管他从事了一份全新的并且高度西方化的职业——学院派作曲家，也在一定程度上成为了同样具有社会责任感的西方知识分子的一员（这一属性在职业音乐家中也不多见），但其内心念兹在兹的仍然是与父祖血脉相连的、中国文化传统下固有的"士人精神"。这种"非西方"的思想意识和人文情结，既是我们理解周氏特殊多重身份的关键，也是决定其音乐创作与思想具有高度的自觉原创性的原因。大约正是在这种"士"的精神指引下，使他将延续中国文化传统、促进中西文明交流的事业作为自己在作曲之外的又一倾尽全力的领域。尤其是他不辞辛劳、以知行合一的干局和音乐学家的高度负责与专业精神投入对中国西南少数民族音乐文化的保护与研究中，二十年的"云南民族文化合作计划"得以成功运作，正是周文中作为卓越的文化活动家的杰作，其中也寄托着他对于故国人民与母文化的所思所愿。② 这些烦剧琐碎的事务看来似乎与他那些文人意境深邃悠远的音乐作品杳不相干，但若从古人言行并举、知行合一的传统视之，则不可或缺，共同构成了一个士人的完整生命体，

---

① 周文中：《景与声：一个回忆》，《文集》，第 144—145 页。
② 参见周凯模：《周文中对中国音乐发展的思想和实践：云南民族文化合作计划、回顾》，《音乐艺术》2007 年第 1 期，第 12—19 页；杨德鋆：《著名音乐家周文中在西南边陲的文化——中美"云南民族文化合作计划"行动 20 周年回记》，《民族音乐》2013 年第 5 期，第 57—59 页。

有着相互发挥、阐释和促激的血肉关系。①

4. 思想家与士人楷模周文中——立德

中国古代文化传统不仅注重个人的文艺作品和实际事功,更注重以此为基础和反映的人格修为与思想境界。中国古人相信具有崇高精神的个体与世界终极真理及人类共同理想之间有着密切的同在性,这与西方古典文化崇尚独立于个人之外的抽象伦理价值与学说大相径庭。余英时曾以这种视角论说历史学家陈寅恪(1890—1969)的人格及思想与儒家传统的关系,并奉之为在乱世困局中坚守这一核心人文价值的士人典范。② 陈寅恪作为学者,其治学领域与经学和儒学思想史并无干连,陈氏一身亦未尝涉足政治,但他一生的行事与操守和渗透在学术活动中的精神品格以及由此而形成的人格力量与思想高度,并不妨碍余英时隐然将他视作儒家道统在 20 世纪中国的延续而加以褒扬。陈寅恪少时游历欧西、博极载籍,于西学之知不可谓不深矣,然其坚守中国文化之本位意识则弥足坚固。他有两段话,颇让我们联想到周文中一生积极为发扬中国古典音乐文化和建设中国新音乐奔走努力的初衷与策略:

> 窃疑中国自今日以后,即使能忠实输入北美或东欧之思想,其结局亦等同于玄奘唯识之学,在吾国思想史上,既不能居最高之地位,且亦终归于淘绝者。其真能于思想上自成系统,有所创获者,必须一方面吸

---

① 周文中的这种特殊的双重身份,让人想起中国近代音乐学术的奠基人、新文化运动的重要活动家王光祈(1892—1936)。王氏早年热心于社会改良,声名卓著,赴欧留学后却改学音乐学,终其余生以著述为志业,两者看似毫无关联,其实紧密相关。在王氏看来,社会实践所不能尽成功者当著书立说以晓谕之;而中国文化未来之发展,首先在于新国乐的建设。王氏为一具有新儒家思想的中体西用派,其"礼乐复兴"思想具有强烈的文化本位意识,并以此迥异于同时代的其他音乐思想家;而周文中长期生活在美国,却心系故园,无论创作还是社会活动,均着眼于中国音乐传统的延续与新音乐文化的建设,其心理与志向,与王光祈隐然相通。二子均为近世中国音乐家中罕有之士人楷模,当无疑义焉。

② 参见余英时:《陈寅恪与儒学实践》,《余英时文集》(第五卷),广西师范大学出版社,2006 年,第116—141 页。

收输入外来之学说，一方面不忘本来民族之地位。此两种相反而适相成之态度，乃道教之真精神，新儒家之旧途径，而二千年吾民族与他民族思想接触史之所以昭示者也。[1]

华夏民族之文化，历数千载之演进，造极于赵宋之世。后渐衰微，终必复振。譬诸冬季之树木，虽已凋落，而本根未死，阳春气暖，萌芽日长，及至盛夏，枝叶扶疏，亭亭如车盖，又可庇荫百十人矣。[2]

周文中作为音乐家，显然与许多深受西方价值观念和意识形态影响的——无论是"东欧还是北美"——具有民族主义或世界主义倾向的中国艺术家截然不同；而他尽管并未像某些"新儒家"学者那样摇旗呐喊于复兴国故，但始终不能忘怀的仍然是中国文化及音乐艺术的复兴与更化。故而，作为其创作与社会活动结晶的音乐思想是其最宝贵的精神财富，对于未来的中国新音乐具有最重要的文化价值。从某种意义上说，作为音乐思想家的周文中甚至比作为作曲家的他更为重要（尤其从王光祈以来的 20 世纪中国音乐思想史的发展路径来看更是如此）。周氏的音乐思想从本质上看，其实是作为中国音乐传统核心的"儒家—士人"音乐观在 20 世纪特殊的语境中的曲折延续。[3] 例如，在音乐的本质问题上，周文中一直坚持着原始儒学的"礼乐"观念或者说"载道"思想：

以中国音乐为例：儒家的经典《乐记》认为：声，是音乐之"象"，或者说，声音，是音乐的实体；旋律与节奏都是声的"装饰"或表现。因此，为了知道音，则必须审思声，为了知道乐，则必须审思音。又说音乐中的伟大之处，并非艺术性的完美，而在于其获得了"德"，……换言

---

[1]　陈寅恪：《冯友兰〈中国哲学史〉上册审查报告》，《金明馆丛稿二编》，生活·读书·新知三联书店，2001 年，第 284—285 页。

[2]　陈寅恪：《邓广铭〈宋史职官志考证〉序》，同前引，第 277 页。

[3]　与王光祈相似，周氏音乐思想的基石是儒家的"礼乐合一观"，非常重视音乐的文化传承功用与音乐家的社会责任担当；而他在创作技法和审美意趣上流露出的道家与禅宗的意蕴，既是对深受这二者影响的自庄子至东坡的文人艺术遗产的继承，也是为了有效地平衡和抵御西方音乐的典型思维、技法和音响表现形态而采用的策略。

之,强调的是单个音及其自然德行或力量,即单个音的本性。因此,音乐是声音,声音是"有生命的物体"。①

而这种基于原始儒学的"声/音"观念,实际上成为了他不同于西方的核心音乐语汇与作曲技法的生成点:

《乐记》是记载儒家音乐观念的早期经典之一。里面说:"审声以知音,审音以知乐。"也就是说"一个人必须研究'声'(sound)才能懂得'音'(tones),懂得'音'才能了解'乐'(music)"。更说"不知声者不可与言音,不知音者不可与言乐"。因此,以单个音而言,若我们能擅用它的音声特质并创造出意义,这个音,不仅是这首乐曲整体的部分,它本身便是一个独具意义的音乐单位。我们常常以诗化的、神秘的语言形容东方的这种音乐观,实际上,这样的音乐观念却是东方音乐表达的基本观念。②

以此为基础,周文中构筑了一个基于从技术到文化、从经验到哲学、从内涵到外延的音乐体系。站在这种中国音乐的固有立场上,他强调东亚和亚洲音乐的整体性,③强烈反对基于西方文化立场中的猎奇性地或殖民地化地对待亚洲音乐资源,④进而主张在亚洲和东亚作曲家的高度文化自觉与自信的基础上推动东、西方音乐的融合与汇流,⑤从而造成一种音乐上的大同之世,而周氏理想中的"文人"(实为"士人")则像儒家文化中的圣贤一样推动并构筑着这种和谐共处的局面:

---

① 周文中:《东与西,古与今》,《文集》,第 13 页。
② 周文中:《单音作为音乐意义单元:以结构的观点看音的偏移属性》,《文集》,第 18 页。
③ 周文中:《亚洲美学与世界音乐》,《文集》,第 103—114 页。
④ 周文中:《亚洲观念与 20 世纪西方作曲家》,《文集》,第 28—46 页。
⑤ 周文中:《音乐的新主流》,《音乐艺术》1989 年第 1 期,第 36—38 页;《走向声音的再融合》,《文集》第 3—11 页;《什么是"当今的亚洲音乐"》,《文集》,第 155—164 页。

早在一千年前的中国，人文主义者和艺术家这两者是合而为一的，也就是"文人"或"文德之人"。文人既是学者、科学家、政治家，也是艺术家，兼备各种艺术才华包括书法和诗词，还有音乐和绘画。但是，文人艺术家的最终追求超越这些学科范畴，艺术大师或学者被认为是圣贤。……简而言之在中国，艺术家和学者被认为是社会的良知与文化传统的传递者。

为了全球时代的崛起，我们可能需要综合欧洲文艺复兴时期的人文主义者和艺术家，与古老中国的艺术圣贤。最起码，我们需要能够超越自身利益且愿意献身于社会与文化的艺术家。……我们需要能够在社会、经济、政治，并且在创造与美学方面确实独立的作曲家。[①]

就 19 世纪以来，尤其是 20 世纪上半叶的西方音乐发展历程来看，作曲家的职业显然与文艺复兴以来的"知识分子"的传统结合在了一起；而作为士人精神和文人技艺与美学传承者的周文中，则强烈地希望前者与作曲家身份融合在一起。这不能不说是周文中对于中国音乐思想史的卓越贡献。然而，在冷战结束后，资本主义市场急剧扩张、全球化甚嚣尘上的当今世界，周文中提出的"融合"与"汇流"的终极理想其实正在遭遇前所未有的困境。在"文明的冲突"取代意识形态的对立成为世界主要矛盾、在他的祖国正面临西化大举入侵的深重文化危机的关头，这种建立在儒家固有观念之上的"美美与共、天下大同"的音乐理想是显得那样脆弱而无力！这个青年时代在阅读梁启超著作时和全班同学泣不成声的人，而今又在为中国文化传统所面临的险境"独怆然而涕下"。

周文中是"全球化"（无论是经济上的还是文化艺术上的）的坚定反对者，他意识到"以艺术内容来说，中国现代音乐创作与其他已经进入国际现代音乐多年的亚洲国家相比之下，还是免不了有一个普遍的弊病，那就是未能走出模仿他

---

① 周文中：《百川汇流的黎明时代，音乐的未来何在？》，李雅贞译，《文集》，第 193—194 页。

人的局限。"①他提倡以"中庸"之道处理社会、经济与文化的关系,但越来越痛心在"全球化"的文化霸权与偏见、歧视之下,受其影响的中国作曲家越来越不了解中华文化、完全失去了本位意识。② 他极力希望以士人的理想主义精神感召华人作曲家向着汇流的理想之境奋斗,但也意识到大多数中国音乐家既缺乏对自身传统的深入了解与深厚感情,也忽视了对西方文化精髓的学习。③ 所谓"知我者谓我心忧,不知我者谓我何求",周文中的忧患意识正如中原板荡之际南渡士人的中流击楫、勠力王室之心,折射出这位文化遗民的高洁志向。④

5. 结　　语

自屈原、贾生以来,中国古代伟大士人的生涯中总是含着一点悲剧性,周文中也不例外。与当代中国现实的隔离,对于作为士传统继承人的他是最大的遗憾——这犹如朱舜水远避东夷,虽然将春秋大义播撒在他乡,却无法对祖国的现实发生应有的影响。尽管周文中的音乐、活动与思想都忠实于中国传统文化与士人精神,并且通过深入地理解西方文化的内涵,吸收了其形式上的精华,但对于 20 世纪后半叶中国现状的隔膜仍然是他的理想付诸实现的主要障碍。尽管他在 1976 年后积极为祖国的音乐事业服务,但相比于朱践耳等生活在大陆的老一辈作曲家,我们无法在他的音乐中感受到现实中国浓烈的苦难与高度戏剧化的起落,也无法发现那些重大历史事件所留下的印迹与回响;而对于许多始终置身于现实中国的同代作曲家来说,他们又直到老年才得以不受限制地了解西方和回归传统。直至今日,还没有出现一位将传统、西学与当下完美融合而又真正属于当代中国的作曲家。这三者何时才能在中国作曲家的创作与观念中实现贯通,进而使伟大的传统重新焕发出生机,实现与西方音乐的汇流?

---

① 周文中:《音乐的"商业化"与"全球化"》,《文集》,第 197 页。
② 周文中:《全球化与中华文艺》,《文集》,第 204—215 页。
③ 周文中:《华人作曲家何去何从?》,《文集》,第 238—248 页。
④ 参见周凯模:《关于跨世纪的音乐讨论:周文中教授的忧虑和期待》,《中国音乐》1998 年第 2 期,第 13—15 页。

而正面临题材贫乏和失语困境的中国学院派音乐何时才能发出周文中所一直呼唤的自信的声音？士人精神与文脉何时才能真正扎根于全球化背景之下的中国音乐中？这正是周文中留给 21 世纪年轻一代中国作曲家的严肃而迫切的问题。

本文原载于《音乐与表演》(《南京艺术学院学报》)2015 年第 3 期

周文中给我的启发

沈　叶

　　我想写下周文中先生的音乐和思想给我的启发。但如何开头我犯了难，我想的内容既多又零碎。2024 年 11 月我见到梁雷，我说我还没找到文章的调子。到了 12 月，这一季的博士课上，肖鑫州、李懿德、袁媛等优秀的青年作曲家和我一起分享了音乐作品和思想。其中，我介绍给苏悦一篇武满彻的访谈①，又唤起我的回忆——像武满彻一样，我先是一个爱听音乐的人，再成为一个爱玩、爱写音乐的人。少年时代听周文中的音乐，带给我很多火花，和一些让我一直回味的种子。不如在这里谈谈周文中先生给我的灵感激发，我也借这个机会和你一起探讨两个问题。后面的文字里，我都用不带称谓的全名称呼周文中和所有我敬仰的艺术家们。

　　我谈的第一个问题，关于感知敏感度的提高，和感知的转化。

　　我接触到周文中的作品，《柳色新》是第一首。一种听感和触感之间，低沉的震颤，给我的印象直到今天仍然很深。此外还有一个深入的印象，是音乐中突

<hr />

①　布鲁斯·达菲（Bruce Duffie），作曲家武满彻与达菲的访谈，1990 年 3 月 6 日，文字记录在 https://www.bruceduffie.com/takemitsu.html。访问日期 2025 年 1 月 20 日。

然的迸发,像天地间孤悬着大的问号。后一方面,演奏者要有品味,对音乐中质量和气息的转换有品味,才弹得好。而前一点,那种特别的震颤,如果有合适的契机每个人都能体会到。一台好琴,一个安静的环境里你细细听,每一个左手低音的小九度的震颤都不一样。第 4 小节的 $^{\sharp}A^1$—B^2 是比较密和短的颤,如果弹得强,就颤稍久一点。第 14 小节最低的 $^{\sharp}A$—B^1,颤动慢到数得出来,一秒三四次,很久。此处不像声音,像一种未知的东西让耳朵里一下下发胀。我把《柳色新》左手的小九度都改成纯八度,震颤消失了。把所有左手小九度都提高十五度,震颤也消失了。回到原来的低音区,把小九度挤成小二度,有了,震颤不止一层,慢的快的,叠在一起,比小九度更稠密。再换作小七度,它在相同的音区比大七度消失得更快……

十五岁的我不知道什么是"拍音"。得亏如此,弹《柳色新》,我像在经历一场魔术。和朋友们讨论后,我又有三个发现:一,这类细节很多人也能有笼统的感知,但听不真,不能把震颤从声响中单独分辨出来;二,人只要听到第一次,之后就容易再听到,循着我上面的描述去比较着听,就更容易发现;三,介乎于能感受到但听不真之间的细节,从下意识影响着人们的感觉。音乐家可以利用这最后一点,实现艺术的表达。

《柳色新》给了我一颗种子,我得到这三个发现。前两个有关感知敏感度的提高,第三个事关感知的转化。随着时间推移,我获得更多的案例和经验:所有真正的艺术家都有提升敏感度的本领,比如把活的牛看成行走的骨架牛。也有转化这种敏感,让欣赏者也感受到的能力,比如骨架牛转化成抽象的动态牛。艺术家组合各种手段,把隐约的、下意识中的细节转化,甚至夸张成为表达的一种"写意",一种塑造。离原形近一点的转化,就好比马远《华灯侍宴》中隐接云天的山,萨金特(Sargent)《哈默斯利太太》[①]领口上的透明蕾丝,画家其实并没有描绘那个"形",他们创造一种方法来固定住光线在气和物上的质感。观者的综合意识被艺术手段调动,观看到了画布上并不实存的东西。这就是我前面第三点

---

① 马远,"华灯侍宴图",约 1198—1201 年,立轴绢本设色。John Singer Sargent, *Mrs. Hugh Hammersley*, 1892 年,布面油画。

所说的,对听众的下意识着手。请不要误会这是细枝末节的功夫,因为转化的具体手段往往奠定作品的风格基调。

　　音乐中离原形近一点的转化,例如柏辽兹《幻想交响曲》中,微微不同的那一个"脚步"——第四乐章一开头,和着定音鼓的低音提琴分奏和弦拨弦。g 小三和弦的音高是次要的,而主要的因素:音区(极低音高的密集排列),力度(比按拍持续的定音鼓弱很多的大提琴和低音提琴),音色质地(拨弦然后止音这种演奏法),甚至群体拨奏不可避免的极细微的发声时间差,这些构成这个"沙沙的"音响质地。按此处的艺术目的,其实换别的音高也无妨,只要有上述的要素。因为绝大多数人听不真切到底有几个音,是什么音。之所以是这几个而不是别的音,可能是因为柏辽兹的"积习"——与调性一致,这是时代留给他的痕迹。

　　离原形稍远一点,梅西安的附加共鸣,音高也只是其中一维。比如《鸟的苏醒》数字 15 处,歌鸫的鸣叫,那里音色选用和力度分配更关键。二提琴和中提琴充当人造出的泛音,演奏力度要和同时小号、单簧管频谱里的真泛音一样弱,这样就重造了整体。我信服杨立青的评语:"是强制性改造,作曲家自主的选择。"[1]运用离原形稍远的转化,重在分清——这并不是模拟自然,并不求"像"。梅西安自己也说:"纯粹想象的效果,将它视为与自然共鸣现象关系非常遥远的类似效果。"[2]

　　我听一个乐音中包含的泛音,有一个时间差方法:抢在强的基频还没充分发挥能量时,捉住那些极快迸发的短的高频闪光;以及,等着这些强的频率衰退下来,在余音里抓紧去捕捉那些长而弱的频率。就好比看极光,用不对焦的眼角先捉住它,再把视焦移过去。那些较弱的泛音,由于我倾注了注意力,我知觉当中它们仿佛有一个渐强——逐渐显现,再消退的过程。但是自然振动中,强频与弱频的交叉淡变很罕见,大多数情况下弱频并没有物理上的渐

---

① 杨立青:《管弦乐配器教程》,上海音乐出版社,2012 年,第 1307 页。
② 奥利维亚·梅西安原著:《我的音乐语言技巧》,连宪升译,第 101 页,Alphonse Leduc 公司,1992 年中文版。

强。很多对声音敏锐的音乐家,囿于先入为主的声学原理和频域色谱图上的视觉直观——物理上看不到,就不太注意这种"强频退减,弱泛音渐强"的听觉生理—心理现象。

由此我发展出了更抽象的转化。我把几十个弦乐长音声部安排在七个八度的广大空间里,它们各自独立的奏法和力度变化又会产生更多明显的泛音和复音。庞大音群中的渐进和突变,有时像群鸟或群鱼一致的方向,有时又像极光一样方向四射。一些音融入低音的泛音列整体结构,另一些音又从掩蔽中浮现,形成束带,岛屿,放射光。头一次我在《旅行者的梦》(2006)的第二乐章中部至乐章末尾做了这个。你有没有看过周文中编的瓦雷兹"新乐器和新音乐"那篇讲稿? 瓦雷兹的话:"声音如光的探照灯,声音平面以不同速度和夹角移动,整个是一个整体,如大河奔流……"①这段文字对我来说也是一颗种子。那是 1996年冬天,大学入学考试之后我读到的。

2009 年我和陈晓勇在他汉堡家中交谈,"上方泛音的渐强",他居然也是这样听的。但他转化出的音乐织体,与我完全不同。《旅行者的梦》的极光和弦是漫天遍野的,而陈晓勇《不可见的风景》(1998)中的浮现是空灵的,这引起我的兴趣,我写了文章学习这个作品。这次学习给了我一个经验:一个少见的启迪,例如一种聆听和想象,也很可能"击中"不止一个人。因此我不在意这个灵感的来源与他人相同还是不同,来自他人还是来自自然。只要是一个真正的音乐家,从任何来源生发的创造都能意义独具。一旦有"不必当第一"的想法,我觉得创造的自由就不得了。2014 年,我录下并分析吴巍演奏笙的频谱,头一次观察到物理上一个声音持续状态中"不同分音的交替隐显",突然的和渐变的,都能受考究的演奏来控制。这个观察激发我,把音色中的细节,转化用到和音的构成上。我用"手指踏板"的记谱和气息压力要求,控制三十七簧笙的多音和音里面

---

① 埃德加·瓦雷兹:《音响的解放》,周文中编注、焦侃译:《音乐学习与研究》(天津音乐学院学报曾用刊名),1996 年第 1 期,第 18 页。或见 Edgard Varèse, *The Liberation of Sound*, pp.17 - 22, in C. Cox and D. Warner (ed.), *Audio Culture: Readings in Modern Music*, Revised Edition, 2017 Bloomsbury Publishing.

每个成分音的独立。这就有了《铎》(2015)。然后，是2018年《小提琴协奏曲》中的极光和弦，2019年《合唱套曲》"走在海上"中缓慢变化上升的和弦。"极光"和"和弦"是代称，并不描绘极光或者改造一个欧洲传统意义上的和弦。这是一个塑造。

回到《柳色新》里的震颤，那就是周文中有意的音响塑造，音高是诱发的条件之一。听者有没有因此联想到古琴？见仁见智，那是听的人自己的事情。

以上是我和你探讨的第一个问题。有一些值得被听见的东西，作曲家的工作是让它们呈现出来，让它们被听到。把听不见转化为听见，是作曲家的天赋，也是他的责任。作曲家很可能接受了自然的启发，他人的启发，然后明白自己的工作职责。《柳色新》给了我一颗启发的种子。周文中传递瓦雷兹的话，"声音的投射和形状"，又是一颗种子。还有一些影响我的思想也来自周文中自己的文章。比如上面提到的，我"听声音的成分，和塑造一整块声音的内部运动"有关的，是他的"音的偏移"。

为了说明思想之间的关系，我需要列出我想探讨的第二个问题：关于选择中的舍弃。

周文中谈《易经》和阴阳对他变调概念的形成，体现了选择中的舍弃。阴阳和《易经》包含了多个朝代人们各种庞杂的思想。周文中舍弃其中与命运、吉凶等等相关的内容，专注于"循环、变化、进展"的抽象规律①。他的认识让我有共鸣。艺术家面对无限，第一件事情就是找寻和建立自己的艺术规则。曾经我写文章分析齐尔品音乐语汇上的"有所不取"，周文中和他同样，有所舍，才有所选。再举例来说，十二平均律中所有十二音都包含且不重复地构成序列，有4亿

---

① 参见三篇文章，1. 周文中：《音乐创作与中华文化——我的学习、研究、创作的过程和原则》，第6页关于变调式(variable mode)的演变成形，《中央音乐学院学报》2006年第1期，第3—14页；2. 周文中：《亚洲观念与20世纪西方作曲家》，班丽霞译，第40—41页关于《易经》的认识。集合在梁雷主编、洛秦副主编：《汇流——周文中音乐文集》，上海音乐学院出版社，2013年，第28—46页；3. 黎昭纲：《周文中的音乐——引言》，周文正译，第261页关于变调体系的特点及它与《易经》的关联，出版出处同第2篇，第259—264页。

7千9百万零1千6百种可能。如果运用近似周文中《霞光》(2007)的九音和弦规则，即选十二音中的九个，且九个音之中必须包含至少一组增三和弦，可能性就小于前数的百万分之0.5，只有220种可能。再进一步，运用黎昭纲（Eric C. Lai）揭示的周文中"填白"方法①，就是独一个的周氏层级结构，从六音到九音到十二音，而且层级运动的方法与周文中的音乐世界观结合在一起，形成有意味的音组织。有目的地舍弃，有意味地挑选。我记得2023年末听张巍谈，周文中与卡特等同道在节奏处理上的"和而不同"，当时我也有类似的体会。有所不为，才能有所作为。

周文中舍弃瓦雷兹自己的术语如"音群"（sound-mass）、"变形"（transmutation）等，转而采纳传统的音乐术语如"和弦"（chords）、"转调"（modulation），来强调作品《电离》中音色关系的转换，是传统音高组织逻辑的代替②。这个深思后妥帖的转译，目的在于揭示瓦雷兹的音乐与传统的联系。同时，《电离》一文的音色分类法，也是启发我做研究的种子。从此我延展开去，周文中的分类，是否也适用于另一个不同的作品？如果要对形形色色的作品作音色结构研究，那么音色划分的方法如何构建？2004年我写了《音色分析的前提与分析模型的建立》，也发现音色的分类是一个恢宏的世界，我和所有有志于探寻的人刚刚进入它的边疆。我舍弃周文中的特型性分类，如"响弦鼓类""波浪式发声类"等，转而用多因素的综合为音色定位，类似RGB颜色模型一样。比如"乐音-噪音比例""谐波分布幅度""起振-衰减类型"等的综合与消长。但新的描述有效的同时，缺点也很多，另外有机会我再展开讲。且不管这些，我从周文中的音色分类中"有舍有取"而获得了研究的进展。

有舍有取，还有一个例子。《单音作为音乐的单元》(1970)，是对我很重要

---

① 黎昭纲：《音高控制游戏：周文中晚期音乐中的可变调》，李天然译，第48、53、55—57页，《音乐探索》2024年第2期，第47—57页。

② 周文中：《〈电离〉：音色在作品结构与时间组织中的功能》，王璐译，第68—69页，集合在梁雷主编、洛秦副主编：《汇流——周文中音乐文集》，上海音乐学院出版社，2013年，第68—102页。或见 Chou Wen-chung, *Ionisation: The function of timbre in its formal and temporal organization*. In S. V. Solkema（ed.），*The new worlds of Edgard Varèse — a Symposium*, Institute for Studies in American Music Monographs：Number 11, 1979。

的周文中思想,最先我读到茅于润的摘译①。其中"偏移"是关键,在于这个概念包含的所有那些声音变化和运动;也在于周文中举例了变化的维度和手段。比如唇压导致的音高偏移,比如换指法的音色变化等。这为醉心于声音运动的我提供了思考方法。

周文中不喜欢"偏移"这词但姑且用它。我也不喜欢,因为偏移从语法上预先承认了"稳定的音"为先验,但事实上并不为真。单个的词难以准确,我可以换一组词去定义它。我用"音响的流变""微差化""突变与渐变"来形容。另一个拓展:前述那些变化的手段,能不能系统化,能不能展现它们不同的结构作用? 我在 2015 年的《微差化研究》中探讨这个拓展,并且用于归纳中国 1980 年代以来一些当代音乐佳作的特征。

然后在《声乐中的渐变之美》这篇文章里,我进一步,用"连续体":"现在,某一种连续体成为了基本材料。比如说连续的音高滑动里面,没有办法分离出某个稳定不变的音高,它总在变化中。而且,既然一个连续体,它不是静止的而是运动的,那么它就不可以从时间中抽象出来。比如一个音高连续滑动的基本材料,它的滑动速度一会儿快一会儿慢。滑动加速和减缓的速率也是这个音高连续体本身的主要特征。正如在许多例子中看到的,力度、音高、空间等多个方面的渐变互相影响,综合为一个有特征的立体音响形态。如果把这样一个形态作为作品的基本材料,那么改变它的任何一方面,都可以使它变形。只有用上与时间结合的、多维的动态元素集,才能看清一个声音连续体。"②

由以上思考,我谈了一系列表达的方法。我相信你能从中看到周文中思想的影响。但说回到单音,这个概念我主张弱化。因为它是打包的箱子,本身不提

---

①　周文中:《周文中对单个音的论达》,茅于润摘译,第 84—86 页,《音乐艺术》1985 年第 1 期。全文见周文中:《单音作为音乐意义单元:以结构的观点看音的偏移属性》,林则雄译,出版出处同上页注释②,第 17—27 页。

②　沈叶:《声乐中的渐变之美:中国和其他国家的当代作曲家如何从方言中汲取灵感》(*Die Schönheit des Dazwischen in Vokalmusik: Wie zeitgenössische Komponisten aus China und anderen Ländern sich von lokalen Dialekten anregen lassen*),pp.111 – 112, in M. Sichardt, G. Schröder, C. Rora. (ed.), *Stimmkunst im 21. Jahrhundert*, 2023 Georg Olms Verlag, pp.109 – 123.

供内容。我认为，"单音"被很多周文中同时代的人强调，他们在表达与"多音的时代"，与十二音，与更多音的旧结构，与依靠和只依靠音高的变化构成结构的时代……的反动。单音只是空瓶。所有结构性和系统的方法，还是要从选择和插入什么花束入手。

以上是我和你探讨的第二个问题。舍与取，我也放在看待周文中思想对我的影响上。还有一些思考，各位熟悉周文中著述的研究家已经用文章为我解惑，这里我就到此为止吧。周文中有一个信心："个人的努力能够对主流文化发展产生深刻的影响。"他对我的启发，也是这种影响作用于具体的另一颗心灵的结果。展现这些心灵的关联，我希望能鼓舞到人。无论时代如何变迁，而我们传递鼓舞，由此，我们能对持续和高尚的个人努力抱有恒常的信心，发现共同努力的人，和他们做朋友。

从历史中寻找源泉

——记《周文中中国古代音乐史教学笔记》的形成过程与特点

张伯瑜

2005 年秋季，本人在美国亚特兰大参加了 SEM 会议，其间非常幸运地遇到了周文中先生，之后多次到他在纽约的家中拜访。周先生知道我是从事音乐学研究的人，便给我看了一些他曾在哥伦比亚大学开设"中国音乐史"课程的材料。他跟我说古代音乐史很重要，是理解中国音乐文化的关键。他还跟我商量这些材料能够有些什么价值。我看到这些材料，觉得周先生开设的中国音乐史课程在结构和讲解方式上极为独特。周先生是从概念入手，通过解读不同时期的音乐概念来了解中国音乐史的进程，采用这种方式来学习会比较容易且有趣。为了把这些材料介绍给国内的读者，并记录周先生所开设的这门课，我复印了所有材料（原稿不知是否包含在周先生捐献给星海音乐学院的材料中），回国后经过多年的努力，终于在 2019 年把周先生的材料整理出版。

2023 年 11 月 3—5 日，星海音乐学院举办了"汇流——周文中先生百年诞辰国际研讨会"，本人就《周文中中国古代音乐史教学笔记》的内容及其形成过程进行了介绍，并就该书的特点和价值进行评述。非常令人惊奇的是，会议上有来自美国的一位女士，她跟我说她当时就参加了这门课程，有些材料还是她帮助周先生记录的。时光倒流,星海音乐学院的这个会议又把周先生当时的课程拉了回来,更加凸显对周先生的纪念意义。

一、原始材料

当时周先生给我展示了一堆纸质材料,大部分是手写的或用过去的那种打字机打印的。这些材料大部分用英文所写,个别用中文所写。如果我们把这些材料进行简要分类,可以包含以下几种类型:

1. 有关中国音乐史的各类概念,即一系列与中国音乐史相关的名词和术语。这些概念既包括与中国音乐相关的哲学的和文化的术语,也包括音乐类型、音乐机构、乐调理论、板眼、乐曲名称、乐器、记谱法、乐舞、戏曲、说唱、乐人、中外音乐交流,甚至日本、韩国的古代音乐概念,共计 350 余个,诸如:音、乐、声、气、韵、德、和、希、播、质、章,文、幽、清、浊、八音、曲头、考姆兹、大曲、木卡姆、传奇、房中乐、相和歌、鼓吹署、羯鼓录、减字谱等等。

2. 音乐史年表。年表以中国历史为序,列举了每个时代中在音乐上所发生的重要事项。

3. 课程大纲,即课程所要讲授的内容。

4. 汉字拼音方法,其中包括汉语拼音和威氏拼音(Wade-Giles romanization),并对两种拼音的关系进行了对照,而课程材料所采用的是威妥玛氏拼音。威妥玛-翟理思式拼音,简称威氏拼音法。它是 19 世纪下半叶由英国人威妥玛(Thomas Francis Wade, 1818—1895)等人合编的注音规则。该拼音系统由于是英国人创立的,对于外国人来说,在发音上相对容易,且语音相对准确。中国人受中国汉语拼音系统教育,运用威氏拼音系统有些不习惯。为此,周先生用表格的方式比对了汉语拼音系统与威氏拼音系统的关系。

5. 课程笔记,即课程中所讨论的内容。

6. 中国乐曲名称和英文翻译。如《流水》翻译成 *Flowing Streams*,并指明是古琴乐曲(ch'in);《梅花三弄》翻译成 *Three Variations on Plum Blossoms*,并注明

是古琴(ch'in)和琵琶(p'i-p'a)乐曲;《三六》翻译成 *Three Six*,并注明是丝竹乐(Szu-cho ensemble)。

7. 古琴定弦法和演奏技法符号,并用英文对每一个技法符号进行介绍。如"尸",解释为 thumb inward(大指向内);"㫒"解释为 left finger having stopped string presses against it and releases it(左手按住琴弦,再抬起)。

8. 中国乐器图表,其中包括 97 件常用的乐器,并用英文进行解释。如

hsiao (tung hsiao)	vertical flute
p'i-p'a	short lute

有些表格中还把在日本和韩国共有的乐器标示出日语和韩语的发音。下面的表格只是表格的一部分,其中包括乐器名(Guqin),该乐器的日本名(kin),韩语名(kum),类别(silk,即属于"丝"类),应用(solo, Ya Yue-ceremonial,独奏,雅乐仪式)。后面还有对该乐器的描述,由于版式关系这里不能全部展示出来。

Romanization	Japanese	Korean	8 Timber	Music Played
Gu qin	kin	kum	silk	solo, Ya Yue-cremonial

由于是教学材料,这些材料并非归类记录的,而是混合在一起的,即某一页纸上可能有乐曲名和乐器名,或记录了其他方面的内容。这也是整理过程中的工作之一,即把它们分类别重新组合。

9. 有关某问题的长文,其中包括有关中国音乐起源的文章、乐律问题的文章、中国音乐交流的文章、有关《诗经》的文章、有关声律结构的文章。这些文章相对较长,且比较完整。

10. 学生讨论笔记。这些笔记涉及某些中国音乐的史学问题,如中国古代音乐与周边国家的音乐之间的关系、术语学问题、中国音乐类型问题、雅乐与儒家音乐思想问题、古琴问题、中国音乐的和声问题、即兴问题,等等。

周先生把这些材料交给我体现了他对我的信任。我拿到后对材料进行了分

析,思考怎样能够把它们组成勾勒中国音乐史内容的书籍。其间几次前往纽约跟周先生请教,商量书籍的标题、编撰角度、核心内容等。2006 年 7 月,我的访问期限到了,我把所有材料复印了一份带回了国内。

二、材 料 的 处 理

从美国回国后不久便着手处理带回来的材料。首先是把这些材料输入电脑,建立电子文档。在这个过程中,王先艳、荣英涛等当时在中央音乐学院上学的学生们给予我很大帮助。在此之后,便是把所有的英文材料翻译中文。在翻译过程中,王先艳、荣英涛也做了部分翻译工作。由于英文材料很细碎,有的只有几个字,包括一些术语和概念;也有一些段落化的讨论笔记,还有一些表格。各种类型材料繁杂。其中最长的一篇文章约 7 000 字,是周先生所撰写的,标题为"中国音乐"。这篇长文包括四个部分内容,其一,中国古代音乐思想;其二,古代中国律制和雅乐调式;其三,古代记谱法;其四,中国拼音。其中的部分内容体现了周先生对某些问题的认识。下面是其中的一段译文:

"在五声音阶基础上,有 7 个七声调式。该调式是上文所示的基本调式,被称为黄钟宫,这意味调高是黄钟,宫作为最初的调式。就其音列而言,它类似于 fa 调式(或利底亚调式)。这就是为什么用 f 来代表黄钟,虽然周末和汉初时期有可能是固定在现在音高中的 e 音上(据最近 Chuang Pan-li 的一份研究报告,e 音的频率应该是 325,这几乎和欧洲使用的 e 的音高相同,但根据 Wu Nan-hsüan 所作的另一计算,它的频率应该 332.9,接近在美国使用的 e 音)。"

可见,在周先生的解释中,为了让学生们弄懂中国古代的律制,他采用了与美国所用音高的对比方法,鲜明地体现出了跨文化教学的特点。

在这些材料中,有些是随笔性质的,具有通知和备课的注释作用。如下面一段英文原文:

Minutes, Chinese Music Seminar, February 18, 1983

Professor Chou made corrections in the Minutes from the first session:

Open string——Earth

Harmonics——Heaven

Stopped——Human

Announcement：Professor Chou will be in China and therefore absent on the Fridays before and after Spring break （March 11th and 25th）. For those two sessions, Professor Yin will talk about：

1）musical interaction between China and other cultures historically；from aspect of historical and cultural influences, not specifically musical. This is one of his specialties and he is in the midst of preparing a short lecture on that topic now. Many technical terms in Chinese history and literature will come up, so this means the lecture may be a bit difficult to follow.

这段内容中有上课时间(第一行)，上课开始时首先解释了上一节课的内容(第二、三、四、五行)，还有通知(第六、七、八行)，说：周先生要去中国，课程由阴法鲁先生讲解。之后为讲解的内容(标"1")的段落，即中国音乐与其他国家音乐的互动问题。

三、材料的整理与编撰

根据周先生的材料，我本人首先把这些材料进行了分类，包括了如下八个类别，其中有些类别中又含不同的子类别：

1. 课程教案，其中包括课程大纲、课程说明、课程内容目录。

2. 中国汉语的拼音系统，其中包括中国语言及拼音系统介绍、汉语拼音和威妥玛式拼音法与汉语拼音对照表。

3. 中国历史各时期中的主要音乐事件及代表人物表。此表采用中国历史编年顺序，列举了每个朝代中的重要的音乐事件、人物、音乐类型、书籍等。由于周先生采用威氏拼音方法，个别词汇不知道中文为何，如：Liu Juan, Pak Yon, Song Hyon，在编辑成书时，这些词汇保留了原来的拼音方式。

4. 中国各种音乐术语。在此，本人把各类术语进行分类整合，共划分出如下类别：

（1）中国古代音乐哲学观念术语

（2）中国传统乐律学与乐理术语

（3）板眼与结构术语

（4）乐器名及相关术语

（5）乐舞与乐种术语

（6）歌舞音乐术语

（7）戏曲音乐术语

（8）说唱音乐术语

（9）中外音乐文化交流术语

（10）乐官、乐伎、机构、乐人术语

（11）古代乐曲名称

（12）古代音乐文献和记谱法

以上共计 12 类，从中可以看出周先生在准备这门课时参阅了大量材料，对中国古代音乐史的问题进行了梳理，列举出了中国音乐史中的重要问题。这些术语涵盖面大，基本上包括了中国古代音乐史上较全面的知识点。

5. 几篇比较完整的专题文章。其中包括：

（1）中国音乐起源及乐律问题（即原标题"中国音乐"一文）

（2）历史上中国和外国音乐文化的交流

（3）有关古代第一部诗歌总集《诗经》

（4）声乐旋律结构

这几篇文章相对完整，带有一定的陈述与解释，每一篇可作为独立的文章。

6. 学生们的课堂讨论笔记。这些笔记相对较短，每篇英文字数五六十字。分析这些笔记可以看出课程中所讨论的问题，包括：

（1）中国古代音乐与周边国家的关联

（2）术语学问题

（3）中国音乐类型问题

（4）作曲者与表演者是同一个人吗

（5）雅乐与儒家思想

（6）有关雅乐（日本宫廷音乐）的问题

（7）正声誉大乐

（8）古琴问题

（9）西方学者的研究成果

（10）"气""韵""德"

（11）雅乐与俗乐

（12）中国音乐的和声问题

（13）即兴问题

以上共计 13 篇。

7　为学生们布置的作业。每个材料只有几句话,体现出了当时的授课情况。如:

（1）请为下面的术语标注读音

（2）请列举雅乐中使用的乐器

（3）请列举俗乐中使用（唐宋时期）的乐器

（4）请列举其他音乐类型中使用的或最近出现的乐器

（5）请列举一些打击乐器

8. 有关中国古代音乐书目和中国古代音乐史的英文参考文献。

四、整 理 成 书

按照以上对材料整理的情况,本人对这些材料进行了编排。首先,把各类材料进行了章节安排。对此是按照如下结构进行编排的:上编"课程概览与汉语拼音系统",把"课程教案""拼音系统材料"和"中国历史各时期的主要音乐事件及代表人物"放入了此编中。中编是各类的名词术语。下编是有关中国音乐起源与乐律问题、中外音乐文化交流、《诗经》和"声乐旋律"四篇文章。其中"有关中国音乐起源与乐律问题"一文,原标题为"中国音乐"。该文中还包含了"拼音系统"内容,此部分内容放入了上篇"拼音系统材料"之中,剩余部分保留于此。除了上、中、下三编外,还设有四个附录,主要收入学生笔记、课外作业、中国古代音乐书目和参考文献。至此,书籍的大体结构清晰可见了。

其二,上编和下编内容,以及附录的原材料相对完整,把它们翻译成中文后便可直接引用了。中编中所含的各类术语,由于只有概念和名词,没有具体的内容,为了把此部分内容填写上,本人在胡啸等人的帮助下,参照已经出版的书籍中对这些术语的介绍进行了摘录。这部分采用了条目式的写作方式。如果我们把这部分的文字删除,只保留条目名称,加之上编、下编和四个附录的内容,便是周先生所传材料的原貌。

作为整理者,我本人只是把这些材料进行了翻译、整理和归类工作,而且最主要的工作是组织王先艳、荣英涛、胡啸等人根据现有材料把周先生所有材料进行翻译,并根据周先生材料中所列举的各类名词术语,把它们的内容填写上。由于此部分内容是参照已有的书籍中的相关介绍摘录而成,故此,在中编中的每个名词后标注了内容的来源,其中包括 16 种著述,它们包括:

（1）《中国音乐辞典》（人民音乐出版社,1984 年版）

（2）周青青著《中国民间音乐概论》（人民音乐出版社,2003 年版）

（3）李自浩撰《浅析陈澧〈声律通考〉要旨》（《中国音乐学》2007 年第 4 期,第 14—17 页）

（4）任飞《唐教坊史研究中的祥光问题解析》（《中国音乐学》2012 年第 2 期,第 120—125 页）

（5）《辞海》编辑委员会《辞海》（上海辞书出版社,1986 年版）

（6）俞人豪等著《音乐学基础知识问答》（修订版）（中央音乐学院出版社,2006 年版）

（7）刘再生著《中国古代音乐史简述》（人民音乐出版社,1991 年版）

（8）中国社会科学院语言研究所词典编辑室《现代汉语词典》（第 6 版）（商

务印书馆,2012 年版)

（9）上海艺术研究所、中国戏剧家协会上海分会编《中国戏曲曲艺词典》
（上海辞书出版社,1985 年版）

（10）王耀华等著《中国传统音乐乐谱学》(福建教育出版社,2006 年版)

（11）杜亚雄编著《中国民族基本乐理》(中国文联出版社,1995 年版)

（12）中国戏曲研究院编《中国古典戏曲论著集成》(中国戏剧出版社,1959
年版)

（13）高厚永著《民族器乐概论》(江苏人民出版社,1981 年版)

（14）《中国大百科全书》总编委会编《中国大百科全书·音乐舞蹈卷》(中
国大百科全书出版社,1989 年版)

（15）乐声著《中华乐器大典》(民族出版社,2002 年版)

（16）缪天瑞著《音乐百科词典》(人民音乐出版社,1998 年版)

五、书 籍 特 点

中国出版了多种有关中国古代音乐史的书。杨荫浏先生的《中国古代音乐
史稿》是中国学者写的最有权威的中国古代音乐史专著。该书依年代顺序,按
照每个朝代所发生的音乐事件进行阐述,以古代文献作为参考依据,详细勾画了
中国古代音乐历史的一般概貌,并为中国古代音乐史的撰写奠定了基本的模式。

在之后的发展中,中国学者又相继出版了多部中国古代音乐史书籍。最具
代表性的书有：吴钊、刘东升撰写的《中国音乐史略》(人民音乐出版社,1993)；
金文达的《中国古代音乐史》(人民音乐出版社,1994)；刘再生的《中国古代音乐
史简述》(人民音乐出版社,2006)；郑祖襄的《中国古代音乐史》(高等教育出版
社,2008),等等。这些著作虽各有所长,但基本上采用编年史格式,对中国古代
音乐中所发生的事件进行阐述,其内容包括乐器、乐律、乐调、乐种、乐曲、乐人、
音乐交流等,这种构架奠定了中国音乐史教学的基本模式和内容。

由外国人撰写的有关中国古代音乐史的书籍当属日本学者成果最为丰厚。

岸边成雄著《唐代音乐史研究》（由梁在平、黄志炯翻译成中文，1973 年由中国台湾中华书局出版）、林谦三《隋唐燕乐调研究》（由郭沫若翻译成中文，1956 年由商务印书馆出版）等著作在中外音乐史学研究中有着广泛的影响。日本学者的研究，其主要特点是把中国古代音乐历史事件与丝绸之路沿线国家的音乐材料相结合，探讨音乐的交流历史，具有跨文化的特点。

周先生的这本书则采用了不同的结构方式。该书的结构是基于周先生所开设的课程的模式和逻辑，从中我们可以看出如下特征，也是体现周先生这本书的价值所在：

其一，以"概念"和"术语"入手。在整理过程中，我们把周先生材料中的术语划分成 12 类，它们包含了有关中国音乐史的方方面面，所以，理解了这些术语也就理解了中国古代音乐史中的核心问题。可以想象，在周先生的课上，学生们针对这些术语进行讨论，并在课外进行相关材料的阅读，由此建构对中国音乐史的认识。我们也可以理解，对每一个术语进行讲解与讨论，即可加深对中国古代音乐史中的特殊问题的理解。它们作为中国音乐史中的知识点，可以强化对中国古代音乐历史中的相关问题的认识。

对于史学来说，建构对历史总体框架的认识也很重要。如果单从术语入手可能造成缺乏对历史总体发展脉络的认识。为了解决这一问题，周先生的材料中首先提供了一个中国音乐史发展脉络大纲。在这个大纲中把中国古代音乐史划分成了黄帝、夏、商、周（又含春秋、战国两个时期）、秦、汉、三国、晋、南北朝、隋、唐、五代、宋、元、明、清、中华民国、中华人民共和国等不同时期，每个时期中所发生的事件以简短的概念列举出来。把这个大纲和其中所含概念的内涵搞清楚，中国古代音乐史的总体建构也便掌握其中了。而且每个时期中所列举出的那些特殊的概念表明了每个时期在中国古代音乐史上所发生的重要事件，这样便在术语解读和总体发展纲要之间形成了平衡，从中也可以看出周先生在跨文化中国音乐史教学上所采用的独到的方法。

其二，专题研究。所谓"专题研究"是针对中国音乐史中的某些问题所撰写的专题文章，篇幅在几千字左右，比起其他材料来说，陈述的内容比较完整。专题研究的第一篇《中国音乐起源及乐律问题》主要讨论《论语》《韶乐》，以及五度相生律和三分损益律，并就后来出现的十八律和十二平均律进行了介绍与分析，其中也涉及了二十八调和工尺谱问题。文中所提及的书籍包括《论语》《前汉书》《吕氏春秋》《史记》《国语》《管子》《淮南子》《左传》等，可见其课程在阅读量上以及对中国古代文献的触及上的广度与深度。

专题文章中的第二篇《历史上中国和外国音乐文化交流》、第三篇《我国古代第一部诗歌总集〈诗经〉》标明为阴法鲁先生所作。第四篇《声乐旋律结构》标明为周文中先生所作。这篇文章主要讨论了唱词音声的基本类型和旋律腔格问题，其中包括装饰性旋律腔格（繁腔）、跳腔式腔格，以及腔格之间的关系。

其三，英语表述。众所周知，在中国古代音乐与西方音乐之间存在大量概念不能相互翻译，也就是说，这些概念具有文化的特殊性，只能在中文中得以表达，这也便造成了中英文互译上十分困难，跨文化教学的困难之处便在于中国古代音乐术语的英文翻译。分析周先生的这些教学材料可以发现周先生在翻译上的处理方式。

1）采用拼音系统，即采用威氏拼音系统。

2）增加英语翻译。在拼音之外，周先生采用括号的方式，在括号里加英文翻译，说是翻译，其实是对汉语的解释。解释用词很短，而非长句子的陈述，以便体现出概念的特点。

其四，跨文化视野。分析这些材料可以发现，其中所涉及的领域非常广泛，不仅包含中国音乐史内容，而且包含朝鲜和日本等国的音乐内容。体现出了古代中国与周边国家在音乐交流上的密切关系。

其五，课堂上的师生互动。材料中有一些课堂笔记，记录了课堂上师生间的互动，以及对某些问题的看法。比如有关雅乐问题，笔记上有如下记录：

阴法鲁教授参考了考古学在编钟等方面的新发现后认为，周代雅乐和汉代雅乐不同。

周文中教授认为，有一种倾向认为，雅乐是不变的，但实际上，雅乐也是发展的，雅乐是可变的和吸引人的。

这些记录鲜活地体现出了当时的课堂情况，为我们记录和展现了当时的课堂情况，也体现出了两位教授对中国音乐史学问题的理解和认识。

周先生作为作曲家，不仅为中美音乐交流作出了重要贡献，也培养出了众多的中国作曲家，这些作曲家至今在他们的创作中融汇着中西音乐理念，把中国传统的思想和音乐材料融进西方当代音乐创作的技术表达之中，在中西音乐交流中发挥着重要的作用，成为了世界作曲领域中的独特人群，创立了中西音乐创作中的独特现象。追溯这一思想潮流之来源，与周先生的中国传统音乐思想与认识密不可分，特别是对中国古代音乐思想和技术的迷恋，使其不断探索，努力理解中国古代音乐思想之精髓，古代音乐创作之手段，从历史中寻找源泉，并在当代音乐创作中予以继承与发展。这本《周文中中国古代音乐史教学笔记》便是对这一追求的真实记录。

周先生在离世前看到了这本书。据说当时他视力急剧下降，由秘书给他阅读，他也表达了对此书的认可。希望这本书能够在未来的中国音乐史的跨文化教学中继续发挥它的作用！

从"戈壁系列"看梁雷对周文中世界音乐理念的践行

李鹏程

一、周文中的世界音乐理念

"世界音乐"是周文中先生反复提及的一个词,仅《汇流——周文中音乐文集》一书中,这个词就在五篇文章中被重点强调①,其余的文章或多或少也表达了相统一的音乐理念。早在 1950 年代,他就大胆断言:"在所有音乐支流朝向世界音乐的不可抵御的急流中,亚洲音乐和音乐家正被呼吁发挥重要作用。"②他不断呼吁亚洲作曲家深入了解世界音乐,将其中最富特色的元素转化为自己的创作语汇,进而在世界乐坛形成新主流。

"没有对太平洋两岸及帕米尔高原两边传统的完整知识,根本不值得我们去期待一个所谓的'世界音乐'……"③周文中希望当代音乐家不仅要拥有全球

---

① 这六篇文章分别是《亚洲观念与 20 世纪西方作曲家》《亚洲美学与世界音乐》《什么是"当今的亚洲音乐"?》《音乐的"商业化"与"全球化"?》《全球化与中华文艺》《华人作曲家何去何从?》。
② 周文中:《亚洲美学与世界音乐》,班丽霞译,载梁雷主编、洛秦副主编:《汇流——周文中音乐文集》,上海音乐学院出版社,2013 年,第 103 页。
③ 同②,第 114 页。

化的广阔视野，还要能坚持抵达特定文化遗产的深度，而非浅尝辄止之后在创作中随意"贴标签"。

实现这样的目标需要漫长的积累，教学和创作是主要途径。当有学生问："中国音乐中为什么没有和声概念？"周文中想到了早已融入中国声音版图的蒙古音乐："把这个问题留成作业。和声意味着什么？从欧洲或世界音乐中我们能观察到什么？……蒙古人使用独有的音调发音，被称为呼麦，其中就包含和声问题。"①正是在深入了解中国传统音乐文化之后，周文中清楚不能用西方作曲理论去套用不同民族的音乐现象，而是要通过持续聆听、研究和创作来掌握特定的音乐语汇。

中国的民族乐器及其器乐文化，有很多源于古丝绸之路上的流变，成型的关键期无疑是处于古代中外文化交流鼎盛阶段的唐朝。长期驰骋于草原的唐太宗，被边疆部族尊为"天可汗"。北方和西北游牧民族的乐舞成为唐朝伎乐版图不可或缺的一部分，顺着丝绸之路向东延伸，扎根于日本、朝鲜等地，这种特殊的音乐形态连同文字、信仰、制度一起，构成了东亚文化圈的核心概念。② 在丝绸之路贯穿的欧亚大陆上，交融是永恒的主题。尤其是从未脱离过蒙古人，他们的铁骑曾在欧亚大陆的各个区域来来去去，居无定所的生活方式决定了他们的音乐总是与外族的音乐相碰撞。

周文中清晰地看到了古代文化交融对中国音乐的深远影响："中国北方曾被突厥和通古斯语族的侵略者统治——一场历史性斗争导致唐朝新的中国音乐的产生。后来的那些具有相似性质的斗争对中国音乐状态的影响没有那么强烈，直到与西方音乐的现代冲突——这一冲突发起了又一轮强烈互融的循环。"③换言之，中国现当代音乐面貌，深受这两次相隔了千年的西方与北方音乐

①　周文中编、张伯瑜整理：《跨文化语境中的中国音乐教学——周文中中国古代音乐史教学笔记》，中央音乐学院出版社，2019 年版，第 192 页。
②　[美] 陆威仪：《哈佛中国史》第三卷《唐朝：世界性的帝国》，张晓东、冯世明译，中信出版社，2016 年，第 140 页。
③　周文中：《亚洲美学与世界音乐》，班丽霞译，载梁雷主编、洛秦副主编：《汇流——周文中音乐文集》，上海音乐学院出版社，2013 年，第 104 页。

文化融入所影响。那么,周文中为何如此重视这两次中国与外来音乐的碰撞呢?

出生于 1923 年的周文中,是直接受"新文化运动"塑造的第一代华人。周文中自幼生活过的烟台、青岛和上海,开设了最早的中国近代港口,这使得他很早就对东西方文化的关系有所观察和思考。1920 年代中国音乐的新纪元,是在围绕接受西方现代音乐文化至何种程度的争论中开启的,幼年周文中此时只是旁观者。至 1980 年代针对"新潮音乐"的争论,本质上是在特殊历史时期排斥资本主义文艺之后,重新认识欧美现代音乐和流行音乐的过程。20 世纪最后 20 年是中国现代音乐格局形成的关键阶段,时任哥伦比亚美中艺术交流中心主任的周文中不遗余力地推动中国音乐汇入国际洪流①,这是他形成自己明确的创作理念之后,在历史责任感的推动下作出的贡献。立足当下来看,周文中在此前后的一系列言说与活动,比他的音乐作品产生了更广泛的影响。

胡适在一百年前设想东西哲学互相接触会催生"一种世界的哲学"②,可人们至今仍未见到这种情形。而在音乐领域,汇流的声音景观却在东亚作曲家的手中率先实现了。西方作曲家没有恒心也没有条件做到这一点,普契尼、德彪西、拉威尔、里姆斯基-科萨科夫、凯奇、格拉斯等作曲家只是在东方主义(Orientalism)的框架下,从亚洲音乐这里获取一些皮毛,借此翻新西方音乐史。相比之下,一百年来的东亚音乐家比任何地球上任何非英语地区的人们都要更系统地深入学习西方音乐,少数伟大的音乐家意识到本土音乐文化的再生可能性,以极具创造力的方式将东西方音乐熔为一炉。周文中、武满彻、尹伊桑等东亚作曲家正是在远渡西方掌握了现代作曲技法的精髓后,将血液中的原生音乐文化注入新的作品里,让后世东亚音乐家看到了可能汇聚而成的新主流。

周文中提醒作曲家不要简单地以"拿来主义"的方式对待非西方音乐素材,

---

① 详见拙文:《推动中国当代音乐创作之汇流——周文中与许常惠的音乐贡献》,《音乐文化研究》2021 年第 4 期,第 73—80 页。

② 胡适:《中国哲学史大纲》,民主与建设出版社,2017 年版,第 5 页。

而是"必须考虑到这些音乐的个性与文化传统，考虑到音乐本身所具有的内部特质并非所有特质都能按照西方的既定观念去观察或定义。（这至少应包括对其使用的音调系统、乐器特点或声音性质、表演技巧以及音调与节奏变化的了解……）"①周文中总是讲起1950年代在乐坛崭露头角时的一个故事，一位美国的音乐经理人问他："你不是中国人吗？为何不来点新奇古怪的作为，比如把中国锣扔在舞台地板上！"②对于一位深恶痛绝哗众取宠的作曲家来说，这样的建议近乎侮辱。多年后，周文中以打击乐四重奏《谷应》（*Echoes from the Gorge*，1989）作出了最好的回应。美国音乐家希克在长期演奏并研究了《谷应》之后，认识到在这部作品里，锣的回声提供了另一种故乡："周文中将锣定位于一个元环境，在其中，所有可能的乐器都如在故乡一般自在。"③

　　直至晚年，周文中依然在认真地研习亚洲器乐，并谨慎地谱写了《苍松》（为朝鲜传统乐器而作，2008）和《丝竹苍松》（为中国传统乐器而作，2012），如他所说："我的每部作品都是一个学习的经历，每部作品都是实验性的。我不重复自己。我要研究老祖宗的想法是怎样的，然后翻新。"④作为作曲家，他以成体系的音乐作品和创作理念证明了，通过对传统经典和世界音乐的研习，可以自然汇流成新音乐。作为教育家，他秉承中国文人精神，不遗余力地帮助刚刚踏上创作道路的青年作曲家渡过大洋彼岸，并鼓励每个人独立成长，作为公认的精神领袖，却淡化师门派别。在我看来，周文中最重要的历史贡献，是通过言说和作曲，启迪了处于十字路口的华人作曲家如何处理古今中外音乐资源之间的关系。在年轻一代被周遭光怪陆离的声音所诱惑时，言行一致、一以贯之的周文中明示了最有价值的那条道路。

①　周文中：《亚洲观念与20世纪西方作曲家》，班丽霞译，载梁雷主编、洛秦副主编：《汇流——周文中音乐文集》，上海音乐学院出版社，2013年，第31页。
②　周文中：《华人作曲家何去何从？》，王婷婷译，载梁雷主编、洛秦副主编：《汇流——周文中音乐文集》，上海音乐学院出版社，2013年，第246页。
③　[美]史蒂芬·希克：《回声是带着羽翼的声音——沉思周文中〈谷应〉及其与瓦雷兹〈电离〉的深刻联结，鲁瑶译，《黄钟》2023年第3期。
④　周文中口述历史项目组：《东西音乐合流的实践者（周文中口述历史）》，"第二单元——文化、教育与创作之路的省思"，上海音乐学院出版社，2019年。

二、梁雷的戈壁系列创作

众所周知,周文中在哥伦比亚大学不拘一格降人才,培养出了许多国际知名的作曲家,但继承周先生衣钵并将其音乐理念发扬光大者,却是从未在纽约定居过的忘年交梁雷。两人年龄相差近50岁,并且梁雷是在博士毕业之后才与周文中结识,此后又前往远赴美国西海岸加州大学任教,但时空的距离丝毫没有阻碍两人的艺术探索内在一致。

不像许多作曲家的音乐与故乡有着明显的地域性关联,周文中和梁雷从不将自己与某一个狭义的故乡绑定在一起。在梁雷心里,"家园"无处不在,不仅在世界各地,也在历史记忆中:"我做的每一首作品,都是在召唤故乡,每一个音响都是心目中故乡的声景。"①这一点,在梁雷的戈壁系列创作中获得了最鲜明的体现。持续二十余年的探索历程,梁雷对于蒙古音乐的理解和创造体现出清晰的演变脉络,这一系列的每部作品都是其对蒙古音乐的凝思和实验,最终将古老的音乐语汇真正内化为具有独特修辞效力的作曲方式。

梁雷与民间音乐从最初结缘到成为至亲,得益于多位前辈的引导。20岁进入新英格兰音乐学院时,科根(Robert Cogan)成为了梁雷的导师。这位对美国当代音乐影响巨大的作曲家、音乐理论家长期倡导全球化的音乐(global music),并强调亚洲音乐的潜力:"亚洲音乐的广阔宇宙,从韩国和日本到伊朗和印度,其中大部分仍然几乎完全没有被这里的人们认识:就像'暗物质和暗能量'显然占宇宙的95%。"②至21岁时,梁雷又结识赵如兰、倪秋平等精通中国传统音乐大家,在与他们的长期交流过程中,梁雷逐渐领悟到中国音乐美学的真谛。

1996年本科毕业之际,梁雷随蒙古族音乐学家乌兰杰到内蒙古采风。他听到了呼伦贝尔长调《夜空》,这成为其后一系列创作的种子。这首民歌的歌词大

---

① 梁雷:《用声音照亮故乡》,《人民音乐》2022年第2期,第11页。
② Lawrence Shuster, "Global Musical Possibilities: An Interview with Composer-Theorist Robert Cogan", *Analytical Approaches to World Music* 4, NO. 2(2015): 12.

意是借苍茫暮色抒发对心上人的思恋,旋律是淳朴的宫调式,并未出现五声音阶之外的偏音。旋律核心是第 1 小节出现的大二度加小三度构成的三音列,之后以这个三音列为基础自由模进,一气呵成。

戈壁系列始于大提琴独奏曲《风》(Feng,1998)。乐曲第一声叹息音调,引出了一段自由的长调,基于内蒙古锡林郭勒地区的长调《走马》。起初是强力度倚音 G,向下三度滑奏至本位音 E,力度随之转弱,构成了"叹息动机",之后每次向小跳都会紧跟向下大跳的滑奏,自由延长记号赋予了演奏者散板开篇的讲述语感。为了让大提琴演奏者发出更贴近蒙古长调的声音,谱面上的每个音几乎都被标注了力度记号和弓法(弓法由作品的被题献者和首演者邱枫编订)。最独特的是,乐谱上没有划分小节,只以逗号表明乐句之间的气口。第一个气口之后,是与起始动机相反的向上三度,经历了下行模进后落于作品第一部分主调 B 羽调式的主音。

第二部分直接引用《夜空》,不再有任何滑奏和装饰音,稳定于 G 宫调式,对称的乐句结构与前一部分的散板对比鲜明。《夜空》的两次变奏速度逐渐下降,音区逐渐升高。第一次通过持续低音营造呼麦的效果,第二次在旋律下方拨奏两根空弦加入弹拨乐效果。

26 岁的梁雷以这首小品《风》将蒙古民歌引入自己的音乐世界,接下来几年间持续以"戈壁"为主题进行创作——《戈壁双音》(Gobi Polyphony,二胡与大提琴,2003)、《夜空》(Gobi Canticle,小提琴与大提琴,2005)直至《戈壁赞》(Gobi Gloria,弦乐四重奏,2006)。戈壁(Gobi)一词源自蒙语,这一大片位于地球最北边的荒漠分布在中国的内蒙古、新疆、青海、甘肃和西藏等地,也是丝绸之路的标志性景观。梁雷赞颂戈壁,聚焦于严酷的自然环境中坚持歌唱的生命,而非都市人以旅游的心态对少数绿洲的美好想象。

戈壁系列作品展现了梁雷对蒙古民歌的学习和诠释过程,在北美洲、欧洲和亚洲多次演出期间,形成了不同的乐器组合版本,民歌元素愈加丰富,记录在乐谱上的指示越来越精确,也就无限贴近了蒙古音乐的本质。梁雷通过长期聆听,捕捉到了传统民歌的神韵,依照他一目了然的乐谱,即使是对蒙古音乐一无所知的西洋乐器演奏家,也可以奏出最独具蒙古韵味的音乐。

如果说《风》只是用一把大提琴模拟潮尔的奏法和音色的话,那么《戈壁赞》则是将多重蒙古音乐语汇在弦乐四重奏这个体裁上推向了极致。[①] 这部作品最富有魅力之处,在于让四把提琴学会了以"诺古拉颤音"的方式如影随形地歌唱。乐曲的第一部分旋律是梁雷原创的,大量微分音和甩腔的运用更是还原了民间音乐的本色;第二部分以内蒙古萨满音乐风格为特色,大提琴声部以拍击弦板和"巴托克拨弦"等现代演奏法带来原始气息;第三部分再次变奏起《夜空》,除了借鉴呼麦的持续音响,这里还学习胡琴的"抛弓"来模拟马蹄声。各声部的线条听起来仿佛是四位民歌手即兴合唱,弱音器的运用营造出远近空间的亦真亦幻感,难以想象,这些无处不在的变化竟是精确谱写下来的! 这种独特的声音景观引起了哈佛大学民族音乐学家谢乐美(Kay Kaufman Shelemay)的注意,在她影响广泛的教科书《声景:在变化的世界中探索音乐》[②]中,就以《戈壁赞》作为例证,探讨了特殊的文化身份对梁雷音乐创作的影响。

《戈壁赞》在梁雷的音乐创作版图中当属最贴近传统的一类。与《戈壁赞》同时期创作的弦乐四重奏《色拉西片断》(Serashi Fragments,2005)选择了另一条诠释路径,这与梁雷在早年制作色拉西唱片时秉持的原则一样,不降噪、不粉饰,放大色拉西演奏的独特品质,定格一些粗糙而有力的片段,还以极具现代性的音响重新诠释了锡林郭勒长调《孤独的白驼羔》。音乐学家班丽霞经过细致分析,指出乐曲用后现代解构的手法对蒙古潮尔进行分解:"将头音、下折拖腔、持续音、泛音、上卜甩腔、'诺古拉'颤音等特性因素独立出来,进行抽象化与夸张处理,再经重新组合,构成了 10 个既相对独立又内在联系的片断。"[③]贯穿始终的,是色拉西的拼音对应的唱名动机(sol,la,si)。如此中西结合的音名法则,

---

① 详细分析见何中润:《梁雷弦乐四重奏〈戈壁赞〉音高组织分析》,《中国音乐》2021 年第 6 期,第 159—171 页。

② Kay Kaufman Shelemay:*Soundscapes: Exploring Music in a Changing World*,W. W. Norton & Company,2015.

③ 班丽霞:《别样的保护与传承——梁雷〈色拉西片断〉创作始末与音乐分析》,《黄钟》2008 年第 3 期,第 127 页。

令人想起朱践耳以自己姓名的读音声调作为《第八交响曲"求索"》（1994）的签名动机。

在蒙古音乐的古老回声中求索，梁雷用两首风格迥异的弦乐四重奏掌握了"以乐论乐"的方法，这两种风格融会贯通于《境》（*Verge*，2013，为 18 件弦乐器而作）①。梁雷在这部作品中发展了之前的一些创作手法：一是将儿子的名字"Albert"以持续低音、滑音、叠加等手法藏匿于深层结构，二是在舞台布局和织体写作时让 16 把提琴纵横交织为 8 个弦乐四重奏组，三是大量运用微分音、拍击弦板、滑音、泛音，学习潮尔音乐以密集错位的方式齐奏主旋律的"宽线条"织体（这在秦文琛、叶国辉、陈晓勇等作曲家的乐曲中亦可听到），学习文艺复兴时期英国作曲家塔利斯（Thomas Tallis）主次线条轮转的复调技法。凡此种种技法，被梁雷凝练为四个核心音乐理念，即"一音多声"（one-note polyphony）、"影子"（shadows）、"呼吸"（breathing）、"变化"（transformation），在其近些年的系列作品中获得了充分运用。就这样，从最初的独奏曲，经由重奏曲，铸就了荣获格文美尔作曲大奖（Grawemeyer Award for Music Composition）的大型管弦乐作品《千山万水》（*A Thousand Mountains, A Million Streams*，2017）。

三、原型与抽象兼备的世界音乐诠释之路

在历史潮流中，音乐家在某一个时刻总会不约而同地向一个方向汇聚。在戈壁系列的开山之作《风》写出的 1998 年，梁雷的哈佛大学校友马友友提议建立丝路乐团（Silk Road Ensemble）。这位闻名于古典乐坛的大提琴家开始学习在五声音阶之间上下滑奏，这门绝活儿让他主奏的《卧虎藏龙》（2000）电影配乐获得奥斯卡最佳配乐奖，也让他和丝路乐团的前两张专辑《当陌生人相遇》（*When Strangers Meet*，2001）和《超越地平线》（*Beyond the Horizon*，2005）以鲜明的蒙古音乐色彩令国际乐坛耳目一新，后一张专辑的音乐还被作为 NHK 纪录片

---

① 《境》由纽约爱乐乐团和音乐总监吉尔伯特（Alan Gilbert）委约，2009 年由林德伯格（Magnus Lindberg）指挥首演。

《新丝绸之路》(2005)全部配乐。

　　悠久的蒙古旋律在 21 世纪五花八门的音乐风格中何以延续？梁雷长期思考着这个问题："有的作品基本是'原型'(比如用现成民歌创作)，有的则是原型'叠置'(比如所谓的'拼贴')，有的则偏向'抽象'(比如陈晓勇老师的作品)。同时有原型又有抽象，而且尽量做到极限的比较少。"①。《戈壁赞》与《色拉西片断》分别代表了两种当代诠释方式——让西洋乐器说原始方言，或让现代音响直面传统声音——它们同源、殊途、同归。如果把戈壁系列的所有作品连起来看，实际上是梁雷谱写的一部宏大的作品，以多个篇章记载着梁雷在这条道路上的探索历程，从最初《风》的模仿原型，到《千山万水》的浑然一体。梁雷从中觅得自己独特的声音，在融合中抵达极限，蒙古音乐也获得了从传统至当代的再生长，实现了升华和回归的统一。他出于对蒙古长调的热爱，十年如一日地传播和延续这种音乐形式："欧洲的格里高利圣咏进入教材那么多年，全世界却很少有人知道蒙古长调。东方的格里高利圣咏就在这些音乐里！"②对于梁雷来说，学习蒙古音乐并以此为基础进行再创作是一辈子的事，他还在创作大提琴独奏《内蒙组曲》，每一套都将折射出人生各个阶段的认识和思考。

　　2019 年，乌兰杰在星海音乐学院听见学生们演奏《戈壁赞》时，不禁感叹："这是我的音乐啊！"今年初，我给内蒙古鄂尔多斯的音乐工作者讲座时播放了《戈壁赞》，在场大部分人都认同这是正宗的蒙古音乐，少数人则摇头表示这种音乐不如他们原汁原味的马头琴和长调歌唱。这几位传统音乐的坚定捍卫者也不乐意听秦义琛的音乐，但他们却非常自豪家乡可以走出来这样一位大作曲家。秦文琛是生长于鄂尔多斯的"局内人"，梁雷是赴内蒙古采风的"局外人"，他们都不满足于仅仅模仿原型，而是在将传统语汇转换至另一种音乐形式时，力图让原型与抽象极致融合。后来，一位长期生活在内蒙古的汉族歌手用蒙语唱起了长调，另一位歌手唱"蒙汉调"(亦称"漫瀚调")，这是蒙汉杂居区的艺术产物，旋

---

① 摘自梁雷于 2023 年 11 月 11 日发给笔者的微信记录。
② 梁雷：《章法疏密与意味虚实——谈我创作中的一些感悟与体验》，2022 年 12 月 9 日，武汉音乐学院"新世纪音乐论坛"。

律融合了鄂尔多斯地区短调民歌以及山西和陕西民歌，主要用汉语演唱。于是
我说："你们会学习另一门语言的歌唱方式，也会将另一种音乐语言转化为自己
的语言，从这片土地离开的作曲家也像你们一样，日积月累习得传统语汇之后，
试图将之转化至更多元的音乐风格，传递给世界各地的听众。"近些年来，有很
多出自内蒙古的摇滚乐队和民谣歌手，通过他们，蒙古乐器和传统民歌被越来越
多的人喜爱，这都是当代音乐汇流景观的一部分。这让人想到近日热播的电视
剧《我的阿勒泰》，第四集呈现哈萨克游牧民族踌躇于传统与当代生活之间时，
女主角说："只有一直变化才是不变的。"

在周文中和梁雷的音乐创作中，都存在一条通过长期研习某种其他艺术品
类，从而抵达个性音乐成熟的道路。梁雷曾提醒众人，周文中之所以能够摆脱东
方主义式的标签化创作、摆脱西方现代主义的教条束缚，正是由于其世界主义
（Cosmopolitism）的自我定位："周先生不仅对中国与西方音乐各个历史时期的深
入研究，还有对日本、韩国、印度等音乐文化的学习。从中可以看出他的观点：
现在学习音乐，必须有至少两个的文化坐标，因为我们所处的世界不是只有一个
坐标系，而是多个坐标系。"[1]这两位作曲家最难能可贵之处，在于他们并非一次
性借用传统音乐素材，而是会抱着尊重的态度投入偏远地方音乐当中，所以周文
中坚持十多年做云南民族文化合作计划，梁雷发起组织重录发行《潮尔大师色
拉西纪念专辑》。正是得益于梁雷的不懈追寻，世人才认识到色拉西这位潮尔
大师的独特价值，继而在内蒙古掀起了一阵色拉西和潮尔复兴热潮，当有些人以
此之名进行商业化炒作时，梁雷坚持纯粹地挖掘色拉西的艺术本质。对于作曲
家来说，保护非物质文化遗产的工作过程，可以真正习得一种陌生音乐语汇，只
有掌握了这种"外语"，才能在之后的相关作曲过程中展开平等对话乃至转换成
新的音乐风格。"他共时性地以'主位'的姿态和'客位'的角度研究和考察东西
方音乐及其文化的异同"[2]，洛秦曾如此总结周文中谱写汇流画卷的秘诀。进入

---

① 梁雷：《精神的赠礼——"周文中音乐研究中心"成立致辞》，《音乐艺术》2019年第1期，第7页。
② 洛秦：《论文人作曲家周文中——以"音乐文本田野工作"的方式思考》，《音乐艺术》2019年第1
期，第16页。

"后周文中时代",跨文化作曲形成的音乐汇流已然是这个时代的独特景观。如何继承和发展周先生的精神遗产,如何处理不断消失的人文传统和音乐形态,决定着当下新音乐浪潮的华人作曲家们的未来走向。

　　周文中先生离开这个世界近五年了,他对于华人音乐界的影响却有增无减。越来越多的青年音乐家被周文中留下的回声所激荡,通过各种方式延续着其艺术理念的梁雷,作为新一代的精神领袖将经典声景带入新纪元。接过接力棒的梁雷正走在无限宽广的世界主义音乐道路上,从蒙古高原到北极冰川,千山万水都是其音源。他也和前辈一样体验着走在这条道路上的孤独和逼仄,在人类的耳朵日益丧失对世间万物的敏锐度之时,在人工智能随时会掌控大众的音乐审美之时,少有人还会坚持挖掘各地传统音乐素材的组合潜能。通过诠释经典,通过研习他者,梁雷让世界各地的声音获得了属于我们这个时代的汇流之道。

本文原载于《音乐探索》2025 年第 1 期

未被回答的问题

——纪念周文中先生百年诞辰①

班丽霞

多年来，周文中先生一直倡导东西方文化的汇流，并期冀今日华人作曲家能为"世界音乐"的未来作出贡献。通过对东西方文化的历史考察，周先生认为，无论是中国还是西方，全世界的各种文化都曾有过上升与下降的过程，呈现出波动起伏的历史规律。自 19 世纪中叶以来，悠久的中国文化经历了一百余年的冲突、蜕变与衰颓，如今正处于重新上升的历史关口。而前几个世纪处在世界文化中心的西方，至 20 世纪也已进入一个衰退的历史时期。因此，在今天，无论是东方还是西方，都处在世界范围内的文化复兴大变革中，周先生诗意地将其比作"百川汇流的黎明时代"，并提出一个最简洁的问题："我们准备好了吗？"

为了让海内外更多华人作曲家意识到自己所处的历史坐标，进而明晰自身担负的角色，周文中先生不断以提问或反问的方式启迪我们的思考、唤醒我们的自觉。2023 年 11 月，在纪念周文中先生百年诞辰国际研讨会上，笔者从周先生文集《汇流》②

---

① 本文是由笔者在"汇流——周文中先生百年诞辰国际研讨会"上的发言整理而成，发言板块主题是：再思"华人作曲家何去何从？"，时间：2023 年 11 月 5 日，地点：星海音乐学院。

② 梁雷主编、洛秦副主编：《汇流——周文中音乐文集》，上海音乐学院出版社，2013 年。

与口述历史影像①中梳理出数个"未被回答的问题",这里将结合上下文对这些问题做出阐释与回应。

问题一:什么是今天的华人音乐?

在对华人音乐现状的反思中,周文中先生提出的问题是——"今天的华人音乐是什么呢? 是华人作曲家仿效西方现代音乐的创作吗? 或仅是模仿和复制过去的音乐?"②周先生对中国现代音乐创作既有肯定又有批评:他肯定中国音乐目前已获得可喜的国际声誉,亚洲世界仍和古代一样拥有许多优秀的人才,但认为年轻一代作曲家仍然没有摆脱模仿他人的局限,即概念、技术、风格是西方的,仅仅掺入一些东方演奏技术的音响或地域色彩,无法真正代表中国音乐的未来。笔者由此想到,近年国内作曲领域在各类参赛作品中出现的"同质化"现象,也即贾国平教授所说的"同类型的音乐创作呈现出题材创意、作曲思维、音响风格和创作手法的雷同问题"③,已经引发诸多批评与关注。这一现象与周文中先生担忧的问题是一致的,一味地仿效、模仿、复制必然会导致"同质化",而深层原因则来自青年一代作曲家(或作曲专业学生)大多与自身文化传统疏离甚至割裂,这不得不引发我们的思考。

感慨于华人作曲家在文化修养与道德责任方面,与中国传统社会的"文人"艺术家存在很大差异,周先生问道:"难道今天我们不应该期望真正的华人作曲家保留一些祖先们传下来的中国传统美学,并将自己无私地奉献给社会的文化传承吗?"④针对周先生的问题,我们需要追问的是,当下应该保留哪些中国传统美学? 传承什么样的文化? 是古代的儒释道思想? 还是传统社会文人士子"必修的"琴、诗、书、画? 抑或已成为"非物质文化遗产"的各种传统音乐? 相较于古人,我们所处的时代环境与生活方式已发生天翻地覆的变化,如何才能让这些

---

① 《周文中口述历史——东西音乐合流的实践者:周文中》,周文中口述历史项目组录编,项目主持人:潘世姬,上海音乐学院出版社,2023 年。

② 周文中:《华人作曲家何去何从?》王婷婷译,梁雷主编、洛秦副主编:《汇流——周文中音乐文集》,上海音乐学院出版社,2013 年,第 240 页。

③ 贾国平:《当代音乐语境下作曲家个体性创作建构》,中央音乐学院学术讲座,2024 年 4 月 24 日。

④ 周文中:《华人作曲家何去何从?》王婷婷译,梁雷主编、洛秦副主编:《汇流——周文中音乐文集》,上海音乐学院出版社,2013 年,第 240 页。

几近流逝的传统重焕生机以适应新的时代？

周先生在 1949 年到了纽约之后，大部分时间泡在东亚图书馆，先是学习中国诗词、戏剧、哲学、书法、水墨画，后又研究易经、阴阳和古代乐律等传统文化。并且，周先生并不止于了解和学习，还进一步探究如何以中西文化合流的方式将传统加以现代性的转化。周先生的友人、波士顿指挥家理查·皮特曼（Richard Pittman）在一篇文章中提到，第一次接触周文中的音乐就被其独特的声音所打动，他的音乐没有试图模仿其他任何人，听起来一点不像他的老师埃德加·瓦雷兹，尽管他也采用了西方的音乐语言，却带有中国人独特的感性和不同于西方的时间观念。① 显然，这种独特的感性与时间观念正是周先生专注传统文化的结果，尽管他身处西方的都市与大学，但研读与思考的不断浸润已潜移默化地影响了他的思维、塑造了他的审美。在周先生百年诞辰纪念音乐会上，我们首次听到了他 1956 年完成的管弦乐曲《商调》（世界首演）②，其音色之丰富，气韵之流动，格调之清雅，给现场听众留下深刻印象。这首乐曲比我们熟知的《渔歌》还要早近十年，连同《山水》（1949）、《花落之多少》（1954）等"音乐书法"作品，均说明周先生自创作初期便自觉地探索与实践中国美学，如他曾在《亚洲美学与世界音乐》一文中列出的美学原则：音色与音高互补；语言作为美学的先导；诗-画-乐三位一体；重视精神修养；与宇宙、自然保持和谐等。

那么，在国内当下仍旧偏向西化的教育体制中，对于中国文化的传承与更新如何能够实施与实现？如何指望青年学生能像周先生那样主动阅读与自修，他们的学习动力何在？或者，面对已然固化的教育理念与教学体系，我们如何指望青年学生能在自己身上克服这个时代？我想，正是对这些问题的思虑，周文中先生才多次强调，中国音乐的前途并不在作曲家们，而是在教育家们的肩膀上。③

---

① Richard Pittman, "Snapshot Chou Wen-chung's responsibility to the world", *Polycultural Synthesis in the Music of Chou Wen-chung*, edited by Mary I. Arlin and Mark A. Radice, Routledge, 2018, p.162.

② 2023 年 11 月 3 日，周文中《商调》的完整乐队版在广州星海音乐学院首演，由陈冰指挥，星海音乐学院室内管弦乐团演奏。

③ 周文中：《全球化与中华文艺》，载梁雷主编、洛秦副主编：《汇流——周文中音乐文集》，上海音乐学院出版社，2013 年，第 213 页。

问题二：现代教育缺失了什么？

周文中先生对当代中国的人文教育与音乐教育是满怀疑虑的，1999 年他在《文人与文化》一文中提出："当大学和预科教育舍弃中国艺术、文学、哲学，甚至历史等课程，我们如何期望这个国家有创造力？……如果创造力只停留在仿效他人的层次，如何激发出一个属于现代亚洲或东西方融合的文化？"①周先生甚至借晚唐诗人陈子昂的"念天地之悠悠，独怆然而涕下"的诗句来表达他的忧虑与不安。

转眼 25 年过去，今日中国的音乐教育似乎并无多大改观。作为任教多年的音乐学院教师，笔者总能观察到很多学生对西方现当代流派、技法、名作兴趣盎然、如数家珍，对中国传统音乐则兴味索然，茫然不知来处。在很多教师和学生眼中，前者代表了国际性、现代性与创新性，是他们在这个时代必须了解的音乐，而后者则是过时的、地方的，只在必要时从中借用一点素材而已。20 世纪 80 年代，周先生在哥伦比亚大学开设与亚洲音乐相关的"人文"课程，曾遭到一群资深同事的谴责与毁谤，但他还是毅然坚持开设。与之相反，国内音乐院校几十年如一日地仿效苏联的教学体系，将中国音乐、艺术与文化主动置于边缘。大部分院校都不同程度地存在课程僵化、学科割裂、知识流于浅表等现状。个别院校在作曲专业的研究生招生考试中，中西音乐史考题一直保持 2∶8 的比例，用我们的"行话"就是"中二西八"。在作曲专业的本科教学中，作曲技术理论的必修课依旧以西方古典传统的"四大件"为主，与中国文化、美学相关的课程只有少量的选修课。那么，这一明显失衡的比例设置与课程体系究竟是基于怎样的文化理念？如何才能从根底上改变这一现状？

周先生期望真正的华人作曲家能对中西两种文化有更深入的研究、更深入的尝试。在其口述史中，他也是以一连串的发问来阐发自己的思考的。例如，我们现在有机会学习到西方的成就能够到什么程度？然后再研究我们自己过去的成就能够到什么程度？这两方面的特性在哪里？这两方面是不是完全格格不入？我们现在是不是应该将两个方面联系在一起？②周先生将自己的每一部作

① 周文中：《文人与文化》，李雅贞译，载梁雷主编、洛秦副主编：《汇流——周文中音乐文集》，上海音乐学院出版社，2013 年，第 177 页。
② 《周文中口述历史——东西音乐合流的实践者：周文中》，周文中口述历史项目组录编，项目主持人：潘世姬，上海音乐学院出版社，2023 年。

品都看作是一个学习、尝试的过程。在对"变调"理论的探索实践中，他创造性地以对位观为基础，在巴赫的赋格、现代序列音乐与中国书法、国画、《易经》甚至云南山村的传统合唱之间找到了"共同和弦"，并以阴阳互动的"变调"手法探寻东西音乐文化的共鸣与合流。需要明确的是，周先生并不主张后学仿效他的"变调"手法，因为考察文化遗产，挖掘文化潜力，不是为了仿效或翻新，而是要以现代性的理解将所学所思融入自己的音乐语言中。

问题三：为什么一个人需要他自己的语言？

在或公开或私下的场合，笔者不止一次听到过青年作曲家或作曲学生的辩解，大意是：我们从小到大在城市、学校或国外习得的音乐语言，早已远离中国的文人音乐和各种民间音乐，而西方古典音乐、现代音乐和国际性的流行音乐几乎已成为自己的音乐母语，这些音乐自然而然地塑造了我们的语言风格，因此，遵从自我、本真的创作才是最重要的，何必刻意寻求与中国传统文化的关联，也无需刻意区分什么属于中国，什么属于西方。

周文中先生认为，这是华人音乐长期忽视自身文化传统的必然结果，并犀利地指出这是一种"艺术殖民主义"的体现。周先生问道："有人说一个作曲家只应该按自己的情绪来作曲。如果真是如此，那么他应该用谁的创作语言来表达情绪？"[1]对于如此尖锐的批评，笔者也曾感到疑惑，甚至有所抵触，但北京大学文化学者戴锦华教授曾提出近似的批评，她用"自我殖民化"来表述现代中国在文化上的内在流放，并且言辞更加犀利地指出，"我们以付出前现代的历史作为代价来启动中国的现代历史，相当自觉地交付了此前有历史纵深的悠久的、漫长的历史记忆和历史文化……其结果是它在很大程度上造成了现代中国文化当中非常深刻的和内在的自我无知。"[2]

对于前述在学生中间颇受认同的自我辩解，作曲家秦文琛也曾作出令人深

---

[1] 周文中：《全球化与中华文艺》，载梁雷主编、洛秦副主编：《汇流——周文中音乐文集》，第214页。

[2] 戴锦华：《复得的与复失的：历史与文化记忆》，知乎专栏：https://zhuanlan.zhihu.com/p/579069436，2022年10月31日发布。

思的回应。他认为，创作实际上是一个不断回望传统的过程，虽说使用什么语言是每一位创作者的自由，不应有那么多枷锁，但民间音乐是生长在大地上的艺术，有极强的生命力和极其丰富的音响，既可以作为我们创作中的养料、土壤，也可以是一种参照或者一面镜子。当下音乐创作之所以出现"同质化"的问题，正是因为当下学生确实存在学习路径过于单一和趋同的问题。我们应该用当今的眼光或更广阔的视角重新审视传统。① 看得出，秦文琛教授的这些回应与周文中先生的观点不谋而合，"年轻艺术家的创造力归根到底还是要依赖于自身传统的现代式表达"②。

那么，"为什么一个人需要他自己的语言？那个语言会是什么样的？"③当代中青年作曲家与作曲学生普遍珍视个性自由，对所谓的民族、责任、使命等"大词儿"有本能的抗拒。因为在中国，媒体不断借助这些语汇强化一种民族主义情绪，以便让创作者服从某种文艺导向，有较强独立意识的艺术家一般会避而远之。虽然笔者认同这种个性化的"疏离"态度，但现实存在的悖论是，我们的年轻学生越是推崇个性，写出来的作品就越是风格趋同，这里面的问题既出自"同质化"的教育，也出自并未成熟的个体意识。很多学生对个性或自我缺乏省思，甚至误把惰性、惯性或追赶时尚当作个性。对此，文学家木心先生曾说过两句特别有深意的话，他说：个性是重要的，还要看是什么个性。所以要把"什么样的自己"放在第一项，才进入第二项——找到自己。每个伟大的人物都是同自己抗争的。④

问题四："中华文化"和"文化全球化"的意义是否是对等的？互动的？

问题四是周文中先生 2005 年在讨论关于"全球化"议题时提出的，他开门

---

① 秦文琛在中国传统音乐学会第 22 届年会上的发言，研讨会主题为"创新：中国传统音乐的专业探索"，2022 年 11 月 26 日。详文见"当代乐评"微信公众号，"对话作曲家"系列：当代音乐创作需扎根大地。本文转述的语句顺序有所调整。

② 周文中：《华人作曲家何去何从？》，王婷婷译，载梁雷主编、洛秦副主编：《汇流——周文中音乐文集》，第 243 页。

③ 周文中：《关键词是独立》，蔡良玉译，载梁雷主编、洛秦副主编：《汇流——周文中音乐文集》，第 152 页。

④ 木心：《文学回忆录》（下），第 77 讲，广西师范大学出版社，第 980 页。

见山地将"中华文化"与"文化全球化"做了比较：前者有四千多年的历史，后者是从 20 世纪 90 年代才出现的浪潮，在文化与历史意义上自然是不对等的，但后者的强大势力却对中华文化与世界各文化造成巨大冲击。周先生对"文化全球化"背后的商业驱动持激烈的批判态度，认为其目的在于向全球推销美国商业化的通俗娱乐产品。"文化全球化"常常打着推动全球文化交流的招牌，实则是几乎让所有文化活动都被商业所操纵，东西方文化在当下世界存在严重的不对等性。① 戴锦华教授在谈及勃兴于 90 年代的中国大众文化时，同样直截了当地点出"其所依之本首先也必然是欧美（准确地说是美国）的大众文化，在这一层面上，文化的全球化始终约等于美国化。"②

　　中央音乐学院在 2023 年 10 月举办了第三届"碰撞与交汇"国际学术研讨会，主题是"全球视野下的中国音乐当代研究"。除了"碰撞"与"交汇"，与会者频繁使用的还有"汇流""全球化""跨文化"等词汇。笔者注意到，在很多青年学者的表述中都预设了一个前提，或者说是基于某种乐观的期待，那就是"全球化"会导向文化的多元化，多元化则意味着对西方中心主义的消解，从而为当代中国音乐的发展提供历史机遇。也有不少学者单方面地认为东西方之间的跨文化交流已成事实，"中西融合"俨然已是当代音乐的共性特征，但事实果真如此吗？从所谓的全球视野下，我们在音乐创作领域看到的依旧是由西向东的单向扩散，由东向西的反向流动是微乎其微的。除了少数几位活跃在海外的华人作曲家和国内官方机构组织的国外演出，在国际音乐舞台上依旧鲜闻中国当代音乐的声音。西方当代音乐对亚洲和中国文化的借鉴依旧未能摆脱异国情调、猎奇或东方主义的基调，与周文中先生希冀的文化汇流还相差甚远。显然，国内音乐界对于"文化全球化"背后的权力话语与结构性不平等尚缺乏必要的审思与批判。周先生强调，文化间真正的交流与互动必须以"平等、深入和真诚的方式进行"，"我更关心亚洲的基本音乐观念如何不露锋芒地融入西方当代音乐的主

---

① 周文中：《全球化与中华文艺》，载梁雷主编、洛秦副主编：《汇流——周文中音乐文集》，第204—215 页。

② 戴锦华：《隐形书写：90 年代中国文化研究》，北京大学出版社，2018 年，第 285 页。

流,及如何在东方作曲家手中将此观念转型,重新活跃在其当代风格中。"①

　　问题五:是否应该考虑文人精神的复兴?

　　在对华人音乐与亚洲音乐的未来期许中,周文中先生反复召唤一种新的人文主义精神,它既是对古老中国文人精神的复兴,也是对欧洲文艺复兴时期人文主义精神的复兴。在周先生的心目中,中国古代文人与西方15—16世纪的人文主义者都是超越自身利益得失、主动献身于社会与文化的艺术家,是社会的良知与文化传统的传递者,是在社会、经济、政治和美学方面特立独行的真正勇士。他在《华人作曲家何去何从?》中问道:"今天,追随西方作曲家却未能依靠自身音乐传统做出真正贡献的亚洲作曲家们,或至少是华人作曲家们,是否应该考虑文人精神的复兴呢?"②

　　与西方文化传统中的作曲家身份相比,中国传统意义上的文人"作曲家"在历史、语言、美学与人文精神方面存在巨大差别,我将周先生的对比简要提炼为表1。

表1

作曲家	西　方　传　统	中　国　传　统
社会身份	"天才"/公众认可的作曲家	文人/从未被称为作曲家
社会责任	不担负社会或政治责任	承担社会与道德责任
音乐表达	重视强烈的个人情感	完全超越于个人情感
艺术理论	重视个别艺术形式的材料与结构	强调观念与感知; 受表意文字的影响; 音乐与其他艺术在美学观念上互通; 倾向用哲理和美学阐释自然
当下趋势	与日俱增的自我主义与商品化	文人传统衰落/盲目追随西方

---

① 周文中:《什么是"当今的亚洲音乐"?》,王樱芬译,载梁雷主编、洛秦副主编:《汇流——周文中音乐文集》,第155—164页。

② 周文中:《华人作曲家何去何从?》,王婷婷译,载梁雷主编、洛秦副主编:《汇流——周文中音乐文集》,第241页。

　　周先生期望当代华人作曲家能够通过文人传统的复兴，抵制现代音乐与日俱增的自我主义与商品化趋势。有人可能会质疑，文人阶层是封建等级社会的产物，现代社会或都市文化中还有"文人"吗？又怎么可能延续文人的传统？我的理解是，周先生不仅看重文人艺术家深厚的文化素养与全面的艺术才能，更看重这一群体在承担社会、道德与文化责任方面体现出的"文人精神"，放置在当下，就是一种现代人文精神。唯有复兴这一精神，才能激励当代艺术家、作曲家重新担负起文化传承的责任。然而，在东西方双边或世界多边文化传统中，周先生并不希望我们仅仅以仿效、模仿、追随的方式传承任何一种传统，而是希望通过深入学习和研究，尽可能汲取多种文化传统的精髓，并以独立的、个性化的方式加以创新和转化，最后才能以平等、互动的关系与当代西方作曲家共同实现新的世界音乐的汇流。

　　周文中先生的一生怀着对音乐、对文化、对世界的责任，将大部分精力用于文化研究、实地考察与文化保护等事务，为此牺牲了自己宝贵的作曲时间。尽管留下的音乐作品数量很少，却成就了"文人精神"的现代承续，值得我们后学晚辈景仰和学习。"周文中音乐研究中心"学术委员会主席、华人作曲家梁雷曾将周文中先生赠送给星海音乐学院的三千多册书籍与乐谱称为"精神的赠礼"，在我看来，周先生的音乐、文字、思想与其提出的上述"未被回答的问题"更是一份厚重的赠礼。也如梁雷所说："对给予我们精神厚礼的老师，我们必须用精神来回报。"①

本文原载于《人民音乐》2024 年第 8 期

---

　　① 　梁雷：《精神的赠礼——"周文中音乐研究中心"成立致辞》，《音乐艺术》2019 年第 1 期，第 6—8 页。

答周文中先生
"华人作曲家何去何从"之问
——兼及中国当代音乐创作现状分析与未来发展的思考

贾国平

　　"华人作曲家何去何从"是周文中先生多年来一直牵萦于心的问题,早在2008年他便以此为题撰写了一篇具有深刻洞见的文章。2023年11月,班丽霞教授又从周先生的文集《汇流》与口述历史影像中梳理出数个"未被回答的问题",并于"汇流——周文中先生百年诞辰国际学术研讨会"上进行发言。

　　时隔十数载,周先生之问为何被一提再提? 恰恰因为,这些问题在当下的语境中仍旧存在。特别是中国当代音乐的创作现状与未来发展,也是我个人多年来所持续思考的问题挂怀之事,并一直坚持通过作曲教学、创作实践,以及创办面向青年作曲家的作曲比赛、组建室内乐团、开设乐评培训班等多项具体举措,试图探索与促进中国当代音乐良性生态圈的建构。因而今日,承接周文中先生心系之忧,借托班丽霞教授提炼之问,聚焦于当下客观现状,来探讨华人作曲家,尤其是中国作曲家该何去何从。

　　问题一:什么是今天华人的音乐? 是仿效西方现代音乐的创作,还是模仿、复制中国过去的音乐? 如果都不是,那么华人作曲家的最终角色是什么?

　　周先生实际上在设问中已经做出了回答，当今华人作曲家既不能仿效西方音乐创作，也不能模仿和复制中国过去的音乐，应延续并转化中国传统文化，承担时代使命，推进社会的未来发展。班丽霞教授将这一话题放置于当下的语境中，并进一步追问："当下应该保留哪些中国传统美学？传承什么样的文化？相较于古人，我们所处的时代环境与生活方式已发生天翻地覆的变化，如何才能让这些几近流逝的传统重焕生机以适应新的时代？"这一追问的背后隐含着当代作曲家与自身文化传统疏离，甚至割裂的现实生活有关。但若要进一步探究，必须回望中国近现代音乐的百年史，知其何所来。

　　首先，西方音乐对中国音乐的冲击与影响是不可否认的，一方面是西方文化的强势入境，另一方面是国人对西方文化的主动认可。"五四"时期，瞿秋白、陈独秀等中国文人曾倡导"废除汉字""中国文字拉丁化"等主张。在彼时语境中，知识分子对自身文化的强烈批判是可理解的。而且，西方文化确实促进了传统中国的彻底革新与现代化转型。对中国音乐发展来说更是如此，中国过去有"乐工""乐官"，但现代意义上的"作曲家"概念是近百年间受西方音乐文化影响才产生的。

　　然而，至晚从 20 世纪 30 年代起，中国作曲家已经意识到不能一味模仿西方音乐。这一点也缘于齐尔品在 1934 年来到中国，举办"征求中国风味的钢琴曲"比赛。但实际上，刘天华在 20 世纪 20 年代已借助西方作曲技法创作出了极具中国韵味的音乐，如《月夜》（1924）、《空山鸟语》（1928）等，至今仍是不可替代的二胡经典曲目。

　　20 世纪 80 年代改革开放初期，西方音乐对我国带来第二次冲击。此时，又有一位外国人来到中国，即 1980 年英国剑桥大学亚历山大·葛尔教授（Alexander Goehr, 1932—2024）①来华讲学。他为当时中央音乐学院的师生开

---

① 亚历山大·葛尔是英国剑桥大学荣休教授。他是战后英国作曲家群体"曼彻斯特学派"的关键人物之一。1955—1956 年，他在巴黎参加了奥利维耶·梅西安（Olivier Messiaen）的大师班。此后，他担任英国广播公司（BBC）的制作人和播音员，并担任音乐戏剧团体的总监。1971 年，他被任命为利兹大学（Leeds University）的音乐教授，随后在 1976 年被任命为剑桥大学的该学科的教授。参见 https://www.mus.cam.ac.uk/directory/alexander-goehr。访问日期：2024 年 10 月 4 日。

设了为期近一个月的十次专题讲座,精炼而系统地介绍了西方现代音乐的发展历程,从德彪西、勋伯格、梅西安,到布列兹、施托克豪森等。数次专题讲座并非西方现代音乐作曲技术全面而系统的完整训练,但让当时仍是青年学子的作曲家们窥探到西方现代音乐的观念,令他们大受启发而从传统写作的桎梏中获得解放。

因此,在基于中国传统文化价值的再度回归与西方现代人文思潮涌入的双重语境下,催生出"新潮音乐"作曲家群体的创作。如当时正值大三的谭盾、叶小纲、郭文景等作曲家,葛尔的讲学直接促使他们的创作风格发生了重大转变。而后,他们八仙过海、各显神通,各自寻找自己的出路。这其实是一种身份意识的觉醒,不只是老一辈的民族国家身份意识,更是寻找一种作为现代人的个人身份意识。

如今21世纪已过去四分之一,中国音乐创作是多样化、多元化的。据不完全统计,从1949至1981年间,中国新创作的交响曲、管弦乐曲至少已有400余部。而今曲目量增长定然不止两倍。但值得反思的是,音乐创作之量变是否带来了质变?是否真正实现了风格的"多样性"呢?我个人对此是存疑的。因为缺乏群体与个体的"性"质特征。比如"新潮作曲家",他们具有群体性的积极形象,同时每个人也具有强烈的个体性特征。与之相比,当下青年作曲家的群体性形象与个体性特征还未真正产生。

至于"华人作曲家的最终角色是什么?"这是一个随时处于流变的角色定位问题,而非一劳永逸的定点问题。其次,华人作曲家群体实际上仰赖于音乐创作领域的每一位从业者,也需要每一位作曲家去回答其独属于其个人的社会定位。然后由一代又一代作曲家,根据不同的时代语境来探寻锚点,不断构建出每一代作曲家的角色形象。

问题二:什么是我们的文化根源?我们需要传承什么样的文化?当国内的大学舍弃中国艺术、文学、哲学,甚至历史等课程,如何期望这个国家的文化有创造力?如果创造力只停留在仿效他人的层次,如何激发出一个属于现代亚洲或东西方融合的文化？

　　周先生这一连串提问是极其激烈的批判。纵观国内音乐教育课程，在本科教育阶段依旧以西方古典音乐的"四大件"为主，甚至也有西方现代音乐的分析教学。但对于中国音乐方面，尽管有民歌、曲艺等传统音乐课程，但仅是个案类型的教学，缺乏体系性的、系统性的方法论课程。如今为何大量提出构建中国知识体系、中国话语体系、中国学科体系等号召，恰恰是因为在这一方面的缺失，具体到每一位作曲家的自我语言构建同样如此。

　　所以无论是从国家层面、还是从个体层面，上述问题如今已到了不得不反思的境地。但文化传承不是简单回到传统、回归过去，而是要依托历史的连续性向前迈进、重塑传统。只有将中国现代化的历史经验中正面的、积极的、建设性和创造性的价值被当代人表达出来，才能够真正确立中华民族文化的当代意义。正如乔建中先生所言："文化艺术领域的创新，绝不是一般意义上的除旧立新、推倒重来。而是一种有传接、有存留、有革新、有创造，彼此繁复交织、曲折迂回并逐步趋近的人文积累。"[①]

　　但另一方面，在反思之余，也不能全然否定。至少在几代中国作曲家的音乐创作中，文化传承是一种普遍性的自觉意识，而且是在传承延续中不断追求创新的。比如古琴音乐文化，古琴不仅是一件乐器，还在文物和美学上具有独特的价值，使其具有了多重意义，其中包含历史的、文化的、社会阶层的、审美的，甚至中国哲学思想等不同方面的内涵，成为了中国文化中的重要组成部分，由此承载了中国文化的符号意义。那么，已经成为符号化的古琴音乐怎样能够体现出继承与创新的双重含义？特别是古琴音乐所具有的独特声音本质如何表现出当代的审美意识？须是一方面受到中国传统文化的影响，体现出继承性；另一方面，也需要融入现代人的思维方式和审美需求，在传统的基础上进行发展与创新。

　　以古琴曲《梅花三弄》为例，王建中先生于 1973 年将这首古琴曲移植到钢琴，然后配以和声伴奏，特别是泛音主题配以琶音跑动式的织体形态，这是中西

---

　　① 乔建中：《传古与创新——当代筝乐刍议》，《音乐艺术》2014 年第 4 期，第 17 页。

结合的一次尝试。在 20 世纪的语境中,这类创作一定是具有创新性的,其意义在于为钢琴音乐增添了中国音乐文献,以钢琴为媒介传播中国文化。但这类作品现在很少被钢琴家们演奏传播,因为对于西乐演奏家而言,即使终生不弹、不奏中国风格曲目,也有海量的西方经典作品可供选择。但长此以往,西方器乐演奏家传承的则永远只是西方古典音乐。难道他们在中国存在的意义仅此而已?我们可以回望传统,曾经从域外传入中国的很多乐器,如琵琶——经历千百年的发展已然成为地道的中国民族乐器,反观今日从事西乐之人士,怀抱中国化之信念与理想来做出独特文化贡献者能有几人? 因此,中国文化的传承与重构,并非仅仅是作曲家们的责任,也有赖于各个音乐专业的合力与全部音乐群体人的协作。

陈其钢在 20 世纪 90 年代创作的《逝去的时光》(1995—1996)中再次运用《梅花三弄》主题作曲,但其处理方式与王建中完全不同。他在音乐的发展方式上聚焦于主题动机的重复展现,音乐语言体现了情感炽烈的浪漫主义式风格,与大众化音乐的审美特征更近了,离古琴音乐的精神本质却更远了。1998 年,我在德国听到这部作品时,已经意识到中国作曲家无法再延续这条道路。尽管有那么多经典的中国音乐主题旋律素材,但这种引用模式已走到顶峰,再重复此模式就会形成格式化创作风格的套路。

在这一点上,回望周文中先生的《渔歌》(Yü Ko, 1965)同样也是对古琴文化进行传承创新,他将这部作品自谦为"编曲",但实际上意义重大。周先生严格依照传统古琴音乐的原型,通过西方乐器模拟古琴发声法的音响特征来写作,生成非西方式的现代音乐语言、塑造出富于韵味的新音响风格。而且,这部作品对后来众多中国作曲家都产生了深远影响,甚至周先生可能都并没有意识到这部作品的历史价值有多么深远。或许由于时代语境的认知不同,他此后并未延续这一创作思维。但这部作品对于至少从周龙到 20 世纪 60 年代后一代,包括我个人,都极具启发意义。

比如,周龙在《琴曲》(1982)中结合了周文中《渔歌》的创作观念,从音色与演奏法角度入手来营造出古琴的韵味。同时又"借题"发挥,以引申发展的手法来写作。但与周文中先生的做法又有所不同，他并未保持全曲统一的音乐风格，而是有所转折。尤其是第二段，又折回至抒情性的歌唱风格。但在 20 世纪 80 年代的音乐语境中，这无疑也是具有创新意义的。

在对古琴音乐的应用上，罗忠镕先生于 20 世纪 90 年代创作《琴韵》（1993），比任何一位年轻作曲家都要更加前卫。他将 7 个片段化的古琴音乐与五声性十二音构成的音乐语言相结合；古琴与西洋乐器两种音色反差对峙，表现了作曲家期望创作出融合性音乐的意图。其实我第一次通过录音聆听某欧洲乐团演奏的这首作品时仍有疑惑，直到后来现场听了中国国家交响乐团演奏之后才真正理解。所以，表演诠释相较作品而言，其重要性同样不可小觑。

这些前人的作品都令我有所反思和启发，促使了《清调》（1998）的产生。我主要利用磁带录音，引用了《广陵散》的片段，然后用管弦乐与之对话。在这部作品中，我在思考如何以新的方式利用古琴音乐元素来创作出一种从美学神韵上更加接近古琴音乐思想，同时又具备现代性新音乐品质的作品，这是此作希望努力达到的境界。

而在当代青年作曲家群体中，古琴音乐的传承创新也在继续前行。比如获得 2017 中央音乐学院第三届民族音乐节暨"学院杯"民乐作品评选独奏组第一名孙兆余的作品《丝路随想》（2017），以古曲指法演奏形式为基础，特殊演奏法为点缀，尝试突破传统旋律音调，并依据重复原则，将各个"音乐元素细胞"材料延伸发展、变换组合构成全曲，希望作出承古出新的声音。此外，获得 2014 高等音乐艺术院校民乐（古琴重奏）作品比赛二等奖李晨瑶的作品《空城引》（2014）中，采用古琴多音快速扫拂、滚拂，多弦同徽大幅度滑音等技巧，以及拍弦、捂弦刮奏等噪音发声法，探索古琴"非传统"音色及演奏技法的同时，试图在古琴与琵琶二者之间产生彼此呼应又相互统一的音响效果，以此达到对作品整体音乐的发展及推动。再有，获得上海音乐学院主办的 2016 中国钢琴音乐经典百年回顾——优秀钢琴新作品征集与评选比赛二等奖（一等奖空缺）李尚谦的钢琴独奏曲《玉簟凉》（2016），从音高到音响风格特征都受到古琴音乐的影响。借助现代钢琴音乐的写作技术与表达手段谱出具有浓郁中国风格韵味的音乐，正是这部作品的核心观念。

　　上述这些作品例证表明在中国作曲家的创作实践中，"文化传承"意识是自觉、主动的选择，也是普遍具备的特征。无论是国内或海外的老、中、青作曲家，一直在某种程度上寻找母体文化。尽管传统文化在高校现行的教育中尚有不尽如人意的问题，但在中国作曲家群体个人创作实践领域中却一直在前行。作曲家们不是用言语或文章来表达，而是用作品来说话。

　　问题三：有人说一个作曲家只应该按自己的情绪来作曲。如果真是如此，那么他应该用谁的音乐语言来表达情绪？为什么一个人需要他自己的语言？这个语言会是什么样的？

　　前文谈及文化构建时已提及，作曲家的自我语言同样需要构建。周文中先生的接连追问迫使我们进一步反思，班丽霞教授也对此补充道："如果一个当代作曲家辩解说，他从小到大能够在学校、城市、国外习得的音乐语言，早已远离中国的文人音乐、民间音乐，而是更亲近西方古典、现代音乐，这自然而然地塑造了自身的语言风格，无论古今中西，只要能表达内在的情感的音乐就是真诚的音乐，我们该如何反思这一个观点与现状？"

　　上文所描述的，是当下青年作曲家的普遍现象。若欲回答周先生以及班老师的追问，仍要回溯历史，探寻这些现象何以出现。如前所述，中国近百年的历史，正是西方文化强势"侵入"并加速中国现代化转型的历史。这样的社会生活环境——特别是城市生活，以及我们所接受的音乐教育，使每个身处其中的个体被不断刻画、塑造为普世化的"现代人"，自然会被同化、并主动认同这种现代文化价值与生活习俗。

　　这种影响是潜移默化、积年累月的，在音乐领域更是如此。如董维松老教授前不久在访谈中的反思："从理论上来说，现今中国的音乐教育还存在着'西化'的倾向，是因为中国的专业音乐教育是从上海音乐学院'上海音专'开始的，一百年来学的都是西方音乐，大家都是这么学的。我也是那么学过来的，脑子里对传统音乐有感情，但学的都是西方音乐。群众音乐也一样，一说音乐都是西方的。我们学的也是西方音乐体系，四大件加上乐理、视唱练耳……"①

可见，"西化"现象在现代中国语境中是一直存在的。历史造就了当代年轻人对西方文化的天然认同，这一点不置可否。但至少，当代青年作曲家存在两个方面的问题需要警醒。一方面，当下青年作曲家从技术手段到乐谱形态高度聚焦抽象形式化的现代音乐写作，很多作品缺少对社会现实的感知，缺乏文化指向、缺少情感关联，既造成"审丑"疲劳的结果，也造成作曲家自身陷入个体身份意识模糊的焦虑。尽管作为技术学习无可厚非，然而，在进行艺术作品的创作时，这样的创作观念与艺术思想需要进行深刻反思与彻底转变。另一方面，也需要避免把"坚持以人民为中心"的观念作为一种掩饰作曲家原创性、艺术性缺失的借口，写作毫无新意、毫无美感，貌似优美的陈词滥调，却似虚情假意的慷慨激昂。此外，更需要警惕有个别作品几乎是以西方历史音响与风格的重新组合编写来冒充原创，这种创作倾向不仅仅是创作思想观念的缺失，更是音乐语言与作曲技术方面彻头彻尾的山寨产品。

因此，从自我语言构建的角度，我们需要清醒而独立的自我认识与反思。对于这一问题，周文中先生实际上也已作出了回答："作曲家无论在哪种社会生存，一定要千方百计寻求建立自己的语言，要在对多种文化、首先是对母语文化进行深入研究的基础上确立自己不同于他者的语言。这是基于两个重要的原因：一是别人的语言难以表达自己独立的精神；二，从更深的层次讲，有你自己的语言，别人才愿意、才可能与你平等对话，你也才可能真正确立自己音乐的价值及其地位。"②诚然，青年作曲家的认知被塑造并禁锢，这不是文化使然，而是社会环境与历史语境使然。但身为创作者，必须具有清醒的自我意识，才能构建出真正独属于自我的个人语言。

---

① 校史与博物部：《教授访谈∣董维松：发出中国声音，音乐为人民服务》，微信"中国音乐学院图书馆"公众号，2024 年 6 月 6 日。

② 周凯模：《关于跨世纪的音乐讨论——周文中教授的忧虑和期待》，《中国音乐》1998 年第 2 期，第 14—15 页。

问题四：在全球化与多元化的今天，东西方文化是否是平等的、互动的？是否达到了文化间真正的交流？

这一问题是周文中先生在 2005 年谈及"全球化"议题时所提出的。对此，班丽霞教授补充阐述道："周先生特别强调，东西方文化在当下世界存在失衡与不对等性，而文化间真正的交流与互动必须以'平等、深入和真诚的方式进行'，有史以来东西方文化还没有达到过真正的'知己知彼'。"

如其所言，东西方文化的平等交流与互鉴必须建立在双方一致认同的文化普遍性标准，以及公认的文化价值标准之上。如今近二十年已经过去，周先生所期待的平等对话、全球化互动到来了吗？并未实现。真正的"全球化"和"文化多元"的前提，是所有人都认同一种普遍秩序、普遍法律，在囊括全球的政治、权力和法律的框架内作为"世界公民"生活。但是，当下的"全球化"和"多元化"依然是基于西方资本主义国家的经济、政治和文化现实，按照西方世界的法权和法律来制定规则的跨社会、跨文化活动。因此客观来说，目前西方知识分子普遍拒绝承认非西方社会制度和文化本应具有的独立价值观。

诚然，西方文化的强势属性是由客观的历史发展与内生的民族性格等因素所塑造，也不全然是负面意义。如田飞龙在《超越文明冲突论，文明对话是对西方与世界的道德救赎》一文中阐述："西方文明在现代世界最伟大的成就是解放了'个人'，激活并焕发了个性解放与资本创造性的巨大生产力，以及以个体自由与人权为内核的巨大价值穿透力，由此带来西方凌驾全球的道德和制度权威。"①其言并不旨在批评，而是一种客观描述，不能简单地以民粹精神来批评西方文化的强势姿态。

比如在音乐领域，西方经历了古典、浪漫、现代、后现代等不同时期的革新，这是西方社会发展的一种缩影。无论在音乐或文化上，他们自有一套组织系统、观念体系、机构网络、政策生态等。对于每一代、每一位作曲家来说同样如此，他们各自拥有独立自主的观念思维、语言体系，并经历了一代又一代的语言范式

---

① 田飞龙：《超越文明冲突论，文明对话是对西方与世界的道德救赎》，微信"观察者网"公众号，2024 年 6 月 10 日。

革新。

反观国内，且不论创作层面，仅在音乐学理论专业的学者、师生中，将中国当代作曲家纳入视野中的研究也是量少力微，更多都是关于西方作曲家，缺乏对国内现实的关注。但另一方面，将某位作曲家作为学术研究对象，确实需要其具有深刻的美学观念、完善的技术体系，同时具备一定的作品上演率、广泛的传播力度等等，总之要有其学术价值。国内作曲家在这些方面确实不足，尤其是美学观念层面的匮乏。如果我们自身都不具备完善的观念、技术、语言风格体系，缺乏自主自觉的精神独立性，谈何平等对话？老一代作曲家的使命已经完成，希望只能寄托于未来的青年作曲家。

现实固然残酷，但也未必全然晦暗。美国杨百翰大学艺术与传媒学院前任院长、音乐学院作曲教授斯蒂芬·琼斯（Stephen Jones）近年来一直以中国作曲家作为自身的研究课题，他曾采访过 160 多位中国作曲家与音乐家，2018 年我在杨百翰大学艺术与传媒学院进行学术交流期间，曾对他做了访谈。他说通过研究中国作曲家，他重拾信心开始回归作曲，并在 2019 年携带他的新作《在太阳光辉之下》（*Above the Brightness of the Sun*）来到中国演出，并获得现场观众赞誉。可见，中国的作曲经验同样可以反向输出。再如哈佛大学的克里斯托弗·哈斯蒂（Christopher Hasty）教授曾说："我认为，通过聆听和思考过去 40 年间的中国新音乐，可以使我们获得一条反观西方音乐文化局限性的途径。这种'局限性'，源自欧洲现代主义者对历史或传统的恐惧。……我目力所及的中国作曲家，都延续了艺术一体的古老传统。通过这种方式，音乐始终与绘画、书法和诗歌紧密相连。音乐通常反映着一种既有的影像或叙事。我认为，这是一种奇妙的天赋，这种天赋在欧洲遗失已久，在北美甚至从未出现过。相比之下，西方音乐与其姊妹艺术的隔阂已构成一种巨大的局限。"①以上这些都是来自两位外国作曲家与理论家总结出来的，那么中国的学者在哪里？这些理论化的提升是我们当下必须要去做的事情。如果没有形成理论体系、独特性没有被提炼，这些经

---

① ［美］克里斯托弗·哈斯蒂：《对中国新音乐于西方作曲家之启示的断想》，张萌译，《人民音乐》2018 年第 9 期，第 90、92 页。

验就会被遗忘。即便汇流的时代到来，我们也无从发声、无言可说。这一点需要中国作曲家、传统音乐学者、当代音乐学者共同合力构建，才能期待真正的全球化、平等对话的理想实现。

　　问题五：追随西方作曲家却未能依靠自身的音乐传统作出真正贡献的华人作曲家们，是否应该考虑到文人精神的复兴呢？

　　所谓"文人精神的复兴"是周文中先生对中国未来音乐发展的期许，但什么是"文人精神"？"文人"是中国传统文化中的独特存在。这个群体是否转变成了如今的"知识分子"群体？并非如此。"文人"更准确来说是具有风骨气节的"文人士大夫"群体。如果没有风骨气节的独立精神，"知识分子"只是"知道分子"而已。诚如周文中先生所言："非西方世界现在需要的不是多一些或优秀一点的训练有素的艺术家，而是需要独立有勇气的艺术家：奉献、无私、真挚、诚实和勇气与独立自主。"①可见，"训练有素"仅仅只是工匠标准而已。许多音乐高校的作曲博士入学考试，要求 6 个小时创作出 30 个小节的管弦乐。我常常惊叹这些年轻创作者的写作速度，但仅有技术是完全不够的，还需要思想、观念与精神。

　　周先生的期许实际上还涉及了诸多复杂的现实因素，更观照着其核心问题"华人作曲家何去何从"，尤其是中国当代音乐创作的未来发展路径。关于这一点，如今有许多创作倡议，"寻根探源、赓续文脉；兼收并蓄、博采众长；去粗取精、去伪存真；百花齐放、推陈出新"。广泛的青年创作群体可能很难真正接纳这些话语，因为无法对接到个人的实践层面、观念层面，无法与个体产生真正的共鸣。但这些话看似空泛，实则字字箴言。问题是如何理解这些话语背后的理念？如何落实到个体的创作实践？这包含着两个维度层次的构建问题，一是创作观念层面的文化主体性建构，二是作曲家创作实践层面的个体性建构。

---

　　① 周凯模：《关于跨世纪的音乐讨论——周文中教授的忧虑和期待》，《中国音乐》1998 年第 2 期，第 15 页。

一、创作观念层面的文化主体性建构

所谓"主体性"的建构涉及诸多方面，如今的中国话语体系、知识体系、学科体系建构等都是对主体性的建构。而"文化主体性"的核心并不旨在"文化"，而是创造文化的"人"，涉及不同群体、不同专业者、不同个体等。文化主体性是人在文化实践过程中表现出来的自觉性、自主性、能动性和创造性，是创作者在艺术作品中其思想形塑、精神凝聚、文化创造

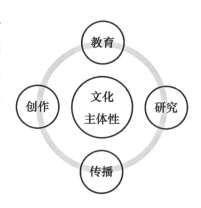

层面的反映，它来自创作者对自身民族的主体认同，对民族文化的价值认同。"文化主体性"的建构需要从事文化活动的各行各业共同合力才能达成，纵观国内，至少在"教育、研究、创作、传播"四个方面是有所欠缺、亟须完善的。

首先是教育和研究方面的主体性建构。如前文所述，目前音乐高校课程设置中有完善的"四大件"作曲技术理论课程体系，但相关中国音乐创作的体系性课程呢？个别音乐学者认为，中国音乐因其乐种繁杂、流派众多，并不像西方音乐那般具备体系性。确实如此，但"中国音乐"是一个大概念，其子概念是否具有体系性呢？古琴音乐是否具有体系性？潮州筝乐是否具有体系性？小区域一定具有独属于自身的内在体系性。"中国音乐"的主体性构建是艰巨的，但正如新中国成立初期所认定的 56 个民族，并不是天然存在的，而是从 400 多个民族中选定出的。我们目前要做的，是把这些小区域的音乐体系性构建出来，再去寻找它们之间的共同点，一步步构建宏观的中国音乐体系。

另一方面，即便是如今的"四大件"课程，我们也是远远滞后的。比如"和声学"到现在仍然使用着斯波索宾的教材，有不能平行五度、平行八度等教条规

范,而且剔除了风格、剔除了与作品的关联、剔除了创作语境等。更何况"四大件"课程如此精细分化,甚至独立出四个专业方向,这种学科定位是有问题的。如果无法融会贯通,如何学会真正的音乐创作? 作曲专业的教学仅是沧海一粟而已,"西方音乐史""中国音乐史"课程同样如此。尤其是在国内语境下,当代作曲家既受中国文化传统影响,又有西方音乐技术的基底,如果研究者不兼具多方文化知识储备,何以研究中国当代音乐?

其次是传播方面的主体性建构,主要涉及表演的问题。首先是国内绝大多数的音乐剧院与交响乐团每年在其音乐季中所上演的曲目一直以来多以西方音乐作品为主。作为人类优秀文化的传承与传播似乎无可厚非。但是,中国本土作曲家的作品如果仅仅作为一种"应景式"的策划安排上演,当代中国音乐文化如何建构? 中国传统音乐文化如何复兴? 当中国音乐创作如果无法占据中国本土传播与表演的"主战场",我们所期待突破"高原"产生"高峰"作品的愿望只能沦为空谈与无望。这个现状问题的产生根源还是在于我们西化的音乐教育所形成的审美观念。当我们从事音乐的工作者在自我潜意识里深深扎入一种以西方经典音乐为尊、为美的审美标准之时,我们这些人就成为这个时代阻碍中国文化主体性建构的绊脚石。

其次是以西方音乐审美观念为标准,对民族器乐表演人才培养的教学、乐队形制构建与民族器乐音乐创作观念也带来了深刻的影响。民族器乐在表现力与演奏技艺方面得以极大地拓展的同时,也失去了很多属于中国传统民族器乐本土地域多样化、独特性的音乐风格韵味,而这恰恰是造成当代民族器乐表演与创作趋于高度同质化与雷同化的重要原因。1987 年我刚从山西来到中央音乐学院时,听到学院里的唢呐演奏十分诧异,因为民间唢呐的声音是非常透亮的音色。而学院派民乐的教学却是以音阶为基础,追求音准、音高。这些都是对民族器乐的改革,有其益处以及历史意义,但同时也剔除了民乐的个性与独特性,实则是对民乐音色的"阉割"。中国民族器乐的未来发展需要我们音乐人对此彻底反思。

究其根源,这些问题都源自文化主体性的缺失,没有真正认同自我的文化,缺少文化自信。什么是文化自信？民乐走出国门就自信了吗？事实并不如此，文化自信是发自内心对自我文化的珍惜。所以，必须要从教育、研究、传播等方面建立主体性，才能期待下一代作曲家的音乐创作从量变转化为质变。而后，优秀的作品被演奏、被传播，被评论、被研究，再回流纳入教育中，形成一个良性循环的生态体系。这需要我们每个人在观念上具有文化自觉意识，方能构建具有文化主体性的业态系统。

二、作曲家创作实践层面的个体性建构

从宏观的文化主体性意识落实到每一位作曲家的个体创作行为中，也同样需要四个维度的构建，分别是个人的观念意识、语言风格、技术体系与结构思维。作曲群体中有许多人被技术捆绑，唯技术论高低。但任何技术的产生都是出自某种观念意识，没有任何一部音乐作品可以脱离创作者的精神观念。所以，作为作曲家，首先要建立的就是清晰的

自我观念意识，所谓"立意"。其次将在这种观念基础上，寻找独属于自己的音乐语言风格。比如梅西安寻找到特殊的"鸟语"、调式模式、节奏模式等，构建出他个人的音响特色。再次，语言风格需要技术体系的支撑，比如周文中以易经八卦为基础构建出"变调式"的作曲技法。最后，要有个人的独特结构思维，将所有这些素材进行组织安排，从而实现其观念与立意的完整表达。如果这四个方面没有完整的构建，一个人是很难成为具有独特风格、具有个体性的作曲家。这需要大量有意识的练习与实践。

当然，中国并不缺乏具有清晰观念意识的作曲家，比如"太极作曲""五行作曲"等，这些都是具有创新性的。但问题是技法体系与观念意识，是否与其语言风格相匹配？基于十二平均律的音高体系、西方风格的音乐语言，是否能够与之

观念意识初衷相兼容？因此,从观念、语言、到技术、结构,每一环都需要清晰、精准地衔接对应,才能形成一整套完备的体系构建。

结　　语

21 世纪已经过去四分之一,华人作曲家该何去何从。诚如周文中先生所言:"21 世纪的新纪元意味着作曲家们将不一味寻求西方世界的肯定或成就,他们将自省 21 世纪自己对全球音乐主流有何贡献,他们要求自己对自身文化与西方文化以及全人类文化,同样都要努力去做透彻的了解。非西方社会的停止捕捉西方脚步的殖民思想,努力朝着既不属于东方也不属于西方、但实际上却兼收并蓄超越二者,创造出真正属于世界、属于人类的音乐新纪元。"①

这些话语其实不仅仅是指华人作曲家,任何一个国家的作曲家同样如此。即便是一位美国作曲家,也不可能纯粹按照欧洲作曲方式来创作,他们也在寻求独立性。那么,我们真正要追求的是什么? 在此借以张旭东在《全球化时代的文化认同——西方普遍主义话语的历史反思》所言:"如果当代中国能够为人类提供一种普遍的价值理论和价值实践,那么这种东西肯定不是唯中国人独有、独享的东西,而是一种能够被所有人接受、吸收的东西;也就是说,它必定是同现代性条件相匹配、但同时又能超越它的社会局限性的东西。"②

我们要与西方对话,而不是排斥西方,是在全球化的语境下向他们学习,同时也要创造出具有中国性特征的艺术作品,然后才能与之平等对话,共同为人类文明的进步贡献力量。最后,再次借用周文中先生的话语作为期许:"关

---

① 周凯模:《关于跨世纪的音乐讨论——周文中教授的忧虑和期待》,《中国音乐》1998 年第 2 期,第 15 页。
② 张旭东:《全球化时代的文化认同——西方普遍主义话语的历史反思》,上海人民出版社,2021 年。

键词是独立：独立于西方文化；独立于自己的文化；独立于陈规陋习；还要自由于社会的、政治的和专业的压力。这是需要勇气的。艺术家是捍卫人文的真正勇士。"

本文根据贾国平教授 2024 年 6 月 13 日在星海音乐学院"周文中讲坛"（第九期）

演讲整理而成

本文原载于《音乐探索》2025 年第 1 期

附　录

周文中音乐研究中心大事记
2016—2024

2016 年：

11 月 19 日，时任星海音乐学院副院长蔡乔中与周文中先生于美国纽约家中第一次见面。

11 月 22 日，受时任星海音乐学院院长唐永葆委托，蔡乔中与周文中先生签订《周文中藏书捐赠、运送与保护使用实施方案》和《周文中研究中心设立及运行方案》两份协议，周文中先生正式将其全部藏书捐赠给星海音乐学院。

2017 年：

周文中先生第一批藏书 2 000 余套运抵星海音乐学院。

2018 年：

周文中先生第二批藏书 800 余套运抵星海音乐学院。

10 月，周文中先生成为《人民音乐》封面人物。

11 月 28 日，星海音乐学院周文中音乐研究中心正式成立。"周文中藏书馆"全部布置完毕,馆内收藏了周文中先生捐赠的近3 000套图书与音响资料。

11月28—29日,星海音乐学院召开"周文中音乐研究中心成立仪式暨国际学术研讨会",邀请国内外四十多位知名专家学者,举办了四场学术研讨活动和两场作品音乐会。活动参加人数近千人次。

"周文中藏书捐赠星海音乐学院"被《音乐周报》选为"2018年十大音乐新闻"之一。

2019年:

6月17—19日,"周文中讲坛"第一期举办,邀请上海音乐学院贾达群教授为讲坛学者,举办主题讲座、作曲大师班等多场学术活动,"周文中音乐研究中心"学术委员会主席梁雷主持,活动近500人参加。

9月2日,"周文中音乐研究中心"受周文中先生亲自授权成立官方宣传平台,发布第一篇微信公众号推文《周文中音乐研究中心介绍》。

11月11—12日,星海音乐学院周文中音乐研究中心举办第二期"周文中讲坛",本次活动共举办三场讲座与一场作曲大师班,分别邀请了蒙古族音乐学家乌兰杰·扎木苏、潮尔演奏家布林·巴雅尔、马头琴演奏家陈·巴雅尔三位蒙古族音乐的灵魂人物,梁雷主持。讲座主题分别为《色拉西的琴——色拉西的歌——色拉西的话》《寻找色拉西》。

2019年"周文中音乐研究中心"公众号共发布推文18篇,介绍周先生作品、对他的研究,"周文中讲坛"活动内容,以及关于他的追悼。

2020年:

2020年"周文中音乐研究中心"共发布推文7篇,包括周先生传记、履历,以及对他的研究。

《星海音乐学院学报》开设"周文中研究专栏"。

2021年:

10月15日,周文中音乐研究中心举办第三期"周文中讲坛"第一场活动,开展《传统音乐创作探讨：謦师杜焕史无前例的自创南音中篇史诗》线下+线上国际学术讲座，由民族音乐学家、匹兹堡大学荣鸿曾教授担任讲坛学者，梁雷主持。

10 月 29 日，周文中音乐研究中心举办的第三期"周文中讲坛"第二场活动，开展《跳出框框的音乐新定义：与著者讨论"从认知观点剖析文人琴娱己的表现力"》讨论问答，荣鸿曾主讲，梁雷主持。

11 月 19 日，周文中音乐研究中心举办第四期"周文中讲坛"，开展《与陈怡、周龙教授对话》线下+线上国际问答讨论，作曲家陈怡、周龙教授担任讲坛学者，梁雷主持。

本年度周文中先生生前收藏的 63 件民族乐器已分批从纽约运至周文中音乐研究中心藏书馆。

2021 年"周文中音乐研究中心"共发布推文 27 篇，介绍周先生作品，以及"周文中讲坛"活动内容。

2022 年：

3 月 21 日，"周文中音乐研究中心"正式推出"百家谈"系列栏目，发布第一篇文章，作者李鹏程。

4 月 22 日，星海音乐学院周文中音乐研究中心举办第五期"周文中讲坛"，开展《从丝路乐团谈民族器乐合奏的新思维》线下+线上国际学术讲座，邀请琵琶演奏家吴蛮担任讲坛学者，梁雷主持。

5 月 20 日，星海音乐学院周文中音乐研究中心举办第六期"周文中讲坛"，开展《〈千山万水〉，远在何方？——关于〈借音乐提问〉的对话》线下+线上国际学术讲座，邀请美国普吉湾大学（University of Puget Sound）、中国美术学院洪再新教授担任讲坛学者，梁雷主持。

6 月，上海音乐学院出版社再版《汇流——周文中音乐文集》（2013 年，梁雷主编）。

7 月，周先生生前使用的施坦威牌三角钢琴从纽约运抵学校，安放于周文中音乐研究中心藏书馆中。

10 月 21 日，星海音乐学院周文中音乐研究中心举办第七期"周文中讲坛"，开展《谱式，一种文化的象征》线下+线上国际学术讲座，邀请上海音乐学院教授、中国音乐史学会会长洛秦教授担任讲坛学者，梁雷主持。

2022 年"周文中音乐研究中心"共发布推文 25 篇，包括"百家谈"系列推文、对瓦雷兹作品介绍、人物访谈，以及"周文中讲坛"活动内容。

2023 年：

3 月 17 日，哥伦比亚大学为纪念周文中先生一百周年诞辰，举办"周文中百年纪念与庆祝活动"，特邀时任星海音乐学院蔡乔中院长录制致辞视频。

4 月 24 日，星海音乐学院周文中音乐研究中心举办第八期"周文中讲坛"，开展《声塑——中国文人音乐观及在我的创作中的体现》讲座，邀请作曲家陈晓勇教授担任讲坛学者举办线上线下专题讲座，梁雷主持。

7 月 5 日，《音乐周报》登载第 2000 期特刊之际，"周文中音乐研究中心"被评为十三个"中国音乐艺术开拓力量"之一，也是中国华南地区唯一获此殊荣的平台。

9—11 月，对周文中藏书馆全体藏书进行整理编目，并扫描进行电子数据库建设。

11 月 3 日，在星海音乐学院音乐厅举办"周文中百年诞辰纪念音乐会"，周文中先生的室内乐作品《商调》(1956)进行世界首演，此外还上演了周文中先生的《渔歌》《霞光》及梁雷、沈叶、姚晨、贾国平、陈晓勇、周龙六位作曲家的作品。

11 月 3—5 日，星海音乐学院举办"汇流——周文中先生百年诞辰国际研讨会"，围绕"书法、华人作曲家、古琴"三个议题展开讨论，邀请了国内外老中青三代作曲家、音乐学家共四十位嘉宾，参会人数约 200 人。

11 月 4 日，由星海音乐学院出资、上海音乐学院出版社出版周文中两部乐谱手稿《谷应》《霞光》(梁雷主编)，在星海音乐学院图书馆隆重举行首发仪式。

2023 年"周文中音乐研究中心"共发布推文 28 篇，包括对周先生作品研究、"百家谈"系列、人物访谈、"周文中百年诞辰纪念音乐会"以及"周文中讲坛"内容。

2024 年：

6 月 13 日，星海音乐学院周文中音乐研究中心举办第九期"周文中讲坛"，此次活动包含一场学术讲座和一场"圆桌讨论"，邀请了中央音乐学院作曲系教授贾国平担任讲坛学者，梁雷主持。

2024 年"周文中音乐研究中心"共发布推文 17 篇，并推出"演出视频系列"栏目。平台有近 4 000 人关注。从 2018—2024 年，国内核心期刊发表研究周文中作品文章 40 余篇。

范康宁（星海音乐学院 2023 级研究生）整理

梁雷　校对

作者、译者简介

中文作者简介

梁雷（编者），美国加州大学圣地亚哥分校"校长杰出教授"，同时担任星海音乐学院"周文中音乐研究中心"学术委员会主席和艺术总监。2021年，他的交响乐队作品《千山万水》获得国际作曲最高奖——格文美尔大奖。2023年，他在高通研究所创立"Lei Lab"实验室，继续展开与海洋学家、地质学家、软件工程师的合作。他编著了十本著作，发表中英文文章五十余篇。拿索斯等唱片公司发行梁雷的十四张作品专辑。他的上百部作品由朔特音乐公司出版。

艾力（译者），山西大学音乐学院作曲系教师。本科就读于星海音乐学院钢琴系，于华东师范大学获得艺术学硕士学位，于中央音乐学院获得音乐分析专业博士学位。主要研究领域包括图式（schema）理论、历史音乐理论以及历史音乐教学法，对新里曼主义半音化和声理论和后现代文艺理论也有深入的研究。他的论文和译作发表于《人民音乐》《中央音乐学院学报》《黄钟》《音乐研究》等刊物，英文论文入选国际会议"第十届欧洲音乐分析大会"。

班丽霞(作者),中央音乐学院音乐学系教授,博士生导师。瑞士苏黎世大学音乐学研究所访问学者。主要从事西方音乐通史的教学与现当代音乐作品研究,发表学术论文(含译文)40余篇,出版专著《碰撞与交融:勋伯格表现主义音乐与视觉艺术之关系研究》,主编学术文集《借音乐提问:梁雷音乐文论与作品评析》。主持并完成教育部人文社会科学规划基金项目《艺术互动视野下的音乐人文诠释》;担任国家社会科学基金重大项目《音乐创作"中国性"研究》子课题执行负责人。

卞婧婧(作者),博士,中国音乐学院作曲系副教授,硕士生导师。致力于华人作曲家的创作研究,主持2019国家艺术基金"传播交流推广资助"项目,入选2015国家艺术基金"音乐评论人才培养"项目,参与国家级、教育部、北京市、校级多项课题,在核心期刊发表数篇论文,代表性专著《"独创"与"汇流"之道——华人作曲家对音色音响的技法创造》。曾荣获"2021首都劳动奖章"、北京高校第十届青年教师教学基本功比赛一等奖等,并参与多项教材的编写工作。

程炳杰(作者),安徽怀宁人,艺术学博士,民盟盟员,安徽师范大学音乐学院副院长,教授,博士生导师,安徽省音乐家协会副主席,中国合唱协会常务理事,全国高校理论作曲学会学术委员。主要从事作曲技术理论、合唱指挥等领域的教学与研究工作,发表学术论文二十余篇,主编省级规划教材一部,主持国家社会科学基金后期资助项目1项、省部级项目4项,创编作品60余首,其中民族管弦乐《忠魂》、室内乐《文姬》、歌曲《幸福的使者》《百年约定》在省级展演中获奖。

蔡乔中(作者),文学博士,音乐与舞蹈学博士后,教授,博士生导师,教育部新世纪优秀人才。星海音乐学院原院长,现任广东省社会科学院副院长(正厅级),兼任中国音乐家协会理事及作曲与作曲理论学会副会长,教育部高校音乐与舞蹈学类专业教学指导委员会副主任委员,广东省学校美育工作指导委员会主任委员,广东省高校音乐与舞蹈学类专业教学指导委员会主任委员。曾获第六届中国音乐金钟奖、第九届中国文联文艺评论奖、首届全国教材建设奖全国优秀教材奖（合作），被教育部授予"全国优秀教师"称号。

陈晓勇（作者），旅德中国作曲家。1985 年毕业于中央音乐学院作曲系。同年考入德国汉堡国立音乐戏剧大学（Hochschule für Musik und Theater Hamburg）著名作曲家利盖蒂作曲大师班，成为其关门弟子。他曾任德国汉堡国立音乐与戏剧学院作曲教授（2023 年荣休），2005 年被选为汉堡自由艺术院院士，2023 年起受聘为星海音乐学院国家高层次人才、作曲系特聘教授。代表作品有《喑、晰、逸》《心象》《梦的颜色》《时代万花筒》等。陈晓勇的全部作品由 Sikorski — Boosey & Hawkes 独家出版。

陈羽涵（作者），江苏盐城人，安徽师范大学音乐学院作曲技术理论方向硕士研究生，导师程炳杰教授。2022 年以来，先后获二等奖学金、一等奖学金、国家奖学金，在《人民音乐》《艺术研究》等期刊发表论文近 10 篇，4 篇论文入选全国性学术会议交流。

陈仰平（译者），生于香港，美国加州大学圣地亚哥分校作曲博士，师从梁雷教授。连续获得由香港作曲家及作词家协会、香港赛马会音乐及舞蹈信托基金颁授的奖学金、亚洲文化协会的艺术赞助，留美前就读于香港浸会大学和香港演艺学院。曾任美国加州大学圣地亚哥分校"雷实验室"成员。现为华南师范大学音乐学院副教授兼学术交流部主任，华南师范大学跨学科创意美育项目"华师乐集"的发起人兼艺术策划总监。

宫宏宇（作者），博士。自 1993 年起在奥克兰理工大学、新西兰国立尤尼坦理工学院任教逾 30 年，现任华中师范大学特聘及澳门科技大学教授，博士生导师。主要研究领域为中西音乐交流，来华西人与中国音乐研究，传教士与中国、留学欧美中国乐人。已在荷兰《磬》、*New Zealand Journal of Asian Studies*、《音乐研究》《中国音乐学》《中央音乐学院学报》等学刊上发表中英论文、译文 138 篇,应邀在国际学术会议上宣读论文 20 余篇。著有专著《来华西人与中西音乐交流》《海上乐事——上海开埠后西洋乐人、乐事考(1843—1910)》。

郭威(译者),星海音乐学院国际学院副院长,澳大利亚莫纳什大学教育学博士,华南师范大学教育科学学院出站博士后。国际音乐教育协会(ISME)成员,澳纽区域音乐教育研究协会(ANZARME)成员。先后在澳大利亚和中国大陆从事基础、中等和高等及特殊音乐教育教学 20 余年,主要研究领域为高等音乐教育国际化。发表高质量中英文学术论文 20 余万字,出版专著《"互联网+"时代中国音乐国际教育研究》及译著《音乐,社会,教育》,即将出版译著《共同的母语:非裔美国音乐的幸存与庆贺》。

黄宗权(作者),中央音乐学院教授,博士生导师。《中央音乐学院学报》常务副主编,中国音乐美学学会理事、中国音乐评论学会理事、中国西方音乐学会理事,CAAI 艺术与人工智能专委会委员、CCF 计算艺术分会执委,北京市文联签约评论家,北京市评协舞台艺术专业委员会委员。主要研究方向音乐美学、音乐社会学,兼涉评论写作。出版专著有《音乐美感的属性》,发表《音乐人工智能的哲学审思》《走向新阐释与寻求新意义——"新音乐学"的音乐分析与音乐阐释观探析》等论文近百篇。

贾国平(作者),曾任中央音乐学院作曲系副主任、图书馆馆长、音乐学研究所所长,长期致力于中国音乐事业的发展。1987 年考入中央音乐学院作曲系,师从瞿小松、徐振民教授,1991 年提前毕业留校任教。1994 年获德国 DAAD 奖学金赴斯图加特国立音乐与表演艺术学院深造,1998 年获德国艺术家文凭后回国继续教学与创作。贾教授的作品屡获国际认可,被阿蒂提弦乐四重奏、多伦多新音乐团、德意志交响乐团等著名乐团演奏,广受好评。代表作品:管弦乐曲《聆籁》等。

江青（Chiang Ching 作者），舞蹈家、演员及作家，青年时主演 29 部电影，1967 年荣获台湾电影最佳女主角"金马奖"。1973 年在纽约创立"江青舞蹈团"，曾任香港舞蹈团首任艺术总监，并在美国、瑞士及北京舞蹈学院任教。1985 年后以自由编导身份全球巡演，活跃于纽约大都会歌剧院、伦敦 Old Vic 剧场等世界级舞台。近年来创作多部剧本，其中《童年》获 1993 年台湾优秀电影剧本奖。出版有《江青的往时・往事・往思》《艺坛拾片》等著作。

李鹏程（作者），1989 年生于安徽省，回族，笔名橙客，浙江音乐学院教授，上海音乐学院博士，纽约市立大学研究生中心访问学者，中国音协西方音乐学会理事、中国音乐评论学会理事、中国民族管弦乐学会理论评论委员会常务委员、中国音协特约评论员。

洛秦（作者），上海音乐学院教授，中国音乐史学会会长、音乐人类学 E－研究院首席研究员等。主要著作有《音乐人类学的中国实践与经验的反思及其理论和方法》《音乐中的文化与文化中的音乐》《海上回音叙事》《街头音乐：美国社会与文化的一个缩影》等十余种，发表论文逾百万字，译著及主编丛书多种，主持国家社科基金重大项目等多项。先后获上海市领军人才、国务院政府特殊津贴专家、中国音乐金钟奖-理论评论奖银奖、多届中国高校人文社科优秀成果奖、上海市第十、十四届哲社成果一等奖等。

梁晴（作者），上海音乐学院音乐学系教授，博士生导师。研究领域：西方音乐史、中国当代音乐创作及思想、当代音乐。参与撰写《西方歌剧辞典》（2011）、《西方音乐史导学（新版）》（2022）、《交响曲词典》（待出）；参与策划《塔拉斯金：何为真正的音乐史》（副主编，2019）、"对话塔拉斯金・2022"活动、《西方音乐中的中国》（主编，2023）；参与《中国专业音乐创作与传播未来发展研究》项目（中央音乐学院承担，教育部人文社会科学重点研究基地重大课题），参与国家社会科学基金重大项目《音乐创作"中国性"研究》。

鲁瑶(作者、译者),上海音乐学院音乐学系音乐分析教研室教师。2019—2020年作为国家公派联合培养博士就读于加州大学圣地亚哥分校,导师梁雷教授。2021 年获上海音乐学院博士学位,导师钱亦平教授。主要研究领域为音乐分析、中国当代音乐等。曾获第三届音乐分析学术论文比赛一等奖、第三届中国当代音乐评论比赛二等奖、第二届西方音乐学会论文比赛三等奖,于《中央音乐学院学报》《音乐艺术》及《人民音乐》等核心期刊和音乐杂志发表文章近 60 篇。参与国家社会科学基金重大项目《音乐创作"中国性"研究》。

潘世姬(作者、译者)师承许常惠与周文中,1988 年获纽约哥伦比亚大学艺术研究所博士论文奖,后展开专业创作及教学。荣获多国艺术基金会创作奖,作品在多国发表。曾为 St. James 出版社撰写亚太地区作曲家介绍,出版多本著作以诗集,包括《周文中特别专辑》等。主持数位化计划,完成郭芝苑、卢炎等作曲家资料数位化,创建感觉卢炎网站。近年来,专注于周文中音乐与理论研究。2022年从台北艺术大学音乐系退休。

祁斌斌(作者),文学博士,星海音乐学院音乐学系副教授,硕士研究生导师,2018 年以来担任周文中音乐研究中心办公室主任。出版专著《中国早期音乐期刊文论研究(1906—1937)》,参与撰写学术性著作 7 部;发表学术论文十余篇,本科、硕士、博士学位论文均获国家级奖项。2015 年先后入选"广东省高等学校优秀青年教师培养计划"和"广东省特支计划青年文化英才"。获第九届广东省教育教学成果一等奖(高等教育)。

沈叶(作者),1977 年生于无锡,任上海音乐学院作曲教授。他创作了多种体裁的作品,如声乐套曲《人们,你们可听见?》等。其音乐被多个国际乐团及音乐家带到世界各地。他被评价为中国当代音乐最具吸引力的代表之一,作品精美、富于交互并充满迷人细节,展现了将中国文化融入个人音乐语言的独特风格。荣获德国"巴赫奖金"、中国文化部全国交响乐评比第一名等数十个海内外奖项,签约 Breitkopf & Haertel 出版乐谱,中国唱片公司等也出版了他的唱片。

王阿毛(译者),博士,现为星海音乐学院作曲系副教授,其作品在多个著名活动和演出场地演出,包括纽约爱乐双年庆、阿斯本音乐节、茱莉亚学院聚焦音乐节等,曾与美国作曲家交响乐团、堪萨斯城交响乐团、广州交响乐团、中央歌剧院交响乐团等机构合作演出。她在亚洲和美国荣获多项奖项和资助,包括2018国家艺术基金青年创作人才项目资助、2017敦煌杯琵琶作品独奏新作品展评金奖、美国密苏里州音乐教师协会作曲家委约奖等。

伍维曦(作者),文学博士,上海音乐学院音乐学系教授。曾先后就学于四川音乐学院音乐学系(本科)和上海音乐学院研究生部音乐学专业西方音乐史方向(导师为陶辛教授)。研究专长为音乐思想史和欧洲中世纪音乐,同时也从事音乐评论与翻译工作。发表和出版著译约400万字。曾获第九届中国音乐金钟奖理论评论奖铜奖。

王西麟(作者)以其独特的音乐语言和个人风格成为中国当代音乐的代表。他1936年出生于河南开封,他早年因家庭贫困加入解放军文工团,后考入上海音乐学院。其代表作品包括交响组曲《云南音诗》、十部交响曲、钢琴协奏曲、小提琴协奏曲及多部室内乐和影视音乐作品等。他的音乐受到西方现代音乐如巴托克和勋伯格的影响,逐渐发展出融合序列音乐、音簇和极简主义技法的独特风格,同时融入中国民间音乐元素,其作品充满悲剧性和矛盾。2014年起,德国朔特音乐出版社出版了他的多部代表作品。

张伯瑜(作者),香港中文大学深圳音乐学院教授,中央音乐学院博士生导师。曾留学芬兰,获博士学位。自2002年起曾主持中央音乐学院音乐学系工作、担任中央音乐学院出版社社长,为学院建立"世界音乐演奏实习中心""乐器博物馆",创办"世界音乐周""一带一路音乐教育联盟"。曾获国家社科基金等多项基金,出版书籍十余部,发表论文百余篇,荣获留学归国人员个人成就奖、中国文艺评论优秀作品奖等,享受国务院政府特殊津贴。

张姣(作者、特约审稿),作曲博士,北京语言大学艺术学院教师,硕士研究生导师,毕业于中国音乐学院作曲系。作品曾获国家艺术基金青年艺术创作人才、中国音乐"金钟奖"、"ISING!国际青年作曲家比赛"一等奖等创作荣誉几十余项。多次与海内外知名团体展开合作,包括美国费城交响乐团、德国海德堡爱乐乐团、美国作曲家联盟、中国广播艺术团等。主要从事作曲与作曲技术理论研究,曾获2023年、2024年度中国音乐评论推优优秀论文、"中国-东盟"音乐周论文评奖一等奖、《中国音乐》优秀硕博论文评选"优秀博士论文"等,个人学术专著《周文中、梁雷"笔墨"音乐创作研究》将于2025年出版。

周渌岩(作者),哈佛哲学学士和哥伦比亚师范学院教育领导力硕士学位。教育科技企业家和高管,经常就教育技术、学习科学及AI对教育的影响发表演讲。担任多家教育科技公司顾问及董事会成员,包括Meteor Education、Pi-top和New Classrooms。曾任2U Inc.和Trilogy Education首席学习和产品官,以及培生教育首席产品战略官。他是Learntech创始人,该公司开发的教育游戏《秦:中国古墓》曾登美国畅销书榜。创立哥伦比亚大学学院和布鲁克林展望特许学校。担任卡内基公司顾问及Open edX技术监督委员会成员。

张巍(作者),博士,上海音乐学院作曲指挥系教授,现任上海音乐学院出版社社长以及多所高校名誉或特聘教授。为全国艺术专业学位研究生音乐教育指导委员会委员等,享受国务院政府特殊津贴。从事作曲与作曲技术理论、音乐表演理论等研究,主要学术著(译)作有《音乐节奏结构的形态与功能》《李斯特》《普契尼》,译著(合作)《音乐的节奏结构》等,并在国内外重要学术刊物发表论文近百篇。为上海市"一流学科创新团队"首席教授及"领军人才"。

英文作者简介

陈怡(作者)，博士，1953 年生于广州，毕业于中央音乐学院及纽约哥伦比亚大学，师从吴祖强、周文中、达维多夫斯基。1998 年起任美国密苏里大学堪萨斯城校区音乐学院杰出讲座教授，曾任多乐团及艺术中心驻团作曲家、霍普金斯大学皮博迪音乐学院作曲教授。2001 年获艾夫斯作曲家大奖，创作 160 余部作品，录制 130 余盘光碟。2005 年入选美国文理科学院，2006 年任中国多所音乐院校客座教授，2008 年获 5 所美国大学荣誉博士，2019 年入选美国文学艺术院。近30 年来，她积极推广新音乐。

弗兰克·J.奥特利(作者)，是一位美国音乐评论家、作曲家和当代音乐倡导者。作为 NewMusicBox 的创始主编，自 1999 年创刊以来，他一直走在记录和推广当代作曲家与创新表演者作品的前沿。除了音乐评论，奥特里还是一位作曲家，他的作品以融合多种音乐传统为特色，包括古典、爵士和世界音乐等风格。他的作品体现了他对多元音乐传统的热情。除了创作，他还是当代音乐的不懈倡导者，通过公开演讲、座谈会和广泛的写作，放大了被低估作曲家的声音，并将新音乐推广给更广泛的受众。

理查德·皮特曼(作者)，是"波士顿音乐万岁"（Boston Musica Viva）的创始人兼音乐总监，自 1969 年创立以来，他在推动现代曲目的演出和普及方面发挥了关键作用。在他的领导下，该乐团成为首演当代作曲家作品的先驱，以其创新的节目编排和艺术卓越性赢得了广泛认可。皮特曼的职业生涯还涵盖了广泛的歌剧领域，从传统经典到现代先锋作品，他曾为新英格兰歌剧院和波士顿歌剧公司等机构指挥过众多制作。皮特曼还作为客座指挥，与包括波士顿交响乐团和旧金山交响乐团在内的多家知名乐团合作。他对教育和指导的投入深刻影响了几代音乐家和作曲家。在其职业生涯中，皮特曼成功地在传统与创新之间架起桥梁,通过推广当代音乐以及对古典经典的精湛诠释,在音乐界留下了深远的影响。

马克·斯坦伯格(作者),首席小提琴家及布伦塔诺四重奏创始成员,随团巡演五大洲 30 年,获瑙姆堡室内乐奖等多项殊荣,为耶鲁大学常驻乐团。他曾与伦敦、洛杉矶、奥克兰爱乐乐团等担任独奏,拥有印第安纳大学与茱莉亚音乐学院学位,师从多位名师。现执教于曼哈顿音乐学院和纽约市立大学研究生中心。斯坦伯格曾任班夫国际四重奏比赛评委,多次参加伦敦、萨尔茨堡莫扎特等国际比赛,并担任 2022 及 2025 年班夫比赛常驻导师。

弥生·宇野·埃夫莱特(作者),生于日本横滨,现为纽约市立大学亨特学院研究生中心教授,曾任伊利诺伊大学芝加哥分校音乐系教授及研究生中心主任,并在埃默里大学、伊利诺伊大学厄巴纳香槟分校和科罗拉多大学博尔德分校任教。她获伊士曼音乐学院音乐理论博士学位,受博格利亚斯科基金会等多方资助。研究重点为从多角度分析战后艺术音乐等。出版有《重构当代歌剧中的神话和叙事》《路易斯·安德烈森的音乐》等专著,合编《在西方音乐中定位东亚》,撰写多篇音乐文章。

罗杰·雷诺兹(作者),著名美国作曲家,1988 年普利策奖获得者,加州大学圣地亚哥分校音乐系荣休教授,对电子音乐、多媒体音乐、实验音乐的创作与教学有重大影响。其近百部作品由彼得斯公司出版,其全部作品手稿由美国国会图书馆专藏。

史蒂芬·希克(作者)是著名打击乐演奏家、指挥家。他通过委约或首演超过 150 部新作品来支持当代音乐。希克是拉霍亚交响乐团和合唱团的音乐总监,并曾任旧金山当代音乐人乐团的艺术总监。他是 2015 年澳海(Ojai)音乐节的音乐总监。他广受好评的出版物包括一本著作——《打击乐手的艺术:同床异梦》,以及当代打击乐音乐的大量录音，包括一套 3 张完整的伊阿尼斯·泽纳基斯（Iannis Xenakis）的打击乐专辑。史蒂芬·希克是加州大学圣地亚哥分校的杰出音乐教授。

唐纳德·帕尔玛（作者）是一位美国低音提琴家、指挥家和教育家，以其在古典音乐和当代音乐领域的杰出贡献而闻名。他是著名的奥菲斯室内乐团的创始成员之一，为该乐团的无指挥演奏模式奠定了基础。帕尔玛曾与林肯中心室内乐协会等顶尖音乐家和乐团合作，并担任渥太华国家艺术中心乐团等著名乐团的首席低音提琴手。作为一名教育家，帕尔玛在耶鲁音乐学院、茱莉亚音乐学院、伯克利音乐学院波士顿音乐学院和新英格兰音乐学院等顶尖学府担任教职。

周龙（作者），1953 年生于北京，1983 年毕业于中央音乐学院，1993 年获纽约哥伦比亚大学音乐艺术博士学位，师从周文中、达维多夫斯基和爱德华兹教授。现任美国密苏里大学音乐学院邦菲尔斯杰出作曲讲座教授。2018 年入选国家"特聘专家"文化艺术人才项目。周龙以融合东西方审美观念和音乐元素的独特作品著称。他的歌剧《白蛇传》获美国第 95 届普利策音乐奖，成为首位获奖的亚裔作曲家。他还荣获美国文学艺术院终身成就奖等多项大奖。